Kühl

Der ganz formale Wahnsinn

Der ganz formale Wahnsinn

111 Einsichten in die Welt der Organisationen

von

Stefan Kühl

Verlag Franz Vahlen München

Prof. Dr. Stefan Kühl, Studium der Soziologie und Geschichtswissenschaft an der Universität Bielefeld, der Johns Hopkins University in Baltimore, der Université-X-Paris Nanterre und der University of Oxford. Nach Tätigkeiten an der Universität Magdeburg, der Ludwig-Maximilians-Universität in München und der Helmut-Schmidt-Universität/Universität der Bundeswehr in Hamburg ist er zurzeit Professor für Soziologie an der Universität Bielefeld. Er ist zugleich Senior Consultant bei der Firma Metaplan in Quickborn bei Hamburg. Kontakt zum Autor über stefan.kuehl@uni-bielefeld.de oder stefankuehl@metaplan.com.

Die einzelnen Beiträge können auf www.formaler-wahnsinn.de kommentiert und diskutiert werden. Dort erscheinen regelmäßig auch neue Beiträge.

Das Buch wird begleitet durch den Podcast „Der ganz formale Wahnsinn" von Andreas Hermwille und Stefan Kühl. Abrufbar über alle Podcast-Player oder über www.formaler-wahnsinn.de.

Von Stefan Kühl sind als Bücher zuletzt erschienen:

Kühl, Stefan (2020): Brauchbare Illegalität. Vom Nutzen des Regelbruchs in Organisationen. Frankfurt a. M., New York: Campus.

Kühl, Stefan (2020): Organisationen. Eine sehr kurze Einführung. 2. Aufl. Wiesbaden: Springer VS.

Kühl, Stefan (2015): Wenn die Affen den Zoo regieren. Die Tücken der flachen Hierarchien. 6. Aufl. Frankfurt a. M., New York: Campus.

Kühl, Stefan (2015): Das Regenmacher-Phänomen. Widersprüche im Konzept der lernenden Organisation. 2. Aufl. Frankfurt a. M., New York: Campus.

Kühl, Stefan (2015): Sisyphos im Management. Die vergebliche Suche nach der optimalen Organisationsstruktur. 2. Aufl. Frankfurt a. M., New York: Campus.

Kühl, Stefan (2014): Ganz normale Organisationen. Zur Soziologie des Holocaust. Berlin: Suhrkamp.

Alle zitierten Artikel des Autors können als pdf von seiner Seite an der Universität Bielefeld unter dem Reiter „Publikationen" kostenlos heruntergeladen werden.

vahlen.de

ISBN Print 978 3 8006 6887 8
ISBN E-Book (ePDF) 978 3 8006 6889 2
ISBN E-Book (ePUB) 978 3 8006 6890 8

Wilhelmstr. 9, 80801 München
info@vahlen.de
Druck und Bindung: Beltz Grafische Betriebe GmbH
Am Fliegerhorst 8, 99947 Bad Langensalza

Satz: Fotosatz Buck
Zweikirchener Str. 7, 84036 Kumhausen
Produktion: Sieveking Agentur, München
Umschlag: Ralph Zimmermann – Bureau Parapluie
Bildnachweis: © prezent – depositphotos.com

vahlen.de/nachhaltig
produktsicherheit.vahlen.de

Gedruckt auf säurefreiem, alterungsbeständigem Papier
(hergestellt aus chlorfrei gebleichtem Zellstoff)

Inhalt

Leitfragen und Lesewege

1. Unterscheidungen: Wie unterscheiden sich Organisationen von anderen sozialen Gebilden und was passiert, wenn es zu Überschneidungen kommt?
→ *Familien* → *Bewegungen* → *Freundschaften* → *Gruppen* → *Professionen*

2. Schauseiten: Wie präsentieren sich Organisationen gegenüber ihrer Außenwelt und welche Wirkungen hat dies in der Organisation?
→ *Werte* → *Sinn* → *Moral* → *Integrität* → *Leitbilder* → *Nachhaltigkeit* → *Managementmoden* → *Bullshit* → *Heuchelei* → *Zynismus*

3. Formale Seite: Welche Bedeutung hat die Formalität in Organisationen und über welche Hebel gestalten Organisationen diese?
→ *Hierarchie* → *Programme* → *Zwecke* → *Transparenz* → *Compliance* → *Integrität*

4. Informale Seite: Welche Erwartungen bilden sich im Schatten der Formalstruktur aus und wie werden diese in Organisationen gebildet?
→ *Kultur* → *Kollegialität* → *Kameradschaft* → *Cliquen* → *Gemeinschaft* → *Feiern* → *Geschlecht* → *Regelbruch* → *Qualitätsmanagement*

5. Kommunikationswege: Wie werden Kommunikations- und Entscheidungswege eingerichtet und welche gewollten und ungewollten Effekte haben die verschiedenen Modelle?
→ *Hierarchie* → *Führung* → *Demokratie* → *Autonomie* → *Selbstorganisation* → *Teams* → *Projektgruppen* → *Autonomie* → *Innovation*

6. Programme: Wie werden Organisationen über Zielvorgaben und Wenn-Dann-Regeln gesteuert und welche Vor- und Nachteile haben die verschiedenen Vorgehensweisen?
→ *Programme* → *Zwecke* → *Strategien* → *Ziele* → *Standardisierung* → *Workflow* → *Technik* → *Automation* → *Digitalisierung* → *Qualität*

7. Personal: Wie lassen sich über das Personal Organisationen beeinflussen und welche Herausforderungen treten dabei auf?
→ *Personal* → *Personaleinstellung* → *Karriere* → *Jobwechsel* → *Personalentwicklung* → *Zyklen* → *Coaching* → *Auskühlung* → *Kündigung*

8. Interaktionen: Wie laufen Interaktionen in Organisationen ab und welche Dynamiken entwickeln sich dabei?

→ *Workshops* → *Webkonferenzen* → *Großkonferenzen* → *Aktionspläne* → *Tabus* → *Feiern* → *Kompetenzdarstellungskompetenz* → *Verständigungen* → *Vertrauen* → *Macht*

9. Leistungen: Weswegen erbringen Organisationsmitglieder Leistung (oder auch nicht) und wie wird dies durch die Organisation beeinflusst?

→ *Motivation* → *Löhne* → *Honorar* → *Gewalt* → *Zwang* → *Reputation* → *Karriere* → *Gratifikationskrise*

10. Modisches: Welche Modethemen gibt es im Management und welche Bedeutung haben diese für Organisationen?

→ *Agilität* → *Digitalisierung* → *Disruption* → *Moral* → *Nachhaltigkeit* → *Partizipation* → *Selbstorganisation* → *Selbstständigkeit* → *Sinn* → *Transparenz* → *Managementmoden* → *Zeitdiagnosen* → *Vorreiter* → *Fortschritt* → *Win-win-Situationen* → *Wissenschaftsgläubigkeit* → *Systemisches* → *Bullshit* → *Zynismus*

11. Menschliches: Welche Rolle spielen Menschen in Organisationen und welche Hoffnung sollte man (nicht) auf sie setzen?

→ *Persönliches* → *Authentizität* → *Ganzheitlichkeit* → *Gefühle* → *Gemeinschaft* → *Haltung* → *Identifikation* → *Mitarbeiterorientierung* → *Selbstständigkeit* → *Sinn* → *Wertschätzung* → *Führung* → *Führungskräftebeschimpfung*

12. Beobachtungen: Wie beobachten Organisationen, was in ihrer Umwelt passiert, welche Rolle spielen Zahlen dabei und welche Verzerrungen gibt es?

→ *Beobachtungen* → *Blinde Flecke* → *Kontaktinfektionen* → *Zahlen* → *Bilanzfälschung* → *Benchmarking* → *Rankings* → *Vierfelder-Schemata*

13. Wandel: Wann verändern sich Organisationen und welche Mittel verwenden sie dabei?

→ *Komplexität* → *Entscheidung* → *Evaluation* → *Lernen* → *Innovation* → *Reformen* → *Projekte* → *Projektgruppen* → *Partizipation* → *Slack* → *Win-win-Situationen* → *Scharlatanerie*

14. Entwicklungen: Wie entstehen Organisationen, wie wachsen sie und wie gehen sie wieder ein?

→ *Kontaktinfektion* → *Businesspläne* → *Verorganisierung* → *Wachstumsschmerzen* → *Fusion* → *Erfolg* → *Gewinn* → *Krisen* → *Scheitern*

Zum ganz formalen Wahnsinn – eine erste Orientierung

Liest man die Berichte und Darstellungen über Veränderungsprojekte in Organisationen, dann zeichnen sich diese durch ein hohes Maß an Konsistenz, Schlüssigkeit und Rationalität aus. Unabhängig davon, ob es sich dabei um die Entwicklung einer neuen Strategie, die Etablierung sich selbst steuernder Teams oder die Einführung einer agilen Projektsteuerung handelt – die Geschichten sind in der Regel Schilderungen von rational geplanten Vorgehensweisen. Zwar wird von Hindernissen, Widerständen, Unwägbarkeiten und Unvorhergesehenem berichtet, aber diese Probleme werden in den häufigsten Fällen von den Prozessverantwortlichen, die nicht selten identisch mit den Autoren der Beiträge sind, durch einen plötzlichen Einfall, ein neu entwickeltes Werkzeug oder durch eine gewagte Intervention am Ende erfolgreich bewältigt.[1]

Diese begeisterten Beschreibungen von den so strikt durchdacht und durchgeplant wirkenden Veränderungsprojekten findet man schon bei derart prominenten Schilderungen wie der Einführung des Fließbandes bei Ford, der Etablierung einer Divisionsstruktur beim US-amerikanischen Chemiekonzern Dupont oder der Entwicklung des Lean Managements durch das japanische Automobilunternehmen Toyota. Sie liegen aber ebenso den Darstellungen der Squad-Struktur des schwedischen Streamingdienstes Spotify oder den selbst organisierten Teams des niederländischen Pflegedienstleisters Buurtzorg zugrunde.[2]

Diese stringent und schlüssig wirkenden Selbstbeschreibungen, die man im Gros der Managementbücher, in vielen Artikeln der Wirtschaftspresse oder in den Foliengewittern auf Managementkonferenzen finden kann, stehen in auffälliger Diskrepanz zu den Beschreibungen von Veränderungsprozessen, die von distanzierteren Beobachtern zu hören sind. Demnach werden Erfolge nicht als das Ergebnis umfassender Szenarien- und Strategiekonferenzen erzielt, sondern sind vielmehr die Folge zufälliger Erfindungen oder unvorhergesehener Umweltveränderungen. Derweil werden manche Reorganisationsprojekte nur gestartet, damit in der Organisation alles beim Alten bleiben kann: Trotz existierendem Assessment-Center werden Mitarbeiter nicht wegen ihrer Eignung eingestellt, sondern weil es gut etablierte Netzwerke zwischen den Absolventen einer Hochschule gibt. Das Leben in den Organisationen scheint

---

1 Überlegungen für diese Einleitung habe ich an verschiedenen Stellen vorgenommen. Siehe nur *Stefan Kühl*: „Rationalitätslücken". Ansatzpunkt einer sozialwissenschaftlich informierten Organisationsberatung. In: *Stefan Kühl, Manfred Moldaschl* (Hrsg.): Organisation und Intervention. Ansätze für eine sozialwissenschaftliche Fundierung von Organisationsberatung. München, Mering 2010, S. 215–244.

2 Siehe dazu *Alfred Kieser*: Fremdorganisation, Selbstorganisation und evolutionäres Management. In: Zeitschrift für betriebswirtschaftliche Forschung 46 (1994), S. 199–228, hier S. 199.

viel unberechenbarer zu sein, als es die rational wirkenden Selbstbeschreibungen von Managern oder Beratern erscheinen lassen.

Wie passen diese Hochglanzdarstellungen von Organisationen auf der Vorderbühne und die abweichenden Beschreibungen von Mitarbeitern auf der Hinterbühne zusammen? Wie kommt es zu solchen Diskrepanzen zwischen den Artikeln in Managementzeitschriften, den offiziellen Präsentationen auf Konferenzen und den Inszenierungen auf Websites und den Schilderungen, die in den informellen Gesprächen in den Kaffeeecken oder in vertraulichen Zirkeln am Rande der Versammlungen angefertigt werden?

In diesem Buch finden Leserinnen und Leser in kleinen Beiträgen zu 111 Begriffen Antworten auf diese Fragen. Dabei eröffnet sich ein häufig ungewohnter Blick auf die Funktionsweise von Organisationen. Das Buch soll zum Schmökern einladen. Die Artikel können unabhängig voneinander und in beliebiger Reihenfolge gelesen werden. Deswegen wird die eine oder andere Einsicht aus der Organisationswissenschaft auch an mehreren Stellen verwendet. Durch (*mit einem Pfeil* →) markierte Querverweise zwischen den einzelnen Beiträgen lassen sich systematisch Beziehungen herstellen, sodass man sich schrittweise ein umfassendes und konsistentes Verständnis von Organisationen erlesen kann. Wer sich für darüber hinausgehende Zusammenhänge zwischen den Beiträgen interessiert, wird in der Einleitung und dem Schlussteil fündig. Hier werden der Anspruch des Buches sowie das zugrunde liegende Denkgebäude näher erläutert.

Es geht mir in dieser Abhandlung nicht um eine auch nur ansatzweise vollständige Behandlung der in Organisationen diskutierten Themen, sondern vielmehr um das punktuelle Setzen von Denkanstößen. Die Beiträge behandeln dabei – besonders in Phasen des starken Wirtschaftswachstums und einer nahezu vorliegenden Vollbeschäftigung – immer wieder hochgespielte Themen wie Agilität (→ Agilität), Partizipation (→ Partizipation) oder Selbstorganisation (→ Selbstorganisation), greifen aber auch Dauerbrenner der Organisationsgestaltung wie Kultur (→ Kultur), Strategie (→ Strategien) oder Leitbild (→ Leitbild) auf. Unter einigen Stichwörtern – beispielsweise Identifikation (→ Identifikation), Krise (→ Krise), Motivation (→ Motivation) oder Profession (→ Professionen) – wird man sich spontan etwas vorstellen können, während Bezeichnungen wie Auskühlung (→ Auskühlung), Bullshit (→ Bullshit), Slack (→ Slack), Gratifikationskrise (→ Gratifikationskrise), Kompetenzdarstellungskompetenz (→ Kompetenzdarstellungskompetenz) oder Scharlatanerie (→ Scharlatanerie) dazu einladen, sich von den dahinterstehenden organisationswissenschaftlichen Gedanken überraschen zu lassen. Auf Beiträge zu allzu modischen, sich in der Regel aus Anglizismen zusammensetzenden Begriffen wie Business Reengineering, Design Thinking, Homeoffice, Lean Management oder New Work habe ich verzichtet, weil die Halbwertzeit dieser Konzeptionen gering ist und man dieses Buch noch in zehn oder zwanzig Jahren mit Gewinn lesen soll.

Die Einwürfe zu zentralen Themen des Managements illustriere ich an unterschiedlichen Typen von Organisationen – Verwaltungen und Unternehmen, Krankenhäuser und Pflegeheime, Armeen und Polizeien, Universitäten und Schulen, Ministerien und ihre Vorfeldorganisationen, Vereine, Parteien sowie Religionsvereinigungen. Insbesondere in der Managementliteratur ist es ein verbreiteter Kurzschluss, bei Organisationen zuallererst an profitorientierte Unternehmen zu denken. Diese spielen in der kapitalistischen Wirtschaftsordnung zweifellos eine wichtige Rolle, aber das gilt in gleicher Form ebenso für die Bedeutung von Schulen im Erziehungssystem, für Universitäten in der Wissenschaft, für Parteien in der Politik oder für Moscheen, Kirchen und Synagogen in der Religion.

Da sich die Effekte bestimmter Entscheidungen in einzelnen Organisationstypen besonders gut beobachten lassen, können Rückschlüsse auf andere Organisationstypen gezogen werden. Wenn man beispielsweise über die Nebenfolgen sehr weitgehender Transparenzanforderungen in Parteien informiert ist, dann könnte auch Mitarbeitern in Unternehmen, Krankenhäusern oder Verwaltungen klarer werden, wie stark sie Einsichten in ihre allgemeinen Entscheidungsprozesse zugänglich machen wollen. Wenn man begreift, weswegen das Konzept der lernenden Organisation in Entwicklungshilfeorganisationen eine so wichtige Rolle spielt, dann lässt sich erkennen, wie und warum religiöse Organisationen, Unternehmen oder Schulen erfolgreich daran scheitern können.

Die Organisationswissenschaft hat sich in den letzten hundert Jahren zu einem Feld aus überraschenden Thesen, umfassenden theoretischen Konzepten und faszinierenden empirischen Beschreibungen entwickelt. Ich habe nicht ansatzweise den Anspruch, in den einzelnen Beiträgen die jeweils relevante Quellenlage zu referieren. Vielmehr geht es mir darum, mit eher sparsamen Literaturhinweisen in Fußnoten aufzuzeigen, woher die Ideen stammen und wo sich bei Interesse weiterlesen lässt. Bei den Referenzen handelt es sich gleichermaßen um Verweise auf bekannte Einsichten der Riesen der Organisationswissenschaft, um kleine versteckte Schätze von solchen Organisationswissenschaftlern, die eigentlich für andere Ideen bekannt geworden sind, aber auch um originelle Einsichten von Forschern, die im Stile eines wissenschaftlichen „One-Hit-Wonder" nur durch diese singuläre Erkenntnis auf sich aufmerksam gemacht haben.

Beiträge, deren thematischen Schwerpunkt ich bereits an anderer Stelle ausführlich entwickelt habe, sind entsprechend markiert. Dort lassen sich vertiefende Analysen und in vielen Fällen auch ausführlichere Literaturnachweise samt kontextueller Einordnung finden. In einigen der in den Fußnoten genannten Arbeiten von mir finden sich darüber hinaus Verweise auf empirische Studien, die den hier kompakt dargestellten Argumenten zugrunde liegen. Oftmals handelt es sich aber um organisationswissenschaftliche Überlegungen, zu denen ich (noch) nicht publiziert habe.

Weswegen uns Organisationen manchmal so wahnsinnig erscheinen

Auf den ersten Blick wirkt das Verhalten in Organisationen überraschend gleichförmig. Man sieht Arbeiter in Produktionshallen, die alle zwanzig Sekunden die gleiche Handbewegung machen, Soldaten, die im Gleichschritt über einen Exerzierplatz marschieren, oder Lehrer, die beim Hören eines Klingeltons mehr oder minder geordnet in ihre Klassenräume ziehen. Ein einziger Mechanismus ist für diese Gleichförmigkeit und Berechenbarkeit des Benehmens in Organisationen verantwortlich – die Formalität.

Hinter der Idee der Formalität versteckt sich ein kleines, aber äußerst folgenreiches Mittel der Verhaltenssteuerung. Wenn ich die Mitgliedschaft unter die Bedingung stelle, dass vorgegebene Erwartungen erfüllt werden müssen, dann kann ich ein überraschend gleichförmiges Auftreten der Mitglieder erreichen. Das Prinzip, welches den Mitgliedern dabei mehr oder minder explizit kommuniziert wird, ist einfach: Wer die vorgegebenen Anforderungen erfüllt, kann bleiben, wer sich offen gegen sie auflehnt, muss gehen.[3]

Aber das Leben in Organisationen ist viel unkalkulierbarer, als es der Blick auf das schriftlich niedergelegte Regelwerk und die mündlich kommunizierten formalen Anweisungen von Vorgesetzten nahelegen. Es existieren über die ganze Organisation reichende informale Netzwerke, welche für die Verbreitung von Informationen und die Vorbereitung von Entscheidungen nicht selten mindestens genauso wichtig sind wie die formalen Kommunikationswege. Arbeitsabläufe folgen nicht zwangsläufig den formal vorgegebenen Programmen, sondern es bilden sich informale Schleichwege aus, deren Kenntnisse nicht von minderer Relevanz als die der offiziell vorgegebenen sind. *(→ Regelbruch)* Da werden Entscheidungen nicht mit Verweis auf die formalen Rechte durchgesetzt, sondern über das Mobbing der Kollegen, die sich weigern, diese Beschlüsse mitzutragen. *(→ Kündigung)* In jeder Organisation bildet sich ein Unterleben aus, das man nicht erfasst, wenn man nur auf die für gewöhnlich gut sichtbaren formalisierten Erwartungen starrt. *(→ Kultur)*

Mit Blick auf dieses Unterleben gibt es eine Tendenz, Organisationen als „Irrenhäuser" zu beschreiben. Organisationen würden sich, so die Klage, von „Tretmühlen", in denen einst alle brav den formalen Regeln gefolgt seien, immer mehr in „Klapsmühlen" verwandeln. Mit

---

[3] Luhmann stellt einen engen Nexus zwischen Konformität und der Verfügung über Ein- und Austritt her. Organisationen gelingt es „trotz frei gewählter, variabler Mitgliedschaft hochgradig künstliche Verhaltensweisen relativ dauerhaft zu reproduzieren". Siehe *Niklas Luhmann*: Interaktion, Organisation, Gesellschaft. In: *ders.* (Hrsg.): Soziologische Aufklärung 2. Opladen 1975, S. 9–20, hier S. 12.

Sprüchen wie „Operative Hektik ersetzt geistige Windstille", „Hier arbeiten wir Hand in Hand; was die eine schafft, lässt die andere liegen" oder „Wer kriecht, kann nicht stolpern" würden Mitarbeiter ihre Haltung zum Ausdruck bringen. Arbeitsabläufe, so die Kritik, würden nicht zu einer höheren Effizienz beitragen, sondern endeten in einem „Irrgarten der Sinnlosigkeit". Führungskräfte ohne Eignung würden „auf den Chefsesseln dilettieren", ohne dass es groß zu stören scheine. In Meetings ginge es nicht um die Klärung von Sachfragen, sondern es würden sinnlose Machtkämpfe ausgetragen, in denen alle nur an Vorteilen für ihre eigenen Abteilungen interessiert seien.[4]

Bei allem berechtigten Kopfschütteln über den wahrgenommenen alltäglichen Irrsinn in Organisationen verkennen diese Beschreibungen jedoch die tiefer liegende Rationalität dahinter: Die Wahrnehmung von Chefs als Dilettanten gehört zur Realität vieler Organisationen, doch Angestellte finden in der Regel geeignete Mittel, um diese geschickt zu „unterwachen". *(→ Führungskräftebeschimpfung)* Machtkämpfe zwischen Abteilungen mögen von außen betrachtet irrational wirken, führen aber häufig dazu, dass in einer Organisation überhaupt etwas vorangeht. *(→ Macht)* Kurz: Oftmals sind es gerade die informalen Abweichungen von den formalen Regeln, die kreative Interpretation bestimmter Vorgaben oder die Versuche, eine Idee notfalls auch auf Kosten anderer Abteilungen durchzusetzen, welche die Organisation am Laufen halten.

Angesichts dieser auffälligen Diskrepanz zwischen der formalen und informalen Seite von Organisationen lässt sich immer öfter eine Flucht in klangvolle Konsensformulierungen beobachten. Es wimmelt nur so von Bekenntnissen zu einem „wertschätzenden Umgang", einer „authentischen Führung", einer „partizipativen Entscheidungsfindung", einem „ganzheitlichen Management", einer „aufrichtigen Kommunikation" oder einer „vertrauensvollen Zusammenarbeit". *(→ Partizipation → Vertrauen)* Der Drang zu solch wohlklingenden Werteformulierungen ist mehr als nachvollziehbar, haben diese doch eine wichtige Beruhigungsfunktion. *(→ Wertschätzung → Authenzitität)* Die in Leitbildern, Managementkonferenzen und Imagevideos zelebrierten Bekenntnisse zu ihnen halten schließlich die Hoffnung aufrecht, dass es inmitten des ganz formalen Wahnsinns einige verlässliche Haltepunkte gibt. *(→ Leitbilder → Werte)*

Nicht selten sind die lautstärksten Verkünder dieser Prinzipien Berater, Coaches und Trainer, die als Selbstständige unterwegs sind, ihre eigenen Kleinorganisationen führen oder in einem Netzwerk von Ein-Personen-Unternehmern aktiv sind. Für sie ist allein aufgrund ihrer Tätigkeitsform naheliegend, dass sie sich mit dem Zweck ihrer Berufung identifizieren, einen Sinn in ihrem Wirken sehen und stark an ihren Entscheidungen partizipieren. Dabei begehen sie allerdings den Fehler, dass sie das, was sie selbst in ihrer Klein- oder Kleinstorganisation leben und erleben, für größere Organisationen hochskalieren wollen. *(→ Wachstumsschmerzen)*

Sicherlich, der Aufbau und die Pflege einer Schauseite haben für Organisationen wichtige Funktionen. Organisationen sind mit widersprüchlichen Anforderungen ihrer Umwelt konfrontiert, müssen aber trotzdem ein konsistentes Bild abgeben. Dabei helfen der Aufbau und die Pflege einer aus konsensfähigen Werten bestehenden Schauseite. Diese bietet der Organisation Schutz: Sie dient dazu, Außenstehenden den Einblick zu verwehren, um in Ruhe Entscheidungen vorbereiten zu können, mögliche Konflikte vor der Außenwelt zu verbergen oder Fehler und Peinlichkeiten zu verheimlichen.[5]

---

4 So hier nur beispielhaft die Beschreibung von *Martin Wehrle*: Ich arbeite in einem Irrenhaus. Vom ganz normalen Büroalltag. Berlin 2011.

5 *Niklas Luhmann*: Funktionen und Folgen formaler Organisation. Berlin 1964, S. 113; *Stefan Kühl*: Organisationen. Eine sehr kurze Einführung. Wiesbaden 2020, 121 ff..

Deswegen wird von Mitarbeitern akzeptiert, dass Organisationen sich im Vokabelkasten des aktuellen Managementdiskurses bedienen, um eine attraktive Fassade aufzubauen. Das Klappern mit Modebegriffen gehört selbstverständlich zum Managementhandwerk dazu. *(→ Managementmoden)* Wenn aber die Führungskräfte anfangen, die Schauseite allzu sehr mit der Realität der Organisation zu verwechseln, ist der Effekt nicht selten erheblich. Schließlich muss dann nicht mehr nur die Diskrepanz zwischen informaler und formaler Seite gemanagt, sondern gleichzeitig auch noch der übermäßige Kontrast zwischen Außendarstellung und alltäglich erfahrener formaler und informaler Realität bearbeitet werden. Die allzu lebhaften Bekenntnisse zu Wertschätzung, Authentizität, Partizipation, Ganzheitlichkeit, Aufrichtigkeit und Vertrauen können dann eine kontraproduktive Wirkung entfalten. *(→ Zynismus)*

Wie müssen aus dieser Perspektive die Verbesserungsvorschläge von Managern und Beratern eingeschätzt werden, mit denen heutzutage jede Organisation überzogen wird?

Über (Gegen-)Sprichwörter des Managements

Wenn man Managementschriften liest, fühlt man sich nicht selten an die Bücher erinnert, die allabendlich in den Kinderzimmern vorgelesen werden. Gearbeitet wird mit einfachen Schwarz-Weiß-Schemata – hierarchische Fremdsteuerung versus teambasierte Selbststeuerung; Weisungen von oben versus gemeinsame Vereinbarungen; zweckorientierte Formalstruktur versus wertebasierte Organisationskultur; geteilte Einheiten versus kooperierende Zellen; zentralisierte Verantwortlichkeit versus dezentralisierte Verantwortung; starres Management versus flexible Führung oder gedankenlose Anpassung versus agile Haltung. Angesichts der simplen Gegenüberstellungen muss man nicht lange überlegen, mit welcher Seite man sich zu identifizieren hat.

Die Vorzüge solch simpel gebauter Kontraste dürfen nicht unterschätzt werden. Man kann sicher sein, dass die kognitiven Fähigkeiten der Rezipienten auf diese Weise nicht überfordert werden. Es lassen sich übersichtliche Tabellen bauen, in denen das Böse dem Guten gegenübergestellt und damit ein schneller Konsens für das Richtige hergestellt werden kann. Damit einhergehend lassen sich leicht zugängliche Storys konzipieren, in denen der mühsame, aber hochbefriedigende Weg in Richtung Erleuchtung nachgezeichnet werden kann. *(→ Fortschritt)* Der Nachteil dieser einfachen Kontrastierungen ist allerdings, dass sie mit dem organisationalen Alltag nichts zu tun haben.

Schon vor etlichen Jahrzehnten hat der Organisationstheoretiker und Wirtschaftswissenschaftler Herbert A. Simon darauf aufmerksam gemacht, dass die landauf, landab verkündeten Prinzipien des Managements wie Sprichwörter funktionieren.[6] Für jedes Sprichwort, das eine Weisheit bekannt gibt, lässt sich eine gleichermaßen einleuchtende Redensart finden, mit der genau das Gegenteil belegt werden kann. Die Aussage „Gleich und Gleich gesellt sich gern“ überzeugt nicht weniger als die Feststellung „Gegensätze ziehen sich an“; „Jeder ist seines Glückes Schmied“, doch „Zusammen sind wir stark“. Zugegeben: „Wer rastet, der rostet“, aber wir wissen auch, dass in „der Ruhe die Kraft liegt“.

Auf ähnliche Weise lässt sich für jede Binsenweisheit, die ein Managementberater verkündet, die Binsenweisheit eines anderen, manchmal sogar desselben Managementberaters finden, welche das genaue Gegenteil empfiehlt. So wird zum einen eine Diversifizierung der Angebote

---

6 *Herbert A. Simon*: The Proverbs of Administration. In: Public Administration Review 6 (1946), S. 53–67.

gefordert, um die Risiken zu streuen, aber zeitgleich wird auch eine Konzentration auf das Kerngeschäft verlangt. Auf der einen Seite erklingt der Wunsch danach, dass Führungskräfte Verantwortung nach unten abgeben sollen, auf der anderen Seite soll sichergestellt werden, dass im Notfall schnelle Entscheidungen getroffen werden können.[7] Mit dem Spruch „vier Augen sehen mehr als zwei" wird ein Loblied auf Teams gesungen, doch im nächsten Atemzug wird auf die Verantwortungsdiffusion hingewiesen, wenn es heißt, dass „viele Köche den Brei verderben" würden.[8] Die Gemeinsamkeit dieser Vielzahl von Floskeln liegt in dem Umstand, dass in allen Fällen beide Perspektiven zuerst einleuchtend klingen, sich diese Prinzipien in der Realität allerdings widersprechen.[9]

Letztlich gibt es also keine Beschreibung von Organisationen, ohne dass nicht gleich von und für Praktiker eine Lösung angeboten wird: In Organisationen müssten, so die Aussage, zwei sich eigentlich widersprechende Pole zur gleichen Zeit entfaltet und auf einer höheren Ebene miteinander vereinbar gemacht werden. Es wimmelt nur so von Formulierungen wie „kontrollierte Autonomie", „geführte Selbststeuerung" oder „gemanagte Selbstorganisation", die versprechen, konträre Grundsätze miteinander zu vereinbaren. Das Fremdwort „Ambidextrie" – die Vereinbarkeit widersprüchlicher Prinzipien – geht inzwischen vielen Managerinnen und Managern problemlos über die Lippen.[10]

So weit, so gut. Durch die Proklamierung einer Vereinbarung des Unvereinbaren wird allerdings ein zentraler Effekt von Entscheidungen in Organisationen abgedunkelt: Jede Entscheidung in jeder Organisation bringt, allen positiven Wirkungen zum Trotz, zwangsläufig auch immer problematische Nebeneffekte mit sich. *(→ Entscheidungen)* Die konsequente Verschlankung der Prozesse hat zur Folge, dass man für außergewöhnliche Ereignisse keinen Puffer hat. Die Einforderung und Durchsetzung von Regeltreue führen dazu, dass Organisationen nicht situativ auf etwaige Ereignisse reagieren können. *(→ Compliance)* Kurz: Egal, wie man sich entscheidet, man kann sicher davon ausgehen, dass sich ungewollte Nebenfolgen ausbilden.[11]

Das bedeutet, dass man bei jeder, nach langer Überlegung getroffenen Entscheidung mit guten Gründen auch genau das Gegenteil hätte bestimmen können. Man hat sich zwar auf eine klare Strategie festgelegt, doch vielleicht hätte man sich angesichts der sich schnell ändernden Umweltbedingungen nicht allzu sehr festlegen sollen.[12] Man hat mit guten Argumenten entschieden, der Empfehlung aus dem Qualitätsmanagement „First time right counts" zu folgen, nur um dann festzustellen, dass ein „Just do it, and then keep figuring out how to do it better" genauso plausibel gewesen wäre.[13] Letztlich kann man zu der Erkenntnis gelangen, dass es für die Selbstsicherheit, die in der Managementliteratur verbreitet wird, keine überzeugenden Gründe gibt.

---

7 *Mats Alvesson, André Spicer*: The Stupidity Paradox. The Power and Pitfalls of Functional Stupidity at Work. London 2016, 105 ff..

8 *John Gastil*: The Group in Society. Los Angeles, London 2010, S. ix. Er nutzt die englische Gegenüberstellung „A camel is a horse designed by a committee" und „Two heads are better than one".

9 *H. A. Simon*: The Proverbs of Administration (wie Anm. 6), 56f.

10 Siehe früh *William H. Starbuck*: Surmounting Our Human Limitations. In: *Robert E. Quinn, Kim S. Cameron* (Hrsg.): Paradox and Transformation. Toward a Theory of Change in Organization and Management. Cambridge 1988, S. 65–80, 67f.

11 *Niklas Luhmann*: Organisation, soziologisch. In: *Hermann Kunst, Siegfried Grundmann* (Hrsg.): Evangelisches Staatslexikon. Berlin 1966, S. 1410–4114, 1411f.

12 *John Micklethwait, Adrian Wooldrige*: The Witch Doctors. Making Sense of the Management Gurus. London 1996, S. 142.

13 *Eileen C. Shapiro*: Fad Surfing in the Boardroom. Managing in the Age of Instant Answers. Reading 1996, S. 182.

Wider den Neuigkeitsdramatisierungen

Neue Managementkonzepte werden häufig mit großem Brimborium in den Organisationen verkündet. Jedes neue Programm wird dabei als eine „einzigartige Disruption" in der Art des Organisierens verkauft.[14] Die neuen Managementideen werden den alten Strukturen gegenüber als ein „fundamentales Upgrade" präsentiert. Jede noch so kleine Modifikation wird als eine bis dahin nie dagewesene „Revolution" beschrieben.[15] *(→ Disruption)*

Ein solcher Drang zur Dramatisierung wirkt auf den ersten Blick durchaus verständlich. Gerade Manager, die neu in eine Organisation eintreten, sehen sich gezwungen, durch zumindest begriffliche Innovationen zu zeigen, dass sie die Dinge anders – und vor allem: erfolgreicher – angehen als ihre Vorgänger. Berater konkurrieren mit anderen Beratern nicht nur um Kunden, sondern auch um die Meinungsführerschaft über Organisationskonzepte. Journalisten mögen zwar durchschauen, dass es sich bei vielen propagierten Managementkonzepten lediglich um die sprachlich aufgemotzte Variante eines bereits seit langer Zeit bekannten Gedankens handelt, stehen aber unter dem Druck, ihren Leserinnen und Lesern originelle Meldungen zu verkaufen. Auf diese Weise tragen sie letztlich immer wieder dazu bei, eine lediglich neu angemalte Sau durch die organisationalen Dörfer zu treiben.[16] *(→ Managementmoden)*

Man muss Respekt vor der Kreativität haben, mit der im Managementdiskurs neue Ausdrücke für die eigentlich immer gleichen Phänomene gefunden werden. Erst durch diese rhetorische Erfindungsgabe ist es überhaupt möglich, vergessen zu lassen, dass man die Einführung eines aktuell heiß gehandelten Konzeptes vor zehn und häufig auch schon vor zwanzig Jahren bereits unter einem anderen Synonym versucht hat. Natürlich könnte man einwenden, dass die Erfindung neuer Begriffe für etwas eigentlich Bekanntes das in Organisationen vorhandene Wissen über dessen Vor- und Nachteile vernichte, aber dieser Vorbehalt geht von der naiven Vorstellung aus, dass es in Organisationen vorrangig (oder überhaupt) aufs Lernen ankomme.[17] *(→ Evaluation → Lernen)*

Trotz der Anerkennung für die Erfindung neuer Bezeichnungen und deren Funktionen werde ich versuchen, den Drang zur Neuigkeitsdramatisierung an dieser Stelle nicht mitzumachen. Alle zentralen Maximen, nach denen Organisationen ausgerichtet werden können, so die Beobachtung des Managementforschers Peter F. Drucker, sind schon vor über hundert Jahren identifiziert worden. Sämtliche Moden und Konzepte, die seit dieser Phase propagiert wurden, sind lediglich kleinere Variationen und Erweiterungen von seit langer Zeit bekannten Prinzipien zur Ausrichtung von Organisationen.[18] *(→ Agilität)*

Trotz dieses gemeinhin zur Verfügung stehenden Wissens ist aber eins klar: Organisationen werden sich in der Regel nur schwer aktuell gehandelten Managementmoden entziehen können. Wenn gerade alle auf diskursive Klingeltöne wie Agilität, Digitalität, Elastizität, Mobilität oder Vitalität reagieren, muss man solchen Trends zumindest oberflächlich Folge leisten, um

---

14 Siehe dazu *Paula Phillips Carson u. a.*: Clearing a Path Through the Management Fashion Jungle. Some Preliminary Trailbazing. In: Academy of Management Journal 43 (2000), 6, S. 1143–1158, hier S. 1143.

15 Siehe dazu *Robert Jackall*: Moral Mazes. The World of Corporate Managers. Oxford 1988, S. 142.

16 Siehe dazu *Stefan Kühl*: Sisyphos im Management. Die vergebliche Suche nach der optimalen Organisationsstruktur. Frankfurt a. M., New York 2015, 9 ff..

17 Zu dieser naiven Annahme siehe zum Beispiel *Peter M. Senge*: The Fifth Discipline: The Art and Practice of the Learning Organization. New York 1990.

18 *Peter F. Drucker*: People and Performance. The Best of Peter Drucker on Management. London 2016, S. 19.

nicht an Legitimität zu verlieren.[19] Einen echten Mehrwert in diesem Zusammenhang bietet das Verständnis darüber, wie solche Managementmoden entstehen, wie sie am Leben gehalten werden, wie sie vergehen und – für Praktikerinnen und Praktiker besonders relevant – wie man sie für eigene Vorhaben nutzen kann.

Zuspitzungen als Zumutungen

Die eine oder andere hier vorgestellte Überlegung wird von den Leserinnen und Lesern als provozierend empfunden werden. Was treibt einen Organisationswissenschaftler dazu, schwerwiegende Regelbrüche, die nicht selten die Existenz von Organisationen gefährden können, als „brauchbare Illegalität“ zu bezeichnen? *(→ Regelbruch)* Wie kann man nur auf die Idee kommen, die „Heuchelei“ als notwendige Überlebensstrategie von Organisationen zu beschreiben? *(→ Heuchelei)* Wie kann man nur zu der Ansicht gelangen, dass die Funktionen von Coachings vorrangig in der Ermöglichung von „Auskühlungszeiten für Versager“ oder in der Schaffung von „Ersatzbefriedigungen für Personen ohne Aussicht auf ein Weiterkommen“ seien? *(→ Auskühlung → Coaching)*

Dieses Gefühl der Überraschung, Irritation oder sogar Provokation hängt mit der Art und Weise zusammen, mit der Organisationswissenschaftler – besonders wenn sie von der soziologischen Systemtheorie inspiriert sind – an ihren Untersuchungsgegenstand herangehen. Sie fertigen distanzierte Fremdbeschreibungen von Organisationsphänomen an, die mit den Selbstbeschreibungen, die die sozialen Systeme von sich anfertigen, nicht abgestimmt sind. Die organisationswissenschaftliche Herangehensweise unterscheidet sich somit an dieser Stelle ganz grundlegend von der von Managern oder Beratern, die notgedrungen Rücksicht auf die von ihnen beschriebenen Einrichtungen nehmen müssen. *(→ Systemisches)*

Zwar stehen auch Berater und Manager nicht selten unter dem Druck, der Organisation etwas Neues bieten zu müssen. Sie müssen aber ihre Überraschungen in der Regel so verpacken, dass sie sich positiv auf die offiziellen Selbstbeschreibungen der Organisationen beziehen. Bei aller offen ausgesprochenen Kritik, die sie sich leisten können, muss immer das Versprechen mitgeführt werden, dass das Gesagte und Gedachte der Organisation unmittelbar weiterhelfen kann. Von diesem Anspruch sind Organisationswissenschaftler – jedenfalls wenn sie den Anspruch an die Wissenschaftlichkeit ernst nehmen – befreit. *(→ Wissenschaftsgläubigkeit)*

Es ist geradezu das Qualitätskriterium einer Organisationswissenschaft, Beschreibungen anzufertigen, die nicht in den offiziellen Selbstbeschreibungen der Organisationen existieren. Das Schlimmste, was einem als Organisationswissenschaftlerin oder Organisationswissenschaftler passieren kann, ist, wenn man lediglich in semantisch elaborierter Form nacherzählt, was die Praktiker bei offiziellen Anlässen die ganze Zeit von sich geben. In einem solchen Fall bliebe jeglicher Mehrwert in Form einer zusätzlichen Perspektive aus, da lediglich die ohnehin bereits vorherrschenden und für jeden einzusehenden Selbstbeschreibungen in sprachlich aufgemotzter Form dupliziert werden würden.

Aber obwohl der eine oder andere von Organisationswissenschaftlern formulierte Gedanke als irritierend empfunden werden kann, versteckt sich hinter jeder Idee und Beobachtung dieser Art der zugrunde liegende Anspruch, den Gegenstand „Organisation“ angemessener

[19] Siehe zum Begriff *Jürgen Kaube*: Diskursive Klingetöne. Frankfurt a. M. 2012.

zu beschreiben, als es die übliche Managementliteratur tut. Dahinter befindet sich weiterhin ein enormer Respekt vor dem Wissen von Praktikern, die außerhalb von Führungskräftekonferenzen, Change-Seminaren und Managementverlautbarungen häufig in der Lage sind, sehr präzise Darstellungen über die Funktions- und Vorgehensweisen ihrer Organisationen zu geben. Vieles, das man in vertraulichen Zweiergesprächen erfährt, widerspricht grundlegend der Schauseite der Organisation, ist aber gerade deswegen gar nicht so weit von dem entfernt, wie die Organisationsforscher diese Phänomene beschreiben würden.

Hinter dem Anspruch einer zutreffenderen Beschreibung liegt der Provokationsgehalt organisationswissenschaftlicher Ausführungen. Organisationswissenschaftler wären die Ersten, die Verständnis dafür hätten, wenn solche Schilderungen von den Beschriebenen zurückgewiesen werden würden.[20] Egal, ob Organisationswissenschaftler agile Organisationsformen, die Missbrauchsfälle in der Kirche, etwaige Effekte gruppendynamischer Trainings oder die Gräueltaten aus den Vernichtungslagern in der NS-Zeit beschreiben – wenn die organisationswissenschaftlichen Beschreibungen, aus welchen Gründen auch immer, nicht überhört werden können, schützt sich das System mit klassischen Immunisierungsformeln wie „Sie haben das selbst ja noch nicht am eigenen Leib erlebt", „Sie sind ja damals nicht dabei gewesen" oder „Das verstehen Sie erst, wenn Gott einmal direkt zu Ihnen gesprochen hat".[21]

Aber auch wenn Organisationswissenschaftler Fremdbeschreibungen anfertigen, die mit den offiziellen Selbstbeschreibungen inkompatibel sind, bedeutet das nicht, dass sie ihre für Praktiker ketzerisch wirkenden Charakterisierungen nicht auch situationsbezogen dosieren können. *(→ Tabus)* In Beratungssituationen brauchen die durch eine organisationswissenschaftliche Perspektive geprägten Organisationsberater – genauso wie alle anderen Konsultanten auch – eine vertrauensvolle Auftraggeber-Auftragnehmerin-Beziehung. *(→ Wertschätzung)* Die Fremdbeschreibungen werden deswegen in der Regel in homöopathischen Dosen eingebracht, weil sonst jede Intervention sofort durch das Immunsystem der Organisation abgestoßen zu werden droht. In Workshops mit Berufsverbänden von Beratern oder Managern kann es daher durchaus sinnvoll sein, die organisationswissenschaftlichen Einsichten durch die Nutzung von Sprachfiguren wie „autopoietische Prozesse", „Selbst- und Fremdreferenz" oder „Form-Medien-Unterscheidungen" zu kaschieren, weil sonst deren Selbstbild zu stark erschüttert werden könnte. Indes kommt es gerade in Veröffentlichungen, Vorträgen oder Podcasts, die sich an ein allgemeines Publikum richten, darauf an, den überraschenden organisationswissenschaftlichen Gedanken zu dem insbesondere für Praktiker vermeintlich vertrauten und bekannten Phänomen in zugespitzter Form herauszuarbeiten.

Leserinnen und Leser seien also gewarnt: Der Anspruch, organisationswissenschaftliche Ideen in einer verständlichen Weise vorzustellen, setzt die Bereitschaft voraus, sich mit in vielen von den üblichen Darstellungsformen in der Managementliteratur abweichenden Beschreibungen auseinanderzusetzen. Praktikerinnen und Praktiker, die eher auf der Suche nach der Bestätigung von normalerweise im Managementdiskurs bereits Gedachtem und Gesagtem aus sind, sei von der Lektüre dieses Buches abgeraten. Sie würden sich zu sehr ärgern.

[20] Siehe dazu *Niklas Luhmann*: Kommunikationssperren in der Unternehmensberatung. In: *Niklas Luhmann, Peter Fuchs* (Hrsg.): Reden und Schweigen. Frankfurt a. M. 1989, S. 209–227, hier S. 219.

[21] Siehe dazu nur beispielhaft *Stefan Kühl*: Rollen und Personen. Konsequenzen einer Unterscheidung. In: Organisationsentwicklung (2019), 4, S. 6–11, hier S. 8.

#1 Agilität

... und täglich grüßt das Murmeltier

Eine Zeit lang gehörte es zum guten Stil, dass Manager an ihre Unternehmen, Verwaltungen, Armeen oder Universitäten die Forderung nach mehr „Agilität" stellten. Berater setzten das Wort „agil" vor jedes nur irgendwie in der Managementliteratur verwendete Nomen. Es war die Rede von „agiler Projektentwicklung", „agiler Prozesssteuerung", „agiler Organisationsentwicklung", „agilem Qualitätsmanagement" oder „agiler Führung". Der Fantasie bei der Verwendung des Begriffs schienen keine Grenzen gesetzt zu sein. Aber was verbirgt sich hinter diesem einst so gefeierten Begriff der Agilität?

„Unter Agilität" wurde, so eine typische Definition, „die Fähigkeit einer Organisation verstanden, sich kontinuierlich an ihre komplexe, turbulente und unsichere Umwelt anzupassen." „Für ein Unternehmen bedeutet Agilität", so die Logik, „die Fähigkeit, in einer Wettbewerbsumgebung gewinnbringend zu operieren, die charakterisiert ist durch ständige, aber unvorhersehbare, sich ändernde Kundenwünsche." Von großer Wichtigkeit sei dabei ein „agiles Mindset" aller Mitarbeiter, welches einen „wertschätzenden Umgang", „eine Begegnung auf Augenhöhe" ermögliche.[22] (→ Haltung)

Solche Definitionen für Agilität lösen das Gefühl spontaner Zustimmung aus. Welche Vorgesetzten würden mit Ablehnung reagieren, wenn gefordert wird, dass sich ihre Organisation einer komplexen, turbulenten und unsicheren Umwelt anpassen sollte? Welcher Manager würde sich gegen die Fähigkeit aussprechen, in einer sich ständig wandelnden „Wettbewerbsumgebung zu operieren"? Welche Mitarbeiter würden nicht dafür plädieren, dass es in ihrer Organisation auf einen „wertschätzenden Umgang" und auf „Begegnungen auf Augenhöhe" ankäme? Die fast schon automatisch vonstattengehende Akzeptanz dieser Phrasen wurde letztlich durch eine mehr oder minder gut kaschierte Banalität erkauft.

Bei der Auseinandersetzung mit Agilität ist es möglich, ein einfaches Testverfahren anzuwenden, um den Gehalt der Oberflächlichkeit von Managementempfehlungen zu bestimmen: Mit solch Banalitäten haben wir es immer dann zu tun, wenn sich aus der Negation der Empfehlung eine nicht in Betracht kommende Alternative ergibt.[23] Wenn der selbst ernannte Managementguru Stephen R. Covey beispielsweise empfiehlt, proaktiv auf Überraschungen zu reagieren, erkennt man die eigentliche Inhaltslosigkeit der Empfehlung durch deren Negation. Es spricht nämlich wenig dafür, sich von Überraschungen überraschen zu lassen. Genauso hat er recht, wenn er vorschlägt, die wichtigste Sache zuerst zu erledigen – schließlich scheint uns die Empfehlung, die wichtigsten Sachen bis zum Ende aufzuheben, als wenig hilfreich.[24] (→ Werte)

---

22 Weil bei den Definitionen von Agilität sowieso alle voneinander abschreiben, verzichte ich hier auf Literaturangaben.

23 So der Vorschlag von *Aloys Gälweiler*: Strategische Unternehmensführung. Frankfurt a. M., New York 1987. Siehe dazu auch *Alexander T. Nicolai*: Versteckte Kreisgänge in der Managementliteratur. In: Zeitschrift Führung & Organisation 5 (2003), S. 272–278, 272 ff..

24 Siehe auch die Analyse von *Vincent Barabba, Russell L. Ackoff John Pourdehnad*: On Misdirecting Management. In: Strategy & Leadership H 5 (2002), S. 5–9, 7f.

Beim Hype um die Agilität konnte man die Grundstruktur beobachten, die den meisten Managementmoden der letzten Jahrzehnte zugrunde lag. Bei einer Managementmode wird ein für einen einzelnen Bereich oder eine einzige Abteilung des Unternehmens sinnvolles Prinzip zu einem Schlüsselkonzept für die ganze Organisation erklärt. Der in vielen Fällen plausible Gedanke, in Teams, in der Entwicklung, der Fertigung, der Montage oder des Vertriebs auf einen Vorgesetzten zu verzichten, wurde in Konzepten der agilen Organisation zum Prinzip für die Gesamtstruktur „hochgejazzt". Die schlüssige Idee der agilen Softwareentwicklung, statt eines über Monate oder gar Jahre andauernden Planungsprozesses nur noch von Woche zu Woche Ziele für die Softwareentwicklung zu vereinbaren, wurde im Konzept der agilen Organisation als Leitidee für das ganze System ausgegeben. (→ Managementmode)

Je breiter das im Anwendungsfall der agilen Softwareentwicklung konkret ausdefinierte Konzept gefasst wurde, desto unspezifischer wurde es allerdings. Irgendwann wurde das Modell der agilen Organisation nur noch vorrangig auf abstrakte Prinzipien wie „Mut", „Fokus", „Leidenschaft", „Respekt" und „Offenheit" zurückgeführt. Die Grundidee wurde auf eher wolkige Maximen wie „Pioniergeist", „Vertrauen", „Selbstverantwortung", „Kollaboration" und „Lernbereitschaft" reduziert.

Entkleidet man das Konzept von den nach Zustimmung heischenden Wohlfühlformeln, bleiben letztlich drei zentrale Prinzipien übrig: Erstens ist die Auflösung strikter Grenzen zwischen den Silos der Organisation zu beobachten, wodurch die Zusammenarbeit über Abteilungen hinweg einfacher gemacht wird. Alternativ wird von vornherein ganz auf die Bildung fester Ressorts verzichtet. Zweitens findet eine damit einhergehende Rücknahme der hierarchischen Grundstruktur der Organisation (bis hin zu ihrer kompletten Abschaffung) statt. Schließlich ist auch noch der Verzicht auf eine starke Formalisierung der Organisation zu nennen. Letzteres geschieht in der Hoffnung, dass sich durch die damit einhergehende Selbstorganisation effizientere und effektivere Abstimmungsverfahren ausbilden.[25]

Für die Auflösung von Abteilungen, die Reduzierung von Hierarchien oder die Rücknahme formaler Steuerung mag in konkreten Situationen einiges sprechen, aber das, was unter dem Label der „agilen Organisation" serviert wurde, war kalter Kaffee. In den 1960er- und 1970er-Jahren wurden die Prinzipien unter den Namen „synthetische Organisation", „organische Form des Unternehmens", „temporäres System", „Adhocratie" oder „Flex-Firma" propagiert. In den 1980ern und 1990ern wurden für die gleichen Ideen dann Begriffe wie „integrativ-innovatives System", „multizellulare Organisation", „intelligente Organisation", „fraktale Unternehmung" sowie „modulare Organisation" prominent gemacht. Anschließend wurden Bezeichnungen wie „grenzenlose Organisation", „zentrumslose Unternehmung", „kollaborative Organisation", „horizontales System" oder „selbstmanagende Organisation" attraktiv. Die Popularisierung der angesprochenen Prinzipien unter „agiler Organisation" war also lediglich eine weitere Volte in der Erfindung neuer Namen für das (fast) immer Gleiche.[26]

---

[25] Siehe zu den Merkmalen postbürokratischer Organisationsformen *Stefan Kühl*: Wenn die Affen den Zoo regieren. Die Tücken der flachen Hierarchien. Frankfurt a. M., New York 2015, 60 ff..

[26] Ich verzichte darauf, die jeweiligen Erfinderinnen und Erfinder der Begriffe anzugeben. Eine simple Recherche im Internet reicht aus.

#2 Aktionspläne

Die Suggestion von Handlungsorientierung

„Wer macht was mit wem bis wann" – an diesen Festlegungen am Ende eines Workshops wird häufig der Erfolg eines Zusammentreffens bemessen. Change-Manager, die die Ergebnisse nicht in Aktionslisten gegossen haben, handeln sich unterdessen Kritik ein, denn Tätigkeitslisten und Aktionspläne signalisieren allen Beteiligten, dass nicht nur „gequatscht" wurde, sondern auch, dass man über eine systematische Ergebnissicherung den Transfer der Gruppengespräche ins Alltagsgeschäft sichergestellt hat. *(→ Businesspläne)*

Die regelmäßig zu hörende Klage lautet jedoch, dass Tätigkeitslisten oft nicht in die Praxis umgesetzt würden: Die Aufgaben würden zu generell formuliert, das spätere Abchecken der Listen werde vergessen und Aufgaben würden nur zu dem Zweck erledigt, um in der nächsten Workshoprunde signalisieren zu können, dass man etwas gemacht habe.

Probleme bei der Verfolgung von Tätigkeitslisten und Aktionsplänen werden häufig auf eine mangelnde Veränderungskultur in Organisationen, fehlenden Durchhaltewillen des Managements oder handwerkliche Ungeschicklichkeiten bei der Erstellung der Tätigkeitslisten zurückgeführt. Alles wird als Ursache für die Wirkungslosigkeit der To-do-Listen herangezogen – einzig der Zweck dieser Listen wird nicht infrage gestellt. Die Idee und das Konzept seien gut, lediglich die Praxis lasse zu wünschen übrig.

Für Change-Manager ist diese Erklärung dankbar, können sie die fehlerhafte Praxis als Auftrag zu immer neuen Perfektionierungsversuchen dieser doch so wichtigen Tätigkeitslisten verstehen. Sicherlich ist solch ein ewiger Beschäftigungsauftrag für Berater, Personaler und Weiterbildner finanziell interessant, aber es ist fraglich, ob die hinter den Tätigkeitslisten liegende Dimension wirklich erfasst wird.

Die Organisationswissenschaftler Michael Cohen, James March und Johan Olsen haben festgestellt, dass Handlungen in Unternehmen, Verwaltungen, Krankenhäusern, Schulen und Universitäten selten das Ergebnis systematischer Überlegungen, Planungen und Vereinbarungen sind. Viel häufiger komme es vor, dass Aktionen Resultate zufälligen Zusammentreffens von Problemen, von im Raum schwirrenden Lösungen und von interessierten Akteuren seien. Die Anschaffung einer neuen Maschine resultiere nicht aus einer langen, systematischen Investitionsvorbereitung, sondern sei das Ergebnis zufällig vorhandener Mittel, und die Schaffung eines neuen Postens sei keine Folge eines neu entstandenen Aufgabenprofils, sondern diene dazu, einen vorhandenen, altbewährten Mitarbeiter von zentralen Stellen des Unternehmens zu entfernen.[27] Der Clou dieses Denkens ist, dass es die Chaotik, Sperrigkeit und Komplexität von Entscheidungsprozessen in Organisationen so beschreibt, wie sie sind, ohne diese im Stil der meisten Managementratgeber allzu schnell mit einem stringenten, zielorientierten Idealmodell zu kontrastieren.

---

[27] *Michael D. Cohen, James G. March, Johan P. Olsen*: Ein Papierkorb Modell für organisatorisches Wahlverhalten. In: *James G. March* (Hrsg.): Entscheidung und Organisation: Kritische und konstruktive Beiträge. Wiesbaden 1990, S. 329–372.

Derweil hängt die Popularität der Tätigkeitslisten mit der Handlungsorientierung von Managern zusammen. Schließlich gilt das „Do it" als Ausdruck eines guten Managementstils. Für Berater, Projektleiter und Veränderungsmanager ist die Erstellung von Aktionsplänen ein einfacher Mechanismus, um das organisatorische Glaubensbekenntnis der Handlungsorientierung zu pflegen.[28]

Man braucht als Berater, Projektmanager oder Change-Manager nicht auf Aktionspläne zu verzichten. Bloß – und das ist der zentrale Gedanke –sollte man nicht enttäuscht sein, wenn viele Tätigkeitslisten im Unternehmen nicht in konkrete Handlungen umgesetzt werden. Es ist wie mit den Glaubensbekenntnissen in der Kirche, die sehr häufig ebenfalls folgenlos bleiben, aber natürlich trotz (oder auch in) ihrer Folgenlosigkeit wichtige Funktionen für das religiöse Leben erfüllen.

Aktionspläne erfüllen stattdessen ganz andere Funktionen als die offiziell propagierten. Erst indem man signalisiert, dass man sich über konkrete Handlungen unterhält, findet in Diskussionen Verständigung statt. *(→ Verständigung)* Solange nicht die Drohung im Raum steht, dass das, was diskutiert wird, auch Konsequenzen haben könnte, sehen Mitarbeiter nämlich nicht die Notwendigkeit, sich wirklich ernsthaft miteinander auseinanderzusetzen. Nur durch die mit Aktionsplänen symbolisierte Warnung „Es könnte auch ernst werden", werden Diskussionen nicht zu reinen Scheingefechten. Zu beachten ist hierbei jedoch, dass in der Regel diese Verständigungen das Ergebnis der Diskussionen selbst und nicht die Folge der Aktionspläne sind, die häufig ihre wohlverdiente Ruhe in den Schubladen der Organisationen genießen. Aktionspläne haben ihre Schuldigkeit in der Regel bereits getan, bevor sie überhaupt in Aktionen umgesetzt werden.

Nur durch die mit Aktionsplänen symbolisierte Warnung „Es könnte auch ernst werden", werden Diskussionen nicht zu reinen Scheingefechten.

---

[28] Siehe zur Ausrichtung von Managementtätigkeiten früh *Henry Mintzberg*: The Nature of Managerial Work. New York 1973.

#3 Auskühlung

Über das Management von Erwartungen in Organisationen

Die Aussicht auf Aufstieg ist ein zentrales Motiv dafür, dass sich Personen über das formal Erwartete hinaus engagieren. Der Ausblick auf eine studentische Hilfskraftstelle kann Studierende dazu motivieren, sich bei einzelnen Lehrenden besonders ins Zeug zu legen. Die Hoffnung auf eine Karriere in einem Unternehmen kann Mitarbeiter dazu verleiten, Aufgaben zu übernehmen, die laut Stellenbeschreibung nicht vorgesehen sind.

Diese Motivationswirkung von in Aussicht gestellten Aufstiegen kann strategisch eingesetzt werden. Eine Dozentin lobt einen Studenten, der vielleicht noch gar nichts von seinen Fähigkeiten ahnt, und stellt die Unterstützung bei seiner wissenschaftlichen Karriere in Aussicht, um weitere Leistungssteigerungen zu motivieren. Die Vorgesetzte in einem Unternehmen weist ihre Mitarbeiterin, die vielleicht erst einmal nur auf der Suche nach einem gut bezahlten Job war, auf die verschiedenen Karrierestufen innerhalb der Organisation hin und erzeugt so einen zusätzlichen Ansporn. In der Soziologie wird dieses Phänomen der Weckung von Leistungsmotivation bei Personen, die sich ihres Potenzials selbst nicht bewusst waren, als „Aufwärmung" bezeichnet.[29]

Das Problem ist jedoch, dass es nicht nur hilfreich sein kann, Erwartungen zu wecken, sondern es nicht selten auch nötig ist, diese zu enttäuschen.[30] Wir kennen das aus dem Alltag. Gewiefte Trickbetrüger wissen, dass sie nach einem erfolgreichen Betrug ihre Opfer nicht allein lassen sollten. Sie lassen daher einen sogenannten „Cooler" beim Opfer, der versucht, das Opfer an seinen Verlust zu gewöhnen und allzu heftige Reaktionen zu verhindern.[31] In Nachtclubs und Singletreffs kann man beobachten, wie Frauen – und zunehmend auch Männer – Strategien entwickeln, um Verehrer auszukühlen. Diese Auskühlungsstrategien können von Verweisen auf einen festen Freund, dem folgenlosen Hinterlassen von (meistens falschen) Telefonnummern bis hin zu der plötzlichen Entdeckung der eigenen Homosexualität reichen, weil gerade diese als ein akzeptiertes Ablehnungsmotiv für andersgeschlechtliche Wesen gilt.[32] Die „Henkersmahlzeit" oder die „letzte Zigarette", die einem zur Todesstrafe verurteilten Häftling vor der Exekution angeboten wird, hat eine ähnliche Funktion. Dadurch, dass der Todeskandidat die Mahlzeit oder Zigarette annimmt, wird der Delinquent an die Akzeptanz des Urteils herangeführt.[33] Techniken, um Personen an unangenehme Entscheidungen zu gewöhnen, hat der Soziologe Erving Goffman mit dem Begriff der „Auskühlung" bezeichnet.[34]

---

[29] Zum Konzept des Warming-up in Kombination mit dem Cooling-out siehe für den Fall von Hochschulen *Oliver Berli*: Warming up und Cooling out in der Wissenschaft. Zur Entwicklung von Möglichkeitshorizonten am Beispiel von Wissenschaftskarrieren in Deutschland. In: Berliner Journal für Soziologie 31 (2021), S. 327–352.

[30] Eine Ausarbeitung des Konzepts des Auskühlens in Bezug auf Coaching und Supervision findet sich in *Stefan Kühl*: Coaching und Supervision. Zur personenorientierten Beratung in Organisationen. Wiesbaden 2008, 58f.

[31] *Erving Goffman*: On Cooling the Mark Out. In: Psychiatry 15 (1952), S. 451–463, 451 ff..

[32] *David A. Snow, Cherylon Robinson, Patrica L. McXall*: "Cooling Out" Men in Singles Bars and Nightclubs. In: Journal of Contemporary Ethnography 19 (1991), S. 423–449, 423 ff..

[33] *Hans von Hentig*: Über den Ursprung der Henkersmahlzeit. Tübingen 1958, 9 ff.

[34] Die erste Erwähnung findet sich bei *E. Goffman*: On Cooling the Mark Out (wie Anm. 31).

In Organisationen werden Mechanismen der Auskühlung systematisch dafür genutzt, um eine Trennung von Mitgliedern vorzubereiten. Outplacement-Berater sowie Organisations-Coaches haben die Aufgabe, über Beratungsgespräche Halt zu bieten. Der zu Entlassende freundet sich in den Beratungsgesprächen langsam mit der Trennung von der Organisation an und sein Widerstand und Widerwille gegen diese Entlassung wird so erfolgreich kleingearbeitet. (→ *Kündigung*)

Durch die Einrichtung von speziellen Interaktionsformaten wird zu verhindern versucht, dass das Phänomen der Entlassung in Form von unerwünschten Besuchen des Entlassenen am Arbeitsplatz, des Überziehens der Organisation mit Arbeitsrechtsprozessen oder der besonders in den USA berühmt-berüchtigten waffenunterstützten Amokläufe in die Organisation zurückgespielt wird.[35] Für den zu Entlassenden wird ein „Würdeasyl" geschaffen und so verhindert, dass der Entlassene seine Wahrnehmungen, Eindrücke und Gefühle in allzu deutlicher Form mit seinen ehemaligen Kollegen teilt.[36]

Das Problem ist, dass es nicht nur hilfreich sein kann, Erwartungen zu wecken, sondern es nicht selten auch nötig ist, diese zu enttäuschen.

---

[35] Siehe zu den Amokläufen in Organisationen, die nicht systematisch genug ihre Mitglieder auskühlen, besonders interessant *Andreas Braun*: Campus Shootings. Amoktaten an Universitäten als nicht-intendierte Nebenfolgen der Restrukturierungs- und Hybridisierungseffekte der Hochschulreformen. Bielefeld 2015.

[36] Zu Würdeasylen siehe *N. Luhmann*: Funktionen und Folgen formaler Organisation (wie Anm. 5), S. 324.

#4 Authentizität

Zur Produktion von Ich-Befangenheit in Organisationen

Die Forderung nach Authentizität ist im Managementdiskurs und in der Wirtschaftspresse kaum noch zu überhören. Organisationen wollen als Mitarbeiter „Typen, nicht Stereotypen", „Leute, die sich treu bleiben", „sich nicht verbiegen lassen" und „morgens noch in den Spiegel schauen können".[37] Angestellte sollen sich, so der Gedanken, als Erstes selbst erkennen, sich authentisch verhalten und auf diese Weise auch andere auf ihrem Weg zu einem authentischen Verhalten unterstützten.[38]

Was steckt hinter dieser auffälligen Zelebrierung von Authentizität? Es verlangt nach einer Erklärung, dass man bei – sagen wir mal – Fließbandarbeitern, Paketlieferanten oder Putzkräften in der Regel nicht auf den Gedanken kommt, ein „authentisches" Verhalten zu verlangen, während die Forderung nach Authentizität bei Managern, Politikern oder Beratern selbst bei akuter Schwerhörigkeit nicht zu überhören ist.[39]

Bei der Forderung nach Authentizität geht es offenbar um die Differenz von Rolle und Person in Organisationen. Von Fließbandarbeitern, Paketlieferanten oder Putzkräften scheint die Vorstellung zu herrschen, dass die Rolle so geringe Darstellungsmöglichkeiten für die Personen beinhaltet, dass sich die Frage nach Authentizität im Verhalten gar nicht erst stellt. Derweil beinhalten die Rollen von Managern, Politikern oder Beratern so viele individuelle Darstellungsoptionen für die sie ausfüllenden Menschen, dass es durchaus möglich ist, persönliche Noten zu setzen.

Die Sorge der Authentizitätsanhänger scheint hier zu sein, dass sich Personen aufgrund der Rollenanforderung zu sehr verbiegen, aber vielleicht sollte man an dieser Stelle das Loblied der „strategischen Kommunikation" anstimmen. Vieles spricht dafür, dass die Qualität der Arbeit in Organisationen nicht so sehr von der Aufrichtigkeit und Wahrhaftigkeit der Mitglieder in der Organisation abhängt. Entscheidend ist vielmehr die Professionalität, mit der Mitarbeiter ihre Rollen ausüben.[40] Zu dieser Professionalität in der Rollenausübung gehört unter anderem die Fähigkeit, sein eigenes Verhalten an der einen oder anderen Stelle zu dramatisieren. Die Chirurgin, der Geigenspieler oder die Polizistin können bei Einsätzen gezwungen sein, eine „dramatische Darstellung" zu bieten, um ihre Rolle gut ausüben zu können.[41] Das mag in vielen Fällen zwar nicht authentisch sein, weil es eine Anforderung der Rolle ist, die nicht dem Charakter der Person entspricht. Für die Organisation ist diese Form der „Verstellung" aber zweifellos funktional.

---

[37] So die Aufzählung des selbst dem Konzept der Authentizität kritisch gegenüber eingestellten Reinhard K. Sprenger in *Reinhard K. Sprenger*: Das anständige Unternehmen. Was richtige Führung ausmacht – und was sie weglässt. München 2015, S. 270.

[38] Siehe nur für eine kaum noch zu überblickende Literatur beispielhaft *Bill George*: Authentic Leadership. Rediscovering the Secrets to Creating Lasting Value. Hoboken 2003.

[39] Siehe speziell zur Forderung der Authentizität bei Politikern *Thomas Noetzel*: Authentizität als politisches Problem. Ein Beitrag zur Theoriegeschichte der Legitimation politischer Ordnung. Berlin 1999.

[40] *Niklas Luhmann*: Gefahr oder Risiko, Solidarität oder Konflikt. In: *Roswita Königswieser, Matthias Haller*, Maas (Hrsg.): Risiko-Dialog. Zukunft ohne Harmonieformel. Köln 1996, S. 38–48, hier S. 45.

[41] *Erving Goffman*: Wir alle spielen Theater. Die Selbstdarstellung im Alltag. München 1983, 30 ff..

Auch wenn man sich durch die Überlegungen nicht überzeugen lässt – in letzter Konsequenz hilft der an andere gerichtete Appell nach Authentizität nicht. Er treibt die Adressaten dieser Forderung lediglich in ein „Sei-authentisch-Paradox". Wie auch beim „Sei-spontan-Paradox" existiert beim „Sei-authentisch-Paradox" das Problem, dass etwas eingefordert wird, das nicht auf Anforderung produziert werden kann.[42] Schlimmer noch: Je stärker Authentizität eingefordert wird, desto unwahrscheinlicher ist es, dass sie sich ausbildet. Die Aufforderung, authentisch zu sein, oder auch nur das Wissen, dass man im Hinblick auf „Authentizität" beobachtet wird, führt zu einem Phänomen, das der Soziologe Erving Goffman als „Ich-Befangenheit" bezeichnet hat.[43] Man richtet seine Aufmerksamkeit immer mehr auf sich selbst und beobachtet sich daraufhin, ob man authentisch wirkt. Damit entfremdet man sich immer mehr von der Interaktion und die Wahrscheinlichkeit, dass man authentisch wirkt, reduziert sich noch weiter. Kurz: Je mehr man versucht, authentisch zu wirken, desto weniger authentisch ist man.[44]

Je stärker Authentizität eingefordert wird, desto unwahrscheinlicher ist es, dass sie sich ausbildet.

[42] Siehe zu Paradoxien im Management allgemein *Richard Farson*: Management of the Absurd. Paradoxes in Leadership. New York 1997.

[43] *Erving Goffman*: Alienation from Interaction. In: Human Relations 10 (1957), S. 47–59, hier S. 50.

[44] Die Gedanken habe ich zum ersten Mal in einer Untersuchung zu Coaching und Supervision herausgearbeitet. Siehe *S. Kühl*: Coaching und Supervision (wie Anm. 30), 145f.

#5 Automation

Die trügerische Entlastung durch Technik

Anfang der 1960er-Jahre fragte der Systemtheoretiker Niklas Luhmann, wonach künftige Generationen einmal „unser Zeitalter“ beurteilen würden – „vielleicht die Bombe, vielleicht die Pille, vielleicht auch die Automation“. Der Begriff „Automation“ mag hier überraschen, weil etliche Jahrzehnte später dieser sicherlich nicht mehr zum allgemeinen Wortschatz der meisten Menschen gehört.[45] Automation bedeutet letztlich nichts anderes, als Prozesse so weit zu technisieren, dass sie statt von Menschen von Maschinen ausgeführt werden können. *(→ Technik)*

Aus der frühen Diskussion über den Begriff „Automation“ kann man lernen, wie alt die Debatte über die Möglichkeiten neuer computerbasierter Technologien ist. Die Themen, die in den 1960er-Jahren unter dem Begriff der „Automation“ heftig debattiert wurden, wurden in den 1970er-Jahren unter dem Begriff der „Datenverarbeitungssysteme“ weiter diskutiert, in den 1980er-Jahren unter der Bezeichnung der „Informations- und Kommunikationstechnologien“ wieder hervorgeholt und dann ab den 2000er-Jahren unter dem Begriff der Digitalisierung gepusht. *(→ Digitalisierung)*

Sicherlich, die technischen Möglichkeiten haben sich erheblich erweitert. Technikmuseen beeindrucken ihre jungen Besucher inzwischen dadurch, dass sie die riesigen, mit Lochkarten zu fütternden Rechenmaschinen der 1950er- und 1960er-Jahre zeigen, die weit weniger Rechenleistungen hatten als jeder elektronische Wecker heutzutage. Das Moore'sche Gesetz – die Prognose, dass sich die Leistungsfähigkeit von Computerchips jedes Jahr verdoppelt – hat dazu geführt, dass in industrialisierten Ländern jeder Mensch über eine Vielzahl von elektronischen Geräten verfügt, für deren Kapazitäten früher ganze Etagen von Bürogebäuden notwendig gewesen wären.

Techniken – also die reflexartige Reaktion auf einen vorher definierten Impuls – lassen sich dabei sowohl im menschlichen Verhalten als auch eingebettet in Maschinen finden. *(→ Technik)* Automation beschreibt hierbei den Versuch, die Langsamkeiten, Ineffizienzen und Unsicherheiten, die dem menschlichen Verhalten inhärent sind, dadurch zu vermeiden, dass die Technik in Maschinen integriert wird. Das genau programmierte Einschrauben eines Seitenspiegels durch eine Montagearbeiterin in der Automobilproduktion wird dann von einem Montageroboter übernommen. Automation ist, um es kurz zu fassen, die Verlagerung der Ausführung von enggekoppelten Wenn-dann-Programmen vom Menschen auf die Maschinen.[46] *(→ Führung → Programme → Technik)*

Auf den ersten Blick produziert die Automation den gleichen grundlegenden Effekt wie Techniken im menschlichen Verhalten auch – Entlastung.[47] Die Erfindung der Schreibmaschine machte es überflüssig, sich darüber zu verständigen, wie groß oder klein und in welcher Weise

---

[45] *Niklas Luhmann*: Automation in der öffentlichen Verwaltung. In: *ders.* (Hrsg.): Schriften zur Organisation 4. Reform und Beratung. Wiesbaden 2020, S. 1–27, hier S. 3.

[46] So bereits sehr früh – und somit lange vor dem aktuellen Hype – zu „algorithmic organization“, *Wolf Heydebrand*: New Organizational Forms. In: Work and Occupation 16 (1989), S. 323–357, hier S. 341.

[47] *Niklas Luhmann*: Macht. Stuttgart 1975, S. 71. Siehe auch ders.: Organisation und Entscheidung. Opladen 2000, S. 372.

Buchstaben geschrieben werden mussten, und löste nachvollziehbare Proteste bei Buchhaltern aus, die mit der „Abwertung der gestochenen Handschrift" das „Ethos des ganzen Berufes" infrage gestellt sahen.[48] Die Einführung von Grafikcomputern führte dazu, dass Studierende der Ingenieurswissenschaften nicht mehr mühevoll die genau genormten Schriften lernen mussten, um die am Reißbrett entworfenen Maschinen zu beschriften, weil die ehemals durch die Normen genau definierten Rundungen und Abstände der Buchstaben nunmehr in die Computerprogramme eingeschrieben waren.[49] Die Etablierung betriebswirtschaftlicher Software ermöglichte es, vorher schriftlich niedergelegte formale Regeln und bürokratische Prozeduren technisch abzubilden, und reduzierte so Kontrollnotwendigkeiten in Organisationen.[50]

Auf den zweiten Blick produziert die Automation neue Abstimmungsnotwendigkeiten. Wer sich die Einrichtung eines hoch automatisierten Fertigungsprozesses genau ansieht, stellt fest, dass ein Großteil dieser Prozesse nur funktioniert, weil Mitarbeiter sehr viel Fantasie aufwenden, um mit den Tücken der neuen Praxis umzugehen. Wer jemals die Einführung einer betriebswirtschaftlichen Standardsoftware in einem Unternehmen, einer Verwaltung oder einer Universität begleitet hat, sieht nicht unbedingt zuerst die Rationalisierungseffekte, sondern staunt stattdessen, mit wie viel – häufig auch regelbrechender – Kreativität die Mitarbeiter die Software „austricksen", um eine gewisse Flexibilität von Organisationen zu erhalten.[51] *(→ Regelbruch → Zahlen)*

Diese Vereinfachung von Abläufen durch die Digitalisierung schafft, so paradox dies auch klingen mag, eine neue Komplexität auf höherer Ebene. *(→ Komplexität)* Die Organisation kann sich einerseits durch die Automation Entlastung verschaffen, muss sich jedoch andererseits mit den damit einhergehenden, neu geschaffenen Abstimmungsproblemen auseinandersetzen. Durch die Automation werden zwar elementare Abläufe in der Organisation vereinfacht, gleichzeitig aber von Menschen vorzunehmende Anpassungsnotwendigkeiten auf einem höheren Niveau produziert. Schon vor Jahrzehnten hat die Psychologin Lisanne Bainbridge diesen Effekt als „Ironie der Automation" bezeichnet.[52] Bei der Automation ist es wie beim bekannten Wettlauf zwischen dem Hasen und dem Igel: Kaum hat man in Technik investiert, um eine Entlastung zu produzieren, schon ist die gesteigerte Komplexität da und kreiert neue Entlastungsbedürfnisse.[53]

---

48 So die Schilderung von Niklas Luhmann ohne weitere Referenz in *N. Luhmann*: Automation in der öffentlichen Verwaltung (wie Anm. 45), S. 25.

49 *Matthew G. Kirschenbaum*: Track Changes. A Literary History of Word Processing. Cambridge 2016.

50 So schon *W. Heydebrand*: New Organizational Forms (wie Anm. 46), S. 341.

51 Siehe dazu *Hannah Mormann*: Das Projekt SAP. Zur Organisationssoziologie betriebswirtschaftlicher Standardsoftware. Bielefeld 2016.

52 *Lisanne Bainbridge*: Ironies of Automation. In: Automatica 19 (1983), S. 775–779. Siehe auch *Barry Strauch*: Ironies of Automation: Still Unresolved After All These Years. In: IEEE Transactions on Human-Machine Systems 48 (2018), S. 419–433.

53 *Ulrike Berger*: Rationalität, Macht und Mythen. In: *Willi Küpper, Günther Ortmann* (Hrsg.): Mikropolitik. Rationalität, Macht und Spiele in Organisationen. Opladen 1988, S. 115–130, hier S. 118.

#6 Autonomie

Zur Eigenständigkeit von Organisationseinheiten

Zellen, Stämme oder Chapters – die Namen sind unterschiedlich, aber die Idee ist immer die gleiche: Die einzelnen Subeinheiten einer Organisation sollen so autonom strukturiert werden, dass sie ihre Leistungen bestenfalls ohne andere Abteilungen erbringen können. Statt der zeitaufwendigen Abstimmung mit anderen Ressorts sollen sie, so die Vorstellung, alle relevanten Entscheidungen selbst treffen. *(→ Teams)*

Manager hegen hier einen alten Traum, der seine Zuspitzung in der Idee des Profitcenters gefunden hat: Die für die Leistungserbringung notwendigen Kompetenzen sollten nicht in strikt voneinander getrennte Bereiche für Forschung, Einkauf, Marketing, Vertrieb sowie Produktion aufgeteilt werden. Diese würden lediglich über Zuständigkeiten, Verantwortlichkeiten und Kompetenzen im Dauerklinsch liegen und darüber das „große Ganze" aus den Augen verlieren. Statt einer nach Funktionen unterteilten Unternehmung seien stattdessen weitgehend autonome und an eigenen Renditezielen orientierte Segmente zu bilden, in die alle wichtigen Aufgaben integriert werden sollten.

Auf diese Weise könnten, so jedenfalls die Vorstellung bei den Profitcentern, alle Segmente eines Unternehmens am Markt ausgerichtet werden. Wenn diese Subeinheiten sich dann noch untereinander abstimmen müssten, ließe sich dies über marktähnliche Beziehungen regeln. Die Hoffnung liegt an dieser Stelle auf der unsichtbaren Hand des Marktes, welche die Koordination der Unternehmensbereiche untereinander besser und zeitsparender als die eiserne Faust des Topmanagers lösen könnte. Die segmentäre Organisationsstruktur würde in diesem idealtypisch gedachten Szenario weitgehend reibungslos und konfliktfrei funktionieren. Der Traum des Managements mündet letztlich in der Hoffnung der eigenen Abschaffung, weil Koordinationsbedarf entweder nicht mehr anfällt, vor Ort gelöst wird oder eben über Marktbeziehungen geklärt wird. *(→ Selbstständigkeit)*

Aber schon in der zugespitzten Form des Profitcenters ist deutlich geworden, dass die modulare Organisation alles andere als ein neuer Königsweg ist: Durch die Segmentierung in autonome Einheiten, so die Einsicht, kann es zu einer „Balkanisierung der Organisation" kommen, weil die selbstständigen Fragmente wie kleine, sich bekämpfende Fürstentümer agieren. Erfahrungen mit Profitcentern zeigen, dass Kunden dann nicht mehr aus einer Hand, sondern von den unterschiedlichen Einheiten gleichzeitig – und nicht selten auch gegeneinander – betreut werden. Die eigenständig handelnden Ressorts buhlen um die knappen Ressourcen, die von der Zentrale zur Verfügung gestellt werden, und scheren sich dabei einen Dreck um die Bedürfnisse anderer interner Sektoren. Das Topmanagement ist derweil damit beschäftigt, das Auseinanderdriften der nur an den eigenen Zielen orientierten Bereiche zu verhindern.[54]

In letzter Konsequenz verlagert sich durch die Einrichtung autonomer Einheiten lediglich die Art der Konflikte: Während in der in funktionale Abteilungen zerlegten Organisation um Zuständigkeiten und Kompetenzen gekämpft wurde, wird in den eigenständig handelnden

[54] *S. Kühl*: Wenn die Affen den Zoo regieren (wie Anm. 25), 90 ff..

Domänen um knappe Ressourcen wie zentrale Forschungs- und Entwicklungsgelder, Kunden oder Aufmerksamkeiten des Topmanagements gerangelt.

Fazit: Eine reibungslose und konfliktfreie Organisation, in der alle Einheiten erfolgreich an einem übergreifenden Ziel ausgerichtet werden, ist und bleibt eine Illusion. Ob eine segmentierte oder funktionale Strukturierung seitens des Managements zu wählen ist, ist im Grunde genommen davon abhängig, welche Form von Konflikten und Reibungen zwischen den Einheiten man favorisiert.

Durch die Segmentierung in autonome Einheiten kann es zu einer „Balkanisierung der Organisation" kommen, weil die selbstständigen Fragmente wie kleine, sich bekämpfende Fürstentümer agieren.

#7 Benchmarking

Über künstlich produzierte Krisen

Benchmarking ist ein kontinuierlicher Prozess, um Produkte, Dienstleistungen und Praktiken gegen die stärksten Mitbewerber oder die Firmen, die als Industrieführer angesehen werden, zu messen. Statt den Blick nach innen zu wenden und beim Organisationswandel eine Nabelschau zu betreiben, sollen durch Benchmarking neue Ideen für erprobte Verfahren von Vorreiterunternehmen übernommen werden. Durch Benchmarking, so die Hoffnung, könnten die Realität des Marktes besser erfasst, die Stärken und Schwächen der Konkurrenzen treffender analysiert sowie eine objektive Auswertung der Kundenanforderungen erreicht werden.

Die klassische Annahme ist, dass es beim Benchmarking um eine „objektive Bestandsaufnahme" geht. Eine Annahme, die angesichts der Tatsache, dass selbst die „Best-Practice-Unternehmen" häufig gar keinen „objektiven Überblick" über all ihre Zahlen haben und die intern gehandelten Bilanzen natürlich auch aus verständlichen Gründen anderen Unternehmen nicht völlig ungefiltert zur Verfügung stellen, nicht wenige Praktiker überrascht, aber vielleicht geht es beim Benchmarking in Wirklichkeit um etwas anderes.[55]

In der Organisationswissenschaft setzt sich die Einsicht durch, dass Organisationen nur in sehr stabilen Verhältnissen ihre Umweltbedingungen einigermaßen verlässlich „scannen" können. In einer komplexen Umwelt hingegen, so die Überzeugung, schaffen sich Unternehmen, Verwaltungen und Verbände ihre eigene Umwelt, indem sie die verwirrende, chaotische und irritierende Welt nach ihrem Gutdünken interpretieren und sich in dieser konstruierten Umwelt bewegen. Organisationen reagieren dann also nicht auf gegebene Umweltbedingungen, sondern sie erfinden, erschaffen und konstruieren sich ihre Wirklichkeit selbst. Sie „setzen in Szene", was sie als Marktbedingung, politisches Umfeld oder Kundenwünsche ansehen und als Rahmen für ihre Handlungen verstehen wollen.[56] *(→ Beobachtungen)*

Diese Kreation von Umweltbedingungen ist häufig ein wildwüchsiger Prozess. Es gelingt dem Management nur sehr begrenzt zu bestimmen, was in der Organisation überhaupt als relevanter Umweltfaktor begriffen wird. Benchmarking ist der Versuch, diesen wildwüchsigen Prozess wieder in den Griff zu bekommen. Es dient als Instrument, um sich als Organisation in gesteuerter Form ein eigenes Bild von der Umwelt zu erarbeiten.

In Unternehmen kann es keine Gewissheit über die Zukunft geben – das ist die Spezifik von Zukunft gegenüber Gegenwart und Vergangenheit. Diese Unbestimmtheit der Zukunft erzeugt Stresssymptome in den Organisationen. Man ist sich unsicher, ob man für die nächsten Jahre gerüstet ist. Es ist unklar, ob man vielleicht in eine Winterstarre zu fallen droht. Durch Benchmarking versuchen sich Unternehmen daher eine Antwort auf die bei Sozialpädagogen so beliebte Frage zu geben, ob man „okay" ist. Benchmarking vermittelt das Gefühl, dass

---

[55] Siehe zur Funktion von Bewertungen und Evaluationen als Übersicht *Michèle Lamont*: Toward a Comparative Sociology of Valuation and Evaluation. In: Annual Review of Sociology 38 (2012), S. 201–221.

[56] *Karl E. Weick*: Organization Design. Organizations as Self-designing Systems. In: Organizational Dynamics 2 (1977), S. 31–46.

man sich durch aktive Umweltbeobachtung und Offenheit gegenüber Veränderungen für die Zukunft „selbst versichert".

Dabei können Organisationen durch Benchmarking Veränderungsdruck aufbauen. Benchmarking dient als eine künstlich erzeugte, vorsichtig dosierte Krise. Die Organisation soll „außer sich" geraten, um sich aus der verfremdeten Perspektive eines durch die Krise erschütterten Selbstbildes schneller zu wandeln. Die Organisation wird ganz bewusst zu einer Reaktion provoziert, welche über die therapeutisch unterstützte Verarbeitung der Krise zu „neuen Einsichten" und damit zu selbst gesteuerten Veränderungsprozessen führen soll. Im Extremfall versucht das Management durch Benchmarking die Organisation so zu definieren, dass Reformen notwendig erscheinen. Benchmarking ist dabei in gewisser Weise ein künstlich produzierter Misserfolg, der Veränderungsdruck auslösen soll. *(→ Krisen)*

Organisationen steuern durch die Auswahl der Benchmarking-Kriterien, durch die Art des Benchmarkings, durch die Benchmarking-Partner und durch den Typus der betreuenden Beratungsfirma selbst, was bei einem Benchmarking-Prozess herauskommen soll – bloß eines wird nie herauskommen: eine „objektive Bestandsaufnahme" der Umweltbedingungen der Organisation.

Benchmarking dient als eine künstlich erzeugte, vorsichtig dosierte Krise.

#8 Beobachtungen

Was eine Organisation überhaupt wahrnehmen kann

In den letzten hundert Jahren haben Organisationen vielfältige Mechanismen entwickelt, um ihre Umwelt methodisch zu erfassen. Unternehmen fingen an, systematisch Markt- und Konsumforschung auszubilden, Trendforscher zu beschäftigen und Konkurrenzanalysen zu betreiben. Es entstanden Verbände, deren Aufgabe darin bestand, politische Veränderungen zu beobachten und diese in leicht verständlicher Form an ihre Mitgliedsorganisationen aus der Wirtschaft, der Wissenschaft, den Massenmedien oder der Gesundheitsversorgung zu melden. Parteien begannen, Wahlforschungsinstitute zu beauftragen, um herauszufinden, was ihre Wähler wollen und wie sie sich von anderen Parteien abgrenzen können. Selbst Verwaltungen, Universitäten und Gefängnisse fingen an, unter dem Label des Qualitätsmanagements die Zufriedenheit ihrer „Kunden" abzufragen.[57] *(→ Qualitätsmanagement)*

Der Hintergrund war, dass die Organisationen zunehmend den Eindruck entwickelt hatten, ihre Umwelt werde mehr und mehr zu einer „Blackbox", von deren Inhalt sie nur eine sehr vage Vorstellung hätten. Der Wahrnehmung vieler Organisationen folgend bestanden zwischen dem, was sie selbst zu leisten im Stande waren, und dem, was die Umwelt an Leistungen abzunehmen bereit war, „Gräben", „Schluchten" und „Berge", die sich lediglich durch „Kundschafter", „Scouts" und „Pfadfinder" in Form von Markt-, Trend- oder Wahlforschern überwinden ließen.[58]

Klassischerweise wird in der Marktforschung davon ausgegangen, dass sich Organisationen bei der Entwicklung neuer Produkte oder Dienstleistungen an den Bedürfnissen ihrer Endabnehmer orientieren. Unternehmen – so die Annahme – würden die Wünsche ihrer Kunden „erforschen" und ihre Produktinnovationen dann auf diese Begehren hin ausrichten. Auf ganz ähnliche Weise hätten auch Parteien ihr Ohr am Mund ihrer Wählerklientel und würden ihre Programme entsprechend dieser Rückmeldungen modifizieren.

Die Organisationsforschung hat jedoch herausgearbeitet, dass sich viele Organisationen nicht am Markt orientieren, sondern an Konkurrenten im gleichen organisationalen Feld.[59] Wir wissen aufgrund von Studien über so unterschiedliche Branchen wie das Hotel- und Gaststättenwesen, den Maschinenbau und die Entwicklungshilfe, dass die Diffusion von Innovationen in der Regel nicht auf die sich verändernde Nachfrage von Kunden, sondern auf die Beobachtung von konkurrierenden Anbietern zurückzuführen ist.[60] *(→ Innovation)*

---

57 Siehe ausführlich dazu *Stefan Kühl*: Märkte explorieren. Eine kurze organisationstheoretisch informierte Handreichung. Wiesbaden 2017.

58 Siehe dazu *Kai-Uwe Hellmann*: Nachwort. In: *Dominik Schrage, Markus R. Friederici* (Hrsg.): Zwischen Methodenpluralismus und Datenhandel. Zur Soziologie der kommerziellen Konsumforschung. Wiesbaden 2010, S. 191–199, 192f.

59 Hierzu klassisch *Harrison C. White*: Where Do Markets Come From? In: American Journal of Sociology 87 (1981), S. 517–547.

60 Zu Hotels *Theresa K. Lant, Joel A.C Baum*: Cognitive Sources of Socially Constructed Competitive Groups. In: *W. Richard Scott, Soren Christensen* (Hrsg.): The Institutional Construction of Organizations. Thousand Oaks 1995, S. 15–38.; zum Maschinenbau *Martin Heidenreich, Gert Schmidt*: Informatisierung, Arbeitsorganisation und Organisationskultur. Eine vergleichende Analyse der Einführung von Informationssystemen in italienischen, französischen und deutschen Unternehmen. Bielefeld

Die Orientierung an der Konkurrenz statt am Verbraucher ist funktional. Die Wünsche von möglichen Käufern sind für Leistungsanbieter in vielen Fällen nur schwer zu erheben, weil die Informationen nicht ohne Weiteres zugänglich sind. Schlimmer noch – häufig weiß der Konsument selbst gar nicht so genau, was er eigentlich will. Konkurrenten sind dagegen deutlich einfacher zu beobachten und zu durchschauen. Während die Produktwünsche eines Kunden häufig vage bleiben, sind die Erzeugnisse der Konkurrenten transparent. Zwar mag oftmals nicht klar sein, was potenzielle Verbraucher für ein Produkt zu zahlen bereit sind, doch sind die Preise der Konkurrenten leicht zu ermitteln. Systemtheoretisch ausgedrückt: In dem Maße, in dem eine Umwelt komplex ist, weicht man darauf aus, andere Beobachter zu beobachten.[61]

Häufig weiß der Konsument selbst gar nicht so genau, was er eigentlich will. Konkurrenten sind dagegen deutlich einfacher zu beobachten und zu durchschauen.

1992.; zur Entwicklungshilfe *Stefan Kühl*: Capacity Development as the Model for Development Aid Organizations. In: Development and Change 40 (2009), S. 1–27.

61 *Niklas Luhmann*: Risiko und Gefahr. In: *ders.* (Hrsg.): Soziologische Aufklärung 5. Konstruktivistische Perspektiven. Opladen 1990, S. 131–169, hier S. 191.

#9 Bewegungen

Über die Stärken und Schwächen einer alternativen Form der Strukturierung

Viele Organisationen träumen davon, wie Bewegungen zu funktionieren. Strukturvertriebe – egal, ob sie Küchenmaschinen, Nahrungsergänzungsmittel oder Kryptowährungen zu verkaufen suchen – stellen sich als Bewegung dar, in der es darum geht, aus der jetzigen Welt eine bessere zu machen. Fitnessstudios, die einen neuen Gymnastikkurs ersonnen haben, imaginieren sich als Teil einer sich weltweit stretchenden Sportbewegung. Politiker legen in ihrer Außendarstellung darauf Wert, dass sie nicht von einer schnöden Partei zum Sieg getragen wurden, sondern von einer organisationsübergreifenden Bewegung.

Organisationen versuchen dabei, von dem in der Regel mit positiven Assoziationen verbundenen Systemtypus der Bewegung zu parasitieren. Auch wenn die Identifizierung mit einzelnen Bewegungen – man denke nur an die Arbeiterbewegung, die nationalistischen und faschistischen Bewegungen, die Friedensbewegungen, die Frauenbewegung, die Studentenbewegungen oder die Schwulen- und Lesbenbewegung – gering sein mag, so würden manche Organisationslenker doch gerne etwas von deren Dynamik, Flexibilität und Mobilität in ihrer eigenen Organisation einführen.

Der Charme von Bewegungen leuchtet unmittelbar ein. Die Zwecke sind für die Mitglieder so attraktiv, dass sie bereit sind, sich für diese mit hohem Engagement einzusetzen. Egal, ob es sich dabei um die Verhinderung einer Aufrüstungsspirale, die Gleichstellung der Geschlechter oder die Schaffung einer rassenreinen Gesellschaft handelt – es ist die Attraktivität dieser Zwecke für die Mitglieder, die dazu führt, dass diese nicht nur bereit sind, auf eine Entlohnung zu verzichten, sondern die „gute Sache" häufig sogar noch mit Spenden unterstützen. Auf eine Hierarchie kann in Bewegungen deshalb verzichtet werden, weil die Identifikation so stark ist, dass eine Kontrolle der Leistungserbringung über Hierarchien nicht nötig ist.[62]
(→ Identifikation → Hierarchie)

Auf der anderen Seite fällt jedoch die Schwäche von Bewegungen auf. In der Regel lässt nach wenigen Jahren, häufig auch schon nach wenigen Monaten, das Engagement nach. Viele Sympathisanten lassen sich nicht mehr so leicht für Demonstrationen mobilisieren und die Gruppierungen, die sich auf dem Höhepunkt gebildet haben, lösen sich auf. Zwangsläufig lässt auch die Aufmerksamkeit für die Bewegung in den Massenmedien nach, was die Mobilisierungsprobleme weiter verschärft.

Aber angesichts dieses ehernen Gesetzes der abnehmenden Bedeutung von Bewegungen gibt es eine bewährte Überlebensstrategie: Sie bilden Organisationen aus, die die Sache weitertrei-

---

[62] Das Argument basiert auf meinen Überlegungen zu den Unterschieden von Organisationen und Bewegungen; siehe *Stefan Kühl*: Gruppen, Organisationen, Familien und Bewegungen. Zur Soziologie mitgliedschaftsbasierter Systeme zwischen Interaktion und Gesellschaft. In: *Bettina Heintz, Hartmann Tyrell* (Hrsg.): Interaktion – Organisation – Gesellschaft revisited. Sonderheft der Zeitschrift für Soziologie. Stuttgart 2015, S. 65–85, 70f.

ben.[63] (→ *Verorganisierung)* Egal, welche Bewegungen man sich ansieht – die frühe Arbeiterbewegung in Deutschland oder Großbritannien, die faschistische Bewegung in Italien nach dem Ersten Weltkrieg oder die Friedensbewegung der 1980er-Jahre –, immer haben sich aus diesen Phänomenen heraus Organisationen gebildet, die irgendwann angefangen haben, sich über das Einwerben von Spenden oder Zuschüsse zu finanzieren, um damit hauptberuflich tätige Mitarbeiter zu bezahlen. Diese Organisationen existieren weiter, auch wenn sich die Bewegungen faktisch aufgelöst haben. Deshalb brauchen Organisationen gar nicht so neidisch auf Bewegungen zu sein. Bewegungen sind Eintagsfliegen und sedimentieren irgendwann sowieso zu Organisationen.

Egal welche Bewegungen man sich ansieht, immer haben sich aus diesen Phänomenen heraus Organisationen gebildet, die irgendwann angefangen haben, sich über das Einwerben von Spenden oder Zuschüsse zu finanzieren, um damit hauptberuflich tätige Mitarbeiter zu bezahlen.

[63] Siehe für den klassischen Text *Mayer N. Zald, Robert Ash*: Social Movement Organizations: Growth, Decay and Change. In: Social Forces 44 (1966), S. 327–341.

#10 Bilanzfälschung

Zur doppelten Wirklichkeit risikokapitalfinanzierter Unternehmen

Bilanzskandale beschädigen das Vertrauen in das Management von Unternehmen. Auch nur vage Andeutungen einer „Enronitis“ – die nach dem spektakulär gescheiterten US-Energiekonzern benannte Tendenz von Unternehmen, ihre Zahlen besser dazustellen, als sie wirklich sind – versetzen Börsenaufsicht, Wirtschaftsprüfer und Unternehmensmanagement in wilde Hektik.[64] Manager, die ihr Zahlenwerk zu sehr manipuliert haben, werden medienwirksam in Handschellen dem Untersuchungsrichter vorgeführt. Wirtschaftsprüfer leisten Abbitte für ihre fehlende Aufmerksamkeit in der Vergangenheit und verschärfen ihre Qualitätssicherung. Die Börsenaufsicht erfindet eine Reihe neuer Regeln, um den verängstigten Kapitalanlegern zu signalisieren, dass man alles tue, um das Problem einer allzu fantasievollen Bilanzführung und -prüfung in den Griff zu bekommen.

Dabei wird so getan, als wäre die Bilanzführung ein Problem der Überwachung und Bestrafung von Managern, Controllern und Wirtschaftsprüfern. Wenn man nur genügend sündige Manager an den Pranger stellte, viele neue Regeln für Wirtschaftsprüfungsgesellschaften schaffte und die Börsenaufsicht mit neuen Stellen ausstattete, würde man, so die Logik, das Vertrauen der Anleger schon wiedergewinnen. Die mehr oder minder symbolischen Aktionen zur Gewinnung des Anlegervertrauens verkennen jedoch, dass die kollektive Empörung über die kreative Buchführung von Unternehmen oft die Nebenfolge eines zusammenbrechenden Kapitalmarktes ist und sich dieses Thema häufig von allein erledigt, sobald der Aktienkurs wieder nach oben steigt.

Der Einfallsreichtum bei der Bilanzkosmetik lässt sich darauf zurückführen, dass das Geschäftsmodell von risikokapitalfinanzierten Unternehmen auf einen permanenten Nachfluss von Geld aus dem Kapitalmarkt aufgebaut ist. Unternehmen, die auf die Finanzierung durch Business Angels, Risikokapitalgesellschaften oder durch die Börse angewiesen sind, müssen mit aller Gewalt verhindern, dass sie Signale aussenden, die den Kapitalmarkt beunruhigen könnten. Das Ausbleiben von Überweisungen durch die Risikokapitalgeber, die Verminderung der Möglichkeit, über einen Börsengang neues Geld einzusammeln, oder das Verfallen der Unternehmensakquise- und Refinanzierungswährung „Aktie“ könnte das schnelle Ende eines kapitalmarktorientierten Unternehmens bedeuten.

Wenn eine neue „heiße Technik“ identifiziert ist und Anleger Interesse an dieser Technik entwickeln, wird von Unternehmen erwartet, dass sie schnell wachsen – auch auf Kosten kurzfristiger Profitabilität. Der Glaube ist, dass sich nur derjenige, der schnell Marktanteile erobert, auch durchsetzen wird. Die Unternehmen geraten dadurch in eine Wachstumsfalle: Sie sind gezwungen, international weiter zu expandieren und ihr Produktspektrum auszudehnen, weil sie sonst ihre hohe Marktkapitalisierung nicht rechtfertigen können. Da ihr Überleben im Gegensatz zu primär an Produktmärkten orientierten Unternehmen davon abhängt, dass

[64] Zur Bilanzforschung bei Enron *Malcolm S. Salter*: Innovation Corrupted. The Origins and Legacy of Enron's Collapse. Cambridge 2008.

sie eine regelmäßige Nachfinanzierung über den Kapitalmarkt bekommen, ist die Aufrechterhaltung der Wachstumslogik von zentraler Bedeutung.

Die Wachstumsfalle für risikokapitalfinanzierte Unternehmen hat zur Folge, dass diese besonders in Boomphasen dem Kapitalmarkt, den Medien und der Politik permanent Meldungen über zunehmende Nutzerzahlen, Mitarbeiterwachstum, Umsatzsteigerungen und Ergebnisverbesserungen liefern müssen, um ihre Legitimität aufrechtzuerhalten. *(→ Kompetenzdarstellungskompetenz)* Dies führt dazu, dass Unternehmensstrategien nach dem Anreiz gestrickt werden, genau die Kriterien, die ihre „Performance" beweisen, zu erfüllen. Es besteht die Verlockung, „Schaufensterdekorationen" zu kreieren, um die nächsten Finanzierungsrunden zu erreichen. *(→ Zahlen)*

In einer Phase, in der immer mehr Anleger nach Aktien dieser schnell expandierenden Unternehmen verlangen, herrscht wenig Sensibilität für diese Schaufensterdekorationen vor. Selbst wenn man eine besonders tolerante Auslegung der eigenen Zahlen bekannt gibt, verlieren sich diese Neuigkeiten in einer Vielzahl von Erfolgsnachrichten anderer Unternehmen, aber jeder Boom am Risikokapitalmarkt läuft sich tot – das war bei den Minicomputern in den 1970er-Jahren der Fall, bei den PC-Firmen in den 1980er-Jahren und bei den Internet- und Telekommunikationsunternehmern in den 1990ern.

Einschneidende Verluste an den Börsen für Wachstumsunternehmen, aber auch an denen für Standardwerte, sind häufig die letzten Ausläufer eines zu Ende gehenden, durch Risikokapital getriebenen Zyklus. In der Phase des Niedergangs kommt es nicht mehr primär auf die Meldung steigender Nutzer- oder Umsatzzahlen an, sondern auf die Beruhigung des Kapitalmarktes durch die Erklärung, dass das Unternehmen im operativen Geschäft profitabel sei. Und dieser Blick auf den Profit führt dazu, dass genauer darauf geachtet wird, wie die Zahlen eines Unternehmens eigentlich zustande kommen.

Der Kapitalmarkt, der während der Boomphase fast jede Trickserei verzeiht, reagiert plötzlich sensibel, wenn auch nur der Anschein einer umstrittenen Buchungsmethode bekannt wird oder ein Unternehmen seine eigenen Zahlen gar korrigieren muss. Medien, die sich vorher nur für die Erfolgsnachrichten von Wachstumsunternehmen interessiert haben, entdecken plötzlich, dass kreative Bilanzführung ein Thema ist.

Je nachdem, wie stark ein Unternehmen sich vom Kapitalmarkt abhängig gemacht hat, wirken sich die Spätfolgen einer fantasiereichen Buchführung unterschiedlich stark aus. Sicherlich, die durch offensichtlich werdende kreative Bilanzführung entstehenden Kursverluste sind auch für primär auf den Verkauf von Produkten ausgerichtete Unternehmen nicht angenehm. Sie stellen aber in der Regel nicht die Überlebensfähigkeit des Gebildes infrage. Solange das Unternehmen durch den Verkauf der Produkte und Dienstleistungen mehr einnimmt, als es ausgibt, ist seine Liquidität nicht unmittelbar bedroht. Bei primär am Kapitalmarkt orientierten Unternehmen wirkt sich die Erosion des Vertrauens der Kapitalanleger jedoch häufig verheerend aus. Zu diesen kapitalmarktorientierten Firmen gehören nicht nur die kleinen, aber schnell wachsenden Firmen, die über Risikokapital neue Märkte erobern wollen, sondern auch „gestandene Unternehmen", die den Boom an den Börsen dafür genutzt haben, eine über den Kapitalmarkt finanzierte Expansionsstrategie einzuschlagen. Durch das Ausbleiben von Nachschüssen aus dem Kapitalmarkt wird der Spielraum zur Liquiditätssicherung geringer und mühsam aufgebaute Finanzierungsgerüste stürzen zusammen.

Ehemalige, durch Risikokapital finanzierte Modell-Unternehmen sind nicht deswegen den Bach hinuntergegangen, weil nach dem Aufdecken der Bilanzierungstricksereien zutiefst marode Unternehmen zum Vorschein gekommen wären. Sie sind vielmehr deswegen gescheitert, weil das Vertrauen am Kapitalmarkt durch die offensichtlich gewordene kreative Buchführung verloren gegangen ist und damit das am Kapitalmarkt orientierte Geschäftsmodell nicht mehr aufgehen konnte oder noch provokanter ausgedrückt: Die tricksenden Unternehmen gingen nicht deswegen pleite, weil hinter der Fassade Chaos herrschte, sondern weil das Management die Bilanztricksereien nicht gut genug organisiert hatte. Das Management der doppelten Wirklichkeit, der Betriebsrealität einerseits und der Außendarstellung andererseits, war einfach nicht professionell genug.[65]

Tricksenden Unternehmen gehen nicht deswegen pleite, weil hinter der Fassade Chaos herrscht, sondern weil das Management die Bilanztricksereien nicht gut genug organisiert.

[65] Eine ausführliche Analyse der Funktion von Bilanzfälschungen findet sich in *Stefan Kühl*: Exit. Wie Risikokapital die Regeln der Wirtschaft verändert. Frankfurt a. M., New York 2003.

#11 Blinde Flecke

Weswegen man nie alles sehen kann

Wenn Praktiker über blinde Flecke reden und schreiben, dann geht es darum, dass sich im Unterbewusstsein von Menschen wichtige Erfahrungen verbergen. Die Bezugnahme auf die Tradition der Freudianischen Psychoanalyse ist unübersehbar. Der Mensch, so die Grundannahme, bildet „Abwehrmechanismen" wie Leugnung oder Verdrängung aus, mit denen dieser blinde Fleck erhalten bleibt. Der blinde Fleck ist dann, so die für den Professionellen ermutigende Aussage, dem therapeutischen oder beraterischen Fachpersonal zugänglich, und dadurch, dass er von den Experten aufgedeckt wird, können wichtige Impulse für den Klienten gesetzt werden.

Die systemtheoretische Soziologie und die durch sie angeregten Beratungsansätze interessieren sich nicht für diese Latenzen im Bewusstsein von Menschen. Als Systemtheoretiker oder Systemtheoretikerin kann und will man nicht in den Kopf von Menschen hineinschauen und überlässt die Bestimmung solcher blinden Flecke der Medizin, der Wahrnehmungspsychologie oder der Psychoanalyse. Stattdessen interessieren sie sich dafür, wie soziale Systeme blinde Flecken produzieren können.

Jedes soziale System verfügt über „Tricks", sich beständig und berechenbar zu machen. Bei Paarbeziehungen sind dies beispielsweise ausgeprägte und durch permanente Wiederholungen verfestigte Normen, die bestimmen, wie man sich untereinander und gegenüber anderen Paaren zu verhalten hat. In Freundescliquen, um ein anderes Beispiel zu nennen, herrschen häufig implizite Regeln, wie man sich darzustellen hat, wer wann das Wort ergreifen kann und wer welche Rolle in der Gruppe übernehmen soll. In Organisationen bestimmen die Formalstruktur sowie die teilweise in Konflikt dazu stehenden organisationskulturellen Erwartungen, wie sich Organisationsmitglieder zu verhalten haben.

Durch diese Normen, Regeln, Strukturen und Kulturen – man verzeihe mir diese ungeordnete Aufzählung – entwickeln Liebespaare, Freundesgruppen und Organisationen einen hochselektiven Blick. Sie beobachten einiges, besonders natürlich sich selbst, aber vieles entzieht sich ihrer Beobachtung. Sie entwickeln eine hohe Sensibilität für Bestimmtes und eine ausgeprägte Insensibilität für alles Übrige. Ein deutscher Automobilkonzern interessiert sich nicht für die Änderung der Agrarbestimmungen in Frankreich und hat keine Routinen, um diese wahrzunehmen. Eine Internetfirma hat kein Auge für die Entwicklungen auf dem Arbeitsmarkt für Reinigungsfachkräfte – außer sie bietet virtuelle Reinigungstätigkeiten an. Ein Unternehmen, das keine Schichtarbeit nötig hat, entwickelt angesichts der fehlenden Notwendigkeit dafür keinerlei Gewohnheiten, die neuesten Studien zur Belastung bei Nachtarbeit wahrzunehmen.

Diese Latenz in der Beobachtung hängt – und das ist ein wichtiger Unterschied zur Psychoanalyse – nicht an konkreten Menschen. Das Interessante bei der Betrachtung von Organisationen ist, dass die blinden Flecken in der Regel auch bei wechselndem Personal langfristig erhalten bleiben. Der Spruch „Wenn Siemens wüsste, was Siemens weiß", mit dem auf das von Externen beobachtete verborgene Innovationspotenzial des Konzerns hingewiesen wurde, hat deshalb eine gewisse Weisheit.

Beim Beobachten lassen sich blinde Flecke nicht vermeiden – eine Erkenntnis, in der sich die Anatomie und die Soziologie einig sind. Die Unterscheidungen, die ein Beobachter nutzt, können vom Beobachter selbst nicht beobachtet werden. Sie sind, um den Gedanken fortzuführen, der blinde Fleck des Beobachters, oder noch grundlegender mit Niklas Luhmann ausgedrückt: Die eigene Unterscheidung wird als blinder Fleck benutzt, der überhaupt erst die „Möglichkeit des Beobachtens organisiert und nur im Tausch gegen einen anderen Blindfleck ersetzt werden kann".[66]

Dieses hohe Maß an Selektivität in der Beobachtung ist funktional, weil soziale Systeme sich nur so gegenüber ihrer Umwelt abgrenzen können. Organisationen – und natürlich auch Paarbeziehungen, Freundesgruppen, soziale Bewegungen oder gar ganze Gesellschaften – können nur existieren, weil sie sich durch ihre Strukturen selbst einen hochselektiven Blick ermöglichen und sich gerade mit den von ihnen gepflegten blinden Flecken gegen die Komplexität der Welt abschotten können. Siemens verschlief sowohl die Entwicklung der Faxgeräte als auch die Entwicklung der Datenübertragung über das Internet, weil das Management in diesen Anwendungsfeldern vorher erfolgreiche Lernprozesse etabliert hatte. Mit der Entwicklung von Faxgeräten wurde bei Siemens frühzeitig experimentiert. Sie hätten ohne große Schwierigkeiten auf den Markt gebracht werden können. Weil jedoch Siemens bei der Entwicklung des Telexgeschäfts erfolgreich war und die Lernprozesse dort besonders intensivierte, wurde das Geschäft mit den Faxgeräten anderen Unternehmen überlassen. Im Nachhinein mag man klagen und hätte es vielleicht gern etwas anders gemacht – aber letztlich kommt eine Organisation nicht ohne derartige blinde Flecke aus.[67]

Organisationen können nur existieren, weil sie sich durch ihre Strukturen selbst einen hochselektiven Blick ermöglichen und sich gerade mit den von ihnen gepflegten blinden Flecken gegen die Komplexität der Welt abschotten können.

---

[66] *N. Luhmann*: Kommunikationssperren in der Unternehmensberatung (wie Anm. 20), S. 217.
[67] Siehe dazu *S. Kühl*: Sisyphos im Management (wie Anm. 16), 151f.

#12 Bullshit

Warum es hilfreich sein kann, manchmal nicht auf den Punkt zu kommen

Das Spielen von Bullshit-Bingo hat sich zu einer Strategie von Mitarbeitern entwickelt, Sitzungen mit allzu vielen Plattitüden ihrer Vorgesetzten zu überleben. Vor Beginn eines Meetings erstellt man eine Liste mit den gerade in der Organisation besonders populären Begriffen und ordnet Sie in einem Fünf-mal-fünf-Schema an – Wertschätzung, Synergie, proaktiv, Mindset, Nachhaltigkeit, Innovation, Integrität, Exzellenz, Effektivität, Disruption und Agilität werden vermutlich häufig zu den Favoriten gehören. Immer, wenn in der Sitzung einer dieser Begriffe fällt, streicht man diesen weg. Wer zuerst horizontal, vertikal oder diagonal fünf Worte in einer Reihe durchgestrichen hat, ruft laut (oder vielleicht auch besser leise) Bingo und hat gewonnen.

Die Erfindung des Bullshit-Bingo ist nur ein Indiz dafür, dass das „Bullshiten" in Organisationen zuzunehmen scheint. Inzwischen kursieren in Unternehmen Listen von „Bullshit-Jobs" – also von Tätigkeiten, von denen die Mitarbeiter im Stillen glauben, dass sie eigentlich unnötig sind. In Beratungsfirmen, Investmentbanken oder PR-Agenturen wird auf der Hinterbühne diskutiert, mit welchem Bullshit man Kunden überzeugen kann.[68]

Um Missverständnissen vorzubeugen: Bei Bullshit handelt es sich nicht um Lügen, sondern um eine Form des Redens, mit der von eigentlich relevanten Dingen abgelenkt werden soll. Wenn jemand in Bullshit-Buzzwords kommuniziert, geht es ihm oder ihr nicht um die Verdrehung der Wahrheit; die Beiträge sind einfach nur völlig frei von jedem greifbaren Sinngehalt.[69]

Es gibt verschiedene Wege, um Bullshit zu produzieren. Eine Möglichkeit besteht darin, nur Worte zu verwenden, deren Bedeutung schwer zu greifen ist. Wertformulierungen wie Innovation, Nachhaltigkeit oder Diversität lassen genug Interpretationsspielraum zu, damit sich alle Anwesenden darunter das vorstellen können, was sie wollen. Eine andere Option besteht darin, Redebeiträge mit einer Vielzahl solcher Wertformulierungen derart zu „überladen", dass es unmöglich wird festzulegen, welches Ideal im Zweifelsfall das wichtige(re) ist. Eine weitere Alternative besteht darin, dynamisch zwischen den Werten hin und her zu wechseln. Je schneller der Austausch der verschiedenen Prinzipien stattfindet, desto geringer ist die Gefahr, dass man auf eine Position festgelegt wird.[70]

Zweifellos ist die Produktion von Bullshit harte Arbeit. Es kommt darauf an, Wertformulierungen so zusammenzusetzen, dass sie einen konsistenten Eindruck vermitteln. Sie müssen derart abstrakt formuliert sein, dass sich alle mit ihnen identifizieren können, gleichzeitig aber die Suggestion von Konkretheit mit sich führen. Sie müssen ebenso anschlussfähig an das sein, was andere an Bullshit produzieren, und müssen dabei auch den Anschein von Originalität erwecken. *(→ Heuchelei)*

---

68 *David Graeber*: Bullshit Jobs. A Theory. London 2018.

69 Dazu einschlägig und lesenswert *Harry G. Frankfurt*: On Bullshit. Princeton 2005.

70 So die Strategien des „Bullshiting" bei *André Spicer*: Shooting the Shit. The Role of Bullshit in Organizations. In: Management 16 (2013), S. 653–666, hier S. 661. Auch die folgende Diagnose von Bullshit als „hard work" ist von Spicer.

Es hat sich inzwischen eine eigene Industrie herausgebildet, die Organisationen bei der Produktion und Plausibilisierung solcher Wertelisten unterstützen. *(→ Werte)* Managementgurus helfen dabei, drastische Gegenüberstellungen zwischen den „veralteten" sowie den „modernen" Werten aufzubauen. Berater rechtfertigen die propagierten Ideale dadurch, dass sie diese als konkrete Lösungsalternativen für ungelöste Probleme der Organisation zur Schau stellen. Managementkonferenzen dienen dazu, die gerade besonders aktuellen Prinzipien durch permanente, nur leicht variierende Wiederholungen einzutrichtern.[71] *(→ Managementmoden)*

Inzwischen mehren sich die Stimmen, welche auf die Gefahr von Bullshit für Organisationen hinweisen: Die Produktion von Bullshit lenke von den „eigentlichen Zielen" ab. Die Rationalität der Entscheidungsfindung erodiere, weil alle nur noch in allgemein akzeptierten Konsensformeln sprächen. Die professionellen Identitäten würden unterminiert, denn die durch Klarheit gekennzeichneten Standards von Berufsgruppen würden durch eine zu starke Orientierung an besagten Werteformeln aufweichen. Langfristig ginge das Vertrauen in die Organisation verloren, weil sie nicht mehr zu greifen sei.[72] Aber warum wird überhaupt akzeptiert, dass in Organisationen so viel Bullshit geredet wird?

Zweifellos mögen Höflichkeit, Naivität oder Angst eine wichtige Rolle spielen, aber vielleicht gibt es darüber hinaus eine zentrale Funktion, die Bullshit für die Stabilisierung moderner Organisationen erfüllt. Vorgesetzte, die ja auch in den auf Selbstorganisation basierenden Organisationen immer noch existieren, nehmen eine immer größer werdende Diskrepanz zwischen ihren realen Handlungsmöglichkeiten und der ihnen zugewiesenen Verantwortung wahr. Die eigenen Mitarbeiter bestimmen immer stärker selbst, aber am Ende werden trotzdem die Chefs verantwortlich gemacht, wenn etwas richtig in die Hose geht.[73]

Es zeichnet sich immer deutlicher ein grundlegendes Dilemma für Führungskräfte ab. Einerseits sollen sie Führungsstärke unter Beweis stellen, andererseits aber die Selbstorganisationsprozesse ihrer Mitarbeiter nicht hemmen. Bullshit ist die verlockende Lösung für dieserart Dilemma. Weil man sich mit direkten Befehlen als Führungskraft der „alten Schule" zu erkennen geben würde, nehmen die nach wie vor geforderten Orientierungshilfen immer mehr den Charakter allgemeiner Wertformulierungen an. Führungskräfte können so eine Anmutung von Anweisungen geben, ohne wirklich anzuweisen.[74] Bullshit ist also nicht eine persönliche Macke eines Vorgesetzten, sondern das Ergebnis einer zunehmend widersprüchlich werdenden Rollenerwartung.

---

[71] Siehe dazu *David Greatbatch, Timothy Clark*: Management Speak. Why We Listen to What Management Gurus Tell Us. London 2005, 48 ff..

[72] Siehe dazu *André Spicer*: Business Bullshit. London, New York 2017.

[73] Siehe zu dieser Situation *S. Kühl*: Sisyphos im Management (wie Anm. 16), S. 45.

[74] *Lars Thøger Christensen, Kärreman, Dan, Rasche, Andreas*: Bullshit and Organization Studies. In: Organization Studies 40 (2019), S. 1587–1600, hier S. 1594.

#13 Businesspläne

Die Funktion von Planbarkeitsfiktionen

Die Vorstellung einer systematischen Planung von Unternehmensgründungen ist zunehmend in die Kritik geraten. Durch das Verfassen von Businessplänen würden sich Gründer auf ein maschinenartiges Verständnis von Organisationen festlegen. Unternehmensgründungen würden demzufolge für einen Zweck – die ursprüngliche Idee – ausgedacht, die dann als Richtschnur für alles organisatorische Handeln herhalten müsse. *(→ Aktionspläne)*

Aber leider – so die lauter werdende Kritik– sei die Sache nicht so einfach. Die Realität von Unternehmensgründungen sehe ganz anders aus als in den idealisierten Beschreibungen vieler Gründungsberater. Vielmehr bildeten sich die Produkte der Initiatoren in einem Prozess von Versuch und Irrtum erst langsam heraus, die Kunden seien häufig ganz andere als die zunächst anvisierten und die ursprünglichen Kalkulationen hätten mit den faktischen Kosten und Einnahmen wenig zu tun. Die Anfangsphase eines Unternehmens sei viel wilder, als es Businesspläne suggerierten.[75]

Diese Kritik wird getrieben durch den besonders im Silicon Valley gepflegten Gründermythos. Dort gilt: Wichtiger als ein ausgearbeiteter Geschäftsplan ist ein vielversprechendes Geschäftsmodell, das die Fantasie anregt; bedeutender als die Ausarbeitung der geplanten Vorgehensweise in einer Hochglanzbroschüre ist, dass ein Gründer seine Ideen einer häufigen Prüfung aussetzt; zentraler als eine möglichst genaue Einnahmen-Ausgaben-Rechnung ist das Anstoßen von kleinen Versuchen, die sich in der Praxis auch finanziell bewähren müssen.

Sicherlich, die Bedingungen für ein risikokapitalfinanziertes Start-up, das idealerweise innerhalb von zwei, drei Jahren an die Börse gebracht werden soll, sind grundlegend andere als für die Bäckerei, das Café oder die Webagentur, die vorrangig darauf ausgerichtet sind, ihren Gründern ein hinlängliches Einkommen zu ermöglichen. Aber es ist nicht zu übersehen, dass mit Begriffen wie „Business Model Canvas" oder „Lean Start-up" diese an risikokapitalfinanzierten Unternehmensgründungen erprobte Vorgehensweise auch für „ganz normale Gründungen" als Modell propagiert wird.

Mit der Durchsetzung dieses neuen Paradigmas in Bezug auf Unternehmensgründungen ist die Nachfrage nach Unterstützung beim Schreiben von Businessplänen jedoch ungebrochen.[76] Während die Erstellung von Businessplänen früher gerne von den Unternehmensgründern an Steuer- oder Gründungsberater outgesourct wurde, stehen jetzt vielfältige Softwareprogramme zur Verfügung, die Anleitung beim Schreiben eines Businessplans versprechen. Programme wie Business Plan Pro, PlanMagic Business, SmartBusinessPlan, LivePlan, Ultimate Business Planner oder quickPLAN beschwören, dass sie Gründern dabei helfen, die Geschäftsidee zu beschreiben, das Produkt zu spezifizieren, den Kundenbedarf zu benennen, die Vertriebswege festzulegen sowie Einnahmen und Ausgaben in den ersten Jahren zu planen. Wie lässt sich diese Popularität von Businessplänen erklären?

---

[75] Siehe dazu *E. C. Shapiro*: Fad Surfing in the Boardroom (wie Anm. 13), S. 26.

[76] Siehe nur beispielsweise *Paul Tiffany*: Business Plans for Dummies. Hoboken 2005.; oder *Hal Shelton*: The Secrets to Writing a Successful Business Plan. Rockville 2017.

Obwohl Unternehmensgründungen nichts mit den Suggestionen ihrer Businesspläne zu tun haben, gibt es einen zentralen Grund, weswegen das Erstellen von Businessplänen immer populärer wird. Es gibt eine Vielzahl von Organisationen, die für ihre eigenen Genehmigungsprozeduren möglichst rational dargestellte Pläne für die von ihnen finanzierten Unternehmensgründungen brauchen: Banken, die Gründern Kredite geben wollen, Arbeitsagenturen, die die Weiterzahlung von Arbeitslosenhilfe bewilligen wollen, oder Wirtschaftsförderer, die besonders gelungene Businesspläne prämieren möchten.

Die meisten Gründer kommen deswegen nicht darum herum, ihren Finanziers derartige Planbarkeitsfiktionen zu liefern. Die Gefahr für Gründer liegt jedoch darin, dass sie – verleitet durch die Software – beginnen, an ihre Businesspläne zu glauben. Der beste Businessplan ist jedoch derjenige, der bei der Bank, der Arbeitsagentur oder dem Wirtschaftsförderer abgegeben wird und den sich der Gründer nie wieder ansieht.

Die Gefahr für Gründer liegt darin, dass sie beginnen, an ihre Businesspläne zu glauben. Der beste Businessplan ist derjenige, der bei der Bank, der Arbeitsagentur oder dem Wirtschaftsförderer abgegeben wird und den sich der Gründer dann nie wieder ansieht.

#14 Cliquen

Verdichtete Formen kollegialer Erwartungen

Bei Cliquen handelt es sich um über informale Erwartungen geprägte Subsysteme, die sich im Schatten der Formalstruktur ausbilden.[77] Deswegen werden Cliquen – zurückgreifend auf eine ältere Terminologie – häufig auch als informale Gruppen bezeichnet.[78] Cliquen sind insofern die „natürliche Fortsetzung und Verdichtung kollegialer Beziehungen".[79]

An dieser Stelle darf aber die Bedeutung von Cliquen im Rahmen von kollegialen Beziehungen nicht überschätzt werden – ein erheblicher Teil der kollegialen Beziehungen verdichtet sich nämlich nicht in Cliquen. Kollegiale Beziehungen umfassen ebenso Beziehungen zu Mitgliedern in derselben formalen Einheit, nur sporadische Kontakte zu Mitgliedern anderer Einheiten oder auch Erstkontakte zu bisher unbekannten Organisationsmitgliedern.[80] *(→ Kollegialität → Kameradschaft)*

Demgegenüber können Cliquen da entstehen, wo das Verhältnis zur formalen Organisation besonders distanziert und problematisch ist. Es gibt aber umgekehrt auch Cliquen, die sich deswegen ausbilden, weil eine Identifikation mit der Organisation ausgeprägter ist als bei anderen Mitarbeitern, um auf diese Weise bestimmte, formal (noch) nicht vorgesehene Ziele in der Organisation zu befördern oder sich wechselseitig bei der Karriere zu unterstützen.

In Cliquen kommt es oft dazu, dass ihre Mitglieder sich als Personen mit sehr unterschiedlichen persönlichen Rollenbezügen einbringen. Wenn man sich im Widerstand gegen die Organisation befindet, versucht, einander in der Karriere voranzubringen, oder Ziele jenseits der offiziellen Agenda der Organisation durchsetzen will, steigt die Chance, dass sich die Mitglieder nicht nur in ihren Organisationsrollen begegnen, sondern sich auch über andere Rollen austauschen und darüber Personenkenntnisse aufbauen.

In Organisationen herrscht vielfach die Erwartung, dass alle Mitarbeiter kollegial miteinander umgehen und sich gegenseitig unterstützen. In Cliquen werden die kollegialen Beziehungen dann jedoch in einer Form besonderer Solidarität kondensiert. Da es – anders als bei Teams – keine durch die Organisation abgesicherte Zuweisung von Personen zu Cliquen gibt, ist die Identität der Clique sowohl für ihre Mitglieder als auch für Außenstehende häufig nur schwer zu fassen.[81] Die Cliquen können selbst darüber verfügen, wer in ihnen Mitglied ist und wer nicht. Organisationen mögen – wenn sie die Bildung von Cliquen überhaupt wahrnehmen –

---

77 Der Text basiert auf einer Gegenüberstellung von Teams, Cliquen und Gruppen in *Stefan Kühl*: Die folgenreiche Verwechslung von Teams, Cliquen und Gruppen. Zu unterschiedlichen Formen der Systembildung von Organisationen. In: Gruppe. Interaktion. Organisation. Zeitschrift für Angewandte Organisationspsychologie 52 (2021), 417-434.

78 So zum Beispiel *Noel Tichy*: An Analysis of Clique Formation and Structure in Organizations. In: Administrative Science Quarterly 18 (1973), 2, S. 194–208, hier S. 194.

79 *N. Luhmann*: Funktionen und Folgen formaler Organisation (wie Anm. 5), S. 324.

80 Siehe dazu auch die Kritik an soziometrischen Methoden von *René König*: Die informellen Gruppen im Industriebetrieb. In: *Erich Schnaufer, Klaus Agthe* (Hrsg.): Organisation. Berlin 1961, S. 55–118, hier S. 77.

81 Zu all diesen Punkten ausführlich *N. Luhmann*: Funktionen und Folgen formaler Organisation (wie Anm. 5), 331f.und ders.: Spontane Ordnungsbildung. In: *Fritz Morstein Marx* (Hrsg.): Verwaltung. Berlin 1965, S. 163–183, 175f.

über Vorgesetzte appellieren, dass sich die Cliquen doch neuer Organisationsmitglieder annehmen oder zumindest versuchen sollten, allzu brutale Ausschlüsse zu unterbinden, aber es gibt keinen formalen Zugriff auf die Cliquenmitgliedschaft seitens der Organisation.

Dabei beziehen sich Cliquen in der Ausbildung ihrer Normen grundsätzlich zwar auf die formalen Regeln, sind in der tatsächlichen Interpretation und Auslegung dieser Normen jedoch autonom. In Industriebetrieben ist etwa früh beobachtet worden, dass Teammitglieder, die den Akkordlohn durch Übererfüllung der Norm „kaputt machten“, als „Akkordbrecher“ bezeichnet wurden, während diejenigen, die auf Kosten des Teams zu wenig arbeiteten, als „Nassauer“ diskriminiert wurden.[82] In Armeen ließ sich feststellen, dass sich innerhalb von militärischen Einheiten Cliquen bildeten, in denen sich auf der Grundlage von besonderen Loyalitäten zwischen einzelnen Mitgliedern die Norm einer außergewöhnlichen Kampfbereitschaft ausbildete.[83]

Aber weil Cliquen über die Mitgliedschaft in der Organisation nicht verfügen können, behält die „formale Organisation das Heft gleichwohl in der Hand“.[84] Organisationen können zwar nicht direkt auf die Normbildung in Cliquen einwirken, aber sie haben prinzipiell die Möglichkeit, Personen aus der Organisation zu entfernen und die kleinen Zusammenschlüsse auf diese Weise zu schwächen oder gar aufzulösen. Häufig reicht bereits das Ausscheiden von einer oder zwei Personen aus, um zu einer Auflösung einer Clique zu führen. Die Existenz von Cliquen in Organisationen ist immer prekär.[85]

---

[82] Siehe dazu *Fritz Jules Roethlisberger, William J. Dickson*: Management and the Worker. An Account of a Research Program Conducted by the Western Electric Company, Hawthorne Works, Chicago. Cambridge 1939, 196 ff..

[83] Siehe dazu einschlägig *Roger W. Little*: Buddy Relations and Combat Performance. In: *Morris Janowitz* (Hrsg.): The New Military. Changing Patterns of Organization. New York 1964, S. 195–224.

[84] Siehe dazu auch allgemein die auf Informalität bezogenen Überlegungen in *N. Luhmann*: Funktionen und Folgen formaler Organisation (wie Anm. 5), S. 285.

[85] *N. Luhmann*: Spontane Ordnungsbildung (wie Anm. 81), 178f.

#15 Coaching

Zur Entstehung personenbezogener Beratung in Organisationen

Das Wort Coaching weist eine so hohe semantische Elastizität auf, dass inzwischen unter diesem Begriff fast jede Leistung gefasst wird, die in irgendeiner Form beratend gegenüber einer Person erbracht wird: „IT-Coaching", „Astro-Coaching" und „Coaching für Eltern" gehören zu Standardangeboten im Internet. Inzwischen kann man für Leistungen im „Zen-Coaching", „Entspannungs-Coaching", „Flirt-Coaching" oder – falls letzteres Erfolge gezeigt hat – auch für „Sex-Coaching" oder gleich für „SM-Coaching" problemlos einen Berater oder eine Beraterin finden.

Viele altbekannte, gegenüber Personen erbrachte Dienstleistungen kommen heutzutage im Gewand des Coachings oder der Supervision daher: Die altbewährte Nachhilfelehrerin wandelt sich zum „Abi-Coach". Die Eheberatung wird semantisch zum „Paar-Coaching" aufgepeppt und die Fahrstunden drohen wir inzwischen von einem „Driving-Coach" zu bekommen. Selbst Tiere sind inzwischen als Zielgruppe für Coaching entdeckt worden und sowohl Kampfhunde als auch Araberhengste werden zusammen mit ihrem Herrchen oder Frauchen mit speziellen Coaching-Angeboten bedient.[86]

Die expansive Verwendung des Begriffs des Coachings darf allerdings nicht verdecken, worum es im Engeren beim Coaching geht: die personenbezogene Beratung in Organisationen. Sicherlich, eine Form der Konsultation hat in Organisationen immer schon stattgefunden. So holte man sich Hilfestellung beim Vorgesetzten, wenn man mit einer Aufgabenstellung nicht zurechtkam. Man lästerte beim Mittagessen mit Kollegen über den Vorgesetzten, wenn er nicht helfen konnte, und wandte sich an Personaler, wenn man Probleme mit Kollegen hatte. Nicht selten hatten diese Gespräche gewollt oder ungewollt den Charakter einer Beratungssituation.[87]

Angesichts dieser immer schon existierenden personenbezogenen Beratungen in Organisationen stellt sich zwangsläufig die Frage, was das Besondere an den Coachings ist, die mittlerweile an Popularität gewonnen haben. Kurz gesagt: Beim Coaching nehmen sowohl die Berater – der Coach oder die Coachin – als auch die Beratenen – die Coachees – ihre Rollen bewusst ein. Die Rolle wird nicht, wie etwa beim Vorgesetzten, kraft Erfahrung gebildet. Der Beratungsprozess entsteht dabei nicht, wie beim Gespräch mit Kollegen, rein zufällig. Vielmehr bildet sich ein von beiden als „Beratung" bezeichneter Prozess mit eindeutigen und vorher festgelegten Rollenverteilungen. Beratungsinteraktionen finden nicht zufällig in einer Kaffeepause oder in einem Mitarbeitergespräch statt, sondern in einer von vornherein asymmetrisch angelegten Situation und in einer genau benennbaren – weil notwendigerweise abrechenbaren – Zeitperiode.

Durch die Ausbildung einer exklusiven Beratungsrolle werden teilweise Themen ansprechbar, die in den sich zufällig ergebenden Gesprächen nicht immer zugänglich sind. Schließlich sind die sich spontan auftuenden Besprechungen mit Vorgesetzten oder Kollegen immer dadurch

---

86 Siehe für diese Aufzählung *S. Kühl*: Coaching und Supervision (wie Anm. 30), S. 13.

87 Diese Überlegungen basieren auf einem Thesenpapier, das für die Deutsche Gesellschaft für Supervision entwickelt wurde. Siehe ders.: Das Scharlatanerieproblem. Coaching zwischen Qualitätsproblem und Professionalisierungsbemühung. 90 kommentierte Thesen zur Entwicklung des Coachings. Köln 2005.

gekennzeichnet, dass diese mit anderen Rollenanforderungen in der jeweiligen Beziehung kollidieren können. Von einer Vorgesetzten kann man sich beispielsweise schlecht beraten lassen, ob man eine Organisation verlassen soll, weil allein durch das Erwähnen dieses Themas sofort auch jenseits dieser Erörterung bestimmte Effekte entstehen. Ebenso kann es schwierig sein, mit Kollegen ein „Beratungsgespräch" über Karriereoptionen zu führen, weil solche Ausbruchsversuche nach oben häufig von Gleichrangigen kritisch beäugt werden.

Aber gerade weil sich der Coach als eigene Berufsrolle ausbildet, ist Coaching alles andere als ein ganzheitlicher Ansatz. Es geht beim Coaching in Organisationen eben nicht um den Coachee als „ganzen Menschen", sondern lediglich um seine Tätigkeiten in seiner Berufsrolle. Bei der Betrachtung eines Menschen in seiner Berufsrolle mögen andere Rollen – als Familienmitglied, als Liebhaber oder als politisch Engagierter – einbezogen werden, sie interessieren aber nur als Hintergrund der Berufsrolle. *(→ Ganzheitlichkeit)*

In der „anti-ganzheitlichen Haltung" liegt der zentrale Unterschied des Coachings zu der Beratung durch Freunde. Bei Freundschaften ist es kaum möglich, von anderen Rollen zu abstrahieren: Man kann nur schwer Aussagen zu Problemen im Beruf, in der Liebe oder in der Nachbarschaft verweigern. Beim Coaching besteht aber gerade in dieser Abgrenzung die Professionalität. Zugespitzt: Je stärker sich Coaching als Berufsrolle ausbildet, desto stärker „anti-ganzheitlich" müsste diese Beratung im Rahmen eines organisationalen Kontextes werden.

#16 Compliance

Die Gefahr der Bürokratisierung

Skandale wegen Regelverletzungen oder Gesetzesbrüchen sind Wachstumsprogramme für die Compliance-Abteilungen, die Spezialisten für Regeltreue in Organisationen. Bei Bekanntwerden eines Skandals fordern die gleichen Politiker in Talkshows, die über Jahre hinweg kreative Gesetzesinterpretationen geduldet haben, dass sich Organisationen strikt gesetzeskonform zu verhalten haben. Lobbyorganisationen für mehr Transparenz beklagen öffentlich die Schwächen der bestehenden Compliance-Systeme und fordern, dass die Spezialisten für die Regeleinhaltung nicht nur die Annahme von Geschenken und die Abrechnung von Spesen überwachen, sondern auch die Einhaltung von Umweltschutzstandards, Menschenrechten und Produktionsbedingungen kontrollieren sollten. (→ *Transparenz)* Skandalgeschüttelte Organisationen kommen dieser Aufforderung zum Ausbau der Compliance-Abteilung gerne nach, weil dadurch kostengünstig die eigene Legitimität wieder aufgebaut werden kann.[88]

Aber dabei gibt es ein Problem. Die Mitarbeiter der Compliance-Abteilungen haben als Spezialisten für die Einhaltung von Regeln kaum Verständnis für die Funktionalität von alltäglichen Regelabweichungen. Compliance-Abteilungen sind für die Schauseite der Organisation notwendig, aber genau aus diesem Grund bekommen sie von den anderen Abteilungen auch immer nur eine Schauseite präsentiert. Die Anwesenheit von Mitarbeitern aus der Compliance-Abteilung führt bei Workshops, in denen über die realen Arbeitsprozesse gesprochen werden soll, automatisch zu Zensurmechanismen, die man sonst nur bei dem Besuch von Topführungskräften beobachten kann. In den Compliance-Abteilungen sitzen deswegen meistens die Mitarbeiter, die am wenigsten wissen, was im Unternehmen gerade los ist.

Nach einem Skandal erstellen Organisationen – nicht selten getrieben durch jene Abteilung für Compliance – neue formale Grundsätze, ohne das bestehende Regelwerk grundlegend zu überarbeiten. Selbst da, wo die formalstrukturellen Gesetzmäßigkeiten überarbeitet würden, komme es, so die Beobachtung, fast nie zu einem Ausdünnen des Regelwerkes, sondern eher zu einem „Vergenauern". Es würden immer mehr Regelspezifikationen, Auslösebedingungen und Ausnahmen definiert, um endlich „Klarheit" zu schaffen. Der Effekt wäre dann, dass die Formalstruktur der Organisation anfängt „nach innen" zu wuchern.[89]

Organisationswissenschaftliche Studien haben gezeigt, dass die Detaillierung der formalen Regeln, die Zuweisung von klaren Verantwortlichkeiten und die damit verbundenen weitreichenden Protokollierungspflichten zu einer erheblichen Verschärfung der üblichen Pathologien bürokratisierter Organisationen führen. Bei Polizeien führt die Erhöhung der Dokumentationspflichten und eine damit verbundene verstärkte Überwachung durch Vorgesetzte dazu, dass Polizisten sich auf „Papierkriege" konzentrieren. In Universitäten führt die Bestrebung, Mauscheleien bei der Besetzung von Professuren oder Rektoraten durch detailliertere Regeln

---

[88] Siehe erstmals ders.: An VW wird das Falsche kritisiert. In: Frankfurter Allgemeine Zeitung (29.9.2015) Siehe auch ausführlich ders.: Brauchbare Illegalität. Vom Nutzen des Regelbruchs in Organisationen. Frankfurt a. M., New York 2020, 127 ff..

[89] *Sven Kette, Sebastian Barnutz*: Compliance managen. Eine sehr kurze Einführung. Wiesbaden 2019, S. 57.

und die Herstellung eines hohen Maßes an Transparenz zu verhindern, zu einem Anwachsen der auch öffentlich einsehbaren Dokumentationen.[90]

Diese Auswirkungen der Verfeinerung des formalen Regelwerkes sind besonders bei durch Skandale erschütterten Organisationen zu beobachten. Anfangs leiden die Organisationen an den durch die Gerichte angeordneten Strafzahlungen, dem Weggang der für die Gesetzesverstöße verantwortlich gemachten Führungskräfte sowie dem Reputationsverlust in der Öffentlichkeit. Diese Effekte schleichen sich aber aus, weil sich die Verfahren vor Gerichten klären, neue Führungskräfte eingearbeitet werden und die massenmediale Aufmerksamkeit – nicht zuletzt durch bekannt gewordene Skandale anderer Organisationen – nachlässt. Immer deutlicher treten in diesen Szenarien in der Folge die Auswirkungen des verfeinerten formalen Regelwerkes und der verstärkten Regelüberwachung zutage: Die Organisation hat an Schnelligkeit in der Entscheidungsfindung eingebüßt und Flexibilität ist verloren gegangen. Die Delegitimierung jeder Form von Regelabweichung und -verletzung führt, so Sebastian Barnutz und Sven Kette, zu einer „unbrauchbaren Legalität", sodass gar ein „Scheitern nach Vorschrift" droht.[91] *(→ Regelbruch)*

Die Herausforderung besteht darin, die brauchbaren Illegalitäten so zu managen, dass bei ihrem Bekanntwerden eine Organisation nicht daran zerbricht.[92] Voraussetzung dafür ist aber auch, dass zugestanden wird, dass keine Organisation auf die alltäglichen Regelabweichungen verzichten kann und nicht jeder beobachtete Regelbruch sofort zu einer Bestrafung der Verantwortlichen sowie der Abschaffung der Regelabweichung führen muss. In den meisten Organisationen mangelt es jedoch an Wissen, wie man in Einzelgesprächen und Beobachtungsinterviews die informalen Prozesse erhebt, wie das Wissen so aufbereitet wird, dass es nicht gleich vom Immunsystem der Vorgesetzten abgestoßen wird, und wie man die Prozesse wenigstens teilweise in Workshops besprechbar und damit auch veränderbar macht. Das ist aber nötig, damit das Management signalisieren kann, welche „innovativen Wege", „großzügigen Regelinterpretationen" und „Ausnahmen von der Regel" akzeptiert und erwartet werden und welche zu weit gehen. Letztlich scheitern Organisationen nicht an ihren alltäglichen Regelabweichungen, sondern an dem unprofessionellen Management ihrer brauchbaren Illegalitäten.

Organisationen scheitern nicht an ihren alltäglichen Regelabweichungen, sondern an dem unprofessionellen Management ihrer brauchbaren Illegalitäten.

[90] Siehe für die klassische Studie *Frank Anechiarico, James Jacobs*: The Pursuit of Absolute Integrity. How Corruption Control Makes Government Ineffective. Chicago 1996.

[91] *S. Kette, S. Barnutz*: Compliance managen (wie Anm. 89), S. 35.

[92] Siehe dazu auch *Marcel Schütz, Richard Beckmann, Heinke Röbken*: Compliance-Kontrolle in Organisationen. Wiesbaden 2018.

#17 Demokratie

Weswegen Demokratie ein Mehr an Machtkämpfen bedeutet

Die Forderung nach der Demokratisierung von Unternehmen hat eine spontane Plausibilität. Zwar seien, so die Klage, weite Teile der Gesellschaft demokratisiert worden, aber Organisationen in der Wirtschaft seien demokratiefreie Gebilde geblieben. Es erscheint vielen Beobachtern erklärungsbedürftig, dass zwar die Bürger eines Staates ihre Regierung wählen dürfen, die Mitarbeiter eines Unternehmens aber mit den von oben bestimmten Vorgesetzten vorliebnehmen sollen. Die Forderung angesichts dieses Demokratiedefizits lautet, dass zentrale Entscheidungen in Unternehmen von allen Mitarbeitern gemeinsam gefällt werden, dass Mitarbeiter Vorgesetzte selbst wählen können und dass diese bei mangelhafter Leistung von den Mitarbeitern auch wieder abgesetzt werden können.

Beim demokratischen Unternehmen handelt es sich um einen alten Einfall. Der Grundgedanke von Genossenschaften war, dass ein Unternehmen, wenn es schon nicht im Besitz der Nutzer seiner Leistungen war, doch wenigstens im Besitz seiner Mitarbeiter sein sollte. Die Idee der selbst verwalteten Betriebe, die im Zuge der Studentenrevolten in den späten 1960er- und frühen 1970er-Jahren in vielen Staaten an Popularität gewonnen hatte, basierte darauf, dass der Besitz von Kapital und das Einbringen von Arbeitskraft bei denselben Personen zusammenfallen sollte.[93]

Mit der Vorstellung, ein Gegenmodell zum Kapitalismus zu etablieren, haben die meisten Unternehmen, die sich heutzutage für ihre demokratischen Prinzipien preisen oder preisen lassen, jedoch wenig zu tun. Im Gegenteil, der von Beratern, Managern und Unternehmer geführte Demokratisierungsdiskurs ist ein Indiz für den von den Soziologen Luc Boltanksi und Ève Chiapello konstatierten „neuen Geist des Kapitalismus".[94]

Vom Vokabular her erinnern die Reden von Vorstandsvorsitzenden an die Rhetorik der revolutionären Befreiungsbewegungen des vorigen Jahrhunderts. *(→ Disruption)* Viele als modern geltende Instrumente der Personalentwicklung sind in der Studentenbewegung entwickelt worden und die Ästhetik so mancher Kampagne zur Mitarbeitermotivation hätte auch von einer marxistischen Partei stammen können. Allen Abgesängen zum Trotz hat der Kapitalismus eine beachtliche Fähigkeit entwickelt, die gegen ihn gerichtete Kritik aufzugreifen und produktiv zu wenden. Der Tenor ist: „Die neue Organisationsform muss sich rechnen."

Wenn Demokratisierung nicht lediglich ein Ornament auf der Schauseite der Organisation sein soll, bedeutet sie den Verzicht auf Hierarchie. Natürlich, auch die Wahl von Vorgesetzten durch ihre Mitarbeiter führt dazu, dass es eine Hierarchie gibt, aber diese Hierarchie ist dadurch geschwächt, dass die Vorgesetzten ja jederzeit damit rechnen müssen, von ihren Mitarbeitern wieder abgesetzt zu werden. Das führt zwangsläufig dazu, dass gewählte Hierarchen eine deutlich größere Zurückhaltung dabei zeigen, Erwartungen mit Hinweis auf ihre hierarchisch legitimierten Weisungsbefugnisse durchzusetzen. *(→ Hierarchie)*

---

[93] *Joyce Rothschild, J. Allen Whitt*: The Collectivist Organization. An Alternative to Rational Bureaucratic Models. In: American Sociological Review 44 (1979), S. 509–527.

[94] *Luc Boltanski, Ève Chiapello*: Le nouvel esprit du capitalisme. Paris 1999.

Es herrscht die Vorstellung, dass in diese Lücke eine verstärkte Steuerung über Verständigung und Vertrauen treten kann. *(→ Vertrauen → Verständigung)* Zugegebenermaßen darf man die Bedeutung von Verständigung und Vertrauen in Organisationen nicht unterschätzen, aber interessanterweise ist die Steuerungsform, die durch Demokratisierung am meisten an Bedeutung gewinnt, Macht. *(→ Macht)* Das mag überraschen, weil Macht in dieser Diskussion häufig mit Hierarchie gleichgesetzt wird. Wenn die Hierarchie an Bedeutung verliert, dann müssten sich doch, so die Vorstellung, auch die Machtprozesse reduzieren. Wir wissen aber schon aus Studien über demokratische Staaten, dass der umgekehrte Effekt eintritt. Durch die Einführung von Demokratie kommt es in einem Staat nicht zu einer Ab-, sondern zu einer Zunahme von Machtspielen. Wer dafür eine Illustration braucht, sollte sich die populäre Fernsehserie „House of Cards" ansehen, in der eine nur leicht verzerrte Beschreibung von Machtspielen geboten wird.[95]

Machtspiele gehören in jeder Organisation zum Alltag. Sie lassen sich nicht vermeiden, weil die Interessen der Organisationsmitglieder schon allein aufgrund unterschiedlicher Ziele und Aufgaben unterschiedlich sind. Es müssen Entscheidungen getroffen werden, alle Beteiligten verfügen über unterschiedliche Ressourcen und Unsicherheitszonen, mit denen sie an den Entscheidungen beteiligt sind. Jeder kann jeden unter Druck setzen, mit dem Entzug von wichtigen Zulieferleistungen drohen, und das geschieht auch, an allen Ecken und Enden, und gar nicht nur zu widerwärtigen persönlichen Zwecken, sondern durchaus meistens zu den Zwecken, die den jeweiligen Personen oder Abteilungen von der Organisation aufgegeben sind. Die Umstellung auf Demokratie schaltet diese Strukturen nicht aus, sondern verteilt sie nur über mehr Akteure und mehr Schnittstellen und beraubt sie der Möglichkeit der gelegentlichen schnellen Entscheidung durch einen machtüberlegenen Hierarchen.

Durch die Einführung von Demokratie kommt es in einer Organisation oder in einem Staat nicht zu einer Ab-, sondern zu einer Zunahme von Machtspielen.

[95] Siehe dazu *S. Kühl*: Wenn die Affen den Zoo regieren (wie Anm. 25), S. 94.

#18 Digitalisierung

Cyber-Utopisten versus Techno-Realisten

Kaum jemand traut sich noch, die Geschichte vom smarten Kühlschrank zu erzählen, der auf einer Lebensmittelplattform automatisch die fehlende Milch nachbestellt. Zwar ist es technisch kein Problem, einen Kühlschrank mit Sensoren auszustatten, die entsprechend gekennzeichnete Lebensmittelverpackungen erkennen können, aber der alltägliche, sehr menschliche Blick in den Kühlschrank, ob noch genug Milch da ist, zeigt, dass die inzwischen über zehn Jahre alte Geschichte vom nachbestellenden Kühlschrank lediglich eine der vielen nicht erfüllten Technik-Fantastereien zu bleiben scheint.

Technikhistorische Forschungen haben gezeigt, dass die meisten technischen Voraussagen und Visionen Hirngespinste geblieben sind. Viele Prognosen werden im Nachhinein zwar so zurechtinterpretiert, dass man den Eindruck bekommt, die Trendforscher würden über hellseherische Fähigkeiten verfügen. Ein genauerer Blick zeigt jedoch, dass diesbezüglich richtige Weissagungen eine äußerst seltene Ausnahme sind. Die Geschichte der Trendforschung, der Technikfolgenabschätzung sowie der Zukunftsprognostik ist eine Geschichte von Irrungen und Wirrungen.[96]

Dies führt bei Futurologen, Visionären und Prognostikern jedoch nicht etwa zu größerer Bescheidenheit, im Gegenteil: Man kann gerade in den Diskussionen über Digitalisierung – aber auch über künstliche Intelligenz, Robotik oder Blockchains – einen neuen Erregungszustand erkennen. Die Rede ist von virtuellen Shopping-Assistenten, die die Bedürfnisse besser kennen als ihre Benutzer, von Teams aus Robotern, die in absehbarer Zeit Fußballweltmeister werden, oder von Kommunikationen, die zwischen Internet-Bots abgewickelt werden, ohne dass die Menschen das überhaupt noch mitbekommen.

Durch die Nutzung von Big Data, intelligenten Algorithmen und lernenden Maschinen würde sich auch die Arbeitsweise in Unternehmen, Verwaltungen, Krankenhäusern und Universitäten grundlegend verändern. Es wird vorausgesagt, dass die Digitalisierung zu grundlegend neuen Kooperationsformen führen werde, in denen die Mitarbeiter nicht mehr in den Silos ihrer Bereiche oder Abteilungen isoliert würden. Entscheidungen würden nicht mehr vorrangig von Managern getroffen werden, sondern „Robo-Bosse" würden auf der Basis von Algorithmen Geschäftsstrategien entwickeln. Organisationen, so wie wir sie kennen würden, würden sich auflösen, weil man über die technischen Möglichkeiten verfügen würde, mit geringeren Koordinationskosten ein Produkt oder eine Dienstleistung über Netzwerke von Ein-Personen-Unternehmern erbringen zu lassen.[97]

Dabei findet seit Jahrzehnten unter Technikberatern, Trendforschern und Wirtschaftsjournalisten ein Wettbewerb um die Verkündung des nächsten dramatischen Bruches statt. *(→ Disruption)* Man gilt in der Szene als Tiefstapler, wenn man aktuelle Entwicklungen im Bereich der auf Verarbeitung großer Datenmengen gestützten künstlichen Intelligenz ledig-

---

96 Siehe dazu ausführlich *Joachim Radkau*: Geschichte der Zukunft. Prognosen, Visionen, Irrungen in Deutschland von 1945 bis heute. München 2017.

97 Siehe für solche Visionen *Viktor Mayer-Schönberger, Thomas Ramge*: Reinventing Capitalism in the Age of Big Data. New York 2018.

lich mit der Bedeutung der Erfindung der ersten Großrechner Mitte des 20. Jahrhunderts vergleicht. *(→ Technik)*. Zumeist wird die Bedeutung der technischen Veränderungen im Bereich der Digitalisierung unmittelbar mit der Erfindung der Dampfkraft, des elektrischen Stroms oder des Buchdrucks gleichgesetzt, oder die Fortschritte in der künstlichen Intelligenz werden gar mit der kambrischen Artenexplosion vor fünfhundertfünfzig Millionen Jahren parallelisiert.

Sicherlich, gerade im Bereich der künstlichen Intelligenz und der Robotik können auch die Visionäre nicht übersehen, dass der große Teil der Voraussagen bisher Science-Fiction geblieben ist, aber das hat lediglich zu einer Anpassung des Erzählstrangs geführt. Es wird etwa zugestanden, dass sich viele Visionen zur künstlichen Intelligenz über Jahrzehnte nicht erfüllt hätten, nur um im nächsten Atemzug zu ergänzen, dass diese aufgrund der enorm gestiegenen Rechnerkapazitäten doch noch Realität werden würden. In Kürze werde – so die neuartige Erzählform – die Forschung Nüsse knacken, an denen sie sich über Jahrzehnte die Zähne ausgebissen habe.

Das Problem bei den Prognosen ist häufig nicht, dass die Dinge technisch nicht machbar sind. Zwar gibt es in der Szene den Witz, dass funktionierende Techniken „richtige Namen" bekommen und mit „künstlicher Intelligenz" nur die Dinge bezeichnet werden, die nicht funktionieren, aber in vielen Fällen besteht das Problem nicht in der theoretischen Machbarkeit, sondern in der erfolgreichen Umsetzung. *(→ Technik → Automation)*

Technisch ließen sich Währungssysteme beispielsweise mithilfe der Blockchain-Technologie grundlegend verändern, aber die Energiekosten würden einzelne Transaktionen extrem teuer machen, der Aufbau von Vertrauen in solche Währungssysteme würde sehr viel Zeit benötigen und die Möglichkeit staatlicher Eingriffe bliebe ein zentrales Problem. Auch die Vision des mit einem Lieferservice kommunizierenden Kühlschranks scheitert nicht an technischen Problemen, sondern daran, dass angesichts der Komplexität der Kosten-Nutzen-Analyse die meisten Verbraucher zu herkömmlichen Kühlschränken zurückkehren würden.[98]

Das Problem bei der Realisierung derartiger Visionen ist, dass die Pfadabhängigkeiten so ausgeprägt sind, dass sich neue, manchmal auch überlegene Techniken gar nicht durchsetzen können. Es spricht vieles dafür, dass eine intelligente dezentralisierte Energiegewinnung auf der Ebene von Haushalten der existierenden zentralisierten Energiegewinnung überlegen wäre, aber aufgrund langjähriger Investitionen in ein zentralistisches Netz ist das Beharrungsvermögen erheblich.

Es gibt gute Gründe, weswegen der Fantasie im Feld der Digitalisierung kaum Grenzen gesetzt sind. Futurologen und Trendforscher verdienen ihr Geld damit, dass sie möglichst detaillierte Bilder möglicher Zukünfte malen. Berater können über dystopisch ausgeschmückte Schilderungen die Bereitschaft ihrer verunsicherten Kundschaft erhöhen, ihre Dienste in Anspruch zu nehmen. Auch für Zeitungen mit ihrer ständigen Suche nach Neuigkeiten sind die bunten Visionen von Unternehmen häufig berichtenswerter als die faktischen Veränderungen.

Angesichts der nachvollziehbaren Erregung von Visionären, Zukunftsprognostikern und Trendforschern brauchen wir ein Realismusgebot in der Diskussion über Digitalisierung. Statt intensiv darüber zu spekulieren, was technisch möglich sein wird, was an neuen Produkten

---

98 Siehe auch zu dem Konzept der „bounded automation" *Peter Fleming*: Robots and Organization Studies: Why Robots Might Not Want to Steal Your Job. In: Organization Studies 40 (2019), 1, S. 23–38, hier S. 24.

entstehen könnte oder an neuartigen organisatorischen Eventualitäten angedacht ist, sollten wir uns darauf konzentrieren zu analysieren, wie die existierenden neuen Techniken wirken.

Konkret würde ein solches Realismusgebot bedeuten, dass die PowerPoint-Präsentationen von Managern konsequent um ihren Science-Fiction-Anteil bereinigt werden und stattdessen ausführlich die bei ihnen eingesetzten neuen Techniken beschreiben. Berater dürften sich in ihren Befragungen nicht mehr darauf versteifen, Manager nach Trends zu befragen, die sich dann in Publikationen als Bedrohungsszenario aufbauen lassen, sondern müssten sich auf die Details der konkreten technischen Veränderungen konzentrieren. Journalisten müssten, wenn sie über „mögliche" technische Entwicklungen schreiben wollen, sichtbar in das Genre der Science-Fiction-Literatur wechseln.

Es wäre naiv, davon auszugehen, dass es keine grundlegenden technischen Veränderungen geben wird. In einigen Branchen verändert die Digitalisierung die Geschäftsmodelle erheblich. Die technische Vernetzung von Wertschöpfungsprozessen auch über Organisationsgrenzen hinweg beschleunigt sich. Die Automatisierungstechnik sowohl im Produktions- als auch im Dienstleistungsbereich macht erhebliche Fortschritte. Die Geschichte des Kapitalismus ist immer auch eine Geschichte von durch Innovationen getriebenen Marktveränderungen, aber gerade deswegen ist der Realitätsbezug in der Beschreibung neuer Technologien so wichtig.

Angesichts der nachvollziehbaren Erregung von Visionären, Zukunftsprognostikern und Trendforschern brauchen wir ein Realismusgebot in der Diskussion über Digitalisierung

#19 Disruption

Zur Konstruktionsform von Zeitdiagnosen

Jede Generation von Managern scheint das Gefühl zu haben, in einer besonders schnelllebigen Zeit aktiv zu sein, und Berater tun alles, um sie in diesem Gefühl zu bestärken. Sie erzählen Managern, dass sie in einer durch Dynamik und Komplexität geprägten „Dynaxity-Welt“ leben. *(→ Bullshit)* Sie verkünden, dass sich diese auf „hyperflexible Zeiten“ einstellen müssen und weil sie zu glauben scheinen, dass Manager Gedanken nur behalten können, wenn diese in Form von Abkürzungen kommuniziert werden, wird mit Kurzformeln wie „VUKA-Welt“ – oder im Englischen „VUCA World “ – darauf hingewiesen, dass sie sich in einem zunehmend volatilen, unsicheren, komplexen und ambiguen Umfeld bewegen. *(→ Beobachtungen)*

Die Zutaten dieser mehr oder minder gut gemachten Zeitdiagnosen sind immer dieselben.[99] Es ist die Rede von einer zunehmenden Reduzierung der Rohstoffe, einer wachsenden Gefahr durch terroristische Anschläge und regional begrenzter Kriege, einer Zunahme von Naturkatastrophen, einem drohenden Öko-Kollaps, einer Zunahme der Verschuldung, einer Verknappung der Ressource Zeit und einer sich verschärfenden sozialen Ungleichheit. Durch die Globalisierung seien neue Konkurrenten entstanden. Dazu gehörten nicht nur wie früher Japan und die ostasiatischen Tigerstaaten wie Südkorea oder Taiwan, sondern besonders China und Indien. Diese würden sich die durch die Digitalisierung ergebenden neuen technischen Möglichkeiten häufig schneller erschließen als Unternehmen in Nordamerika oder Europa. Dabei sei die Herausforderung, dass sich die Nachfrage immer mehr zu hoch differenzierten Produkten und Dienstleistungen verlagere, die gerade auch von der Konkurrenz aus Asien geliefert werden könnten. Kunden wollten zukünftig ein „persönliches“ Auto, einen Computer oder ein Handy, das sehr weitgehend den eigenen Ansprüchen entspreche und sich gleichzeitig möglichst weitgehend von allen anderen vergleichbaren Produkten unterscheide. Es wird das Zeitalter der Disruption ausgerufen, in der aufgrund neuer technischer Entwicklungen und neuen Spielern innerhalb kurzer Zeit existierende Produkte, Dienstleistungen oder Technologien verdrängt werden.

Diese Zeitdiagnosen – ob sie nun in ihrer Dramatisierung stimmen oder nicht – haben die Funktion, Organisationen für neue Managementkonzepte zu sensibilisieren. *(→ Managementmoden)* Durch gesellschaftliche Verwerfungen seien, so der Tenor, Organisationen gezwungen, ihre Vorgehensweise bei kurz- und langfristigen Planungen, beim Investieren und beim Reinvestieren, bei der Einstellung und Entlassung von Personal sowie beim Zusammenwirken von Abteilungen und Hierarchien grundlegend umzustellen. Wer sich dem durch die disruptiven Veränderungen notwendigen „Prozess der schöpferischen Zerstörung“ nicht stelle – so die übliche apokalyptische Beschreibung –– riskiere die „Strafe des Untergangs“.[100]

Während man sich spätestens seit dem Scheitern des Staatssozialismus in der Politik vielerorts nicht mehr traut, das Wort „Revolution“ in den Mund zu nehmen, werden die Promotoren

---

[99] Siehe nur beispielhaft *John P. Kotter*: Accelerate. Building Strategic Agility for a Faster-Moving World. Boston 2014, 3 ff..

[100] Siehe hier nur beispielhaft von *Horst Wildemann*: Agilität – Das Gegenteil von Pflichterfüllung. In: Frankfurter Allgemeine Zeitung (9.10.2017).

von Managementmoden nicht müde, die Notwendigkeit einer wahrhaftigen „Revolution“ in Organisationen zu beschwören.[101] Managementgurus, Organisationsberater und auch manche Organisationswissenschaftler zögern nicht, von der „Notwendigkeit für eine Revolution“, einer „echten Revolution“ oder gar einer „Kulturrevolution“ zu reden und zu schreiben.[102] Es erscheinen an das Management gerichtete „Regieanweisungen für Revolutionäre“, „Manifeste für Businessrevolutionen“ und „Handbücher für eine Managementrevolution“.[103] Angesichts der Forderung im Managementdiskurs nach einer solchen „permanenten Revolution“ wären, so die Feststellung von Beobachtern, Leo Trotzki, Wladimir Iljitsch Lenin oder Mao Zedong grün vor Neid geworden.[104]

Solchen dramatisierenden Zeitdiagnosen in der Managementliteratur ist gemein, dass immer gleich auch Lösungen in Form von Personen, Stellen, Konzepten oder gleich ganzen Organisationen mitgeliefert werden. Die Verkündung einer zunehmend disruptiven Welt ermöglicht es, in den Wirtschaftsmedien die „Disrupter des Jahres“ zu küren, in Organisationen „Chief Disruption Officer“ zu benennen, Kongresse zu veranstalten, in denen „Disruption Potentials“ entwickelt werden können, und Beratungsfirmen in „The Disruption Consultancy“ umzubenennen. Die Ausrufung einer „VUCA-Welt“ ermöglicht es Personen – oder auch ganzen Beratungsfirmen –, mit Begriffen wie „Vision“, „Understanding“, „Clarity“ und „Agility“ auch gleich eine „VUCA-Lösung“ auszurufen. *(→ Zeitdiagnosen)*

So weit, so nachvollziehbar. Es spricht nichts dagegen, dass in Organisationen zur Begründung von Veränderungsnotwendigkeiten eine dramatische Lage geschildert wird und dabei auf die von Beratern zur Verfügung gestellten Bilder und Begriffe zurückgegriffen wird. Zur eigenen Beruhigung kann man aber Managern aus der Perspektive einer historisch informierten Organisationswissenschaft mitteilen, dass das als Abgrenzungsfolie dienende Bild einer stabileren, sichereren, einfachereren und eindeutigeren Gesellschaft lediglich eine Fiktion gewesen ist. Ein kurzer Blick auf die Anforderungen an Kolonialverwaltungen im späten 19. Jahrhundert, die ersten Automobilunternehmen Anfang des 20. Jahrhunderts oder auf politische Parteien nach Ende des Ersten oder Zweiten Weltkrieges reicht aus.

Angesichts der Forderung im Managementdiskurs nach einer „permanenten Revolution“ wären Trotzki, Lenin oder Mao grün vor Neid geworden.

---

[101] Siehe dazu *S. Kühl*: Wenn die Affen den Zoo regieren (wie Anm. 25), S. 18.

[102] So *Tom Peters*: Thriving on Chaos. Handbook for a Management Revolution. New York 1988, 3 ff.; *Michel Crozier*: L'entreprise à l'écoute: Apprendre le management postindustriel. Paris 1989, S. 21.; oder *Hubert Landier*: Vers l'entreprise intelligente. Dynamique du changement et mutation du management. Paris 1991.

[103] So *Noel M. Tichy*: Regieanweisung für Revolutionäre. Unternehmenswandel in drei Akten. Frankfurt a. M., New York 1995.; *Michael Hammer, James Champy*: Reengineering the Corporation. A Manifesto for Business Revolution. New York 1993.

[104] *J. Micklethwait, A. Wooldrige*: The Witch Doctors (wie Anm. 12), S. 14. Siehe zur Übernahme der Revolutionsrhetorik in der Managementliteratur auch *David Brooks*: Bobos in Paradise. The New Upper Class and How They Got There. New York 2000, S. 101.

#20 Entscheidungen

Zum Problem der zweifelnden Organisationen

In vielen Organisationen wird die Meinung vertreten, dass eine gut durchdachte Entscheidung schon kraft der eigenen Rationalität zur Befolgung motiviere. Je intensiver ein solcher Entscheidungsprozess aufgesetzt werde, desto eher, so die Annahme, fühlten sich die Organisationsmitglieder ermutigt, das angestrebte Vorhaben auch in die Tat umzusetzen.

Diese Auffassung sei jedoch, so der Organisationswissenschaftler Nils Brunsson, ein grundlegender Trugschluss.[105] Demnach sei gerade das Gegenteil der Fall: Je ausführlicher über die Folgen nachgedacht werde, in umso kritischerem Licht werde die getroffene Entscheidung gesehen. Durch die ausgeprägte Diskussion über die möglichen Konsequenzen würden bestimmte Bedenken überhaupt erst geweckt und in der Organisation verbreitet werden. Je mehr sinnvolle Handlungsalternativen dabei in einen Entscheidungsprozess einbezogen würden, desto zweifelhafter könne ebenso die Auswahl der getroffenen Alternative erscheinen. Warum sollte ich mich, so die naheliegende Frage, ausgerechnet für *diese* Entscheidung engagieren, wenn ich mich mit guten Gründen auch ganz anders entscheiden könnte?[106] *(→ Reformen)*

Dieses Dilemma von Entscheidungs- und Handlungsrationalität liegt darin begründet, dass das Treffen von Entscheidungen nicht nur die Funktion hat, eine „gute" Auswahl zwischen verschiedenen Alternativen zu ermöglichen, sondern dass derartige Beschlüsse auch die Funktion haben können, zu einer ganz bestimmten Handlung zu motivieren.[107] Organisationen stehen letztlich vor dem gleichen Problem wie eine Touristengruppe bei der Suche nach einer guten Kneipe: Je mehr Kneipen zur Auswahl stehen, eine größere Anzahl von Kneipenbesuchern an der Beschlussfassung beteiligt ist und man umso intensiver in diesem Rahmen über die Vor- und Nachteile der verschiedenen Gaststätten diskutiert, desto schwieriger wird nicht nur der eigentliche Entscheidungsprozess, sondern ebenso die angesichts des langatmigen Auswahlprozederes in Mitleidenschaft gezogene Begeisterung der genervten Beteiligten für den Besuch der letztlich ausgewählten Kneipe. Unter dem Gesichtspunkt der Handlungsmotivierung wäre es am besten, wenn sich einer hinstellte und verkündete, dass er eine hervorragende Kneipe kenne und auch schon Plätze vorbestellt seien.[108]

Dieses Entscheidungsdilemma bietet eine Erklärung, weshalb es in Organisationen so häufig zu auf den ersten Blick irrationalen Entscheidungsprozessen kommt. Es erklärt, warum in der Wahrnehmung in Organisationen häufig nicht zwischen Alternativen objektiv abgewogen wird, weswegen systematisch bestimmte problematische Folgen einer favorisierten Option ausgeblendet werden und wieso Zahlen so „hingebogen" werden, dass sie für eine bestimmte

---

105 *Nils Brunsson*: The Irrational Organization. Irrationality as a Basis for Organizational Action and Change. Chichester et al. 1985, 59 ff..

106 Ders.: The Irrationality of Action and Action Rationality: Decisions, Ideologies, and Organizational Actions. In: *ders.* (Hrsg.): The Consequences of Decision Making. Oxford, New York 2007, S. 32–49, 68f.

107 Ders.: The Organization of Hypocrisy. Talk, Decisions and Actions in Organizations. Chichester 1989, 189 ff..

108 Zur Strategie des „satisficing" siehe *Herbert A. Simon*: Rational Choice and the Structure of the Environment. In: Psychological Review 63 (1956), 2, S. 129–138, hier S. 129.

Selektion sprechen. Diese weit verbreitete pragmatische Herangehensweise entspricht sicherlich nicht den bekannten Vorstellungen von rationaler Entscheidungsfindung, bringt jedoch den Vorteil mit sich, dass die letztlich getroffene Wahl als unproblematisch nach innen und außen verkauft werden und somit für die Handlung motivierend wirken kann.

Eine Entscheidung ziehe am ehesten dann Handlungen nach sich, so die Beobachtung von Brunsson, wenn in geschickter Weise nur die Auswahl zwischen zwei Alternativen – einer sehr überzeugenden und einer auf den ersten Blick wenig überzeugenden – aufgebaut werde, die Daten also so konstruiert würden, dass sie die eine Alternative stützten und die Nebenfolgen gleichzeitig systematisch ausblendeten. Diese Form der Entscheidungsfindung mag uns nach Vorstellungen der Entscheidungsrationalität irrational erscheinen, unter dem Gesichtspunkt der Motivierung zum Handeln ist sie aber handlungsrational.

Entscheider in Organisationen stehen vor der misslichen Situation, dass sie auf der einen Seite mit einer intensiv abgewogenen Entscheidung sich selbst und die Mitarbeiter für die Umsetzung dieser rationalen Entscheidung demotivieren, sich auf der anderen Seite aber auch nicht darauf beschränken können, ohne große Überlegungen eine Wahl zu treffen. Daraus folgt die Schwierigkeit, dass Entscheidungen in einem doppelten Sinne rational sein müssen. Auf der einen Seite muss der Prozess „entscheidungsrational“ organisiert sein, sodass eine gute Entscheidung zustande kommt. Auf der anderen Seite muss der Prozess aber auch so organisiert sein, dass er handlungsmotivierend wirkt.

Das Treffen von Entscheidungen kann nicht nur die Funktion haben, eine „gute“ Auswahl zwischen verschiedenen Alternativen zu ermöglichen, sondern auch zu einer ganz bestimmten Handlung zu motivieren.

#21 Erfolg

Wie man in Kompetenzfallen gerät

Wandlungs- und Lernfähigkeit sind die Grundbedingungen für den Erfolg von Unternehmen – so zumindest die Annahme. Ein Unternehmen, das jetzt erfolgreich einen Organisationswandel absolviere, sei, so die Behauptung, für die Zukunft gerüstet. Leider ist jedoch häufig genau das Gegenteil der Fall: Erfolgreiches Organisationslernen sowie erfolgreicher Wandel mögen in der Gegenwart helfen, für die Zukunft sind sie allerdings eher eine schwere organisatorische Hypothek. Überspitzt ausgedrückt lässt sich sagen, dass es kaum etwas Problematischeres für die Zukunft eines Unternehmens gibt, als beim Lernen und beim Wandel zu erfolgreich zu sein.[109]

Man braucht nur einen Blick auf die Geschichte von Unternehmen zu werfen, die an einem gelungenen Wandel, an einem erfolgreichen Lernprozess oder einer förderlichen Innovation kaputtgegangen oder wenigstens langfristig durch Wandlungs- und Lernprozesse in große Schwierigkeiten gekommen sind. Von den zehn profitabelsten, hochinnovativen Unternehmen im Großbritannien der 1980er-Jahre sind innerhalb von kurzer Zeit vier in Konkurs gegangen. Knapp die Hälfte der Firmen, die Mitte der 1980er-Jahre noch auf der Liste der fünfhundert größten Firmen verzeichnet waren, waren zehn Jahre später verschwunden. Von den dreiundvierzig von den damaligen McKinsey-Beratern Tom Peters und Robert Waterman gepriesenen „exzellenten Unternehmen“, die – nicht zuletzt dank des Buches von Peters und Waterman – zu den bestgeführten Unternehmen der Vereinigten Staaten gezählt wurden, waren nur fünf Jahre später abermals etwa die Hälfte in schwierigen oder schwachen Positionen. *(→ Vorreiter → Scheitern)*

Die Vernachlässigung von Wandel wird gerne als Grund für den plötzlichen Niedergang von Firmen angeführt. Die gescheiterten Betriebe hätten abtreten müssen, so ein verbreitetes Argument, weil sie es versäumt hätten, Veränderung zum Bestandteil ihrer Firmenkultur zu machen. Dass aber gerade das erfolgreiche Wandeln für das Vernachlässigen von zukünftigen Wandelprozessen mitverantwortlich sein kann, wird geflissentlich übersehen: Es ist interessant zu beobachten, dass gerade Unternehmen, in denen erfolgreich gewandelt wurde, besonders wandlungsresistent werden können.

In vielen Unternehmen scheint gerade das Einschreiben des Wandels in die Firmenkultur maßgeblich zu den späteren Problemen dieser Unternehmen beizutragen. Offensichtlich haben wir es hier mit der paradoxen Situation zu tun, in der der Grund für den Misserfolg im Erfolg liegt. Lösungen des Wandelns als Gegensteuerung zur Inflexibilität sind mitverantwortlich für zukünftige Probleme der Organisation. Wie kommt es aber, dass erfolgreiches Wandeln zum Misserfolg führen kann?

Gelungene Veränderungen führen dazu, dass die durch Erfolg positiv sanktionierten Strukturen dauerhaft festgeschrieben werden. Da Organisationen kein Gehirn haben, mithilfe dessen sie lernen können, sind sie darauf angewiesen, das Ergebnis ihrer erfolgreichen Wandlungs-

---

[109] Siehe zu diesen Überlegungen ausführlich *Stefan Kühl*: Das Regenmacher-Phänomen. Widersprüche im Konzept der lernenden Organisation. Frankfurt a. M., New York 2015, 146 ff..

prozesse in Normen, Werten und Prozeduren festzuhalten. *(→ Lernen)* Die Infragestellung sowie der Wandel von Strukturen in Organisationen bauen neue Strukturen auf, die ihrerseits Stabilität, Dauerhaftigkeit und Unbeweglichkeit erzeugen können.

Unter der Bedingung, dass morgen alles anders werden kann, erscheinen aktuelle Selbstfestlegungen der Organisation jedoch höchst riskant. Gerade die durch Leistungssteigerung wahrgenommenen Errungenschaften in einer Organisation verhindern die Einsicht, dass grundlegendere Veränderungen der organisatorischen Struktur nötig sein können. Anders ausgedrückt: Der Erfolg in der Bewältigung einer Krise, in der Veränderung einer Organisation sowie im kollektiven Erlernen kann zur Katastrophe führen, wenn das angeeignete Wissen irgendwann nicht mehr brauchbar ist.

Durch Lernprozesse drohen Organisationen in Kompetenzfallen zu geraten. Ein „abergläubischer Lernprozess" verführt die Organisation dazu, einen einmal eingeschlagenen, erfolgreichen Weg weiterzugehen und diesen zu verfeinern. Etablieren sich infolgedessen bestimmte Routinen, besteht in Organisationen eine Tendenz, Effizienzsteigerungen durch eine Verfeinerung jener Routinen zu erreichen. Je mehr diese Regeln dabei benutzt werden, desto besser wird die Organisation im Nutzen dieser Regeln. Dadurch überzeugt sich die Organisation wiederum selbst, dass sie auf dem richtigen Weg ist. Es kommt zu einem sich selbst verstärkenden Lernprozess, dessen Ergebnis darin liegt, dass sich die Organisation durch erfolgreiches Lernen mit einer nicht optimalen Lösung zufriedengibt.[110]

Das Problem erfolgreichen Lernens und Wandelns lässt sich auf ein Grundprinzip von Organisationen zurückführen. Einmal getroffene Entscheidungen legen den Rahmen für spätere Entscheidungen fest.[111] Das aus bewährten Routinen und Werten bestehende organisatorische Gedächtnis beeinflusst das Spektrum von Wandel und schränkt ein, was später dazugelernt wird. Alles spätere Wandeln ist mehr oder weniger intendiert und mehr oder weniger systematisch an den vorhandenen Strukturen orientiert. *(→ Lernen)*

Es gibt vielfältige Beispiele, wie Organisationen in solche Kompetenzfallen, solche Lern-Sackgassen geraten. Ein Unternehmen führt ein neues Computerprogramm ein, perfektioniert es, entwickelt das Gefühl, auf dem richtigen Weg zu sein, hat dann aber Schwierigkeiten, sich auf ein neues, insgesamt vielleicht besseres Programm umzustellen. Die kurzfristigen Effizienzgewinne durch die Perfektionierung des alten Programms machen die Organisation blind gegenüber langfristigen Effizienzgewinnen durch den Wechsel auf ein anderes Programm.

Der Organisationstheoretiker Karl Weick spricht angesichts dieses Problems von der Gefahr eines zu guten Gedächtnisses. Vermutlich, so Weick, seien nur wenige Organisationen gescheitert, weil sie etwas Wichtiges vergessen hätten. Es sei viel wahrscheinlicher, dass Organisationen deshalb scheiterten, weil sie wegen zurückliegender Erfolge im Lernen und Wandeln vieles zu lange im Gedächtnis behalten hätten und deshalb fortführen, die Dinge so zu tun, wie man es bisher immer mit Erfolg getan habe.[112]

---

[110] Siehe dazu *James G. March, Johan P. Olsen*: The Uncertainty of the Past: Organizational Learning under Ambiguity. In: European Journal of Political Research 3 (1975), S. 147–171.

[111] *Herbert A. Simon*: Administrative Behavior. New York 1945, 55 ff..

[112] *Karl E. Weick*: Der Prozeß des Organisierens. Frankfurt a. M. 1985, S. 320.

#22 Evaluation

Zwischen Lernen und Legitimation

Evaluationen sollen die Kontrolle und Steuerung von Maßnahmen gewährleisten, Rationalisierungsmöglichkeiten aufzeigen, eine permanente Verbesserung der betriebsinternen Prozesse sicherstellen und helfen, die Wirkung zukünftiger Projekte genauer einzuschätzen. Derartige Aufzählungen erwecken häufig den Eindruck, als seien sie das Ergebnis eines weitgehend ungeordneten Brainstorming-Prozesses. Die verschiedenen Funktionen der Evaluation werden aneinandergereiht, suggerierend, dass sie sich gut miteinander vertragen und gleichzeitig verwirklichen lassen würden. Eine gute Evaluation, so die Annahme, könne alles zugleich erfüllen: die Steuerung und Kontrolle der Maßnahmen durch das Management, die Herstellung von Legitimation gegenüber dem Auftraggeber, die Produktion von Lerneffekten und die Einschätzung der Wirkung zukünftiger Projekte. Aber schon der Blick auf zwei zentrale Funktionen von Evaluationen – Lernen und Legitimation – zeigt, dass diese Annahme nicht stimmen kann.[113]

Als eine erste Funktion der Evaluation wird immer wieder das „Lernen" von Organisationen und ihren Mitgliedern angegeben. Beim Lernen handelt es sich um die Veränderung von Strukturen, beispielsweise die Strukturen im menschlichen Bewusstsein, die Strukturen der Erlebnisverarbeitung oder die Strukturen einer Organisation. Lernen wird häufig durch einen Impuls ausgelöst, der es erschwert, die Strukturen so beizubehalten, wie sie bisher gewesen sind. *(→ Lernen)* Die Korrektur von Fehlern im Englischtest setzt Anreize, diese Fehler zukünftig zu vermeiden. Die negative Beurteilung einer Führungskraft im 360-Grad-Feedback erschwert es der Mitarbeiterin, so jedenfalls die Idee, die bestehenden Führungsroutinen fortzuführen wie bisher.

Die zweite Funktion von Evaluationen ist es, Legitimation herzustellen. Es ist ein Charakteristikum moderner Organisationen, dass sie sich systematisch um die Beschaffung von Akzeptanz für Entscheidungen bemühen. Für die Produktion von Legitimation werden in Organisationen eigene Programme, Stellen oder gar ganze Abteilungen geschaffen, aber der Aufwand für die Herstellung von Legitimation stellt sich nahezu bei jeder Entscheidung neu: Man beruft sich auf allgemein anerkannte Werte wie Beschäftigungssicherung oder Frauengleichstellung, führt umfassende Investitionsrechnungen durch, um ein Projekt zu begründen, oder bezieht die Belegschaft in ein Vorhaben ein, um so mit einer „breiten Basis" als Entscheidungsgrundlage zu argumentieren. *(→ Bullshit)*

Diese beiden Funktionen unterscheiden sich grundlegend in dem Maße, in dem sie innerhalb einer Organisation kommunizierbar sind. Lernen durch Evaluation ist – um einen Begriff von Robert Merton zu verwenden – eine manifeste, offensichtliche Funktion. Manifeste Funktionen sind gut kommunizierbar.[114] Man kann mit dem Verweis auf die Funktion des Lernens Mittel für Evaluationen beantragen und in Sitzungen an die Notwendigkeit dieser

113 Siehe dazu ausführlich *Stefan Kühl*: Das Evaluations-Dilemma der Beratung. Evaluation zwischen Ansprüchen von Lernen und Legitimation. In: Postheroisches Management 3 (2008), S. 64–71.

114 *Robert K. Merton*: Manifest and Latent Functions. In: *ders.* (Hrsg.): Social Theory and Social Structure. Glencoe 1957, S. 19–84.

Funktion appellieren, ohne schräg angeschaut zu werden. Die Funktion der Legitimation ist dagegen im Sinne Mertons latent. Mit Latenz wird hier nicht, wie etwa in der Psychologie Sigmund Freuds, die Unbewusstheit eines Prozesses bezeichnet, sondern vielmehr die Schwierigkeit, diese Funktion offen zu benennen. Die Legitimationsfunktion ist nicht ohne Weiteres in Sitzungen mit Mitarbeitern verschiedener Bereiche ansprechbar. Vermutlich würde eine Personalentwicklungsabteilung auch keine Mittel für eine Evaluation genehmigt bekommen, wenn sie deren Bedarf lediglich mit der Notwendigkeit der Legitimation eigener Anstrengungen begründen würde. (→ *Rankings*)

Aus soziologischer Perspektive gibt es keinen Grund, die manifeste Funktion des Lernens wichtiger einzuschätzen als die latente Funktion der Legitimation. Wir wissen aus organisationswissenschaftlichen Forschungen, dass Organisationen oder Organisationseinheiten nicht nur allein dadurch überleben können, dass sie über Lernprozesse ein hohes Maß an Rationalität erreichen. Sie sind außerdem darauf angewiesen, in ihrem Umfeld ein hohes Maß an Legitimität zu produzieren. Die Produktion von Daten zum Nachweis der Sinnhaftigkeit des eigenen Handelns gehört genauso wie die permanente Rationalisierung der internen Prozesse zur Kunstfertigkeit einer jeden Organisation.[115]

Die Problematik bei Evaluierungen besteht darin, dass sich die beiden Funktionen der Evaluation – Lernen und Legitimation – nicht gleichzeitig optimieren lassen. Versuche, Maßnahmen durch eine Evaluation zu legitimieren, führen, so könnte man zugespitzt ausdrücken, zu einer Behinderung der Lernprozesse in der Organisation, oder umgekehrt: Versuche, über Evaluationen Lernprozesse zu initiieren, tragen häufig nicht zur Legitimation der Maßnahmen bei.

Betrachten wir zunächst den ersten Aspekt der These: die Reduzierung der Lerneffekte durch den Versuch, mittels Evaluation Legitimation zu erzeugen. Die Legitimationswirkung einer Nutzenanalyse, die Einsparungen von 200.000 Euro nachgewiesen hat, oder einer Berechnung, die einen Return on Investment von 541 Prozent für eine Maßnahme beweisen soll, ist sicherlich sehr hoch, aber gleichzeitig sind die Lernmöglichkeiten aus solchen Formen der Evaluation eher gering. Was kann ein Beraterteam daraus lernen, dass eine Intervention „nur" Einsparungen von 150.000 und nicht 200.000 Euro gebracht hat? Was sind – bei aller Unsicherheit der Berechnung – die Lerneffekte, wenn eine Maßnahme einen Return on Investment von 487 Prozent und nicht 541 Prozent erzielt hat?

Ein anderer Aspekt ist jedoch noch problematischer: Legitimationsdruck führt zu Lernschwächen.[116] Legitimationsdruck verlangt, dass Fehler nicht als Fehler markiert werden, dass Scheinerfolge als wirkliche präsentiert werden und jede Verbesserungsidee mit der Vorbemerkung versehen wird, dass die Maßnahme insgesamt ein großer Erfolg gewesen sei. Man darf sich die Produktion von Legitimation nicht so vorstellen, als würden sich die Mitglieder einer Organisationseinheit bewusst dazu entscheiden, aus Legitimationsgründen heraus auf das Lernen zu verzichten. Vielmehr führt der Legitimationsdruck dazu, dass sich die ursprünglich zur Rechtfertigung gedachten Daten und Erfolgszahlen verselbstständigen. Die mit einer „Schulnote" von 1,3 ausgedrückte Zufriedenheit mit einem Unternehmensseminar mag von der Trainerin mit einigen kleinen Interaktionsfeuerwerken am Ende des Seminars aus Legitimationsgründen produziert worden sein. Die Fokussierung auf diese Endnote bringt jedoch möglicherweise die

---

[115] *John W. Meyer, Brian Rowan*: Institutionalized Organizations. Formal Structure as Myth and Ceremony. In: American Journal of Sociology 83 (1977), S. 340–363.

[116] Siehe dazu *Friedrich Weltz*: Aus Schaden dumm werden. Zur Lernschwäche von Verwaltungen. In: Office Management 34 (1986), S. 532–534.

Gefahr mit sich, die vielen kleinen Schwächen im Seminar nicht wahrzunehmen. Die Berechnung eines Return on Investment von 751 Prozent für eine Coaching-Maßnahme mag in der ursprünglichen Sitzung, in der diese Rechnung aufgestellt wurde, noch auf ihre Konstruiertheit hin reflektiert worden sein, sie verselbstständigt sich aber im Laufe der Zeit durch die Kommunikation dieser Zahlen. *(→ Zahlen)*

Man kann das Problem der Evaluation aber auch umgekehrt denken: Der Versuch zu lernen bringt immer das Risiko mit sich, an Legitimation zu verlieren. Das offene Ansprechen von Fehlern mag zwar in der konkreten Situation Respekt beim Gegenüber produzieren, aber spätestens, wenn sich das Wissen über diesen Fehler unkontrolliert in der Organisation verbreitet, gibt es ein Rechtfertigungsproblem.

Die Problematik bei Evaluierungen besteht darin, dass sich ihre beiden Funktionen – Lernen und Legitimation – nicht gleichzeitig optimieren lassen. Versuche, Maßnahmen durch eine Evaluation zu legitimieren, führen zu einer Behinderung der Lernprozesse in der Organisation, oder umgekehrt: Versuche, über Evaluationen Lernprozesse zu initiieren, tragen häufig nicht zur Legitimation der Maßnahmen bei.

#23 Familien

Über den Kontrast von Familien und Organisationen

Familien funktionieren ganz anders als Organisationen. Während Organisationen dadurch entstehen und erhalten bleiben, dass sie ihre Mitglieder aus einem in der Regel sehr breiten Kreis von Bewerbern rekrutieren und diese bei Nichtkonformität auch wieder entlassen können, basiert die Bildung von Familien darauf, dass neue Mitglieder des Systems in den zumeist gegengeschlechtlichen Partnerschaften entweder durch Geburt oder Adoption eines Kindes angliedert werden, die bei Nichtkonformität nur schwer zu entfernen sind. Vereinfacht ausgedrückt: In Organisationen wird man durch Entscheidungen über den Eintritt zum offiziellen Mitglied, in Familien – jedenfalls im Fall der Kinder – qua Geburt oder Adoption.

Bei Elternschaften können Mitgliedschaften nicht einfach aufgekündigt werden. Kinder können nicht per Entscheidung ausgeschlossen werden, wenn sie sich nicht entsprechend den Ansprüchen der Eltern verhalten, und auch die eigene Kündigung der Familienmitgliedschaft durch die Kinder selbst fällt schwer. Kinder sind sich dieser Unmöglichkeit des Ausschlusses durchaus bewusst und nutzen dies mit spektakulären Widerstandsaktionen gegen ihre Eltern aus – mit der besonderen Vorliebe, dies bei großen Familienfesten oder in den Warteschlangen vor den Kassen des Supermarktes zu tun. Das Motto lautet: „Was soll schon passieren, die können mich ja nicht einfach entlassen!“[117]

Indes ist die Auflösung der Mitgliedschaft bei Partnerschaften der Eltern nicht nur vorstellbar, sondern – jedenfalls in der modernen Gesellschaft – die Regel, aber auch wenn man auf den ersten Blick den Eindruck bekommen kann, dass eine Beziehung, ähnlich wie die Mitgliedschaft in einer Organisation, „kündbar“ ist, muss doch der besondere Charakter von Partnerschaften im Auge behalten werden. In einer Beziehung ist es nur schwerlich möglich, beim Gegenüber Verhaltensweisen einzuklagen, indem man ihm oder ihr mit der Trennung droht. Wenn die Fortführung der Partnerschaft unter die Bedingung gestellt wird, dass im Haushalt regelmäßiger geputzt, vorsichtiger Auto gefahren oder auf weitere Liebesabenteuer mit anderen Geschlechtspartnern verzichtet werden soll, hat man es bereits mit deutlichen Krisenerscheinungen zu tun.

Familien sind letztlich eine „riskante Kopplung von Partnerschaft und Elternschaft“, weil die Logik der Partnerschaft eine ganz andere als die der Elternschaft ist.[118] Man mag der Vorstellung anhängen, dass eine Partnerschaft durch die Produktion möglichst vieler „Liebesfrüchte“ vervollkommnet wird, aber spätestens wenn die Kinder da sind, bemerkt man, dass partnerschaftliche Erwartungen bezüglich der Zweisamkeit und des tiefen zwischenmenschlichen Austauschs schmerzhaft durch den alltäglichen Trubel des Familienlebens verdrängt werden. Die Anwesenheit von Kindern führt, ob man will oder nicht, zu einem Systemwechsel: Aus

---

[117] Siehe zu den Konsequenzen schon früh *Niklas Luhmann*: Organisationssoziologie. Lehrveranstaltung Münster WS 1967/1968. In: *ders.* (Hrsg.): Schriften zur Organisation 5. Vorträge – Lexikonartikel – Rezensionen. Wiesbaden 2022, S. 3–62, 61f.

[118] *Hartmann Tyrell*: Das konflikttheoretische Defizit der Familiensoziologie: Überlegungen im Anschluß an Georg Simmel. In: *Bettina Heintz* (Hrsg.): Soziale und gesellschaftliche Differenzierung 2008, S. 315–337, hier S. 317.

einer Liebesbeziehung wird eine Familie und deren jeweilige Systemlogik ist hochgradig anders gebaut.

Gerade wegen der Fragilität der Mitgliedschaft zwischen den am Konzept der Partnerschaft festhaltenden Eltern ist heute in Familien Intimkommunikation nicht nur in einem im Vergleich zur vormodernen Gesellschaft überraschend hohen Maße erlaubt, sondern geradezu gefordert.[119] Intimkommunikation bedeutet nicht, dass die Kommunikation in Familien durch ein permanentes Liebesgesäusel geprägt ist. Dafür gäbe es empirisch wenig Plausibilität. Vielmehr besagt Intimkommunikation, dass „alles, was eine Person betrifft", prinzipiell „für Kommunikation zugänglich ist". Geheimhaltung kann von Eltern, aber auch von Kindern praktiziert werden, „aber sie hat keinen legitimen Status". Man kann in der Familie „eine Kommunikation über sich selbst nicht ablehnen mit der Bemerkung: das geht dich nichts an".[120]

Die Entstehung der Familie als eigenes System fand im Übergang zur modernen Gesellschaft statt. Erzieherische, ökonomische, religiöse und medizinische Funktionen in der modernen Gesellschaft würden, so das klassische Argument, zunehmend auf jeweils einige spezialisierte Organisationen in Form von Schulen, Unternehmen, religiösen Vereinigungen und Krankenhäusern übertragen, während die Familie vorrangig nur noch auf „gegenseitiger Zuneigung", „mitfühlendem Verständnis" und dem „Gemeinschaftsgefühl ihrer Mitglieder" basiere.[121] Weil politische, religiöse und wirtschaftliche Funktionen zunehmend außerhalb der Familien erfüllt würden, brauche – und dieser Gedanke ist zentral – bei der Eheschließung auf die „Verwandtschaftszusammenhänge" des jeweiligen Partners keine Rücksicht mehr genommen zu werden.[122]

Ohne dass dies häufig explizit vermittelt wird, lernt man, dass Organisationen und Familien ganz unterschiedlichen Logiken folgen. Während Sokrates für die hierarchisch strukturierte Gesellschaft noch ganz selbstverständlich davon ausging, dass die Anforderungen an die Führung einer Familie und einer Armee ähnlich seien, weil es darauf ankomme, sich Untergebene „folgsam und gehorsam zu machen", „die Schlechten zu bestrafen, die Guten zu ehren" und bei Untergebenen „gute Gesinnung gegen sich zu erwecken", würde eine solche Position eines Vater oder einer Mutter in der modernen Gesellschaft – gelinde gesagt – Irritation hervorrufen.[123] Der Jugendliche, der in einer Organisation wie in einer Familie behandelt werden möchte, wird vermutlich von seiner Umwelt ähnlich skeptisch betrachtet werden wie der Manager, der seine Familie ähnlich führen möchte wie ein Unternehmen.

Während in den Selbstbeschreibungen von Familien und Organisationen nicht selten die Vereinbarkeit der Mitgliedschaft im eigenen System mit der Mitgliedschaft in anderen Systemen betont wird – Stichwort „wir sind ein familienfreundliches Unternehmen" –, hebt die Organisationswissenschaft eher die Spannungen hervor, die sich daraus ergeben, dass Personen den Anforderungen unterschiedlicher sozialer Systeme ausgesetzt sind. Während im Zuge der Ausdifferenzierung von Organisationen wie Armeen, Unternehmen und Schulen in den

119 *Klaus Gilgenmann*: Romantische Liebe und Liebe zum Kind. Zur Differenzierung der Codierung von Partnerschaft und Elternschaft. In: *Alois Herlth u. a.* (Hrsg.): Abschied von der Normalfamilie? Partnerschaft contra Elternschaft. Berlin, Heidelberg 1994, S. 64–82, hier S. 66.

120 *Niklas Luhmann*: Sozialsystem Familie. In: *ders.* (Hrsg.): Soziologische Aufklärung 5. Konstruktivistische Perspektiven. Opladen 1990, S. 196–217, hier S. 201.

121 *Ernest W. Burgess, Harvey J. Locke*: The Family from Institution to Companionship. New York 1945, S. vii.

122 *Niklas Luhmann*: Liebe als Passion. Zur Codierung von Intimität. Frankfurt a. M. 1982, 183f.

123 Zum Sokrates-Zitat siehe *Xenophon*: Sokrates. Leipzig 1789, 111f.

militärischen, erzieherischen und betriebswirtschaftlichen Reflexionstexten immer wieder darauf verwiesen wurde, dass die Mitgliedschaft in diesen Organisationen selbstverständlich mit einer Mitgliedschaft in einer Familie vereinbar sei, wird gerade in den soziologischen Beschreibungen das Spannungsfeld von Organisation und Familie dargestellt. Die Spannungen zwischen Schulen und Familien über die Erziehungshoheit für Schüler, die Auseinandersetzungen zwischen Armeen und Familien über die Zugriffsmöglichkeiten auf junge Erwachsene und die Debatten in Unternehmen über „Work-Life-Balance“, in denen es in der Regel um die Ausbalancierung der Ansprüche von Organisationen und Familien geht, sind nur besonders prominente Beispiele, in denen die Spannungen thematisiert werden, die sich aufgrund der Ausdifferenzierung von Organisation und Familie ergeben haben.[124]

Der Jugendliche, der in einer Organisation wie in einer Familie behandelt werden möchte, wird vermutlich von seiner Umwelt ähnlich skeptisch betrachtet werden wie der Manager, der seine Familie ähnlich führen möchte wie ein Unternehmen.

[124] Siehe dazu ausführlich *S. Kühl*: Gruppen, Organisationen, Familien und Bewegungen (wie Anm. 62), 74f.

#24 Feiern

Weswegen Feste in Organisationen häufig erst richtig starten, wenn die Bosse gegangen sind

Betriebsfeiern stellen für nicht wenige Organisationsmitglieder einen erheblichen Stressfaktor dar. Auf der Vorderbühne schließen sich alle dem Wunsch nach der regelmäßig stattfindenden Fete an, auf der Hinterbühne aber hört man Klagen, dass es jetzt schon wieder eine dieser leidigen Feiern gebe, der man nicht fernbleiben könne, die gleichzeitig in der Regel aber keine besonders spaßige Veranstaltung darstelle.

Wir wissen aus der soziologischen Forschung über Partys, dass derartige Feierlichkeiten auch außerhalb eines organisationalen Kontextes wegen eines „Zwangs zur Geselligkeit" sozial anstrengend sein können.[125] Die zentrale Erwartung auf Partys ist, dass man Spaß hat. Dies plausibel darzustellen, ist häufig allerdings nicht ganz so einfach. Wenn man einsam in der Ecke sitzt, verstößt man gegen die Norm des Spaßhabens und sucht deswegen verzweifelt nach einem Gesprächspartner. Die partytypische Ansammlung in der Küche hängt damit zusammen, dass man in diesem Bereich von diesem Druck wenigstens teilweise befreit ist, weil man so tun kann, als sei man auf der Suche nach Essen.[126]

Dieses Darstellungsproblem auf Partys wird auf Betriebsfeiern noch gesteigert, weil hier zwischen einer eher für Partys typisch geselligen und einer eher für Organisationen typisch ungeselligen Interaktion changiert werden muss. Klar, es handelt sich um eine Party. Dementsprechend würden Organisationsmitglieder gegen Interaktionsnormen verstoßen, wenn sie versuchen würden, auf der Feier die aktuellen Geschäftszahlen durchzusprechen oder das letzte Strategiemeeting nachzubereiten. Auf der anderen Seite sind sich alle dessen bewusst, dass die Feier im Kontext der Organisation stattfindet und bei allem Spaß, den man miteinander hat, man sich am nächsten Morgen in einem ganz anderen Zusammenhang wiedersehen muss.

In Organisationen gilt dieses „Gesetz des Wiedersehens" unter dem Primat der formalen Bedingungen des Systems. Da kann der spontane Auftritt bei der Showeinlage oder die durch Alkoholkonsum angeregte Entscheidung, allen einmal deutlich zu sagen, wer im letzten Jahr den maßgeblichen Umsatz gemacht hat, am nächsten Tag zu einem betroffenen Schweigen unter den Kollegen führen. In der Antizipation dieser Möglichkeit halten die meisten Angehörigen vieler Organisationen daher ihre Feierbereitschaft stark unter Kontrolle, weswegen Betriebsfeiern vielfach einen eher gedämpften Charakter haben.

Der Rollenkonflikt auf Betriebsfeiern ist zwischen Kolleginnen und Kollegen auf der gleichen Hierarchieebene am wenigsten ausgeprägt, weil sich schon im Alltagsmodus ausgemendelt hat, über welche privaten Themen man im Schatten der Formalstruktur reden kann und welche unmittelbar geselligen Themen es deswegen auf Betriebsfeiern gibt, an die diese anschließen können. Diese Erwartungssicherheit führt dazu, dass der Spaßfaktor auf Feiern mit Mitarbeitern, die ausschließlich der gleichen Hierarchiestufe angehören, ziemlich hoch sein

[125] Zu Anforderungen an gesellige Interaktion immer noch grundlegend *Georg Simmel*: Die Geselligkeit. In: *ders.* (Hrsg.): Grundfragen der Soziologie 1970, S. 48–68.

[126] *David Riesman, Robert J. Potter, Jeanne Watson*: Sociability, Permissiveness, and Equality. In: *David Riesman* (Hrsg.): Abundance for What? and other Essays. Garden City 1964, S. 196–225.

kann. Dementsprechend finden die Mitglieder desselben Teams oder derselben Abteilungen bei Betriebsfeiern mit Anwesenheit von Mitarbeitern verschiedener Hierarchiestufen häufig zusammen, um wenigstens ein annähernd hohes Spaßlevel erreichen zu können.

Die hier beschriebenen (An-)Spannungen von Betriebsfeiern sind bei Vorgesetzten besonders ausgeprägt, weil alle neugierig sind, wie sie sich in diesem Rollenkonflikt zwischen Geselligkeit und Ungeselligkeit verhalten. Gerade anfangs fallen immer wieder prüfende Blicke auf die Cheffinnen und Chefs, ob sie angesichts des Drucks der Feier „steif herüberkommen", sich nur mit „ihresgleichen unterhalten" oder sich „ungehemmt gehen lassen". Wenn man Belege dafür braucht, dass Topführungskräfte die einsamsten Personen in einer Organisation sind, dann braucht man sie nur auf einer Betriebsfeier oder einem Betriebsausflug zu beobachten.

Hier können Mitarbeiter bei ihren Vorgesetzten punkten, indem sie diese wenigstens teilweise aus der sozialen Stresssituation der Betriebsfeier befreien. Dabei ist ein erhebliches Interaktionsgeschick von den Mitarbeitern gefragt, weil sie aufgrund der vorherrschenden Geselligkeitsnormen das Gespräch nicht dafür nutzen dürfen, ihre mikropolitische Agenda für die Organisation allzu penetrant durchzugehen, gleichzeitig ihren Vorgesetzten aber auch nicht unangemessene private Fragen stellen dürfen. Wenn Mitarbeiter im Gespräch mit den Vorgesetzten Themen finden, die weder zu ungesellig noch zu gesellig sind, damit also die Möglichkeit schaffen, den vielfältigen Beobachtern auf der Feier gegenüber den Eindruck zu vermitteln, dass die Bosse eigentlich doch recht gelöst sind, dann wird ihnen das nicht so schnell vergessen.

Auf der anderen Seite besteht eine der Hauptanforderung von Vorgesetzten auf Betriebsfeiern darin, den richtigen Moment zu finden, die Feier zu verlassen. Auch wenn sie wissen, dass eine Betriebsfeier für alle ohne ihre Anwesenheit entspannter wäre, können sie einer solchen Veranstaltung weder ganz fernbleiben noch diese allzu früh verlassen, weil sie damit das Event entwürdigen würden. Gleichzeitig führt eine allzu lange Anwesenheit aber dazu, dass die Mitarbeiter selbst die erste Möglichkeit ergreifen werden, die Feier zu verlassen. Vorgesetzte müssen den Moment erspüren zu gehen, bevor Mitarbeiter dies tun – vorzugsweise mit dem Verweis auf gesundheitliche Unpässlichkeiten, die Kinder zu Hause oder die wichtigen Termine am nächsten Tag. Vor allem aber müssen sie ertragen, dass der Spaß erst nach ihrem Gehen beginnt. Warum, so mag man sich an dieser Stelle fragen, setzen Organisationen ihre Mitarbeiter denn überhaupt dem sozialen Stress einer Feier mit Mitarbeitern verschiedener Hierarchiestufen aus?

Hier können wir die „Tragik der Gastgeber" beobachten, die wir auch von Partys außerhalb von Organisationen kennen. Alle versichern beim Abschied der Gastgeberin oder dem Gastgeber, wie wunderbar die Party war, aber sobald die Tür zu ist, wissen diese nicht, ob das lediglich die übliche sozial geforderte Höflichkeitsformel war oder die Feier wirklich gut gewesen ist.[127] Ähnlich verhält es sich mit den Aussagen gegenüber den Chefs bezüglich der letzten Betriebsfeier: Alle erklären, wie schön die Feier gewesen sei und wie stark sich das Betriebsklima verbessert hätte, aber letztlich wissen diese nicht, ob die Festlichkeit tatsächlich gut war oder ob es sich hierbei mal wieder um die üblichen Aussagen zu ihrer Beruhigung handelt. Weil man aber gerade angesichts dieser positiven Meinungsäußerungen die Betriebsfeiern nicht ausfallen lassen kann, macht man einfach im nächsten Jahr wieder eine.

---

[127] Dies.: The Vanishing Host. In: Human Organization 19 (1960), S. 17–28.

#25 Fortschritt

Das Versprechen des Paradieses auf Erden

Für viele Managementmoden ist ein mehr oder minder simpel aufgebautes Fortschrittsmodell typisch. Organisationen entwickeln sich in diesem Rahmen dann beispielsweise weg von einem durch einen alles bestimmenden Boss gekennzeichneten Modell des „Rudels“, über ein durch Regelhaftigkeit gekennzeichnetes Modell der „Armee“ oder ein vorrangig an Effizienz ausgerichtetes Modell der „Organisation“ hin zu einer durch eine Kombination aus klassischer Hierarchie und hoher Selbstständigkeit gekennzeichneten Konzeption der „Familie“, bis sie schließlich zum Inbegriff des aus selbst organisierenden Einheiten bestehenden „Netzwerkes“ werden.[128]

Solche Modelle von sich permanent zum Besseren evolvierenden Organisationsformen lassen sich problemlos mit der Entwicklung von Führungsrollen kombinieren. Auf die Vorstellung des Big Boss mit strikter Hierarchie folge, so die Erzählung, die Idee der beidseitigen Leitung, in der die klassische Top-down-Führung mit geteilter Führung kombiniert werde. Nach der Ausbildung der geteilten Unternehmenslenkung komme dann das Prinzip der demokratischen Führung, nach dem Mitarbeiter ihre Chefs selbst wählten, um letztlich in der durch absolute Gleichheit aller Mitglieder gekennzeichneten führerlosen Organisationen zu enden.[129] *(→ Demokratie)*

Manchmal werden die Entwicklungsstufen zusätzlich mit Farben hinterlegt, um die Verortung noch einfacher zu gestalten. Auf eine durch impulsiven Führungsstil geprägte magentafarbene Organisation würde ein durch formale Führung dominiertes bernsteingelbes System folgen, welches durch ein leistungsorientiert geprägtes oranges Gefüge abgelöst werden würde. Auf dieses folge dann eine durch Partizipation gekennzeichnete grüne Organisation, die in der Endstufe in eine durch ganz neue Formen der Zusammenarbeit geprägte blau-grün schimmernde Unternehmung münden würde.

Bei dieser Konzeption von Managementmoden fühlt man sich unweigerlich an marxistische Vorstellungen eines durch die Entwicklung der Produktionsmittel getriebenen permanenten gesellschaftlichen Fortschritts hin zu einem paradiesischen Endzustand erinnert. Was auf der einen Seite für die Managementvordenker die Entwicklung der Organisation in Form von Rudeln, Armeen und Maschinen bis hin zu Familien und schließlich Netzwerken ist, stellte auf der anderen Seite für Karl Marx die Entwicklung von der archaischen Stammesgesellschaft über die hierarchisch strukturierten Sklaven- sowie Feudalgesellschaften und die kapitalistische Gesellschaft hin zu einer sozialistischen und schlussendlich einer nur noch an der Gemeinschaft orientierten kommunistischen Gesellschaft dar.

Wie im durch Karl Marx inspirierten historischen Materialismus sind auch die Managementmodelle fast alle durch Vorstellungen einer durch den technischen Wandel getriebenen Entfaltung hin zu etwas Besserem geprägt. Es mag immer wieder Rückschläge geben, aber

---

[128] *Frederic Laloux*: Reinventing Organizations. A Guide to Creating Organizations Inspired by the Next Stage of Human Consciousness. Brussels 2014.

[129] *Heike Bruch, Stefan Berger*: Leadership wird noch wichtiger! Vier Hebel der Modernisierung von Führung. In: Personalführung (2016), 6, S. 18–23.

letztlich wird davon ausgegangen, dass wir es mit einer linearen Entwicklung zu etwas höher Entwickeltem zu tun haben. In Aussicht gestellt wird ein Paradies auf Erden, in dem die Menschen ihre endgültige Erfüllung finden und gemeinschaftlich für etwas großes Ganzes zusammenwirken. Die Realität ist jedoch wohl eher die zyklische Wiederkehr altbekannter Prinzipien unter neuen Namen.

Man darf die Funktion dieser Fortschrittssuggestionen für Managementmoden jedoch nicht unterschätzen. Jede Managementmode droht, ein Versagen des Managements zu implizieren, schließlich hat dieses das in der Managementmode propagierte Prinzip noch nicht eingeführt und damit seine Organisation einem vehementen Risiko des Scheiterns ausgesetzt. Durch die Darstellung ihres Prinzips als nächste Stufe in einem der häufig genutzten Fortschrittsmodelle werden die Manager jedoch beruhigt, handelt es sich bei der Adaption der jeweiligen Mode doch lediglich um die nächste Stufe in der Entwicklung der Organisation zu etwas noch Besserem und Größerem. *(→ Managementmode)*

Bei den Fortschrittskonzeption von Managementmoden fühlt man sich unweigerlich an marxistische Vorstellungen eines durch die Entwicklung der Produktionsmittel getriebenen permanenten gesellschaftlichen Fortschritts hin zu einem paradiesischen Endzustand erinnert.

#26 Freundschaften

Über die Vorzüge und Nachteile persönlicher Beziehungen in Organisationen

Organisationen sind ein guter Ort, um Freunde zu finden. Besonders in Publikumsrollen, als Schüler, Auszubildende oder Studierende, kommt es häufig zur Ausbildung enger Freundschaften. So berichten nicht wenige Menschen davon, dass sie ihre besten Freunde in der Schule, in der Ausbildung oder in der Hochschule kennengelernt haben. Mit Vereinen steht ein eigener Organisationstypus zur Verfügung, dessen maßgebliche Funktion für seine Mitglieder darin besteht, mit anderen Mitgliedern Spaß zu haben. Vereine mögen dabei zwar einen Zweck haben – die Züchtung von Zwergkaninchen, das regelmäßige Befördern eines Balles über ein Netz mithilfe eines Schlägers oder die Rettung bedrohter Pflanzen –, aber oftmals ist die Entstehung von Freundschaften für die Mitglieder ein wichtiger Nebeneffekt. Doch auch in der Leistungsrolle, also als bezahltes Mitglied in einem Unternehmen, Krankenhaus oder Gericht, kommt es nicht selten zur Ausbildung von Freundschaften, die sogar nach dem Ausscheiden aus der Organisation fortbestehen können.[130]

Die Vorteile der Freundschaftsanbahnung über Organisationen sind nicht zu übersehen. Man muss nicht eine unbekannte Person im Café fragen, ob sie Interesse an einer Freundschaft hätte, sondern die Organisation sorgt für ein weitgehend risikoloses Bekanntmachen. Man muss nicht die nervenaufreibende Initiative auf einer Party ergreifen und eine neue Bekanntschaft fragen, ob man sich nicht am nächsten Tag zu einem Tee verabreden wolle, sondern die Organisation sorgt schon mit Verweis auf Arbeitszeiten und -orte dafür, dass man die Person wiedertrifft. Kurz: Das „Gesetz des Wiedersehens" in Organisationen führt dazu, dass man ungezwungen austesten kann, ob sich einzelne Kollegen vielleicht auch als Freunde eignen.

Zugestanden, es gibt wenige Organisationen, die die Ermöglichung und Pflege von Freundschaften in ihren Leitbildern als ihren zentralen Zweck ausflaggen.[131] Aber es fällt auf, dass nicht wenige Organisationen inzwischen auf ihrer Schauseite propagieren, dass die Belegschaft nicht nur aus Mitgliedern, sondern aus Kollegen, ja weitergehend aus Freunden bestehe. Das sticht insofern besonders ins Auge, weil in den meistens Fällen die Entstehung von Liebesbeziehungen eher kritisch beäugt wird. Während bei entstehenden Liebesbeziehungen in Organisationen gerade über hierarchische Ebenen hinweg nicht selten eine Meldepflicht besteht und die Liebespartner in verschiedene Einheiten versetzt werden, wird die Entstehung von Freundschaften nicht nur als unproblematisch, sondern auch als förderlich betrachtet.[132]

Sicherlich, die Möglichkeiten der Organisationen, die Entstehung von Freundschaften innerhalb einer Organisation zu fördern, sind begrenzt. Sie können schließlich nicht das Eingehen

---

130 Der Text basiert auf einem Interview in brand eins *Stefan Kühl*: Paarbildung, Lästercliquen, Streiks, Morde: immer was los im Betrieb. In: Brandeins (2021), 10, S. 56–62.

131 Für eine nicht gerade als Erfolg anzusehende Ausnahme siehe *Eliot Brown, Maureen Farrell*: The Cult of We. WeWork, Adam Neumann, and the Great Startup Delusion. New York 2021; *Reeves Wiedeman*: Billion Dollar Loser. The Epic Rise and Spectacular Fall of Adam Neumann and WeWork. New York, Boston, London 2020.

132 Siehe für eine solche Ideologie nicht zuletzt *Tony Hsieh*: Delivering Happiness. A Path to Profits, Passion, and Purpose. New York, Boston 2010.

von Freundschaften zu einer formalen Mitgliedschaftsbedingung erheben. Eine formale Forderung an Mitglieder in der Probezeit, mindestens fünf Freundinnen und Freunde innerhalb der Organisation zu finden und mit denen einen Freundeskreis zu bilden, würde Irritationen ausbilden. *(⟶ Gruppe)* Aber es gibt sicherlich Bedingungen in der Organisation, die die Ausbildung von Freundschaften fördern: extrem lange Arbeitszeiten, die es unmöglich machen, Freundschaften außerhalb der Organisation zu pflegen; längere, mehrwöchige Arbeitseinsätze weit weg vom eigentlichen Arbeitsort oder die Schaffung von Orten in der Organisation, an denen man in einem entspannten Rahmen zusammenkommen kann.

Die Vorzüge von Freundschaften in Organisationen liegen auf der Hand. Freundschaften können als Schmierstoff dienen, der das Getriebe der Organisation am Laufen hält. *(⟶ Kultur)* Sie ermöglichen den Aufbau von Vertrauen, weil man in der Lage ist, die Kollegen als Personen einzuschätzen. *(⟶ Vertrauen)* Nicht selten kann aus dem Schmierstoff allerdings der Sand im Getriebe werden. Enge persönliche Beziehungen können Eigendynamiken aller Art entwickeln, die zulasten der Organisation gehen und sich ihrer Kontrolle entziehen. Enge Freunde, die in der gleichen Organisation, vielleicht sogar in der gleichen Abteilung, arbeiten, können Informationen für sich behalten und sie nicht mit anderen Personen teilen. Es ist komplizierter, Personen zu entlassen, die enge Freunde in der Organisation haben, weil die sich dadurch ausbildenden Schockwellen deutlich stärker als bei regulären kollegialen Beziehungen sind. Besonders problematisch ist es schließlich noch, wenn Freundschaften oder gar Liebesbeziehungen zerbrechen, die Personen aber weiterhin als Organisationsmitglieder zusammenarbeiten. Es ist für Organisationen deshalb von enormem Vorteil, wenn eine Auseinandersetzung zwischen zwei Abteilungsleiterinnen nicht als persönlicher Streit ausgetragen wird, in dem sich die Beteiligten in ihrer ganzen Identität angegriffen fühlen, sondern der Konflikt nur auf der Sachebene geführt wird. Eine Organisation kann zerstrittene Freunde oder Paare in der Belegschaft ja schlecht in eine Therapie zwingen.[133]

Die Vorzüge von Freundschaften in Organisationen liegen auf der Hand. Freundschaften können als Schmierstoff dienen, der das Getriebe der Organisation am Laufen hält. Nicht selten kann aus dem Schmierstoff allerdings der Sand im Getriebe werden.

133 Zur Bedeutung von „Themen“ in Freundschaften in Organisationen siehe umfassend und aufschlussreich *Harms Herbert*: Freundschaftsanbahnungen in Organisationen. Ein Kommunikationsproblem. Wiesbaden 2022.

#27 Führung

Über die überraschende Renaissance des heroischen Managements

In vielen Organisationen der Wirtschaft, der öffentlichen Verwaltung und der Verbände gibt es eine starke Tendenz in Richtung Selbstorganisation. Gleichzeitig erklingt jedoch immer lauter der Ruf nach starken Führungspersönlichkeiten. In einigen der in der Wirtschaftspresse gehandelten Vorreiterorganisationen fällt eine auf Selbstorganisation basierende Organisationsform mit dem Phänomen eines charismatischen Unternehmensführers zusammen. Bisweilen entsteht der Eindruck, dass es parallel zur Propagierung der Selbstorganisation zu einer Renaissance der „Organisationshelden" kommt. *(→ Selbstorganisation → Teams)*

Der Grund, weswegen allem Gerede von einem postheroischen Management zum Trotz die Sehnsucht nach starken Führungspersönlichkeiten weiter existiert, liegt in einer Umstellung der Organisationsstruktur, die mit der Form der Selbstorganisation oft einhergeht, nämlich mit der Umstellung von Konditionalprogrammen auf Zweckprogramme. Bei Konditionalprogrammen handelt es sich um Programme, bei denen auf einen bestimmten Impuls eine genau vorgeschriebene Handlung vorgenommen werden muss. Die Arbeit am Fließband ist ein typisches Beispiel für die Verkopplung solcher Ablaufpläne. Bei Zweckprogrammen orientieren sich die Entscheidungen demgegenüber an den angestrebten Zielen. In der Wahl der Mittel zur Zielerreichung sind die Entscheider dabei relativ frei.[134] *(→ Programme)*

Es spricht einiges dafür, dass in vielen Organisationen, die auf Selbstorganisation von Teams setzen, die Koordination über Konditionalprogramme zurückgenommen wird. Wenn mit Konditionalprogrammen lediglich nach einem Schema von „Wenn das passiert, mache genau das" reagiert werden kann, ist der Spielraum für die einzelnen Entscheidenden zu gering. Stattdessen scheint – und darauf weisen nicht zuletzt die anhaltenden Diskussionen über Zielvereinbarungen, Führen über Kennzahlen und Management by Objectives in dezentralen Organisationen hin – die Steuerung über Zweckprogramme an Bedeutung zu gewinnen.

Zweckprogramme stellen im Vergleich zu Konditionalprogrammen andere Anforderungen an Führung. Während Routineprogramme die einzelnen Handlungen relativ klar determinieren und Personalführung sich auf die Kontrolle und Motivierung für die definierten Handlungen konzentriert, erfordert die Frage der Aushandlung und Durchsetzung von Zielvereinbarungen andere Qualifikationen bei der Führung. Der Handlungsspielraum für die einzelnen Akteure ist im Rahmen von Zielvereinbarungen relativ hoch und führt deswegen zu anderen, fast schon heroischen Steuerungsherausforderungen bei Führungskräften.[135]

---

[134] Zu Konditionalprogrammen siehe *James G. March, Herbert A. Simon*: Organizations. New York 1958, 141f.

[135] Siehe dazu *Judith Muster u. a.*: Führung als erfolgreiche Einflussnahme in kritischen Momenten. In: *Christian Barthel* (Hrsg.): Managementmoden in der Verwaltung. Sinn und Unsinn. Wiesbaden 2019, S. 285–305.

#28 Führungskräftebeschimpfung

Über die Personalisierung von Konflikten

Die Klage über unfähige Manager ist in den Massenmedien en vogue. „Mein Chef ist ein Arschloch, Ihrer auch? Von Machtmenschen, Feiglingen und Wichtigtuern", „Der Feind in meinem Büro", „Der Arschloch Faktor. Vom geschickten Umgang mit Aufschneidern, Intriganten und Despoten im Unternehmen", „Ich arbeite in einem Irrenhaus. Vom ganz normalen Büroalltag", „Das Chefhasser-Buch. Ein Insider rechnet ab" oder „Miese Chefs. Die Tricks der Tyrannen am Arbeitsplatz" – in den letzten Jahren ist eine ganz neue Gattung von Managementbüchern entstanden: die „Führungskräftebeschimpfungsliteratur".

In deutschen, wahlweise auch in österreichischen, schweizerischen, englischen, französischen oder US-amerikanischen Betrieben herrschen demzufolge „haarsträubende Zustände". Ob mittelständisches Unternehmen oder großer Konzern, Betriebe würden „zunehmend zu geschlossenen Anstalten" mutieren. „Tyrannische Chefs" pflegten „ihre Marotten". „Statt über Sachfragen zu diskutieren" würden in endlosen Meetings „Machtkämpfe ausgefochten". „Der Albtraum eines Angestellten hat", so die Message, „vier Buchstaben: CHEF." Chefs, so das Urteil, „sind arrogant; sie lügen und tricksen, sie spionieren und mobben".

Die Autoren dieser Bücher versprechen „schonungslose Berichte aus dem Katastrophengebiet Büro". Es werde – so die Ankündigung – gezeigt, dass „Arschlöcher" nicht nur eine unerträgliche Zumutung für ihre Mitmenschen seien, sondern auch dem Unternehmen „massiv schaden". Geboten werden „große Chef-Einstufungstests" und „einzigartige Leitfäden", mit denen die „Wichtigtuer, Intriganten und Tyrannen" im Berufsleben identifiziert werden können. Außerdem werden erfolgserprobte „Überlebensstrategien" dafür geboten, wie man den „Bürowahnsinn überleben und irren Arbeitgebern durch ein Frühwarnsystem aus dem Weg gehen" kann.[136]

Zeitungen und Zeitschriften greifen diese dramatischen Schilderungen aus den betrieblichen Kampfzonen dankbar auf, müssen sie doch regelmäßig das journalistische Umfeld ihres Stellenanzeigenteils füllen – und was eignet sich dafür besser als Klagen von echten oder erfundenen Lesern über Führungskräfte, die sich als „Hochstapler", „'Vitamin-B'-Kandidaten" oder „Chefpapageien" entpuppen? Karriere-Coaches können dann Tipps geben, wie man mit diesen Versagern in den Führungsetagen am besten umgeht.

Die Message der neuen Managementliteratur ist simpel: Schuld an den Zuständen in Unternehmen, Verwaltungen oder Krankenhäusern sind die inkompetenten Egomanen in den Führungsetagen, die die Mitarbeiter daran hindern, ihren Job zu machen. In unzähligen Einzelbeispielen wird von Führungskräften berichtet, die Personal mit guten Ideen ausbremsen und bei zu viel Engagement „in die Besenkammer" strafversetzen. Es werden Geschichten kolportiert, in denen Führungskräfte neue Stellen lediglich an Verwandte, Bekannte und

---

136 Ich verzichte hier auf detaillierte Literaturangaben. Siehe nur als Ausgangspunkt der neueren „Führungskräftebeschimpfungsliteratur" *Günter Ogger*: Nieten in Nadelstreifen. Deutschlands Manager im Zwielicht. München 1992.

Trabanten vergeben haben, für Fehler in der Abteilung dann jedoch die übrigen Angestellten verantwortlich machen. Der Tenor ist: Je höher Mitarbeiter in der Hierarchie steigen, desto unfähiger, inkompetenter und korrupter sind sie.

Mit dieser Message parasitieren die Bücher an einer Tendenz, die sich in allen Organisationen finden lässt: der Personalisierung von allem, was in einer Organisation stattfindet. Man neigt im Büroalltag dazu, Schwierigkeiten, Spannungen und Enttäuschungen in Unternehmen oder Verwaltungen auf die beteiligten Personen zurückzuführen. Nicht die Verhältnisse sind schuld, sondern irgendeine Person, die selbstsüchtig, egomanisch, überambitioniert, faul oder eitel ist.

Dabei lassen sich gewisse Gegensätze in Organisationen nicht vermeiden. Aufgrund der Arbeitsteilung bilden sich sowohl zwischen Abteilungen als auch zwischen Hierarchiestufen Konfliktlinien aus. Die Aufgaben von Abteilungen wie Einkauf, Vertrieb, Produktion und Qualitätssicherung in einem Unternehmen sind so unterschiedlich, dass sie sich nicht ohne Weiteres zu einem harmonischen Ganzen zusammenführen lassen. Der Job der Führungsebene einer Verwaltung ist so derartig anders als die Aufgaben der in direktem Kundenkontakt stehenden operativen Ebene, dass sich automatisch Konflikte über die konkrete Vorgehensweise ergeben. *(→ Gewinn)* Aber statt diese Auseinandersetzungen systematisch auf unterschiedliche Positionen in der jeweiligen Organisation zurückzuführen, wird der Konflikt personalisiert. Es sind dann eben die „Blindschleichen in der Führung", die für die Umsetzung von Unternehmensvorgaben verantwortlich gemacht werden, oder die „Feinde aus der anderen Abteilung", die sich auf Kosten ihrer Kollegen profilieren. In der Literatur wird eine solche Projektion grundlegender Probleme auf einzelne Personen oder Personengruppen als „Sündenbock-Phänomen" bezeichnet.

Aber nur weil in der Führungskräftebeschimpfungsliteratur ein unvollständiges Bild von Organisationen gezeichnet wird, muss sie nicht unbedingt nutzlos sein. In Organisationen bauen sich aufgrund der Arbeitsteilung automatisch Spannungen auf und nicht alle diese Spannungen lassen sich durch ein klärendes Gespräch oder einen freundlichen Witz entschärfen. Die teilweise durch Kraftausdrücke verstärkte Klage der Mitarbeiter über Chefs – oder auch umgekehrt der Chefs über Mitarbeiter – hat eine wichtige Ventilfunktion. Was man seinem Chef nicht sagen sollte, wird man dann auf andere Art und Weise los.

Die Führungskräftebeschimpfungsliteratur ist letztlich nichts anderes als die passive Variante dieser psychohygienisch notwendigen personalisierten Beschwerde über die Zustände in einer Organisation. Man liest von Führungskräften als „Irrenhaus-Direktoren", von Mitarbeitern als „Insassen" geschlossener Anstalten sowie von „Klapsmühlen-Ordnungen" und fühlt sich an seinen eigenen Betrieb erinnert. Man liest Tests, mit denen man identifizieren kann, ob der eigene Vorgesetzte ein „Blender", „Feigling", „Inkompetenter", „Neurotiker", „Gutmensch", „Machtmensch" oder „Wichtigtuer" ist, kann sich in jedem Fall aber sicher sein, dass er zumindest mal ein „Arschloch" ist.

Sicherlich, die Buchlektüre über das Allerweltsphänomen „miese Chefs" kann einen beruhigen, dass man mit seiner Auffassung über die Vorgesetzte nicht allein ist, aber die kleine Lästerei in der Kaffeeecke, das Gespräch mit Kollegen abends in der Kneipe oder auch nur ein kurzes Telefonat mit Freunden erfüllen eine ähnliche Funktion; sie haben sogar den Vorteil, dass man sich viel aktiver und spezifischer über seinen Vorgesetzten, um es mit dem Vokabular der Beststellerautoren zu sagen, „auskotzen" kann.

#29 Fusion

Eine Alternative zur Vernetzung von Organisationen

Fusionen gelten als ein erstrangiges Mittel, um Organisationen besser, erfolgreicher und effizienter zu machen. Ist eine Fusion zweier Organisationen gerade über die Bühne gebracht worden, schwärmen die fusionierten Einheiten von den sich ergebenden Einsparungsmöglichkeiten. Schaut man sich die Entwicklung jedoch zwei oder drei Jahre später an, so sind die Zahlen häufig nicht so rosig wie erhofft.[137] Ketzerische Stimmen behaupten gar, dass der Einbruch nach einer Fusion genauso sicher komme wie das Amen in der Kirche – eine Ketzerei, die zunehmend durch wissenschaftliche Studien über das Scheitern von Fusionen untermauert zu werden scheint.[138] *(⟶ Scheitern)*

Fragt man die klassische Organisationslehre, weswegen bei nicht einmal der Hälfte der Unternehmenszusammenschlüsse der Shareholder-Value über dem Branchendurchschnitt liege, hört man die immer gleichen Antworten: Bei internationalen Fusionen seien die kulturellen Unterschiede nicht beachtet worden. Es gebe zu Beginn der Zusammenlegung viel zu viele unnötige Richtungsdiskussionen, weil die Grobstrategie anfangs nicht klar genug sei. Die Chemie zwischen den Topführungskräften würde häufig nicht stimmen und von der hinge gerade in der Anfangsphase viel ab. Bei der Besetzung von Führungspositionen fehle es viel zu häufig an der Konsequenz. Man schrecke zu sehr vor tiefen Einschnitten zurück.[139]

Auffällig ist, dass bei diesen Erklärungen die Probleme in den handwerklichen Fehlern gesehen werden, das Instrument der Fusion selbst aber nicht infrage gestellt wird. Insgesamt handelt es sich um eine Art der Problemdiagnose, die den betriebswirtschaftlich orientierten Beratungsunternehmen neue Wachstumschancen verspricht. Nicht mehr nur Beratung vor und während, sondern auch nach der Fusion wird notwendig. Nur durch ein effektives „Post-Merger-Management", so die Suggestion, könne man all die kostspieligen Fehler vermeiden.

Das unkritische Akzeptieren der Zusammenlegung zweier Unternehmen als Lösung für viele organisationale Probleme ist überraschend, weil es ein entgegengesetztes Managementprinzip gibt, das ähnlich populär ist: „Small is beautiful." Unter Begriffen wie „Konzentration auf das Kerngeschäft", „Verschlankung der Organisation" und „Outsourcing" wird genau das Gegenteil von Wachstum propagiert. Für diese Schrumpfungsargumente spricht mindestens so viel wie für die Größeneuphorie, die in regelmäßigen Zyklen auf dem Merger- und Akquisitionsmarkt herrscht.

Es liegt nahe, Erklärungen für die Fusionseuphorie zu finden, die nicht den Kosteneinsparungs-, Synergie- und Weltmarktabdeckungsparolen folgen, die während eines Firmenzusammenschlusses aus den Konzernzentralen ausgegeben werden müssen: Haben wir es vielleicht

---

[137] Siehe dazu *Mats Alvesson*: The Triumph of Emptiness. Consumption, Higher Education, and Work Organization. Oxford, New York 2013, S. 109.

[138] Siehe dazu *Thomas Hoebel*: Träge Fusionen. Das Problem der Organisationsvergessenheit. In: *Stefan Jung, Thomas Katzenmayer* (Hrsg.): Fusion und Kooperation in Kirche und Diakonie. Göttingen 2014, S. 127–143.

[139] Siehe dazu *René Olie*: Shades of Culture and Institutions in International Mergers. In: Organization Studies 15 (1994), 3, S. 381–405.

mit einer Verselbstständigung des weltweiten Börsengeschehens zu tun, in dem es nur noch zweitrangig auf Gewinne und Verluste ankommt und stattdessen auf die „Fantasie“ der Händler, die die Börsenwerte ökonomisch häufig auf wackligen Beinen stehender Firmen in so astronomische Höhen treibt, dass diese gestandene und ökonomisch gesunde Großunternehmen übernehmen können? Oder handelt es sich um Konzernvorstände, die durch die Etablierung von selbstständigen Business Units so unterausgelastet sind, dass sie im Bereich der Merger und Akquisition ein neues Betätigungsfeld gefunden haben, welches gegenüber ihren dezentralen Einheiten auch noch ein Bedrohungspotenzial enthält?

Ein Blick auf die Vorgeschichte von Fusionen zeigt, dass diese sehr häufig Reaktionen auf die Schwierigkeiten des Managements waren, ein anderes populäres Managementkonzept erfolgreich umzusetzen: das Netzwerk. Die Produktions-, Entwicklungs- und Vertriebsnetzwerke zwischen eigenständigen Unternehmen wurden lange Zeit als Erfolg versprechender angesehen als die Einbindung aller Einheiten in ein großes Unternehmen.

Netzwerke basieren auf stabilisiertem Vertrauen zwischen den beteiligten Partnern – und genau darin besteht das Problem. Im Gegensatz zu Hierarchien oder Märkten sind reine Vertrauensbeziehungen sehr anfällig. Sie sind stark abhängig von persönlichen Kontakten. *(→ Vertrauen)* Deswegen stellt ein umfassender Personalwechsel bei einem Netzwerkpartner häufig eine Belastung dar.

Die Verlockung für die beteiligten Partner ist groß, in den Vertrauensbeziehungen die eigene Position zu stärken und im richtigen Moment das Netzwerk für einen einseitigen, häufig kurzfristigen Nutzen zu missbrauchen. Die betroffenen Partner haben keine andere Sanktionsmöglichkeit, als sich aus dem Netzwerk zurückzuziehen. Es entsteht eine Misstrauensspirale, die zur Auflösung des Netzwerkes und der Rückkehr zu reinen Marktbeziehungen führt.

Fusionen und Unternehmenseinkäufe scheinen die Reaktion auf diese Schwierigkeit von Netzwerken zu sein. Statt der labilen Vertrauensbeziehungen wird wieder auf klare Mitgliedschaftsregeln gesetzt. Ein Unternehmen, mit dem man vorher in einer Entwicklungsgemeinschaft locker kooperiert hat, ist nach dem Aufkauf wesentlich besser zu kontrollieren, zu steuern und zu beeinflussen. Statt der Kooperation gleichberechtigter Partner herrscht wieder das klare Prinzip „Ober schlägt Unter“. Die Machtverhältnisse sind geklärt und Vertrauen braucht nicht mehr die gleiche Rolle zu spielen.

#30 Ganzheitlichkeit

Der Traum und Alptraum der gierigen Organisationen

Fordert man „ganzheitliche Herangehensweisen", eine „integrierte Sicht auf den Menschen" oder eine Wahrnehmung des „Menschen in seiner Ganzheit", hat man die Sympathie erst mal auf seiner Seite. „Ganzheitliches Lernen" klingt besser als ein lediglich „kognitives Lernen". „Ganzheitliche Medizin" macht einen sympathischeren Eindruck als eine nur auf einzelne Körperteile ausgerichtete „funktionale Medizin". Es ist kein Wunder, dass diese „Suche nach Ganzheit" ebenso auf das Management übergeschwappt ist; schließlich geht auch „ganzheitliches Management" sehr viel angenehmer über die Lippen als „spezialisiertes Management".[140]

Unter „ganzheitlichem Management" wird nicht nur verstanden, dass man verschiedene Komponenten einer Organisation im Blick hat, das wäre banal. Mit Ganzheitlichkeit wird vielmehr versucht, der „Fragmentierung unseres Lebens" etwas entgegenzusetzen. Mit einem ganzheitlichen Ansatz in Management und Beratung sollen die „tieferen Teile des Selbst" entwickelt werden, indem „Geist, Körper und Seele" stärker in Organisationen integriert werden. *(→ Gefühle)* Wenn die Organisation einen Zustand der Perfektion erreiche, sei sie nicht nur erfolgreicher, innovativer und flexibler, sondern auch die Mitglieder würden endlich wieder „lebens-voll" sein.[141] *(→ Fortschritt)*

Die Rede von Ganzheitlichkeit in Beratung und Management ist Ausdruck der Sehnsucht nach einer Zeit, in der alles noch viel einfacher gewesen ist; einer Zeit, in der es noch keine widersprüchlichen Anforderungen aus Freundeskreisen, Familien und Organisationen gab, als man nicht nur im Privaten, sondern auch bei der Arbeit als „ganzer Mensch" mit all seinen Bedürfnissen wahrgenommen wurde, als es noch keine schmerzhafte Spaltung zwischen einem „privaten Ich" und einem „öffentlichen Ich" gegeben hat.[142] *(→ Mitarbeiterorientierung)*

Genau diese Trennungen und Differenzierungen sind aber für die moderne Gesellschaft charakteristisch. Mit der Auflösung der durch Stammes- und Schichtzugehörigkeit geprägten Gesellschaftsformationen wurde es Personen ermöglicht, Mitgliedschaften in unterschiedlichen und voneinander unabhängigen sozialen Systemen einzugehen – also in den besagten Organisationen, Familien oder Freundeskreisen. *(→ Familien → Freundschaften)* Mit der Lösung der Politik, des Rechts und der Wirtschaft von der Religion ab dem 16. und 17. Jahrhundert entstand überhaupt erst die Möglichkeit, sich als Person für eine Organisationsmitgliedschaft zu entscheiden, die ganz andere Erwartungen stellte als der Freundeskreis oder die Kleinfamilie.[143] Wer möchte wirklich in eine Welt zurück, in der die Familie, der Clan oder das Dorf in vollendeter Ganzheitlichkeit bestimmt, wie man lebt, wen man heiratet, wie man sich zu kleiden und zu benehmen hat und welche Haartracht akzeptabel ist?

---

140 Siehe dazu *Anne Harrington*: Die Suche nach Ganzheit. Die Geschichte biologisch-psychologischer Ganzheitslehren vom Kaiserreich bis zur New-Age-Bewegung. Reinbek 2002.

141 Als ein Beispiel für die unendlich vielen Exempel siehe nur die „new wholeness" in *F. Laloux*: Reinventing Organizations (wie Anm. 128), 48f. und 144.

142 Siehe für eine Darstellung dieses Phänomens als Strategie einer „Happiness Industry" zum Beispiel *William Davies*: The Happiness Industry. How the Government and Big Business Sold us Well-being. London, New York 2015.

143 Siehe dazu *Talcott Parsons*: Das System moderner Gesellschaften. München 1972, 88f.

Zugestanden, es gibt auch in der modernen Gesellschaft „organisationale Inseln", in denen solche Vorstellungen einer ganzheitlichen Inanspruchnahme des Menschen umgesetzt werden. In der Organisationswissenschaft werden sie „gierige Organisationen" genannt. Bei „gierigen Organisationen" – einem Begriff von Lewis A. Coser – handelt es sich um Organisationen, die von ihren Mitgliedern exklusive Loyalität und totales Engagement verlangen, indem sie andere Rollenengagements zu kontrollieren, einzuschränken oder gar zu unterbinden suchen. Solche Ansprüche sind sowohl für religiöse Organisationen, etwa die Zeugen Jehovas oder die Scientology-Kirche, für an Utopien eines neuen Zusammenlebens orientierte Kommunen als auch für revolutionäre Grüppchen, wie zum Beispiel die Rote-Armee-Fraktion, die roten Brigaden oder die Action Directe, typisch.[144]

Der Reiz dieser gierigen Organisationen besteht darin, dass sie den einzelnen Mitgliedern Sicherheit durch Einfachheit bieten. Weil der Anspruch an eine Rollentrennung in diesen Gebilden aufgegeben wird, können Personen sich als „ganze Person" mit all ihren Wünschen, Hoffnungen und Ängsten einbringen. Für eine Organisation kann dies Vorteile haben, weil sie wie früher in feudalistischen Gesellschaften den Zugriff auf die ganze Person hat, aber dieser Anspruch an Ganzheitlichkeit geht – und das müssen sich die Verfechter dieses Prinzips deutlich machen – zwangsläufig mit einem Verlust an Individualität einher.

Wer möchte wirklich in eine Welt zurück, in der die Familie, der Clan oder das Dorf in vollendeter Ganzheitlichkeit bestimmt, wie man lebt, wen man heiratet, wie man sich zu kleiden und zu benehmen hat und welche Haartracht akzeptabel ist?

[144] Siehe *Lewis A. Coser*: Greedy Organizations. In: Europäisches Archiv für Soziologie 8 (1967), S. 198–215.; siehe auch breiter ders.: Greedy Institutions. Patterns of Undivided Commitment. New York 1974.

#31 Gefühle

Warum persönlich, wenn es auch sachlich geht

In vielen Managementkonzepten werden Gefühle als Ressource entdeckt. Die Aufladung der Organisation mit Emotionalität wird regelrecht eingefordert. Sachargumente allein genügen nicht mehr, man muss auch über sich und seine Gefühle sprechen können. Nicht nur in vielen Organisationen der sozialen Hilfe oder in religiösen Institutionen, sondern auch in nicht wenigen profitorientierten Unternehmen und Verwaltungen wimmelt es in Diskussionen inzwischen nur so von Ich-Botschaften und persönlicher Betroffenheit.[145]

Diese Gefühlsbetontheit in Organisationen überrascht, denn lange Zeit ist davon ausgegangen worden, dass ein aktives Gefühlsleben der Mitglieder als Störung empfunden wird. In der radikalsten Form findet sich diese Auffassung bei Max Weber, der die „'sachliche' Unpersönlichkeit" als das zentrale Gebärden in Organisationen kennzeichnet. Diese Ausrichtung auf Unpersönlichkeit mache es möglich, dass sich eine Organisation wie eine „Maschine" verhalte, die durch „Schnelligkeit, Eindeutigkeit, Aktenkundigkeit, Kontinuierlichkeit, Diskretion, Einheitlichkeit, straffe Unterordnung, Ersparnisse an Reibungen, sachlichen und persönlichen Kosten" gekennzeichnet sei.[146]

Das Verständnis von Organisationen als „entpersonalisierte Systeme" gewinnt auf den ersten Blick seine Berechtigung, wenn als ein zentrales Merkmal angesehen wird, dass diese nicht die komplette Person inkludieren, sondern lediglich einen Teil des Leistungsrepertoires abfragen. Damit unterscheiden sich Organisationen in der modernen Gesellschaft in einem zentralen Punkt von ansonsten auffällig strukturähnlichen Konstrukten wie Gilden oder Klöstern. In diesen Gebilden, die in der stratifizierten Gesellschaft dominierten, hatte und hat man es mit einer weitgehenden Totalinklusion der Leistungsträger zu tun. Gilden oder Klöster nehmen für sich in Anspruch, Lebensgemeinschaften zu sein und dementsprechend auch alle Rollen eines Mitglieds zu definieren.[147] *(→ Ganzheitlichkeit)*

Derweil sind Organisationen gegenüber ihren historischen Vorläufern durch eine doppelte Ignoranz gekennzeichnet. Auf der einen Seite kann eine Organisation private Anforderungen des Mitglieds zurückweisen. Die Frage nach einer Gehaltserhöhung, weil man ein neues Haus gebaut hat, erscheint genauso illegitim wie die Bitte, nicht entlassen zu werden, weil man eine Großfamilie zu versorgen hat. Auf der anderen Seite kann aber auch ein intern Mitwirkender erwarten, dass seine anderen Rollen die Organisation nur insofern interessieren, als dass sie möglicherweise Rückwirkungen auf die Mitgliedschaft haben. Der Mitarbeiter eines Unternehmens oder eines Krankenhauses kann erwarten, dass die Zugehörigkeit zu einer

---

145 Dieser Beitrag basiert auf Überlegungen, die ich in einem Interview mit Peter Laudenbach entwickelt habe. Siehe *Stefan Kühl*: Warum sachlich, wenn es auch persönlich geht. Interview von Peter Laudenbach 2019. Online unter: https://www.brandeins.de/magazine/brand-eins-wirtschaftsmagazin/2019/gefuehle/warum-sachlich-wenn-es-auch-persoenlich-geht.

146 *Max Weber*: Wirtschaft und Gesellschaft. Tübingen 1976, 561f. und 578.

147 Siehe dazu *Alfred Kieser*: From Ascetism to Administration of Wealth: Medieval Monasteries and the Pitfalls of Rationalization. In: Organization Studies 8 (1987), 2, S. 103–123; *Alfred Kieser*: Organizational, Institutional, and Societal Evolution. Medieval Craft Guilds and the Genesis of Formal Organizations. In: Administrative Science Quarterly 34 (1989), S. 540–564.

kommunistischen Partei, die Herkunft aus einem alten Adelsgeschlecht oder eine Vorliebe für Polyamorie von der Organisation ignoriert wird. Diese Entwicklung ist gleichzeitig auch für das soziale System funktional, weil sie sich bei der Auswahl von Mitgliedern auf für sie „relevante Kriterien" beschränken kann. Sie kann sich auf die Aspekte konzentrieren, die für sie funktional sind, zum Beispiel Kompetenz, Zuverlässigkeit und Leistungsfähigkeit.

Das alles führt nicht dazu, dass in Organisationen keine positiven und negativen Gefühle bei den Mitgliedern aufkommen. Das Leben in einer Organisation ist ja nicht immer lustig. Man braucht Ventile für die Frustration, indem man mit Kollegen über den Unsinn lästert, den die Vorgesetzten einem zumuten. *(→ Führungskräftebeschimpfung)* Die Gefühle, die sich in der Formalstruktur aufbauen, werden im Informalen aufgefangen. Weil das Lästern in der Teeküche und nicht in einer Konferenz stattfindet, gefährdet es jedoch nicht die Formalstruktur, sondern stützt sie unter Umständen sogar. Die Informalität dient als Reparaturwerkstatt für die Gefühlsschäden, die die Formalität der Organisation anrichtet. Man weiß als Angehöriger sehr genau, in welchen Situationen es angemessen ist, Gefühle zu zeigen und in welchen nicht. *(→ Kultur)*

Diese Probleme lassen sich empirisch beobachten. Wenn ein Untergebener im Gespräch mit seiner Vorgesetzten anfängt zu weinen oder wütend wird, ist das belastend. Tatsächlich sind solche Situationen für beide Beteiligten peinlich, weil sie gegen die an der Formalstruktur orientierten Verhaltenserwartungen verstoßen. Das gilt für überschießende positive Gefühle genauso wie für Ärger oder Enttäuschung. Deswegen schützen sich Organisationen vor diesen Emotionseskapaden. Wenn sich die emotionalen Ausbrüche von Mitarbeitern wiederholen, kann das Unternehmen versuchen, sich von diesen zu trennen. Ist das nicht möglich, bildet das System Spezialeinheiten für psychosoziale Betreuung aus. Dort wird versucht, das eskalierende Gefühlsleben zu bearbeiten und es gegebenenfalls zu isolieren. Die Störung wird an Experten verwiesen, um die Funktionsfähigkeit der Organisation zu sichern.

Im Prinzip ist nichts dagegen einzuwenden, wenn auch durch formale Entscheidungen Inseln eingerichtet werden, die es ermöglichen, die Gefühle bei der Arbeit organisatorisch zu bearbeiten. Gerade im Umgang mit Patienten oder Klienten in Hospizen, Krankenhäusern, Jugendhilfeeinrichtungen oder in der Psychiatrie entstehen bei den Mitarbeitern zwangsläufig teilweise sehr heftige Gefühle. Weil an diesen Grenzstellen professionelle Distanz besonders notwendig ist, wird es von vielen Organisationen als wichtig eingeschätzt, die aufkommenden Gefühle in Supervisionen systematisch zu bearbeiten. Die Unterscheidung zwischen privater und organisationaler Rolle wird dabei aber nicht verwischt, sondern systematisch reflektiert und – wenn notwendig – wiederhergestellt. Problematisch wird es hingegen, wenn mit der Vorstellung von Emotionen als Ressource eine neue „Gefühligkeit" in Organisationen gefordert wird. Das wird spätestens dann schwierig, wenn die Äußerung, durch ein Argument in seinen Gefühlen verletzt worden zu sein, als Instrument in einer Debatte benutzt wird.

Die Informalität dient als Reparaturwerkstatt für die Gefühlsschäden, die die Formalität der Organisation anrichtet.

#32 Gemeinschaft

Über formale und informale Möglichkeiten des Teambuildings

In einem von oben angeordneten Qualitätsworkshop in einem Ausbesserungswerk eines großen französischen Verkehrsunternehmens fiel auf, dass sich Mitarbeiter eines Teams mit allen Tricks weigerten, das Thema des Abfallmanagements zu bearbeiten. Jeder Versuch der Berater, den Beteiligten aufzuzeigen, wie die anfallenden Metalle besser gesammelt und abgefahren werden konnten, wurde von den Arbeitern des Ausbesserungswerks systematisch unterlaufen. Mit zunehmender Zeit wurde immer deutlicher, dass der eigentliche Grund dafür in dem Umstand lag, dass die Mitarbeiter dieses Altmetall jede Woche zu einem lokalen Schrotthändler fuhren, das von diesem dafür gezahlte Geld aber nicht dem Unternehmen gutschreiben ließen.[148]

Die von der Managementliteratur empfohlene Reaktion auf einen solchen bekannt werdenden Regelverstoß ist eindeutig: Eine derartige persönliche Bereicherung auf Kosten der Organisation gehöre sofort unterbunden. Die verantwortlichen Mitarbeiter seien zu entlassen oder zumindest abzumahnen. Ein Strafverfahren wegen Diebstahls sei einzuleiten. Weil es sich um einen Regelbruch zur Erzielung eines eigenen Vorteils handle, sei – so die klassische Argumentation – für die betroffenen Mitarbeiter notwendigerweise die Mitgliedschaftsfrage zu stellen. *(→ Regelbruch)*

Diese Position ist unmittelbar einleuchtend, weil es sich offensichtlich um eine für die Organisation nicht funktionale Regelabweichung handelt – auf den ersten Blick also ein idealtypischer Fall einer für die Organisation unbrauchbaren Illegalität. Interessant ist jedoch, wofür die Teammitglieder das beim Schrotthändler erzielte Geld verwendeten. Es wurde nicht unter den einzelnen Personen aufgeteilt, sondern wanderte in eine gemeinsame Kasse, mit der man regelmäßig mit allen Teammitgliedern Kegeln ging. Kurz, eine ungewöhnliche, aber durchaus effektive Form des Teambuildings. *(→ Gruppen)*

Jetzt kann eine Organisationsspitze mit sehr guten Gründen die Position vertreten, dass es ihr formales Recht sei zu entscheiden, wie Maßnahmen des Teambuildings abzulaufen hätten. Wofür – so das berechtige Argument – würde man sonst eine Abteilung Personalentwicklung unterhalten, die für die Arbeitsgruppen Ausflüge in Klettergärten oder zum Rafting organisiere? Weswegen würde man jedes Jahr aufwendige Betriebsfeiern organisieren lassen, deren vorrangiger Zweck darin liege, dass sich die Mitarbeiter näherkämen? *(→ Feier)*

Man könnte an dieser Stelle einwenden, dass es sich bei dem illegalen Verkauf von Schrott für einen organisierten Kegelabend um eine fast schon vorbildliche Form von Selbstorganisation handle. *(→ Selbstorganisation)* Die Mitarbeiter ergriffen die Initiative, arrangierten alles selbst und achteten sorgfältig darauf, dass kein Teammitglied ausgeschlossen würde. Diese Maßnahmen des Teambuildings sind nicht nur deutlich kostengünstiger als die von oben angeregten Aktivitäten der Personalentwickler, sondern auch wesentlich effizienter, weil das gemeinsame verbotene Handeln das Gemeinschaftsgefühl im Team noch weiter verstärkt.[149] *(→ Kollegialität)*

---

[148] Siehe für diesen Fall *Stefan Kühl*: Formalität, Informalität und Illegalität in der Organisationsberatung. Systemtheoretische Analyse eines Beratungsprozesses. In: Soziale Welt 58 (2007), S. 269–291.

[149] Für eine satirische Darstellung der üblichen Teambuildingmaßnahmen siehe den Film *Philip Koch*: Outside the Box 2015.

Selbstverständlich könnte man den Vorgesetzten im Ausbesserungswerk vorhalten, dass sie, obwohl sie über diese Praxis in Kenntnis gesetzt sind, diese nicht sofort unterbinden, aber vielleicht steckt dahinter auch eine gewisse Führungsweisheit. Das betreffende Personal wird auf diskrete Weise darauf aufmerksam gemacht, dass man über diese illegalen Praktiken Bescheid wisse. Zeitgleich werde zu verstehen gegeben, dass die Mitarbeiter diese ungewöhnliche Form der Abfallentsorgung nicht überziehen sollten und man als Gegenleistung für dieses Entgegenkommen an der einen oder anderen Stelle ein überdurchschnittliches Engagement des Teams erwarte.[150]

Die selbstorganisierten illegalen Maßnahmen des Teambuildings sind nicht nur deutlich kostengünstiger als die von oben angeregten Aktivitäten der Personalentwickler, sondern auch wesentlich effizienter, weil das gemeinsame verbotene Handeln das Gemeinschaftsgefühl im Team noch weiter verstärkt.

[150] Siehe ausführlich zur Differenz zwischen brauchbarer und unbrauchbarer Illegalität *S. Kühl*: Brauchbare Illegalität (wie Anm. 88).

#33 Geschlecht

Über die Relevanz der privaten Arbeitsteilung für Organisationen

Warum sind so wenig Frauen in Führungspositionen? Wie kommt es, dass in vielen Branchen Frauen die Mehrzahl der Mitarbeiter stellen, aber in den Chefetagen unterrepräsentiert sind? Wie lässt sich begreiflich machen, dass in vielen Ländern zwar mehr Frauen als Männer als Ärzte ausgebildet werden, aber auffällig wenig Krankenhäuser von Ärztinnen geleitet werden? Wie ist es erklärbar, dass in vielen Ländern Frauen einen deutlich höheren Anteil an Hochschulabsolventen stellen als Männer, sich das aber in keiner Weise in der geschlechtermäßigen Verteilung bei der Besetzung von Professuren widerspiegelt?

Der Grund für die Unterrepräsentation von Frauen in Führungspositionen liegt offensichtlich nicht mehr in der Formalstruktur; es gibt in den meisten Ländern keine Positionen mehr, die Frauen formal verwehrt werden. Anders als noch vor der Einführung des Frauenwahlrechts können Frauen heute Premierministerin oder Präsidentin werden. Durch die Zulassung von Frauen zum Studium spricht nichts mehr dagegen, dass sie Lehrstühle besetzen und Universitäten leiten, und in etlichen Armeen sind Regelungen abgeschafft worden, die es Frauen verwehrten, Kampfgruppen zu kommandieren oder Flugzeuggeschwader zu führen. Mit Blick auf die Formalstruktur sind Unternehmen, Verwaltungen, Krankenhäuser, aber auch Armeen und Polizeien und die meisten Parteien, Nichtregierungsorganisationen und Vereine auffällig „ungendered organizations".[151]

Für die geringe Anzahl von Frauen in Führungspositionen muss es also andere Gründe geben. Dabei spielen die manchmal gar nicht so kleinen, alltäglichen Mikrodiskriminierungen eine wichtige Rolle. Es gibt immer noch Verwaltungen, in denen Kollegen den Auftritt von Kolleginnen auf Konferenzen auf der Hinterbühne mit sexistischen Bemerkungen kommentieren. Es existieren nach wie vor noch Unternehmen, in denen sich die männlichen Vorstände damit brüsten, mit wie vielen ihrer Assistentinnen sie Sex hatten. Es gibt ebenso Fachhochschulen und Universitäten, in denen unter Studentinnen das Gerücht herumgeht, dass sie bei Professoren durch einen aufreizenden Kleidungsstil Bevorzugungen in der Betreuung und bei mündlichen Prüfungen erhalten können.

Neben diesen alltäglichen, organisationskulturell verankerten Diskriminierungen spielt jedoch ein weiteres zentrales Merkmal eine wichtige Rolle: die Frage, ob Frauen Kinder haben oder nicht. Es fällt auf, dass in Unternehmen gerade Spitzenpositionen von weiblichen Führungskräften besetzt werden, die keine Kinder haben. In der Politik waren die ersten weiblichen Präsidentinnen und Kanzlerinnen Frauen ohne Kinder und in Universitäten galt lange Zeit das Diktum, dass man als Frau zwar Professorin werden könne, aber dass für eine Frau eine akademische Karriere mit Kindern – jedenfalls mit mehreren – faktisch nicht vereinbar sei.

---

151 Zum Konzept der „gendered organizations" einschlägig *Joan Acker*: Hierarchies, Jobs, Bodies: A Theory of Gendered Organizations. In: *Judith Lorber, Susan Farrel* (Hrsg.): The Social Construction of Gender. Newbury Park 1991, S. 162–179. Guter Überblick über Probleme der Konzeption bei *Dana Britton*: The Epistemology of the Gendered Organization. In: Gender & Society 14 (2000), S. 418–434. *Dana Britton, Llaura Logan*: Gendered Organizations. Progress and Prospects. In: Sociological Compass 2 (2008), S. 107–121.

Wenn man davon ausgeht, dass Kinder für Männer lange Zeit keinerlei Hindernis für eine Karriere in Organisationen dargestellt haben, muss ein zentraler Grund für die geringe Repräsentanz von Frauen in Führungspositionen in der Arbeitsteilung in der Familie liegen. Empirisch wenig überraschend – alle Studien weisen darauf hin, dass selbst bei einer Vollzeitbeschäftigung beider Elternteile die Tätigkeiten der Kindererziehung, der Haushaltsführung sowie der Essenszubereitung tendenziell ungleichmäßig verteilt sind. Das liegt nicht an biologischen Faktoren, sondern an über Jahrhunderte gewachsenen Mustern der häuslichen Arbeitsteilung. *(→ Familie)*

Wenn man davon ausgeht, dass sowohl für Frauen als auch für Männer die Tage jeweils nur aus vierundzwanzig Stunden bestehen, ergibt sich aus der Ungleichverteilung der Arbeit im Privaten zwangsläufig ein Karrierenachteil für Frauen. Das bedeutet aber, dass der Ansatzpunkt für die Verbesserung der Karrierechancen in Organisationen nicht allein in der Abschaffung der Mikrodiskriminierungen in der beruflichen Praxis liegt, sondern auch in einer Gleichverteilung der Tätigkeiten in der Familie, und auf diese hat die Organisation aus guten Gründen keinen Zugriff. Schließlich kann sie den Mann einer Mitarbeiterin nicht über die Hierarchie anweisen, häufiger den Abwasch zu machen oder sich stärker um die Besuche beim Kinderarzt zu kümmern.

Wenn die Ungleichverteilung der Arbeit im Haushalt sich erst einmal etabliert, kommt es zu dem bekannten sich selbst verstärkenden Effekt. Die Frauen bleiben die ersten Monate nach der Geburt zu Hause, nehmen einen Hauptteil der gesetzlich zustehenden Elternzeit und leisten dann anfangs fast zwangsläufig den Hauptteil der Kindererziehung und Haushaltsführung. In der Zeit, in der Frauen ihre Arbeit im Haushalt und am Kind erbringen, nehmen Männer in der Regel die nächsten Karriereschritte, was dazu führt, dass sie früher oder später mehr verdienen als die Frauen. Wenn dann, aus welchen Gründen auch immer, die Entscheidung ansteht, dass eine Person in ihren beruflichen Ambitionen zurückstecken muss, dann ist dies in der Regel die Frau, weil bei einem Verzicht des Mannes das Haushaltseinkommen deutlich geringer ausfallen würde. Die Mechanismen, die die Karrieren von Frauen verhindern, setzen also bereits dann ein, wenn sie sich – nicht selten aus freien Stücken – entscheiden, mehr Zeit mit der Kindererziehung zu verbringen als ihre männlichen Partner.[152]

Es gibt einen fast schon paradoxen Effekt, an denen Organisationen ansetzen können, um die Entwicklung wenigstens im Kleinen aufzubrechen. Allen Bekenntnissen zur Familienfreundlichkeit von Unternehmen zum Trotz ist es nicht untypisch, dass von Männern, die in längere Teilelternzeit gehen, mehr oder minder die gleichen Leistungen erwartet werden wie von ihren in Vollzeit beschäftigten Kollegen, und allen Zertifizierungen einer vermeintlich familienfreundlichen Universität zum Trotz wird von männlichen Wissenschaftlern, die sich gleichberechtigt um die Kinder kümmern, nicht selten gefordert, dass sie ihre Qualifizierungsschritte genauso schnell gehen sollen wie ihre kinderlosen Kollegen. Wenn also die Frauen die private Schlacht um Gleichberechtigung im Haushalt gewinnen, müssen viele Organisationen die daraus resultierenden Effekte nicht nur auf der Schauseite würdigen, sondern sie auch organisationskulturell verarbeiten.

---

[152] Siehe zum „motherhood penality" einschlägig *Shelley J. Correll, Stephen Benard, In Paik*: Getting a Job: Is There a Motherhood Penalty? In: American Journal of Sociology 112 (2007), 5, S. 1297–1339.

#34 Gewalt

Über den überraschend geringen Grad von körperlichen Auseinandersetzungen in Organisationen

Es ist auffällig, wie wenig körperliche Gewalt in Organisationen praktiziert wird. Es kommt in den meisten Unternehmen sehr selten vor, dass Kollegen eine Auseinandersetzung über die beste Marktstrategie für ein Unternehmen durch einen Faustkampf austragen. Es ist in Verwaltungen die Ausnahme, dass eine Vorgesetzte ihre Mitarbeiter durch die Androhung von Hieben dazu bringt, ihre Anweisungen auszuführen, und auch in Universitäten ist es inzwischen eher unüblich, dass Professoren ihre Studierenden durch Schläge mit Rohrstöcken zu besseren Leistungen ermutigen.

Wenn es in Organisationen zur Gewalt kommt, stellt das in den meisten Fällen eine Krise dar. Körperliche Auseinandersetzungen über die richtige Marktstrategie zwischen Mitarbeitern führen in der Regel in der Organisation nicht nur zu hoher Aufmerksamkeit, sondern auch zu einem konsequenten Unterbinden durch Vorgesetzte. Eine sich regelmäßig prügelnde Chefin kann davon ausgehen, über kurz oder lang aus der Organisation entfernt zu werden. Professoren, die Gewalt als Mittel der Leistungssteigerung einsetzen, haben vermutlich gute Chancen, Erwähnung in den Massenmedien zu finden und sich nach anderen Tätigkeiten umzuschauen.

Für diesen geringen Grad der Gewaltanwendung in Organisationen gibt es einen Grund: die Verknüpfung der Mitgliedschaft der Beschäftigten mit Bedingungen der Folgebereitschaft sowie die damit einhergehende Drohung der Trennung, wenn diese Erwartungen nicht erfüllt werden. Solange eine Person also Mitglied einer Organisation bleiben will, muss sie sich im „Rahmen der Regelordnung" verhalten, die sie mit ihrem „Beitritt akzeptiert hat".[153] Deswegen müssen Organisationen nicht „mit Pistolen regiert" werden, sondern mit „angedrohten Entlassungen".[154] *(→ Kündigung)*

Man sieht die Bedeutung dieses Merkmals bei der Betrachtung des Unterschieds zum System der Familie. Familien können nur sehr begrenzt über ihre Mitgliedschaft disponieren. Sie können Kinder nicht aus der Familie ausschließen, wenn diese sich nicht entsprechend den Ansprüchen der Eltern verhalten.[155] Diese Schwierigkeit erklärt den proportional höheren Anteil an Gewaltanwendung in Familien im Vergleich zu Organisationen. Weil die Drohung der Kündigung in Familien ein sehr stumpfes Schwert zur Durchsetzung von Erwartungen ist, scheint Eltern manchmal nur eine körperliche Rüge zur Verwirklichung ihrer Erwartungen in Form von Festhalten, Wegschieben oder – in Ausnahmesituationen –Schlagen übrig zu bleiben. *(→ Familien)*

Einen Sonderfall stellen solche Organisationen in der modernen Gesellschaft dar, die Menschen zur Mitgliedschaft zwingen: Armeen, die sowohl ihren Wehrpflichtigen als auch ihren Berufssoldaten das Ausscheiden unter Androhung von Gefängnis oder gar Exekution verbieten;

---

153 *Renate Mayntz*: Soziologie der Organisation. Reinbek 1963, S. 106.

154 *Niklas Luhmann*: Das Erziehungssystem der Gesellschaft. Frankfurt a. M. 2002, S. 56.

155 Siehe dazu *Hartmann Tyrell*: Familienalltag und Familienumwelt: Überlegungen aus systemtheoretischer Perspektive. In: Zeitschrift für Sozialisationsforschung und Erziehungssoziologie 2 (1982), S. 167–188, 167 ff.

Milizen, die ihren Mitgliedern – von gelegentlichen Übungen abgesehen – zwar ein „normales“ Leben erlauben, diese dann aber im Notfall zwangsweise einziehen; Polizeieinheiten im Kriegseinsatz, in denen den Polizisten die Möglichkeit genommen wird, ihren Job zu kündigen; Grenztruppen, die ihren Wachsoldaten nicht die Chance geben, diese Organisation zu verlassen; Unternehmen, die ihre Produktionsziele durch die Unterstützung von Zwangsarbeitern erreichen; Einrichtungen der sozialen Hilfe, die ihre Leistungen mit einem hohen Anteil von Zivildienstleistenden erbringen, die dort ihren Zwangsdienst ableisten, oder kriminelle Organisationen wie die Mafia, die ihre Mitglieder an dem Austritt aus der Organisation hindern. *(→ Zwang)*

In Zwangsorganisationen spielt Gewalt nach innen eine Rolle, die wir aus Organisationen normalerweise nicht mehr kennen. Es werden Pistolen bei auf Zwangsmitgliedschaft basierenden Armeen, Polizeien oder der Mafia nicht nur parat gehalten, weil diese Organisationen damit notfalls ihre Ziele gegenüber Nichtmitgliedern durchsetzen, sondern auch, um ihre Mitglieder im Zweifelsfall am Austritt zu hindern. Dies gilt nicht nur für Organisationen wie der Armee, der Polizei oder der Mafia, die als Gewaltspezialisten nach außen auftreten, sondern auch für Unternehmen mit Zwangsarbeitern, Einrichtungen der sozialen Hilfe mit ihren Zivildienstleistenden oder Bautrupps, die auf Zwangsverpflichtete zurückgreifen. Der Unterschied besteht allerdings darin, dass der tatsächliche Einsatz der Pistole häufig eher den Gewaltexperten aus anderen Organisationen überlassen wird.

Die abnehmende Bedeutung der Zwangsmitgliedschaft in Organisationen hängt sicherlich damit zusammen, dass Gewalt als letztes Mittel zur Durchsetzung des Eintritts und des Verbleibs in Organisationen gesellschaftlich nahezu gänzlich an Legitimität verloren hat. Noch wichtiger ist aber, dass Organisationen mit der impliziten oder auch expliziten Androhung von Entlassung ein deutlich effizienteres Mittel zur Herstellung von Konformität zur Verfügung steht als die Anwendung von Gewalt.[156] *(→ Motivation)*

Es ist auffällig, wie wenig körperliche Gewalt in Organisationen praktiziert wird.

156 Siehe ausführlich dazu *Stefan Kühl*: Zwangsorganisationen. In: *Maja Apelt, Veronika Tacke* (Hrsg.): Handbuch Organisationstypen. Wiesbaden 2012, S. 345–358. Für eine empirische Anwendung des Konzepts siehe ders.: Ganz normale Organisationen. Zur Soziologie des Holocaust. Berlin 2014, 120 ff..

#35 Gewinn

Gewinnorientierung als Koordinationsmechanismus der Organisationsspitze

Eine Unternehmerin, die von ihren Mitarbeitern gefragt wird, weshalb sie zwischen Gewinn und Verlust unterscheide, wird für diesen Fall den psychiatrischen Dienst ihrer Firma für zuständig halten.[157] Bei Gewinn und Verlust scheint es sich um eine zentrale Grundunterscheidung zu handeln, die für ein wirtschaftendes Unternehmen so konstitutiv ist, dass sie seitens des Managements keiner weiteren Begründung bedarf. Aber ist die Sache wirklich so einfach?[158]

Wichtiger als der Profit ist für das Überleben von Unternehmen, dass genügend finanzielle Mittel verfügbar sind, dass die Firma also, wie man es ausdrückt, liquide ist. Es gibt andere Strategien, als Gewinne zu machen, um zahlungsfähig zu sein: sich einen permanenten Geldnachfluss durch den Kapitalmarkt zu organisieren, sich über staatliche Subventionen zu finanzieren oder Querfinanzierungen von verbundenen Unternehmen zu erreichen.

In der Wirtschaftsgeschichte gibt es viele Beispiele dafür, dass Firmen auch dann Kapital erhalten, wenn sie keinen Ertrag verzeichnen. Der Kruppkonzern konnte in der zweiten Hälfte des letzten Jahrhunderts über mehrere Jahrzehnte überleben, ohne aus den roten Zahlen herausgekommen zu sein. Die Bedeutung Krupps als Teil der Ruhrgebiet-Wirtschaft und die enge Verzahnung mit der Politik stellten sicher, dass bei Liquiditätsproblemen die deutsche oder die iranische Regierung einsprangen. Die vielen Start-ups, die zum Teil ihre Ideen nicht einmal zur Produktreife gebracht, geschweige denn je etwas verkauft haben, haben trotzdem einige Jahre am Markt überlebt, weil sie dank Risikokapital ausreichend liquide waren. *(→ Bilanzfälschung)* In der Organisationsforschung wird hier von „permanent scheiternden Organisationen" gesprochen.[159]

Nun könne das doch, so wird man argumentieren, auf Dauer nicht gut gehen, wenn sich nie Gewinne einstellten. Solchen Firmen würde man schließlich irgendwann „den Geldhahn zudrehen". Aber offensichtlich ist die Zeitspanne, die man Firmen einräumt, ohne oder ohne ausreichende Gewinne weiter zu existieren, sehr unterschiedlich. Unter dem Shareholder-Value-Druck stehende Unternehmen können ihre Kreditfähigkeit rasch einbüßen, wenn sie Verlustquellen nicht so schnell wie möglich zum Erliegen bringen. Auf der anderen Seite können Betriebe gewisser Branchen – man denke nur an den Schiffsbau, den Kohlebergbau oder den Flugverkehr – dank direkter und indirekter Subventionen lange Jahre oder gar Jahrzehnte weitermachen, ohne Gewinne abzuwerfen.

---

[157] Nach einer Formulierung von Niklas Luhmann, der aber eher die Berater als die Mitarbeiter dem psychiatrischen Dienst aussetzen will; siehe *N. Luhmann*: Kommunikationssperren in der Unternehmensberatung (wie Anm. 20), S. 222.

[158] Die Überlegungen habe ich erstmals zusammen mit Wolfgang Schnelle ausgearbeitet. Siehe dazu *Wolfgang Schnelle, Stefan Kühl*: Die Gewinn-Fessel. Von Notwendigkeiten und Möglichkeiten der Überlebenssicherung. In: gdi impuls 4 (2002), 2001, S. 24–30.

[159] *Marshall W. Meyer, Lynne Zucker*: Permanently Failing Organizations. London 1989.

Schaut man sich an, wie das Gewinnstreben innerhalb der Organisation thematisiert und gehandhabt wird, so fällt auf, dass das Management die Profitorientierung innerhalb des Unternehmens so darstellt, als ob sie vom Markt verlangt würde und nicht beeinflussbar sei: „Der Kapitalmarkt verlangt 10 Prozent Umsatzrendite. Wir sind darauf angewiesen, diese Rendite zu erzielen, sonst sind wir weg vom Fenster." Oder: „Der Wettbewerb ist härter geworden. Wir können es uns nicht erlauben, das Gewinnziel herabzusetzen, wenn wir wettbewerbsfähig bleiben wollen." Offensichtlich sind das die Realität stark verkürzende Begründungen.[160]

Die Besonderheit von Gewinn, sofern im Inneren der Organisation als Ziel eingesetzt, liegt in dessen Grenzenlosigkeit. Gewinn wird zwar in Zahlen ausgedrückt, doch es gibt keinen verbindlichen Richtwert, an dem er gemessen werden kann. Die Skala der Ausbeute ist nach oben und unten hin offen. Es existiert kein Minimumwert, von dem man objektiv sagen könnte, dass soundsoviel erwirtschaftet werden muss, und ebenso gibt es keinen Maximalwert, der besagt, dass ab einem bestimmten Zeitpunkt ausreichend Profit erbeutet wurde: „Jetzt haben wir genug erwirtschaftet. Wir lehnen uns nun zurück, halten einfach die 100.000 Euro Gewinn und arbeiten so weiter wie bisher." *(→ Ziele)*

In letzter Konsequenz bedeutet diese Grenzenlosigkeit, dass das Management das Gewinnziel weiter anheben kann, wenn es merkt, dass es sich gut erreichen lässt. Genauso kann es das Gewinnziel herabsetzen, wenn es einsehen muss, dass es so nicht zu erreichen ist. Somit erweist sich der Profit als ein sehr flexibel handhabbares Managementinstrument. Die Erwartungen richten sich nach dem, was möglich ist, und werden auf dieser Grundlage dann je nach Lage der Dinge angepasst.

Übrigens: Die Grenzenlosigkeit teilt der Gewinn mit Begriffen wie Wachstum, Sicherheit oder Innovation. *(→ Werte)* Man kann nie sagen, wann man das notwendige Mindestmaß oder die höchstmögliche Quote erreicht hat: Immer ist ein Mehr an Wachstum, Innovation und Gewinn möglich. Deswegen braucht man als Management wohl auch nie auf die Forderung nach noch mehr Wachstum, Innovation oder Gewinn zu verzichten. *(→ Bullshit)*

Die Grenzenlosigkeit teilt der Gewinn mit Begriffen wie Wachstum, Sicherheit oder Innovation. Man kann nie sagen, wann man das notwendige Mindestmaß oder die höchstmögliche Quote erreicht hat.

160 Siehe dazu auch *Norman B. Macintosh*: Accounting and the Truth of Earnings Reports: Philosophical Considerations. In: European Accounting Review 18 (2009), 1, S. 141–175.

#36 Gratifikationskrise

Zur empfundenen Schere zwischen Leistung und Belohnung

Gerne klagen Universitätsprofessoren über die unzureichende Bezahlung ihrer Tätigkeit. Das professorale Lehr- und Forschungspersonal verweist darauf, dass man in Großstädten seine Familie von dem Gehalt nur gerade so über die Runden bringen könne. Besonders „Di-Mi-Do-Professoren" klagen darüber, dass sie sich neben der von Dienstag bis Donnerstag genutzten Wohnung am Hochschulort noch einen weiteren Wohnsitz in ihrer Heimatstadt leisten müssten. Es werden Vergleiche mit Tätigkeiten in der Wirtschaft angestellt, in denen man vermeintlich mehr verdienen würde. Haben wir es unbemerkt mit der Ausbildung eines neuen akademischen Lumpenproletariats zu tun? Wie lässt sich dieses Verelendungsgefühl auf hohem Niveau erklären?

Die Arbeitswissenschaft hat für die Klage des professoralen Lehrpersonals eine Erklärung: „Gratifikationskrise", eine vom Personal empfundene „zu große Schere" zwischen erbrachter Leistung und Entlohnung. Die klassischen Gesundheitsrisiken für den sich in der Belohnungskrise befindlichen Arbeitnehmer sind Herz-Kreislauf-Beschwerden, Rückenschmerzen und Alkoholismus. Die Organisation bezahlt also mit der inneren Kündigung der Mitarbeiter, ihrer geringeren Belastbarkeit oder einem ausgeprägten Abstinentismus.[161] *(→ Löhne)*

Das Problem bei einer Gratifikationskrise ist nicht, dass eine Arbeitstätigkeit nach „objektiven Kriterien" ungerecht entlohnt wird – die Suche nach dem gerechten Lohn haben Ökonomen sowieso schon lange aufgegeben. Vielmehr hängt die Gratifikationskrise mit dem rein subjektiven Gefühl von Beschäftigten zusammen, dass ein Mehr an Leistung und Erfahrung einem nicht mehr Anerkennung und Belohnung einbringt.

Gratifikationskrisen bilden sich in Tätigkeitsfeldern aus, in denen Einsatz nicht mit Aufstieg belohnt werden kann. Professoren teilen deswegen ihr Leiden mit Lehrern, Busfahrern und Flugbegleitern. Hat man erst mal die akademische Ochsentour durchlaufen, das Referendariat erfolgreich hinter sich gebracht, den Busführerschein erworben oder die sechswöchige Flugbegleiterausbildung absolviert, ist man am Ende der Fahnenstange angelangt. Die Organisationen bieten keine erwähnenswerten Aufstiegsmöglichkeiten mehr: Die Stellung des „Oberbusfahrers" müsste erst geschaffen werden. Der Aufstieg der Flugbegleiterin zur Pilotin ist nicht vorgesehen. Die Beförderung zum Schuldirektor bezahlen Lehrer damit, dass ihre neue Tätigkeit kaum noch etwas mit ihrer ursprünglichen Ausbildung zu tun hat. Die organisatorische Erfindung der „Karriere" versagt, weil sich weder die Organisation noch die Organisationsmitglieder eine allzu hohe interne Mobilität antun möchten. *(→ Karriere)*

Der Lösungsansatz ist nun nicht, Selbsthilfegruppen zur Reflexion über Gratifikationskrisen zu initiieren, kassenfinanzierte Rückenschulen anzubieten oder Suchtprävention zu betreiben. Vielmehr ist die Frage, wie Organisationen Karrieresurrogate schaffen können. Bei Flugbegleitern wird die Gratifikationskrise dadurch herausgezögert, dass diese im Laufe ihres Berufslebens von der Economy zur Businessclass bis in die First Class aufsteigen können. Die

---

161 Siehe dazu *Johannes Siegrist*: Arbeitswelt und stressbedingte Erkrankungen. Forschungsevidenz und präventive Maßnahmen. München 2015.

Frage, ob man betrunkene Mallorca-Reisende betreut, den vermeintlich zivilisierten Geschäftsreisenden versorgt oder mehr oder minder bekannten Promis den Champagner reicht, wird dabei nicht ein für alle Mal festgelegt, sondern aufgrund des Senioritätsprinzips vor jedem Flug neu ausgehandelt. Wie aber sähe eine Lösung für notleidende Professoren aus?

Die erfolgsabhängige Bezahlung für Professoren, die nicht wenige Universitätspräsidenten und Hochschulrektoren fordern, wird sicherlich nicht die erhoffte Begeisterung für die Lehre wecken oder zur verstärkten Publikationstätigkeit anregen, aber gerade Minimalstunterschiede in der Zuweisung von nicht monetären Belohnungen können die Gratifikationskrise des akademischen Personals lösen, sind also ein verstecktes Programm zur Krankheitsvermeidung und Suchtprävention beim professoralen Personal. Warum sollte das, was bei Flugbegleitern funktioniert, nicht auch bei Professoren wirken? *(→ Motivation)*

Der Lösungsansatz ist nicht, Selbsthilfegruppen zur Reflexion über Gratifikationskrisen zu initiieren, kassenfinanzierte Rückenschulen anzubieten oder Suchtprävention zu betreiben. Vielmehr ist die Frage, wie Organisationen Karrieresurrogate schaffen können.

#37 Großkonferenzen

Das Strohfeuer großer Gruppen

Kaum eine Organisation verzichtet heute darauf, die Mitarbeiter in regelmäßigen Abständen in Großkonferenzen zusammenzuholen. Während früher diejenigen Konferenzformate dominierten, in denen die Teilnehmer andächtig den Reden der Organisationsspitzen lauschen mussten und dafür am Abend mit einem attraktiven Unterhaltungsprogramm belohnt wurden, setzen sich jetzt zunehmend solche Konferenzformate durch, in denen die Teilnehmer sich selbst aktiv einbringen können (und gegebenenfalls sogar müssen).

Fast jede Beraterin und jeder Berater scheint inzwischen ihr eigenes – nicht selten als Marke geschütztes – Großkonferenzkonzept auf den Markt gebracht zu haben. Open Space Technology, Search Conference, Zukunftskonferenz, Strategieforum, Preferred Futuring, SumReal, Conference Model, Real Time Strategic Change oder Whole-Scale Change – bei allen Unterschieden im Detail sind die Zielsetzung und der Ablauf auffällig ähnlich.[162] In einer Großkonferenz sollen innerhalb von ein, zwei Tagen möglichst viele Organisationsmitglieder gleichzeitig an einem Thema wie einer Reorganisation, einer strategischen Neuausrichtung oder der Leitbildentwicklung arbeiten. Der Clou dabei ist, dass in Großkonferenzen nicht immer alle Personen gleichzeitig in einem großen Raum anwesend sind, sondern die Plenumsphasen vorrangig zur Koordination und zum Zusammentragen der Arbeit aus den Minigruppen oder Kleingruppen dienen.

In diesen Großkonferenzen können Effekte produziert werden, die die Teilnehmer in eine Art interaktionellen Rauschzustand versetzen. Während die alltägliche Arbeit häufig als stark durch Routinen bestimmt erlebt wird, können in Großkonferenzen eigene Themen eingebracht und bearbeitet werden. Man bekommt die Möglichkeit, mit häufig unbekannten Personen an einem Gedanken zu arbeiten und die gemeinsamen Überlegungen dann einer großen Anzahl von Kolleginnen und Kollegen präsentieren zu können. Die Mitglieder einer Organisation erfahren, wie viele verschiedene Aspekte eines Themas gleichzeitig bearbeitet werden und generieren so in sehr kurzer Zeit das Gefühl eines gemeinsamen Bearbeitens. Angesichts dieser Dynamik ist die Rede von dem „Feuer großer Gruppen", von dem Organisationen profitieren können.[163]

Das Problem ist jedoch, dass dieses in Großkonferenzen entfachte „Feuer" häufig lediglich ein „Strohfeuer" ist. Die Themen für die Minigruppen und Kleingruppen werden in der Regel erst auf der Konferenz entwickelt und sind nicht im Vorfelde eruiert worden. Die auf der Großkonferenz entwickelten Ideen sind dadurch oftmals nicht so ausgereift, dass sie unmittelbar darauf in der Organisation Anschluss finden können. Die ausgearbeiteten Konzepte geraten, allen Ankündigungen zum Beginn der Konferenz zum Trotz, in Vergessenheit. Übrig bleibt häufig nur ein zufriedenes Gefühl angesichts des Kennenlernens bisher unbekannter Kollegen, eine angenehme Erinnerung an die Örtlichkeiten der Zusammenkunft, die interessanten Gespräche

---

[162] Für einen schnellen Überblick über die verschiedenen Methoden siehe *Peggy Holman, Tom Devane* (Hrsg.): Change Handbook. Zukunftsorientierte Großgruppen-Methoden. Heidelberg 2006.

[163] So *Roswita Königswieser, Marion Keil* (Hrsg.): Das Feuer der großen Gruppen. Konzepte, Designs, Praxisbeispiele für Grossveranstaltungen. Stuttgart 2000.

und eine sehr vage Erinnerung an die diskutierten Themen. Wenn man nachhaltige Effekte erzielen will, ist es besser, in geduldiger Kleinarbeit erst mal die Anliegen und Sichtweisen verschiedener Gruppen zu sammeln und dann langsam an Lösungen zu arbeiten.

So negativ diese Beschreibung von Großgruppen auf den ersten Blick wirken mag: Es darf nicht übersehen werden, dass auch diese „Strohfeuer" wichtige Funktionen für eine Organisation haben können. Großkonferenzen bieten Mitarbeitern, die sich bisher unter dem Radar des Managements bewegten, die Möglichkeit, sich zu profilieren. Das Zusammenziehen vieler Mitarbeiter hat wichtige Vernetzungseffekte weit über die Grenzen von Abteilungen hinaus. Es entsteht bei den Mitarbeitern ein Motivationseffekt angesichts der Dynamik der Diskussionen in den Kleingruppen und der Erfahrung von Masse in den Plenumsveranstaltungen.[164] Man darf sich bloß nicht erhoffen, dass die in den Interaktionen der Großkonferenz erarbeiten Ergebnisse irgendwie Einfluss auf die Funktionsweise der Organisation haben werden.

Das Problem ist jedoch, dass das in Großkonferenzen entfachte „Feuer" häufig lediglich ein „Strohfeuer" ist.

[164] Zur Erfahrung der Masse – siehe schon sehr früh *Gustave Le Bon*: Psychologie der Massen. Leipzig 1908.

#38 Gruppen

Die Simulation der Effekte von Freundeskreisen

In der modernen Gesellschaft existiert eine Vielzahl unterschiedlicher gruppenartiger Zusammenschlüsse: etwa in Form von Freundeskreisen, Zusammenschlüsse pubertierender Jugendlicher, Straßengangs, kleine terroristische Zellen oder religiöse Gruppierungen. *(→ Freundschaft)* Bei der Betrachtung von Gruppen fällt auf, dass diese ein Gefühl von Zusammengehörigkeit entwickeln. Gruppen nehmen sich im alltäglichen Leben „bewusst als soziale Einheit wahr" und grenzen sich so gegenüber ihrer Umwelt ab. Sie geben sich Namen, damit sie sich selbst mit einer Kurzformel identifizieren können und damit sie von anderen erkannt werden können. Sie nutzen Merkmale wie bestimmte Kleidung, Rituale oder Begrüßungssignale, um so ihre Grenzen zum „Rest der Welt" zu markieren.[165]

Diese Ausbildung von Zusammengehörigkeitsgefühl setzt voraus, dass Gruppen – anders als beispielsweise Organisationen – aus einem ganz bestimmten, unverwechselbaren Kreis von Personen bestehen. Zwar zerfällt eine Gruppe nicht automatisch, wenn Personen aus der Gruppe ausscheiden oder neue Personen zu dieser Gruppe hinzustoßen, aber sowohl die Kompensationsfähigkeit von Personenverlusten als auch die Aufnahmefähigkeit von neuen Personen sind in Gruppen begrenzt. *(→ Teams)*

Das Gefühl von Zusammengehörigkeit entsteht in Gruppen – und auch da unterscheiden sie sich von Organisationen – auf der Basis eher diffuser Beziehungen zwischen ihren Mitgliedern. Während Organisationen wie Unternehmen, Verwaltungen oder Universitäten spezifische Rollenerwartungen an ihre Mitglieder stellen, bieten Gruppen Raum für vielfältigere Selbstdarstellungsmöglichkeiten. In Gruppen ist man nicht nur Schüler, Sportler oder Schläger, sondern letztlich ist fast alles, was eine Person betrifft, für Kommunikationen zugänglich.[166]

Gruppen, die sich in gruppendynamischen Trainings oder im Rahmen von Supervisionen und Coachings bilden, unterscheiden sich aber offensichtlich von Freundeskreisen, Schulhofcliquen pubertierender Jugendlicher oder Straßengangs. Teilnehmer an gruppendynamischen Trainings oder Gruppensupervisanden kommen aufgrund eines allen Teilnehmern offensichtlichen Zieles zusammen. Es gibt keine Notwendigkeit, dass sich die Angehörigen dieser Gruppen jenseits dieser Vorgaben treffen, und wenn das Ziel erreicht ist, muss man neue Motive generieren, um sich weiterhin zu treffen.

Aber in gruppendynamischen Trainings oder Gruppensupervisionen finden sich – und deswegen ist der Anschluss an die Forschung über Gruppen hier relevant – viele der Elemente wieder, die man auch aus Freundeskreisen, Schulhofcliquen oder Straßengangs kennt: Ausbildung von Zusammengehörigkeit, Bemerken des Fehlens von Gruppenmitgliedern, Ausbildung eigener Gruppennormen oder Schwierigkeiten der Gruppenmitglieder, Fragen über auch sehr persönliche Themen abzuweisen. *(→ Coaching)*

---

165 *N. Luhmann*: Spontane Ordnungsbildung (wie Anm. 81), S. 176.

166 Siehe dazu *Friedhelm Neidhardt*: Das innere System sozialer Gruppen. In: Kölner Zeitschrift für Soziologie und Sozialpsychologie 31 (1979), S. 639–660, 641 ff..

Man kann die Effekte in Gruppen-Coachings und -Supervisionen, aber auch weitergehend in Gruppentherapien oder gruppendynamischen Trainings nur vor dem Hintergrund des Verschwindens von Gruppen als zentralem Ordnungsprinzip moderner Gesellschaften verstehen. In den vor zehntausend Jahren verbreiteten Stammesgesellschaften in Europa, Afrika, Asien und Amerika war die Gruppe das zentrale Ordnungsprinzip. Bis zum Aufkommen der Hochkulturen waren Personen in Gruppen von zehn bis einhundert Personen organisiert, in denen sich alle kannten und sowohl den Eintritt als auch das Ausscheiden von Personen von allen bemerkt wurde.[167]

In der modernen Gesellschaft haben Gruppen jedoch ihre zentrale Bedeutung bei der Strukturierung der Gesellschaft verloren. Die moderne Gesellschaft wird stattdessen viel stärker durch Organisationen geprägt. Wer weder in der Schule gewesen ist noch beim Militär gedient hat, keinen Job gefunden und keinem Verein angehört hat, dem fehlt offensichtlich etwas. Man kann seine Adoleszenzphase durchleben, ohne Mitglied einer Freundesclique zu sein, und man kann regelmäßig ins Fußballstadion gehen, ohne sich einer selbst organisierten Gruppe von Hooligans anzuschließen. Eine Karriere in der Politik ist möglich, ohne dass man einer festen Clique von Parteigenossen angeschlossen ist. Als Vorstandsvorsitzender eines börsennotierten Unternehmens mag es förderlich sein, mit einem informalen Zusammenschluss anderer Vorstandsvorsitzender regelmäßig Berge zu erklimmen, aber eine Karriere hängt nicht von der Zugehörigkeit zu dieser Clique ab und wird vielleicht noch nicht einmal dadurch gefördert. *(→ Clique)*

Erst vor dem Hintergrund dieses Bedeutungsverlustes der Gruppe für die moderne Gesellschaft lässt sich erklären, weswegen in Gruppen-Supervisionen oder -Coachings, besonders aber auch in Gruppentherapien und gruppendynamischen Trainings, überraschende Lerneffekte erzeugt werden können. Personen können sich in der modernen Gesellschaft Gruppenprozessen so leicht entziehen, dass die Dynamik in Gruppen mit ihrer Diffusität der Beziehungen sowie mit der Ausbildung von Zusammengehörigkeitsgefühlen eine überraschende Erfahrung darstellt.

In der modernen Gesellschaft haben Gruppen ihre zentrale Bedeutung bei der Strukturierung der Gesellschaft verloren. Die moderne Gesellschaft wird stattdessen viel stärker durch Organisationen geprägt.

---

[167] Siehe *Friedrich H. Tenbruck*: Die moderne Gesellschaft. Freibug, Basel, Wien 1972, 56 ff..

#39 Haltung

Weswegen man auf die Verwendung bestimmter Begriffe verzichten sollte

Die Verfechter neuer Managementkonzepte sind in der Regel nicht bescheiden, was ihre Veränderungsansprüche angeht. Angesichts der Krisen der modernen Gesellschaft käme es nicht nur darauf an, „neue Aktionen“ zu starten, „neue Prozesse“ aufzulegen und „neue Strukturen“ zu schaffen. Nötig seien darüber hinaus die Etablierung eines grundlegend „neuen Denkens“ und die Kreierung eines „neuen Selbst“. Es reiche nicht aus, einzig die „Strukturen“ der Organisation zu verändern, sondern das „Selbst“ der Menschen müsse sich wandeln und auf ein „neues Entwicklungsniveau“ gehoben werden.[168] *(→ Ganzheitlichkeit)*

Der Begriff, unter dem die Schaffung dieses an die neuen Herausforderungen in Organisationen angepassten „neuen Selbst“ propagiert wird, ist „Haltung“. Bei Haltung handele es sich um eine aus Einsichten, Denkmustern und Werten bestehende Überzeugung, die das Verhalten eines Menschen konkret anleiten solle. Es geht bei Haltung also nicht allein um Perspektiven, Einstellungen oder Überzeugungen. Vielmehr müsse sich die Denkart, das im Management beschworene „Mindset“, erkennbar in den Handlungen eines Menschen widerspiegeln.[169]

Haltung gehört aber – ähnlich wie Vertrauen oder Wertschätzung – zu den Begriffen, die zwangsläufig misstrauisch machen sollten, wenn sie zur Preisung seiner Selbst, „ich bin stolz auf meine Haltung“, oder gar als Forderung an andere, „du brauchst eine andere Haltung“, genutzt werden. Suggeriert wird dadurch, dass man selbst bereits eine „Haltung“ entwickelt hat, die es einem ermöglicht, mit aktuellen Herausforderungen umzugehen, während andere diese notwendige „Haltung“ aber erst entwickeln müssen. *(→ Vertrauen → Wertschätzung)*

Für die exzessive Nutzung des Begriffs „Haltung“ in den Beiträgen von Managern und Beratern gibt es einen einfachen Grund: Er bietet eine einfache Erklärung für deren Schwierigkeiten bei der Einführung neuer Organisationsstrukturen in Unternehmen, Verwaltungen oder Krankenhäusern. Greift die Einführung einer agilen Organisationsform nicht, dann liegt es daran, dass sich das „agile Mindset“ der Mitarbeiter nicht ausreichend ausgebildet hat. Funktionieren sich selbst organisierende Teams nicht so, wie es sich das Management erhofft, dann fehlt es noch an der „agilen Haltung“ bei den Mitgliedern der Teams.

Man fühlt sich unweigerlich an die Klagen der Führung in sozialistischen Staaten erinnert, in denen Schwierigkeiten damit erklärt wurden, dass es Zeit dauere, bis sich die durch die kapitalistische Gesellschaft geprägte falsche Haltung der Menschen ändere und sich die richtige sozialistische Gesinnung ausgebildet habe. Kam es zu ökonomischen Engpässen bei der Versorgung der Bevölkerung, war nicht die sozialistische Planwirtschaft schuld, sondern die Menschen, die sich noch nicht ausreichend am Gemeinwohl orientierten. Politische Proteste

---

[168] Diese von Verfechtern verschiedener Managementkonzepte eingenommene Position wird hier beispielhaft an der „Theory U“ Otto Scharmers dargestellt. Siehe dazu *Claus Otto Scharmer*: Theorie U. Von der Zukunft her führen ; Presencing als soziale Technik. Heidelberg 2009, S. 235.

[169] Siehe für eine typische Bestimmung von Haltung in diesem Sinne *Bernd Oestereich, Claudia Schröder*: Agile Organisationsentwicklung. Handbuch zum Aufbau anpassungsfähiger Organisationen. München 2020, 16f.

wurden folglich auch nicht als berechtigte Anliegen verstanden, sondern als Ausdruck davon, dass sich das „Mindset“ der Menschen noch nicht ausreichend geändert habe.

In der Soziologie wird die Obsession in der Managementliteratur für „Haltungen“ mit dem Begriff der „Personalisierung“ gefasst. Man neigt, so die Beobachtung, nicht nur im Alltagserleben dazu, Schwierigkeiten, Spannungen und Enttäuschungen auf beteiligte Personen zurückzuführen. Irgendjemand hat Schuld, weil er „ehrgeizig, selbstsüchtig, faul oder eitel“ ist, oder er wird „als unfähig angesehen, weil er gewisse Erfahrungen nicht erfüllt“.[170] Diese Definition von Sündenböcken über Personalisierung lässt sich, wie Réne Girard gezeigt hat, für die Gesamtgesellschaft beobachten. Sie findet aber in besonders ausgeprägter Form in Organisationen statt.[171] *(→ Führungskräftebeschimpfung)*

Solche personalen Zurechnungen können punktuell zweifellos eine wichtige Funktion in Organisationen haben. Weil Personen in Organisationen so leicht greifbar sind, können diese für Schwierigkeiten verantwortlich gemacht werden. Personen wird die Verantwortlichkeit für eine bestimmte Situation angelastet und durch die persönliche Zuordnung der Fehler weggedrückt. Die Personalisierung entlastet damit die Organisation von der häufig blockierten Suche nach anderen Ursachen für die Probleme.

Aber wenn über die exzessive Verwendung von Begriffen wie „Haltung“ die Personalisierung zu einem Grundmuster wird, bekommt die Organisation Schwierigkeiten. Für die Organisation relevante Diskussionen werden mit dem Verweis auf Haltung abgewürgt und notwendige Lernprozesse verhindert.

Gegen „Haltung“ ist an sich nichts zu sagen. Was sollte auch dagegensprechen, aus eigenen Einsichten und Denkmustern konkrete Entscheidungen und Handlungen folgen zu lassen? Bloß: Manager und Berater sollten die Begrifflichkeit konsequent aus ihrem Sprachschatz streichen. Wenn sie sich selbst für ihre Haltung preisen, wirkt es peinlich, und wenn sie es von anderen einfordern, ist es übergriffig – und ganz nebenbei machen sie durch die Verwendung des Ausdrucks „Haltung“ die Organisation auch noch dümmer. *(→ Evaluation → Lernen)*

---

170 Siehe dazu schon früh *Niklas Luhmann*: Der neue Chef. In: Verwaltungsarchiv 53 (1962), S. 11–24, hier S. 16.

171 *René Girard*: Le bouc émissaire. Paris 1982.

#40 Heuchelei

Weswegen Organisationen auf ein gewisses Maß an Scheinheiligkeit nicht verzichten können

Der Reflex bei aufgedeckten Skandalen in Organisationen ist allseits bekannt: gleichermaßen Empörung über die Scheinheiligkeit, die in diesen Unternehmen herrsche, wie Erregung über die Widersprüche zwischen den nach außen proklamierten Prinzipien und der alltäglichen Praxis. Grundlage dieser Aufgebrachtheit scheint ein weit verbreiteter Konsens zu sein, demzufolge Parteien, öffentliche Verwaltungen, überstaatliche Organisationen und Unternehmen gefälligst so zu handeln hätten, wie sie redeten. Visionen, Leitbilder, Werthaltungen und Programme müssten, so die dominierende Vorstellung, möglichst eng mit den konkreten Entscheidungen in den Organisationen gekoppelt sein.

Die eingeforderte Übereinstimmung liegt dem Mantra jeder Parteikritik – „die machen ja am Ende doch nicht, was sie versprechen" – zugrunde, weil es angesichts der Realität als Regierungspartei nie möglich ist, das zu machen, was ursprünglich mal als Programm ausgeflaggt wurde. Diese Erregung über die Heuchelei eignet sich hervorragend als Grundprinzip für Kommentare in Zeitungen, wenn ein Journalist mal nicht weiß, was er kritisieren soll. Mit „die machen ja gar nicht, was sie sagen" hat man bei einer Betrachtung von Parteien, Verwaltungen und Unternehmen einerseits immer recht und andererseits kann man mit dieser Kritik beim Publikum problemlos Moralpunkte sammeln, weil es besagten Metakonsens gibt, demzufolge zwischen Reden und Handeln keine Differenz bestehen sollte.

Bei aller Klage über Scheinheiligkeiten übersieht man jedoch einen zentralen Punkt: den Nutzen, den Heuchelei für Organisationen besitzt. Scheinheiligkeit, darauf hat zuerst der Organisationsforscher Nils Brunsson aufmerksam gemacht, ist für Organisationen nicht ein Problem, sondern vielmehr eine Lösung. Alle Organisationen, die Regierungsparteien sowie die Parteien der Opposition, die multinationalen Entwicklungshilfeorganisationen genauso wie die globalisierungskritischen Nichtregierungsorganisationen, die Betriebsleiter großer Automobilkonzerne ebenso wie der Betriebsrat dieser Firmen, sind darauf angewiesen, möglichst professionell zu heucheln.[172]

Die Ursache für die notwendige organisatorische Heuchelei liegt in den widersprüchlichen Anforderungen, die Parteien, Verwaltungen und Unternehmen gleichzeitig bedienen müssen: Die christliche Partei muss einerseits ihre klassische Klientel in der Provinz erreichen, andererseits aber auch für die hightechorientierten Städter interessant bleiben. Sie müssen wenigstens den Eindruck erwecken, dass sie dem „C" in ihrem Namen gerecht werden, ohne gleichzeitig von ihren Mitgliedern eine jesuitenartige Lebensführung zu verlangen. Eine Entwicklungsbank muss glaubhaft versichern, dass sie die Armut in der Welt abschaffen will, und somit ebenso signalisieren, dass man sich selbst überflüssig machen würde. Gleichzeitig steht sie aber unter dem Druck, ihr Kreditvolumen immer weiter zu erhöhen und damit zu wachsen. Wie andere Entwicklungsbanken kann auch sie sich nicht dem Trend entziehen, dass kleinere, an die lokalen Gegebenheiten angepasste Projekte gefördert werden. Die begrenzte Anzahl von Projektmanagern verlangt jedoch, dass die Kampagnen immer größer werden, um möglichst

---

[172] Einschlägig *N. Brunsson*: The Organization of Hypocrisy (wie Anm. 107).

große Kreditvolumina mit einer vergleichsweise geringen Anzahl an Mitarbeitern vergeben zu können. Ein sich teilweise im Staatsbesitz befindlicher Automobilkonzern muss einerseits einen Profit erzielen, der mit dem anderer Branchenkonkurrenten vergleichbar ist, gleichzeitig aber auch die Mitarbeiter durch proportionale Lohnzahlungen zufriedenstellen.

Natürlich könnte sich eine Organisation für nur eine Seite entscheiden: die christliche Partei für das Zufriedenstellen der Hardcore-Christen in der Provinz, die Entwicklungsbank für die Armutsorientierung oder der Automobilkonzern für die Steigerung des Shareholder-Values. In den meisten Organisationen wird davon geträumt, widersprüchliche Anforderungen aufzulösen und jedes Unternehmen, jede Kirche oder jede Universität unter tatkräftiger Mithilfe von Unternehmensberatungen nur noch auf ein Ziel auszurichten: den möglichst profitablen Verkauf von Handys, das Erreichen von Seelenheil für die Gläubigen oder die hundertprozentige Zufriedenheit von Studierenden als „Kunden" der Universität. Damit würde man dann zwar dem Anspruch von Reinheit und Konsistenz genügen, gleichzeitig aber in vielen Gruppen an Unterstützung verlieren. Die Entscheidungslogik dahinter ist simpel: Entscheidet man sich grundlegend für die eine, dann bleibt die andere Seite notgedrungen unbefriedigt – ein hohes Risiko für Organisationen. *(→ Ziele)*

Bereits die Soziologen Marshall Meyer und Lynne Zucker haben nachgewiesen, dass mit widersprüchlichsten Anforderungen konfrontierte und deswegen nicht effektiv auf ein Ziel auszurichtende Organisationen häufig überlebensfähiger sind als solche, die dem Modell effizienzorientierter, nur auf ein Ziel und eine Zielgruppe fokussierter Unternehmen folgen. Wer Beispiele für diese auf den ersten Blick überraschende Erkenntnis haben will, schaue sich die Jahrzehnte beziehungsweise teilweise Jahrhunderte lang bestehenden Parteien, Universitäten oder Unternehmen an, die häufig keine Vorbilder für eine stromlinienförmige Organisation sind, aber die widersprüchlichsten Anforderungen mehr oder minder geschickt in ihre Strukturen integriert bekommen und diese dann durch eine aufgehübschte Schutzhülle abgesichert haben.[173] *(→ Lernen)*

Je stärker die widersprüchlichen Erwartungen an eine Organisation herangetragen werden, desto perfekter muss die Vorderbühne hergerichtet sein. Je heterogener die Wählerschaft einer Partei geworden ist, umso stärker ist sie darauf angewiesen, ein attraktives, aber nicht allzu konkretes Außenbild abzugeben. Je offensichtlicher wird, dass eine Entwicklungsbank Schwierigkeiten hat, ihre selbst proklamierten Ziele der Armutsorientierung zu erreichen, desto stärker ist sie letztlich auf Scheinheiligkeit angewiesen. Je mehr ein Automobilkonzern mit Ansprüchen der Großaktionäre aus der Wirtschaft, der Politik, der Gewerkschaften, von Umweltschutzinitiativen und nicht zuletzt der Kunden konfrontiert wird, umso mehr Wert muss er darauf legen, sich gleichzeitig als ein kurzfristig profitables, nachhaltig wirtschaftendes, mitarbeiterorientiertes, umweltbewusstes sowie auch noch sozial engagiertes Unternehmen zu präsentieren. *(→ Bullshit → Werte)*

Zugespitzt ausgedrückt: Organisationen müssen professionell heucheln, damit sie ihre eigentlichen Produkte herstellen und Dienstleistungen erbringen können. Oder in der Sprache von Nils Brunsson: Unternehmen, Parteien, Universitäten und Kirchen müssen „Talk" produzieren, um überhaupt in der Lage zu sein, „Action" zu erreichen.[174] Eine Partei braucht die Heuchelei, um in den berüchtigten Hinterzimmern folgewirksame politische Entscheidungen

---

[173] *M. W. Meyer, L. Zucker*: Permanently Failing Organizations (wie Anm. 159).

[174] *Nils Brunsson*: Organized Hypocrisy. In: *Barbara Czarniawska, Guje Sevón* (Hrsg.): The Northern Lights. Organization Theory in Scandinavia. Kopenhagen, Malmö, Oslo 2003, S. 201–222.

vorbereiten zu können. Die Entwicklungsbank muss viel Energie in die Produktion von Scheinheiligkeit stecken, um große Kreditprogramme abwickeln zu können. Automobilkonzerne brauchen eine ausgeschmückte Vorderbühne, um einigermaßen ungestört ihre Autos herstellen zu können.

Organisationen richten zu diesem Zweck Spezialabteilungen ein, die häufig nichts anderes machen, als die Vorderbühne der Organisation herzurichten: Presseteams, die auch in Krisensituationen dafür zu sorgen haben, dass die Außendarstellung stimmt; Abteilungen für nachhaltiges Wirtschaften, die den Eindruck vermitteln sollen, dass es nicht nur um Profit, sondern auch um die Verantwortung für die Umwelt geht; Korruptionsspezialisten, die gerade in den Bereichen, in denen organisierte Korruption notwendiger Teil des Geschäftes ist, den Anschein von unternehmerischer Integrität erwecken; Strategieabteilungen, die nicht selten die meiste Zeit damit zubringen, Vorlagen für ihren Bereichsvorstand zu erstellen, der dann wiederum nichts anderes macht, als mit diesen Plänen den Gesamtvorstand zu beruhigen. Diese Spezialabteilungen für Heuchelei werden ganz bewusst vom operativen Geschäft entkoppelt, weil sie verhindern sollen, dass zu viel Unruhe von außen an die eigentlich produktiven Bereiche herangetragen wird.

Das Errichten der Legitimationsfassade kann aber selbstverständlich nicht völlig vom Alltagsgeschäft der Organisation entkoppelt sein. Wenn ein Unternehmen aufgrund des öffentlichen Drucks behauptet, dass beim Anbau von Ananas nicht ein heftig kritisiertes Unkrautvernichtungsmittel eingesetzt wird, dann hat dies häufig ungewollte Konsequenzen für seine Anbaumethoden in Entwicklungsländern zur Folge. Wenn ein Elektronikkonzern unter viel öffentlichem Tamtam eine Korruptionsbeauftragte ernennt, dann können die bewährten, ökonomisch gut begründbaren Bestechungspraktiken nicht auf die gleiche Art und Weise fortgeführt werden. Der größte Fehler eines neu ernannten Nachhaltigkeitsexperten oder einer neuen Korruptionsspezialistin liegt derweil in der Illusion, dass sich die interne Funktionsweise seines oder ihres Unternehmens zukünftig nach dem vorrangig der Außendarstellung dienenden Aufgabenpaket richten wird.

Organisationen müssen professionell heucheln, damit sie ihre eigentlichen Produkte herstellen und Dienstleistungen erbringen können.

#41 Hierarchie

Vom Nutzen eines unpopulären Koordinationsmechanismus

Hierarchie wurde lange Zeit kritiklos als der zentrale Koordinationsmechanismus für Unternehmen, Verwaltungen, Armeen, Krankenhäuser, Gefängnisse, aber auch für Universitäten, Schulen und Parteien akzeptiert. Abgesehen von vereinzelten Demokratisierungsversuchen galt die Hierarchie lange Zeit als das Steuerungsinstrument par excellence, um komplexe Entscheidungsprozesse miteinander zu verknüpfen.

Inzwischen haben Hierarchien in den meisten Organisationen jedoch eine denkbar schlechte Reputation. Beschwerden über mangelhafte Informationsflüsse aufgrund von zu steilen Hierarchien gehören heute zum Alltag. Hierarchien würden, so der Vorwurf, zur Informationsosmose führen, in der hierarchische Stellen wie halbdurchlässige Membranen Mitteilungen zwar langsam von oben nach unten diffundieren ließen, kritische Hinweise aber kaum von unten nach oben weitergäben.

Das Credo in vielen Organisationen ist deshalb: „Die Hierarchie, so wie wir sie kennen, gehört abgeschafft.“ *(→ Selbstorganisation)* Mit Verweis auf agilere Organisationsformen wird der „Todesstoß“ für die klassische Hierarchie verkündet. Die Rede ist von der Hierarchie als „Auslaufmodell“, das zunehmend durch modernere Organisationsformen ersetzt wird, in denen Führung je nach Thema schnell wechseln kann.

Auch wenn die meisten Organisationen nicht komplett auf Hierarchien verzichten, setzen sie doch zunehmend auf deren Abflachung. Zu diesem Zweck werden ganze Hierarchieebenen aus der Organisation herausgeschnitten. Die offen gewordenen Posten werden nicht mehr von Vorgesetzten, sondern von Teams aus gleichberechtigten Mitgliedern besetzt. *(→ Teams)* Kurz, es wird zwar eine hierarchische Grundstruktur beibehalten, aber die Hoffnung ist, durch den Abbau von Hierarchiestufen die negativen Effekte des Ordnungsprinzips abzumildern.

Besonders ein Ziel steht dabei im Mittelpunkt: Durch eine weitgehende Abflachung von Hierarchien soll es möglich werden, unter „turbulenten Bedingungen“ schneller und treffsicherer Entscheidungen zu fällen, aber gerade diese Vorstellungen werden allzu häufig enttäuscht. Sicherlich, die Einführung von Teams auf verschiedenen Ebenen funktioniert in der Regel gut, wenn Entscheidungen „in Ruhe“ gefällt werden können. Die Teams haben dann ausreichend Zeit, ein Problem sorgfältig zu analysieren und eine für alle tragbare Entscheidung vorzubereiten. Der Abbau von hierarchischen Weisungsstrukturen ist aber immer dann prekär, wenn einschneidende Entscheidungen unter Zeitdruck getroffen werden müssen, also genau in jenen Situationen, in denen abgeflachte Hierarchien eigentlich als vorteilhaft angesehen werden.

Gerade in kritischen Situationen kann es häufig nicht schnell genug zu Entscheidungen kommen, weil es einem Team schlicht nicht gelingt, einen akzeptablen Konsens zu finden. Besonders wenn es um etwas Wichtiges geht, kann es zu heftigen und zeitaufwendigen Machtkämpfen in den Teams kommen. Diese Machtkämpfe können dann nicht gestoppt werden, weil keine Instanz zur Verfügung steht, die wegen eindeutiger Machtüberlegenheit die Sache an sich ziehen und im Interesse schneller Handlungsfähigkeit entscheiden könnte. Hierarchien haben ihre unschönen Seiten, aber mit ihnen steht ein Mechanismus zur Verfügung, mit dem Machtspiele zuverlässig eingedämmt werden können. In Organisationen, die auf Teams ohne hierarchische Spitze setzen, bleibt in kritischen Situationen häufig nichts anderes übrig, als die Entscheidung über die Problemlage der nächsthöheren hierarchischen Ebene zu überlassen. Da solche Angelegenheiten aber oft widersprüchlich und zwiespältig sind, reproduziert sich das Entscheidungsproblem dann noch einmal auf der Ebene des Führungsteams. Teilweise stellen sich die Komplikationen auf der nächsthöheren Stufe sogar noch verschärfter dar, weil diese im Vergleich zu den operativen Teams ein wesentlich geringeres standardisiertes Aufgabenspektrum haben und über weniger eindeutige Kriterien verfügen, nach denen offene Fragen geklärt werden können.

Wenn Organisationen konsequent über mehrere Hierarchieebenen mit gleichberechtigten Teams arbeiten, steht eine zentrale Funktion von Hierarchien, nämlich als „Notbremse" für ausufernde Diskussionsprozesse zu dienen, nunmehr einzig an der Spitze der Organisation zur Verfügung. Nur hier kann man es sich noch – mit Verweis auf die Akzeptanz der hierarchischen Anweisung als Bedingung der Mitgliedschaft – ersparen, den Untergebenen die Sinnhaftigkeit einer Anweisung im Detail deutlich zu machen. Weil Hierarchien es überflüssig machen, dass Führungskräfte sich auf die persönliche Achtung ihrer Mitarbeiter stützen, hat das Topmanagement die Möglichkeit, im Ernstfall schnelle sowie unpopuläre Entscheidungen zu treffen. (→ *Führung*)

Das Ergebnis der zurzeit unter dem Begriff des Hierarchieabbaus angesagten Reorganisationen ist deshalb paradox. Gerade eine konsequente Abflachung von Hierarchien führt nicht selten zu einer Zentralisierung von Entscheidungen. In Krisenmomenten wird dabei die hierarchische Grundstruktur der Organisation für alle sichtbar, wenn über Entlassungen, Lohnkürzungen oder Arbeitszeitverlängerungen nicht im Konsens, sondern plötzlich qua Vorgesetztenentscheidung entschieden wird – und zwar viel weiter oben als in Organisationen, die auf eine Abflachung von Hierarchien verzichtet haben.[175] (→ *Krisen*)

Gerade eine konsequente Abflachung von Hierarchien führt nicht selten zu einer Zentralisierung von Entscheidungen.

[175] Siehe dazu ausführlich und mit empirischem Beispiel *S. Kühl*: Sisyphos im Management (wie Anm. 16), 115 ff..

#42 Honorar

Zur problematischen Signalwirkung erfolgsabhängiger Bezahlung

In vielen Berufsfeldern wird eine erbrachte Arbeitsleistung nur dann honoriert, wenn sie zum Erfolg führt. Der Schneider bekommt sein Geld nur, wenn das Kleid sitzt. Die Mechanikerin wird nur dann honoriert, wenn das Auto nach der Reparatur besser funktioniert als vorher. Warum sollen Organisationsberater eine Ausnahme darstellen und auch dann bezahlt werden, wenn ihre Konzepte bei der Organisation nicht zum erhofften Erfolg geführt haben?

Die zurzeit modische Forderung nach einer erfolgsabhängigen finanziellen Entlohnung von Beratern passt ins Klima: Beratungsfirmen geraten unter Druck, wenn sie, wie in der Realität geschehen, Expertenpapiere für die Reformierung der Berliner Universitäten schreiben, die auf den Studienerfahrungen ihrer Jungberater basieren. Gestandene Strategieberatungsfirmen müssen sich zunehmend dafür rechtfertigen, dass die frisch von der Uni rekrutierten Kollegen in Unternehmen häufig teure, aber zumeist wirkungslose „Jugend forscht"-Projekte durchführen. Der Vorwurf der Scharlatanerie erklingt lauter denn je. *(→ Scharlatanerie)*

Über erfolgsabhängige Bezahlungen signalisieren Berater ihren Kunden, dass sie nicht nur luftige Strategiepapiere erzeugen, sondern sich zusätzlich ihre Hände bei der Implementierung schmutzig machen. Welches bessere Argument lässt sich auch hervorbringen als das Versprechen, dass es „bei Unzufriedenheit Geld zurück" gibt? Was den Shopper im Supermarkt überzeugt, muss doch auch bei den Auftraggebern in Unternehmen und öffentlicher Verwaltung Wirkung entfalten. Ist jedoch die erfolgsabhängige Bezahlung wirklich sinnvoll?

Gerade komplexe Tätigkeitsfelder zeichnen sich dadurch aus, dass die Leistungserbringer nicht nach Erfolg, sondern nach aufgewandter Zeit bezahlt werden: Der Rechtsanwalt erhält seine Honorargebühr, auch wenn er den Prozess verliert. Die Ärztin bekommt ihre Entlohnung auch dann, wenn ihr der Patient unter den Fingern wegstirbt. Die Pastorin bekommt ein Gehalt, unabhängig davon, wie viele Schäflein sie Gott oder auch nur der Kirche zuführt.

Für die Professionssoziologie ist die Ablehnung erfolgsabhängiger Bezahlung wenig überraschend. Berufsfelder, die für ihren Erfolg auf die Mitwirkung des Klienten angewiesen sind, lassen sich nicht so standardisieren, dass man eine einfache, quasi technisierbare Ursache-Wirkung-Verbindung herstellen kann. Eine Rechtsanwältin, ein Arzt, eine Pastorin oder auch eine Beraterin kann nichts machen, wenn die Klienten es nicht so wollen, wie sie oder er selbst es will. *(→ Professionen)* Was würde passieren, wenn man mit der erfolgsabhängigen Bezahlung von Beratern ernst machen würde?

Wahrscheinlich würde sich die Qualität der Projekte nicht groß verbessern oder verschlechtern, aber in der Außendarstellung würden wir eine Vielzahl von neuen Erfolgsgeschichten hören. Genauso wie jeder gute Manager weiß, wie er kurzfristig schwarze Zahlen errechnen kann, weiß auch ein Berater, wie er nachweisen kann, dass sein Projekt ein großer Erfolg gewesen ist. Die „Schaufensterdekoration" von Beratern, die jetzt schon ein hohes Niveau erreicht hat, würde durch die erfolgsabhängige Bezahlung noch ausgefeilter werden.

Mit dem Wunsch nach erfolgsabhängigem Honorar konfrontierte Beratungsunternehmen stehen vor der Wahl: Sie können, wie in der EDV-Beratung immer üblicher, die Prozesse vom Kunden übernehmen und in eigener Verantwortung betreuen, bloß wären sie dann keine Berater mehr, sondern Unternehmer. Alternativ bleiben sie ihrer Rolle als Konsultantinnen und Konsultanten treu und haben Beziehungen zu ihren Klienten, in denen diese weiterhin die Verantwortlichen für die Prozesse bleiben. Dann kann die erfolgsabhängige Bezahlung aber nur ein kleines zusätzliches Trinkgeld sein, dessen Höhe weder die Kunden noch die Berater besonders interessieren sollte. *(→ Gratifikationskrise)*

Genauso wie jeder gute Manager weiß, wie er kurzfristig schwarze Zahlen errechnen kann, weiß auch ein Berater, wie er nachweisen kann, dass sein Projekt ein großer Erfolg gewesen ist. Die „Schaufensterdekoration“ von Beratern, die jetzt schon ein hohes Niveau erreicht hat, würde durch die erfolgsabhängige Bezahlung noch ausgefeilter werden.

#43 Identifikation

Weswegen Distanz der Mitglieder zur Organisation hilfreich sein kann

Immer mehr Organisationen gehen dazu über, ihre Mitarbeiter nicht mehr ausschließlich über finanzielle Anreize, Druck oder geschickte Führungstechniken zu motivieren. Stattdessen werden Mitarbeiter angeregt, sich verstärkt mit „ihrer" Organisation und mit „ihren" Produkten zu identifizieren. Gerade die sogenannten Vorreiterorganisationen verkünden, dass „Geld allein nicht motiviert", sondern ein gutes Arbeitsklima und eine Identifizierung der Mitarbeiter mit den Prozessen wichtig sei. Arbeitsaufgaben und Verantwortungsspielräume der Mitarbeiter werden so umfassend gestaltet, dass es diesen leicht(er) fallen sollte, für die Zwecke der Organisation einzustehen. Sie sollen begreifen, dass es Spaß machen kann, in Selbstorganisation Qualitätswaagen herzustellen oder Fertigbackmischungen zu verkaufen.[176] *(→ Bewegung → Motivation)*

Eine Vielzahl von Unternehmen ist inzwischen davon überzeugt, dass die Identifizierung der Belegschaft ihre Innovations- und Wandlungsfähigkeit steigert. Es besteht der Glaube, Mitarbeiter, die sich mit Märkten, Produkten und Prozessen identifizierten, hätten ein hohes Eigeninteresse, diese so zu gestalten, dass sie möglichst effizient und innovativ seien. Mit visionärer Begeisterung wird im Management die Geschichte des Steinmetzes verbreitet, der auf die Frage nach seiner Tätigkeit nicht mit „ich behaue Steine" oder „ich verdiene mein Geld" antwortet, sondern stolz erzählt, dass „wir an einer Kathedrale" bauen. *(→ Sinn)*

Bei dem Versuch, Mitarbeiter nicht nur über finanzielle Anreize zu motivieren, handelt es sich eigentlich um eine alte Idee. Schon kurz vor dem Zweiten Weltkrieg stellte der Managementvordenker Chester I. Barnard fest, dass es nicht ausreiche, das Personal über Vergütungen in Form von Geld, Aufstiegschancen oder Statussymbolen wie große Dienstwagen sowie besonders tiefe Teppiche an das Unternehmen zu binden. Vielmehr käme es nach Barnard darauf an, die Bedürfnisse und Nutzenfunktionen der Mitarbeiter so zu beeinflussen, dass neben der Vergütung das Gefühl entstehe, die eigenen Interessen stimmten mit den Interessen des Unternehmens überein.

Dabei müssen derartige Strategien nicht auf die rabiaten Methoden hinauszulaufen, an die Barnard dachte. Unternehmen sind nicht unbedingt darauf angewiesen, eine Identifikation ihrer Mitarbeiter mit den Zielen des Unternehmens darüber herzustellen, dass jedem kleinen Laufboten die Leitbilder des Unternehmens eingeimpft werden, nur Beschäftigte eingestellt werden, die eine zum Unternehmen passende Motivationsstruktur haben, oder die Motivation durch die Entlassung unmotivierter Mitarbeiter erzeugt wird.[177]

Ein modernes Management setzt vielmehr darauf, das Arbeitsumfeld der Angestellten so zu verändern, dass sie sich mit ihrer Arbeit identifizieren können. Den Mitarbeitern wird stärkerer Marktkontakt gewährt, sodass sie die Auswirkung ihres Handelns beobachten können.

---

[176] Diese Überlegungen finden sich ausführlich in *S. Kühl*: Das Regenmacher-Phänomen (wie Anm. 109), 107 ff..

[177] *Chester I. Barnard*: The Functions of the Executive. Cambridge 1938, 149 ff..

Ihnen werden ganzheitliche Aufgaben gegeben, sodass es möglich ist, sich für ein Produkt oder einen Prozess verantwortlich zu fühlen. Ihnen wird Autonomie zugestanden, damit sie aus Fehlern lernen und Vorgehensweisen selbstständig ändern können. *(→ Autonomie → Selbstständigkeit)*

Diese motivierende Umgestaltung des Arbeitsumfeldes wird durch Maßnahmen ergänzt, in denen Mitarbeiter über die Bedeutung von Handlungen und Wandlungen informiert werden. Unternehmen geben viel Geld dafür aus, dass ihre Mitarbeiter die Sinnhaftigkeit der Artikel oder Arbeitsabläufe erkennen. Im Intranet werden neue Produkte gepriesen, Erfolge gefeiert und neue revolutionäre Produktionsverfahren präsentiert. Unter einprägsamen Namen wie „Excellence", „Top" oder „Super" wird versucht, Mitarbeiter für Wandlungsprozesse zu begeistern. In Videos präsentiert die Organisationsleitung neue Strategien, hoffend, dass ihre Offenheit einen motivierenden Charakter auf die Mitglieder haben wird. Was aber steckt hinter der Idee, dass sich Mitarbeiter mit Produkten, Prozessen und dem Gesamtunternehmen identifizieren sollen?

Man geht davon aus, dass Unternehmen ihre Arbeit besser machen, wenn der Arbeitsprozess durch Eigeninteressen der Mitwirkenden an dem, was sie machen, „versteift" und „stabilisiert" wird. Es wird geglaubt, Wandlungsprozesse funktionieren dann besser, wenn diese als Teil des persönlichen Interesses der Mitarbeiter begriffen werden. Man geht von der Annahme aus, dass Individuen motivierter handeln, wenn sie von einer „Sache" selbst fasziniert sind und sich deshalb mit den Werthaltungen und Normen des Unternehmens identifizieren können.

Solche Bemühungen zielen darauf ab, die nur begrenzte und eingeschränkte Einbeziehung der Mitarbeiter in Organisationen wenigstens ein bisschen aufzuheben. Menschen treten in der Regel nicht mir ihrer ganzen Person in Organisationen ein, sondern bieten nur ihre auf einen bestimmten Zweck begrenzte Arbeitskraft an. Der Versuch, Mitarbeiter zu einer stärkeren Identifizierung zu bewegen, dient also in erster Linie dazu, das lediglich partielle Engagement der Mitarbeiter auszuweiten. Die Belegschaft soll sowohl in ihrem eigenen Interesse als auch im Interesse des Unternehmens stärker an die Organisation gebunden werden. *(→ Ganzheitlichkeit)*

Auf den ersten Blick bietet diese Vorgehensweise für Organisationen Vorteile. Würden Mitarbeiter ausschließlich über Geld motiviert werden, so müsste ein misstrauischer Vorgesetzter ihre Handlungen ständig kontrollieren. Der Mitarbeiter würde sein Arbeitsvermögen zwar für einen vorab definierten Zeitraum zur Verfügung stellen, was aber noch lange nicht hieße, dass er seine Arbeitskraft wirklich problemlos im Sinne der Organisation einsetzte. Die Vorgesetzten profitierten davon, wenn ein attraktiver „Purpose" die Entlohnung in Form von Geld und Aufstieg ergänzte, weil er eine stabilere Grundlage für die Zusammenarbeit böte als das reine Tauschprinzip von Arbeitskraft gegen finanzielle Vergütung.

Auf den zweiten Blick kann die Identifikation der Mitarbeiter mit dem Zweck ihrer Organisation jedoch auch erhebliche Nachteile mit sich bringen.[178] Die Organisation büßt durch die Zweckidentifikation ihrer Mitglieder – und das mag zuerst überraschend klingen – stark an Wandlungsfähigkeit ein. Eine Organisation verliere nämlich, so der Gedanke des Systemtheoretikers Niklas Luhmann, an Elastizität, wenn sich die Mitarbeiter mit einem Zweck allzu stark identifizierten.[179] Der Grund: Für Mitarbeiter wäre es schwer einzusehen, weswegen sie

---

[178] Ausführlich dazu *S. Kühl*: Das Regenmacher-Phänomen (wie Anm. 109), 112 ff..

[179] *N. Luhmann*: Funktionen und Folgen formaler Organisation (wie Anm. 5), 137 ff..

Veränderungen akzeptieren sollten, die nicht ihren eigenen Vorstellungen des Zwecks entsprächen. Eine Mitarbeiterin, die ihre Motivation maßgeblich daraus ziehe, ein ganz bestimmtes, eng mit dem „Purpose" des Unternehmens verbundenes Produkt zu vermarkten, werde nur schwerlich dafür zu begeistern sein, einen anderen Artikel zu verkaufen. Ein Vertriebler, der stolz auf ein ihm besonders „sinnhaft" erscheinendes Erzeugnis sei, würde einen Motivationseinbruch erleiden, wenn die Unternehmensleitung dieses Produkt aufgrund mangelnder Marktakzeptanz wieder vom Markt nähme. Immer da, wo die Identifikation der Mitarbeiter mit einem Zweck besonders ausgeprägt sei, werde der Wandel besonders schwierig.

Es ist eine spezifische Stärke von Organisationen, die Schwierigkeiten der Mitarbeitermotivation von Entscheidungsproblemen loslösen zu können. Es kann durchaus sinnvoll sein, die Mitarbeiter dafür zu bezahlen, dass sie sich gegenüber dem Zweck der Entscheidung uninteressiert verhalten. Diese „bezahlte Indifferenz" führt dazu, dass Mitarbeiter Verfügungen befolgen, auch wenn sie ihnen nicht sinnvoll erscheinen. Dies ermöglicht es wiederum den Führungskräften, sich darauf zu konzentrieren, eine zu der Situation passende Maßnahme zu entwickeln, ohne sich gleichzeitig groß Gedanken darüber machen zu müssen, ob die Mitarbeiter diese Entscheidung auch befolgen wollen.[180]

Der besondere Vorteil von Organisationen, die eine klare Trennung zwischen den Zwecken und den Motivationen der Organisationsmitglieder pflegen, wird deutlich im Vergleich zu den Gebilden, die diese Unterscheidung nicht vornehmen. Während Unternehmen, Verwaltungen und Verbände die Trennung von Organisationszweck und Motivation der Mitarbeiter schon durch ihre Gehalts- und Lohnzahlungen sicherstellen, verknüpfen viele Parteien, Vereine und Clubs ihre Zwecke mit den Motiven der Mitglieder. *(→ Motivation)*

In einer Bürgerinitiative, einem Sportclub oder einem Karnevalsverein wird man aktiv, weil man deren Zwecke sinnvoll findet und nicht weil man dafür bezahlt wird, Aufgaben zu übernehmen. Diese Form der Organisation ist im Hinblick auf die Personalkosten natürlich extrem günstig. Je motivierender die Zwecke sind, desto geringer kann die Bezahlung der Mitglieder ausfallen. Das ist der Grund, weswegen Parteien, Umweltschutzgruppen oder Entwicklungshilfeinitiativen ihren Mitgliedern häufig geringe Entgelte zahlen oder sogar ganz auf die Zahlung von Gehältern verzichten können.[181]

Aber solche Organisationen sind, das wissen wir inzwischen aus der Forschung, kaum in der Lage, ihre Zwecke zu ändern. Friedensinitiativen verschwinden, sobald keine Raketen mehr in ihrer Umgebung stationiert sind. Karnevalsvereine ziehen Jahr für Jahr die gleiche Show ab. Vereine und Clubs als Musterbeispiele von „sinnhaften Organisationen" zeichnen sich – positiv ausgedrückt – durch eine hohe Beständigkeit aus.

Indes ist auffällig, dass insbesondere diejenigen Initiativen stark an Einfluss gewinnen, die Zwecke und Motivation der Mitglieder wenigstens teilweise voneinander trennen. Die Umweltschutzorganisation Greenpeace, die sich nach außen als Gebilde mit hoher Mitgliederidentifikation präsentiert, hat ihren Einfluss gerade dadurch gesteigert, dass sie ihre Zwecke wenigstens teilweise von ihren Motivationsstrategien trennen konnte. Die Mitgliedsbeiträge und Spenden werden auch dafür genutzt, einen Stab von Mitarbeitern zu beschäftigen, deren Engagement und Wandlungsfähigkeit sich eben nicht nur daraus speist, dass sie die Ziele von Greenpeace so „super" finden, sondern auch daraus, dass sie sehr anständig bezahlt werden.

---

180 Ders.: Zweckbegriff und Systemrationalität. Frankfurt a. M. 1973, 128 ff.

181 Siehe dazu *Stefan Kühl*: Organisationen. Eine sehr kurze Einführung. Wiesbaden 2011, 40f.

Um diesen Gedanken zuzuspitzen: Die Organisation kann flexibler handeln, wenn die Frage der Mitarbeitermotivation von anderen Organisationsproblemen losgelöst wird. Die separate Behandlung der Motivationsfrage erlaubt es der Organisation, sich schneller und effektiver an Veränderungen anzupassen. Die Führungsspitze kann sich neuen Umweltbedingungen anpassen, ohne bei organisatorischen Veränderungen allzu sehr darauf achten zu müssen, dass diese Änderungen aufseiten der Mitarbeiter möglicherweise zur Demotivation führen.

Das Dilemma für Manager besteht darin, dass sie Mitarbeiterinnen und Mitarbeiter in der Regel nicht einzig und allein über Geld und Druck motivieren können, weil sie auf deren aktive Mitwirkung angewiesen sind. Gleichzeitig schränkt die Identifikation der Mitarbeiter mit bestimmten Produkten und Prozessen die Wandlungsfähigkeit der Organisation ein.[182] Gerade das, was eine starke Identifikation auslöst, verwehrt sich dem Wandel und kann nur unter Inkaufnahme von starker Demotivation der betroffenen Mitarbeiter verändert werden. Es ist die Stärke und der Nachteil der Identifizierung zugleich, dass man das, mit dem man sich identifiziert, nur unter hohen Verlusten ändern kann. Das tragische Moment für das Management liegt in dem Umstand, dass die Motivation über die Identifikation der Mitarbeiter mit Prozessen und Produkten auf diese Weise häufig in einen Gegensatz zur Wandlungsfähigkeit gerät; einen Gegensatz, der sich nicht ohne Weiteres auflösen lässt.

Eine Organisation verliert an Elastizität, wenn sich die Mitarbeiter mit einem Zweck allzu stark identifizierten.

182 Siehe dazu *N. Luhmann*: Funktionen und Folgen formaler Organisation (wie Anm. 5), 89 ff..

#44 Innovation

Dezentralisierung erhöht Innovationen, behindert aber deren Durchsetzbarkeit

Organisationen seien, so der allgemeine Tenor, mehr und mehr darauf angewiesen, innovativ auf Umweltveränderungen zu reagieren. Dazu sei es notwendig, möglichst viele Entscheidungs- und Handlungskompetenzen „nach unten" zu verlagern. Anders als in der klassischen bürokratischen Organisationsform, in der die Verantwortung für Innovation an der Spitze der Hierarchie monopolisiert werde, müssten Organisationen deswegen zunehmend eine Vielzahl kleiner Entscheidungszentren bilden. Diese dezentralen Einheiten in Form von teilautonomen Arbeitsgruppen, selbstständigen Profitcentern oder Innovations-Hubs müssten berechtigt sein, selbstständig Kontakt zu Kunden aufzunehmen, neue Marktzugänge herzustellen und interne Prozesse zu verändern.[183] *(→ Autonomie)*

In den meisten Unternehmen, aber auch in vielen Verwaltungen, Armeen, Polizeien, Krankenhäusern, Universitäten und Schulen, würde dieses Dezentralisierungspostulat vermutlich schnell unterschrieben werden und vieles deutet darauf hin, dass auf alle Fälle ein Aspekt dieser Annahme richtig ist: Arbeitsgruppen, Segmente, Profitcenter und andere Formen dezentraler Entscheidungszentren erhöhen den „Ausstoß" an Innovationen. In dem Moment, in dem statt einer zentralen Instanz die innovativen Anpassungen an Umweltveränderungen von verschiedenen Einheiten eingefordert werden, ist es wahrscheinlich, dass zahlreiche Varianten der Problembearbeitung erprobt werden. *(→ Beobachtungen)* Was aber passiert mit den Innovationen, die dezentral entwickelt wurden?

Sicherlich, eine neue, flexiblere Form der Maschinenbelegung, die nur die Arbeit in einer Fertigungsgruppe betrifft, kann dort problemlos eingeführt werden. Auch die Erschließung eines bisher eher unbekannten, vielversprechenden Marktes durch ein Profitcenter kann problemlos angegangen werden, wenn dies einzig und allein mit den Mitteln dieser Abteilung geschieht und keine anderen Teile des Unternehmens betroffen sind, aber die Unabhängigkeit dezentraler Entscheidungseinheiten von anderen Organisationseinheiten sind nicht der Regelfall, sondern die Ausnahme. Meistens sind andere Teile der Unternehmen von den einhergehenden Veränderungen betroffen, für die Innovation müssen Ressourcen von außerhalb der Einheiten mobilisiert werden oder es liegt nahe, die Neuerungen auf andere Bereiche der Organisationen auszudehnen.

Und genau bei diesen Prozessen der Abstimmung über Innovationen und deren Ausdehnung über die einzelnen Einheiten hinaus behindern sich die dezentralen Entscheidungsstrukturen erheblich. Wenn früher die Organisationsspitze eine Innovation als sinnvoll erachtete, konnte diese über das Instrument der hierarchischen Anweisungen kurzfristig notwendige Ressourcen mobilisieren. Vor- und nachgelagerte Einheiten mussten dann eine Zeit lang kürzertreten und wurden zur Kooperation mit der für die Innovation zuständigen Einheit gezwungen. Genau

[183] Die hier vorgelegten Überlegungen zu Innovationen habe ich erstmals ausgearbeitet in *Stefan Kühl*: Von der Suche nach Rationalität zur Arbeit an Dilemmata und Paradoxen. Ansätze für eine Organisationsberatung in widersprüchlichen Kontexten. In: *Jürgen Howaldt, Ralf Kopp* (Hrsg.): Sozialwissenschaftliche Organisationsberatung. Berlin 1998, S. 303–322, 307f.

diese Möglichkeiten hat die Organisationsspitze allerdings nur noch sehr begrenzt, weil sie zur Steigerung der Innovationen jenes Steuerungsrecht an die dezentralen Organisationseinheiten abgetreten hat. *(→ Selbstorganisation)*

Noch schwerwiegender ist allerdings, dass die Organisationsspitze nur noch sehr begrenzt die organisationsweite Umsetzung einer Innovation anordnen kann. In einer zentralistisch strukturierten Organisation konnte die Organisationsspitze die verschiedenen Einheiten hierarchisch anweisen, eine genau definierte Innovation einzuführen. Eine der Unternehmensleitung sinnvoll erscheinende Neuerung konnte auf diese Weise relativ schnell über den gesamten Betrieb verbreitet werden, aber diese Möglichkeit besteht in dezentralisierten Strukturen nicht mehr. Mit dem Ziel, durch eine entschiedene Dezentralisierung die Anzahl der Innovationen zu erhöhen, beraubte sich die Organisation gleichzeitig der Möglichkeit, die Veränderungen schnell in ihr Gesamtgefüge einführen zu können.[184]

Das grundlegende Dilemma mit Innovationen ist also, dass Organisationen zu deren Schaffung Verantwortungen nach unten delegieren müssen, dadurch jedoch eine breite Durchsetzbarkeit der Neuschöpfungen behindern. Wenn in einer Abteilung eine Innovation entsteht, die auch für andere Organisationseinheiten relevant sein kann, stehen der Zentrale nur noch wenige Mittel und Wege zur Verfügung, diese auch zu verbreiten. Unternehmen, die innovativ sein wollen, sind folglich in einer Zwickmühle: Wollen sie die Anzahl der Innovationen erhöhen, müssen sie eine eher dezentrale Organisationsform wählen. Wollen sie diese unternehmensweit umsetzen, bräuchten sie eher die vertrauten Instrumente einer hierarchischen, zentralistischen Steuerung.

Mit dem Ziel, durch eine entschiedene Dezentralisierung die Anzahl der Innovationen zu erhöhen, beraubt sich die Organisation gleichzeitig der Möglichkeit, die Veränderungen schnell in ihr Gesamtgefüge einzuführen.

---

184 Siehe dazu einschlägig *Horst Bosetzky*: Innovation. Risiken und Chancen von organisatorischen Änderungen. In: Zeitschrift für Organisation 4 (1978), S. 219–227, hier S. 223.

#45 Integrität

Weswegen die Forderung nach Redlichkeit Mitarbeiter zu Heuchlern macht

Integrität ist eine der aktuellen Lieblingsvokabeln im Management. Mitarbeiter sollen sich demnach nicht mehr nur an staatlichen Gesetzen und internen Regeln orientieren, sondern sich auch unter moralischen Gesichtspunkten korrekt verhalten. Die Spitzen der Organisationen verpflichten sich zu einer „integren Unternehmenspolitik“, bekennen sich zu einer „werteorientierten Führung“ und fordern von ihren Mitarbeitern eine „moralische Haltung“ ein. *(→ Haltung)* Unternehmen richten inzwischen die Position des Chief Integrity Officers ein. Verwaltungen starten umfassende Programme zur Erhöhung der Integrität unter den Mitarbeitern. Krankenhäuser verteilen Fragenkataloge, mit deren Hilfe Mitarbeiter vor jeder Entscheidung abschätzen können sollen, ob diese den Ansprüchen an Integrität entspricht oder nicht. Wie ist es zu dieser Popularität gekommen? Und was sind die Folgen, wenn Redlichkeit so offensiv als Maßstab für organisatorisches Handeln eingefordert wird?

Der Grund für die Beliebtheit der Integrität wird im „Versagen“ der klassischen Systeme zur Regeleinhaltung gesehen.[185] Unter dem Begriff der „Compliance“ haben alle größeren Organisationen ganze Regeldoktrinen eingeführt, mit denen die Befolgung von staatlichen Gesetzen, branchenweiten Standards und organisationsinternen Vorgaben sichergestellt werden sollte. Es wurden Abteilungen eingerichtet, die nicht selten aus Hunderten von Mitarbeitern bestanden, deren einzige Aufgabe es war, die Befolgung der Regeln sicherzustellen. Fast schon erwartungsgemäß bildeten sich darüber hinaus sogar eigene Karrierewege für sogenannte „Compliance-Manager“ aus. *(→ Compliance)*

Die Logik dieser klassischen Systeme zur Überprüfung der Regeleinhaltung ist denkbar einfach. Organisationen geben sich Programme, an die sich die Mitglieder zu halten haben, wenn sie nach wie vor ein Mitglied der Organisation bleiben wollen. Eine Entscheidung, die durch das Programm gedeckt ist, ist richtig. Eine Entscheidung, die dem Programm widerspricht, ist falsch.[186] *(→ Programme)* Ein Beispiel: Bei Ausschreibungen über 20.000 Euro sind mehrere Angebote einzuholen – wenn man dies macht und dabei die Ausführungsbestimmungen beachtet, ist man als Mitglied auf der sicheren Seite. Bei Bekanntwerden eines davon abweichenden Vorgangs ist der Verstoß unter Rechtfertigungszwang. Die Aufgabe des Compliance-Managements besteht in diesem Szenario lediglich darin, die Einhaltung dieser Vorgaben so gut es geht zu überwachen.

Die Wahrnehmung, dass solche Systeme zur Regeleinhaltung nicht ausreichen, um Korruption, Geldwäsche, Kartellbildungen und Umweltverstöße zu bekämpfen, hat zur inzwischen so populären Forderung geführt, dass Organisationen sich an „moralischen Werten“ orientieren sollten. Man solle sich, so das Argument, nicht nur an Regeln halten, sondern sich gezielt an Werten orientieren. Ziel könne nicht mehr nur die stupide Befolgung formaler Prinzipien sein, wie die Vermeidung von Verstößen gegen staatliche Gesetze, branchenspezifische Standards

[185] Siehe nur beispielsweise *Stephan Grüninger, Lisa Schöttl, Josef Wieland*: Unternehmensintegrität & Compliance – Was wirklich wichtig ist. Berlin 2015, S. 2.

[186] *Niklas Luhmann*: Rechtssoziologie. Reinbek 1972, S. 88.

oder interne Bestimmungen. Es komme vielmehr auf die Entwicklung einer „spezifisch werteorientierten Haltung" an, die weit über die durch die Organisation gesetzten Bestimmungen hinausgehe.[187] *(→ Leitbild)*

Das Bekenntnis zu Integrität hat auf den ersten Blick eine gewisse Plausibilität. Es wäre überraschend, wenn die Geschäftsführerin eines Unternehmens offen für eine „korrupte Unternehmenspolitik" einträte, eine „unmoralische Haltung" ihrer Mitarbeiter einforderte und eine von „Werten befreite Führung" propagierte. Der Vorteil von Werten ist, dass sie eine hohe „Konsenschance" haben.[188] Im Wesentlichen kann man sich schnell darauf einigen, dass Menschenrechte, Umweltschutz und Gerechtigkeit, Frieden sowie Freiheit anzustreben sind.

Das Problem ist jedoch, dass Werte im Gegensatz zu Programmen nur sehr unbestimmte Anhaltspunkte für Entscheidungen geben. Sie lassen weitgehend unklar, welche Entscheidung einer anderen vorgezogen werden muss. Wie soll man darauf reagieren, wenn die Freiheit, sich mit einem Auto beliebig fortzubewegen, den vorzeitigen Tod von Tausenden Anwohnern von Schnellstraßen durch Stickoxide und Feinstaubbelastung zur Folge hat? Soll man im Konfliktfall für die Durchsetzung von Menschenrechten einen Krieg führen? Die Orientierung an Werten führt – anders als die Orientierung an Programmen – bei konkreten Entscheidungen zu einer Vielzahl von sehr praktischen Widersprüchen. *(→ Werte)*

Die Forderung nach Integrität ist erst einmal die Aufforderung an die Mitarbeiter, sich redlich zu verhalten. Mitarbeiter müssten „Charakterstärke" zeigen, in schwierigen Situationen für „das Richtige und Gerechte" einstehen, und zwar auch dann, wenn dieses Verhalten mit hohen Kosten für sie selbst verbunden ist. Es gilt, dass man sich aus „Einsicht an die Richtigkeit" an moralische Richtlinien hält und nicht, weil deren Verletzung mit Sanktionen verbunden ist.

Der moralische Anforderungskatalog an die Mitarbeiter wird zu einer fast unendlich langen Liste.[189] Mitarbeiter sollten beispielsweise nicht nur „in Einklang mit den eigenen Werten" handeln und sich dabei permanent um einen „fairen Ausgleich" bemühen zwischen dem, was ihnen persönlich nütze, sowie dem, was anderen diene. Es komme weiterhin auf „Authentizität" an, auf die Übereinstimmung zwischen den „Werten, die man vertritt, und den Handlungen, die man vollführt". Wichtig sei bei integrem Verhalten die „moralische Standhaftigkeit im Angesicht von Widerständen", also in Konfliktsituationen auf das Ergebnis abzuzielen, das „die bestmögliche Realisierung der vertretenen Werte ermöglicht".[190] *(→ Authentizität → Haltung)*

Weil sich weder Einstellungen noch Haltungen befehlen lassen, hat die Attraktivität des Themas Integrität zu einem Boom von Kulturprogrammen in Organisationen geführt. Mitarbeiter von Großorganisationen werden von „Chief Innovation Evangelists" auf „Culture Journeys" geführt, auf denen sie von Kleinstorganisationen Kommunikation jenseits der Hierarchie lernen sollen. Es werden Kulturen der Zusammenarbeit erlassen, durch die Mitarbeiter dazu verpflichten werden, sich „aufrichtig zueinander" zu verhalten, „unkompliziert und verlässlich miteinander umzugehen", sich „auf Augenhöhe" zu begegnen und sich „freund-

---

[187] Siehe früh schon *Lynn Sharp Paine*: Managing for Organizational Integrity. In: Harvard Business Review 72 (1994), 2, S. 106–117.

[188] So *N. Luhmann*: Rechtssoziologie (wie Anm. 186), 88f. Siehe auch ders.: Die Gesellschaft der Gesellschaft. Frankfurt a. M. 1997, S. 343.

[189] Siehe nur beispielhaft *Thomas Kuhn, Jürgen Weibler*: Führungsethik in Organisationen. Stuttgart 2012.

[190] *S. Grüninger, L. Schöttl, J. Wieland*: Unternehmensintegrität & Compliance – Was wirklich wichtig ist (wie Anm. 185), S. 8.

schaftlich verbunden" zu fühlen. *(→ Kultur)* Welche Effekte hat eine solche moralische Aufladung von Organisationen?

Wenn Organisationen gegenüber ihren Mitarbeitern den Wert der Integrität betonen, führt dies nicht dazu, dass sich diese auch redlich verhalten. Integrität funktioniert nicht wie eine Trivialmaschine, bei der man auf der einen Seite die Forderung nach makellosen Einstellungen hineinsteckt und dann auf der anderen Seite ein den Ansprüchen entsprechendes Handeln herauskommt. Der Effekt von Integritätskampagnen ist lediglich der, dass die Mitarbeiter ihr Auftreten anders darstellen werden, denn angesichts der von der Organisationsspitze betriebenen Aufladung mit Werten müssen sie ihr Handeln nicht mehr nur als regelkonform, effizient und innovativ, sondern zusätzlich auch als integer präsentieren.

Solche Kampagnen produzieren in letzter Konsequenz genau das, was sie eigentlich verhindern wollen: Heuchelei. Sicherlich, keine Organisation kann es sich leisten, auf ein gewisses Maß an Scheinheiligkeit zu verzichten.[191] Jedes Unternehmen, jede Verwaltung, jedes Krankenhaus, jede Partei und jede Nichtregierungsorganisation ist darauf angewiesen, ihrer Umwelt neben ihren eigentlichen Leistungen immer auch eine zurechtgestutzte Darstellung ihrer selbst zu präsentieren.[192] Scheinheiligkeit und Heuchelei sind lediglich die in der Organisationswissenschaft etablierten, für Praktiker aber vielleicht zuerst unfreundlich klingenden Begriffe für ein solches Aufhübschen der Schauseite von Organisationen. *(→ Heuchelei)*

Aber es gibt gute Gründe, dieses für die Herstellung von Legitimation notwendige Aufhübschen der Organisation Spezialisten zu überlassen. Es ist der implizite, aber zentrale Bestandteil der Jobbeschreibungen von Marketingexperten und PR-Abteilungen und es gehört nicht selten auch zum Geschäftsführerwissen, eine hübsche Fassade der Organisation aufzubauen, zu pflegen und notfalls zu reparieren. Zur Professionalität gehört aber gleichermaßen, die optisch hergerichtete Vorderbühne nicht mit der Realität der Organisation zu verwechseln.

Verlangt eine Organisationsspitze jedoch von allen Mitarbeitern das Bekenntnis zu Integrität, dann blockiert dies die notwendigen Auseinandersetzungen innerhalb einer Organisation. Integrität wird zu einer abstrakten Formel, zu der man sich – will man Karriere in der Organisation machen – zwangsläufig bekennen muss. Auf fast schon gottesdienstähnlichen Sitzungen übt man die von oben verordneten Werteformulierungen ein. Mikropolitische Konflikte werden moralisch aufgeladen und die in jeder Organisation unvermeidbaren Kontroversen mit Aspekten persönlicher Achtung verbunden. All das verändert eine Organisation, aber eines wird diese dadurch sicherlich nicht: eine unter moralischen Gesichtspunkten bessere Version ihrer selbst.[193] *(→ Moral)*

[191] *N. Brunsson*: The Organization of Hypocrisy (wie Anm. 107), 194 ff..
[192] *S. Kühl*: Organisationen (wie Anm. 181), 136 ff..
[193] Siehe ausführlich dazu *S. Kühl*: Brauchbare Illegalität (wie Anm. 88), S. 147.

#46 Jobwechsel

Das Diktat des permanenten Wechsels

Kein Mitarbeiter sollte länger als drei oder vier Jahre auf einer Stelle bleiben. Diese Idee ist zum Dogma der Personalpolitik vieler Unternehmen und staatlicher Institutionen geworden. Jobwechsel finden also nicht nur statt, weil ein Mitarbeiter auf seinem Arbeitsplatz versagt hat und folglich auf einen anderen Posten degradiert wird oder weil er sich umgekehrt so gut bewährt hat, dass er die Karriereleiter hochstolpert. Der Wechsel nach einigen Jahren ist unvermeidlich, weil dies die generellen Regelungen der Personalpolitik vieler Organisationen so verlangen.

Große Entwicklungshilfeorganisationen etwa zwingen ihre Mitarbeiter regelrecht dazu, nach spätestens drei Jahren auf einen anderen Job zu wechseln. Zeitungen, die etwas auf ihre moderne Personalpolitik geben, verlangen von ihren Redakteuren, dass sie nach einigen Jahren für ein anderes Ressort schreiben. Die großen Automobilkonzerne lassen ihre „High Potentials“ in kurzen Abständen von einer Station auf eine andere rotieren. War man gestern noch für Unternehmensstrategien in Deutschland zuständig, ist man morgen schon Experte für Kreditgeschäfte in Südostasien.

Das Vorbild dieser „Mitarbeiter-wechsel-dich“-Strategie ist der diplomatische Dienst mit seiner Grundregel, niemals länger als sechs Jahre auf einem Posten aktiv zu sein. Nur so könne verhindert werden, dass sich Abgesandte in den lokalen Gegebenheiten verstrickten und eine durch ihren Einsatzort stark begrenzte Sichtweise hätten. Der regelmäßige Jobwechsel innerhalb einer Institution soll dabei nicht nur das Lernen des wechselnden Mitarbeiters, sondern letztlich auch der Institution fördern. Die Logik: „Wenn sich die Welt permanent verändert, dann können wir doch nicht unsere Mitarbeiter ewig auf den gleichen Positionen lassen.“ Aber warum sollte sich eine Organisation an die vermeintlich so unruhige Umwelt ausgerechnet durch den permanenten Wechsel ihres Personals anpassen?

Für die Organisationsforschung ist diese „Mitarbeiter-wechsel-dich“-Strategie überraschend, dominiert doch in Unternehmen, Verwaltungen und Verbänden gleichzeitig auch das Denken, dass „die bestgeeignete Frau oder der bestgeeignete Mann für jeden Job“ zu akquirieren sei. Und wer ist für ein Arbeitsverhältnis besser geeignet als die Person, die sich einige Jahre an Erfahrung genau auf diesem Gebiet angeeignet und auf dieser Stelle bereits bewährt hat?

Verschwörungstheoretiker könnten hier eine heimliche Kontrollstrategie vermuten. Es fällt auf, dass das Dogma des permanenten Jobwechsels nicht auf den Paketausfahrer von UPS, die Restaurantmitarbeiterin bei McDonald's und ebenfalls nicht auf den Fließbandmitarbeiter an der Endmontage von Opel abzielt, sondern eher die Anzug- und Kostümträger betrifft. Diese lassen sich schwer durch Regeln oder Anweisungen kontrollieren. Eine Chefin hat ein Problem, wenn eine Projektleiterin oder ein Manager sich so gut in einer Materie auskennt, dass ihre Anweisungen mit dem Verweis auf eine bessere Fachkenntnis zurückgewiesen werden können. Dieses Kontrollproblem kann eine permanente Reduktion des Fachpersonals verhindern.

Der Effekt dieser Wechselstrategie ist, dass Mitarbeiter zwar kurzfristig lernen, langfristige Wirkungen ihres Handelns aber aus den Augen verlieren. *(→ Lernen)* Die Mitarbeiterin der Entwicklungshilfeinstitution rotiert aus ihrem Job heraus, bevor sie sehen kann, ob die von ihr initiierten und betreuten Projekte Erfolg versprechen. Die Managerin wechselt auf ihre nächste Karrierestation, bevor sie einschätzen kann, ob ihre Geschäftsstrategie lediglich kurzfristige Einsparungen oder eine langfristige Marktverankerung gebracht hat. Unter dem Postulat des „lebenslangen Lernens durch lebenslangen Jobwechsel" wird, so paradox dies klingen mag, Lernen verhindert, aber vielleicht ist dies für eine Organisation manchmal auch gar nicht so schlecht.

Der Effekt der Jobwechselstrategie ist, dass Mitarbeiter zwar kurzfristig lernen, langfristige Wirkungen ihres Handelns aber aus den Augen verlieren.

#47 Kameradschaft

Zu einer gesteigerten Form von Kollegialität

Bei Kameradschaft handelt es sich um eine spezifische Form der Kollegialität. *(→ Kollegialität)* Kollegialitätsnormen bilden sich in jeder Organisation heraus – bei McDonald's, bei SAP, bei nationalen Bahnunternehmen sowie in Universitätskrankenhäusern–, denn Normen gegenseitiger kollegialer Hilfe erleichtern es Organisationsmitgliedern, einen guten Job zu machen, und minimieren das Risiko, entlassen zu werden. In einigen Organisationen, in Armeen, Polizeieinheiten oder Feuerwehren, bildet sich Kollegialität in Form von Kameradschaft aus, weil hier bei der Ausübung des Berufs nicht nur die Rolle als Organisationsmitglied auf dem Spiel steht, sondern die ganze Person. Schließlich droht immer die Gefahr, im Dienst schwer verletzt oder gar getötet zu werden.

Sicherlich, faktisch sind Soldaten, Polizisten oder Feuerwehrleute solchen lebensbedrohlichen Extremsituationen nur selten ausgesetzt. Ihr Alltag besteht zum überwiegenden Teil aus Routinetätigkeiten, Übungen und stundenlangem Warten, aber gleichwohl prägt die Möglichkeit, in eine lebensbedrohliche Situation zu geraten, ihren Erwartungshorizont.[194] Nicht zuletzt durch das Gewicht der Ausrüstung, die fade Verpflegung, durch Hitze oder Kälte sowie Schmutz und Schlafmangel wird die Existenz dieser Bedrohung immer wieder präsent gemacht. Kameradschaft ist also ein notwendiges Mittel für Organisationsmitglieder, um ihre Überlebenschancen zu erhöhen.[195]

In der öffentlichen Debatte dominiert ein fast rosarotes Bild davon, wie sich Kameradschaftsnormen ausbilden. Man scheint daran zu glauben, dass sich Kameradschaft allein schon deswegen entwickelt, weil im Soldatengesetz festgelegt wird, dass der „Zusammenhalt der Bundeswehr wesentlich auf Kameradschaft beruht" und alle Soldaten verpflichtet werden, die „Ehre und Rechte des Kameraden zu achten und ihm in Not und Gefahr beizustehen". Kameradschaft wird hier als eine formale Verhaltenserwartung formuliert; es wird also erwartet, sich auch in Extremsituationen – „Not und Gefahr" – für Kameraden einzusetzen.

Aber es sind nicht die formalen Festlegungen in einem Soldatengesetz, die zur Ausbildung von Kameradschaftsnormen führen. Vielmehr bilden sich Kameradschaftsnormen quasi im Schatten der offiziellen formalen Organisation aus, durch informale und nicht immer öffentlichkeitsfähige Mittel, von denen die Armeeführung gar nicht so genau Kenntnis haben will. Das ist auch sinnvoll, denn in den Situationen, in denen die Kameradschaft praktisch benötigt wird, eben in lebensbedrohlichen, extrem stressgenerierenden Extremsituationen, trägt die Autorität der formalen Strukturen nur begrenzt weit und man muss sich stattdessen auf andere, untergründig wirkende Strukturen verlassen.

---

[194] Auf die Seltenheit von „Extremsituationen" im Militär macht *Hans Paul Bahrdt*: Die Gesellschaft und ihre Soldaten. Zur Soziologie des Militärs. München 1987, S. 97. Siehe auch *Thomas Kühne*: Kameradschaft. „Das Beste im Leben des Mannes". Die deutschen Soldaten des Zweiten Weltkriegs in erfahrungs- und geschlechtergeschichtlicher Perspektive. In: Geschichte und Gesellschaft 22 (1996), S. 504–529, hier S. 507.

[195] Siehe *Charles C. Moskos*: Latent Ideology and American Combat Behavior in South Vietnam. Chicago 1968, und *Charles C. Moskos:* The American Enlisted Man. The Rank and File in Today's Military. New York 1970.

Es gibt allerdings eine friedfertige Variante, wie sich Kameradschaftsnormen durchsetzen. In der Regel lernen Soldaten schnell, dass man sich Kameraden gegenüber loyal verhält, dass man sie in öffentlichen Situationen nicht bloßstellt, dass man sich gegenseitig hilft, wenn ein Kamerad mit einer Aufgabe überfordert ist, ein Fehler kaschiert werden muss oder kurzfristiges Einspringen erforderlich ist. Im besten Fall bilden sich dabei Vertrauensbeziehungen, die dazu führen, dass man sich gegenseitig unterstützt und sich der Verlässlichkeit der Kameraden in Extremsituationen sicher sein kann.[196] *(→ Vertrauen)*

Wenn jedoch jemand die informalen Verhaltenserwartungen nicht akzeptiert, greifen die anderen Kameraden zu negativen Sanktionen. Solche Sanktionen deuten sich in Armeeeinheiten anfangs durch abschätzige Bemerkungen oder direkte Beschimpfungen an und reichen dann über die soziale Isolierung des Kameraden und die Verweigerung von Hilfeleistungen bis hin zu direkten körperlichen Bestrafungen. Die Abstrafungen dienen nicht vorrangig zum Ausschluss aus dem Kameradenkreis, sondern im Gegenteil zur Durchsetzung bestehender informaler Normen. Soldaten oder Polizisten, die solche häufig offiziell verbotenen Erniedrigungen nicht melden, sondern über sich ergehen lassen, werden dafür konsequenterweise mit dem Verbleib im Kameradenkreis „belohnt".

Wir kennen solche Prozesse des Durchsetzens von informalen Normen aus jeder Organisation. Bei Polizeien und Armeen treten sie allerdings in einer gewaltbetonteren Form auf. Das ist wenig überraschend: Es liegt nahe, dass in einer Organisation, deren Hauptaufgabe darin besteht, Gewalt anzuwenden, und die zur Durchsetzung von Verhaltenserwartungen gegenüber ihren eigenen Organisationsmitgliedern notfalls auf Gewaltspezialisten in Form von Feldjägern zurückgreift, die Durchsetzung informaler Normen körperbetonter stattfindet als in IT-Firmen, Supermärkten oder Gemeindeverwaltungen. Man kann mit sehr guten Gründen allein schon deswegen dagegen sein, dass sich Staaten Armeen halten, aber wenn man militärische Truppen für sinnvoll hält, dann darf man vor der häufig brutalen Art der Durchsetzung von Kollegialitätserwartungen nicht die Augen verschließen. *(→ Gewalt)*

Armeen haben mit ihrem in der Öffentlichkeit gezeichneten Wunschbild nichts zu tun. Jenseits der formalen Ordnung gibt es in Armeen immer auch Probleme der Zusammenarbeit, die nicht durch die formale Ordnung gelöst werden können. Die konkreten Leistungsmotivationen der Mitglieder, besonders aber die reibungslose Lösung der Probleme der alltäglichen Zusammenarbeit zwischen den Organisationsmitgliedern lassen sich nicht durch formale Vorschriften allein garantieren– und genau hier greifen die in Kameradschaftsnormen verdichteten informalen Erwartungen.

Jede Soldatin und jeder Soldat weiß, dass eine Armee nur deswegen funktioniert, weil von den formalen Regelwerken immer wieder abgewichen wird. Jede Kommandantin einer Logistikeinheit weiß, wie sie bei Revisionen „graues Material" im Feld verstecken muss, weil erst illegale Ersatzteillager sie von dem behäbigen Beschaffungswesen der Armee unabhängig machen. Jeder Leutnant ist sich dessen bewusst, dass es sinnvoll sein kann, das verbotene Tragen von Palästinensertüchern in kalten Gefilden teilweise zu dulden, weil dies eine informale „Auszeichnung" dafür ist, dass jemand im Afghanistan-Einsatz war, und genauso ist jeder Bataillonsführer gut beraten zu dulden, dass in seiner Truppe Verhaltensnormen auch mit Mitteln durchgesetzt werden, die nicht immer mit den formalen Vorgaben vereinbar sind. Der Soziologe Niklas Luhmann spricht hier von „brauchbarer Illegalität". *(→ Regelbruch)*

---

[196] *N. Luhmann*: Funktionen und Folgen formaler Organisation (wie Anm. 5), 334 ff..

Selbstverständlich wissen Vorgesetzte, dass diese brauchbaren Illegalitäten nicht für die Öffentlichkeit bestimmt sind. Deswegen gehört es zur Kompetenz eines erfahrenen Militärs, bei Besuchen von Verteidigungspolitikern ein Bild der eigenen Einheit zu zeichnen, das diese als Musterfall der Anwendung des formalen Regelwerks der Armee erscheinen lässt. Es ist deswegen auch wenig überraschend, dass Verteidigungsminister häufig diejenigen sind, die von einem Skandal in ihrer Truppe am meisten überrascht sind.

Aber zur Klugheit gehört auch dazu zu wissen, wo die Grenzen bei der Zulassung von Regelabweichungen liegen. Das Management illegaler Ersatzteil- und Waffenlager funktioniert nur so lange gut, wie sichergestellt wird, dass diese nicht in dunklen Kanälen verschwinden. *(→ Gemeinschaft)* Das „Übersehen" des regelwidrigen Tragens von Palästinensertüchern außerhalb des Einsatzes in Wüstengebieten geht nur so lange gut, wie auch sichergestellt wird, dass diese nicht unter Panzerketten geraten, und auch die Duldung der für Zivilisten gewöhnungsbedürftigen Durchsetzung von Kameradschaftserwartungen kann nur akzeptiert werden, solange sich die Führung darauf verlassen kann, dass dabei bestimmte Limits eingehalten werden. Nicht das stupide Durchsetzen der von oben verordneten formalen Erwartungen ist Führungsstärke, sondern das klug genutzte Wissen darüber, wo die Grenze zwischen einer brauchbaren und einer für die Armee schädlichen Informalität liegt.

#48 Karriere

Der Kampf um die personale Deutungshoheit in Organisationen

Seit Jahrzehnten gibt es die Kontroverse, ob die Entscheidung über Karrieren bei den momentanen und zukünftigen Führungskräften oder bei Spezialisten im Personalbereich angesiedelt werden sollte. Karriere spielt organisatorisch eine wichtige Rolle, weil Angestellte über die Inaussichtstellung einer attraktiven beruflichen Laufbahn zu einem besonderen Engagement motiviert werden können. Der Anreiz eines Aufstiegs kann sogar in einigen Organisationstypen – siehe zum Beispiel Parteien – höher sein als eine auf finanzieller Entlohnung oder Incentives wie Luxusreisen, Präsentkörbe oder Essen in edlen Restaurants basierende Motivation.[197] *(→ Jobwechsel)*

Klassischerweise lag die Entscheidung über die Karriere bei den Führungskräften. Diese verfügten damit über eine Machtressource, die viel direkter wirkte als die Möglichkeit, durch die Drohung von Entlassung Folgebereitschaft beim Mitarbeiter zu erzielen. Zwar spielte die auf Kompetenzen zur dienstlichen Weisung beruhende förmliche Organisation eine wichtige Rolle, doch die „faktische Macht" hing weit mehr vom Einfluss auf Karrieren ab. Das beruhte auf der Tatsache, dass der Mitgliedschaftsentzug viel seltener relevant wurde, als dies Entscheidungen über Stellenbesetzungen waren. Um die Mitgliedschaft zu erhalten, reichte es schließlich aus, die Minimalanforderungen zu erfüllen und sich nicht offen gegen Anweisungen der Vorgesetzten aufzulehnen. Dagegen war viel mehr erforderlich, wenn man im System Karriere machen wollte.[198]

Diese Verteilung geriet jedoch zunehmend in die Kritik. Anknüpfend an die Karrieremacht von Vorgesetzten wurde argumentiert, dass bei einer starken Stellung des Chefs der berufliche Werdegang des Untergebenen häufig nicht von seiner Leistungsfähigkeit, sondern von seiner Folgebereitschaft abhänge. Bei der Karriereentscheidung durch Führungskräfte könnten in Unternehmen dann auch noch „außerorganisatorische Kriterien" wie Religion, Ethnizität, politische Einstellungen oder Aktivitäten in anderen Organisationen von Bedeutung sein. In der öffentlichen Verwaltung spielten, so beispielsweise eine Kritik, häufig Ämterpatronage oder die Zugehörigkeit zu parteipolitischen Betriebsgruppen, Jahrgangsgeflechten oder Fachbruderschaften eine wichtigere Rolle als die berufliche Leistungsfähigkeit.[199]

Seit einigen Jahrzehnten sind die Kompetenzen für die Auswahl von Karrieren – jedenfalls in großen Verwaltungen und Unternehmen – zunehmend auf das Personalwesen übergegangen. Bei den meisten Versicherungen und Banken hat man inzwischen „interne Assessment-Center" eingerichtet: „Wenn man in diesen Unternehmen als Führungskraft von der ersten auf die zweite Stufe will", so der Tenor, „dann muss man diese Assessment-Center erfolgreich bestehen." (→ *Personalauswahl*)

---

[197] Siehe dazu *Arthur L. Stinchcombe*: Creating Efficient Industrial Administrations. New York, London 1974, 130 ff..

[198] So einschlägig *N. Luhmann*: Macht (wie Anm. 47), 104f.; siehe auch *N. Luhmann*: Organisation und Entscheidung (wie Anm. 47), 102f. und 280.

[199] Siehe dazu früh nur beispielhaft *Melville Dalton*: Informal Factors in Career Achievement. In: American Journal of Sociology 56 (1951), S. 407–415; *Horst Bosetzky*: „Dunkelfaktoren" bei Beförderungen im öffentlichen Dienst. In: Die Verwaltung 7 (1974), S. 427–438.

In dem Maße, in dem die Personalentscheidungen durchrationalisiert werden und dem Einfluss vieler Personen unterliegen, verliert die Karriere als Machtressource an Bedeutung. *(→ Macht)* Die Manipulation wird für den Vorgesetzten schwierig, weil er einen Mitarbeiter nicht mehr einfach organisationsintern fördern oder wahlweise blockieren kann. Für den Untergebenen wird es gleichzeitig zunehmend undurchsichtig, ob und wie sich ein Wohlverhalten gegenüber den Vorgesetzten auf seine Karriere auswirkt. Zwar könnte die Chefin vielleicht noch die Bewertung des Untergebenen auf einigen Skalen der Personalentwickler kontrollieren, aber es ist zweifelhaft, ob sich auf diesem Wege noch effektiv Karrieremacht ausüben lässt.[200]

Der Anreiz eines Aufstiegs kann in Organisationen höher sein als eine auf finanzielle Entlohnung oder Incentives wie Luxusreisen, Präsentkörbe oder Essen in edlen Restaurants basierende Motivation.

[200] *N. Luhmann*: Macht (wie Anm. 47), S. 107.

#49 Kollegialität

Hilfeleistungen im Schatten der Formalstruktur

Der Eintritt in eine Organisation hat für das Mitglied eine weitreichende Konsequenz: Es wird von einem erwartet, dass man mit Personen kooperiert, auch dann, wenn sie einem äußerst unsympathisch sind. Die Organisation verlangt von ihren Mitgliedern, dass diese eine Akte auch an eine Kollegin weitergeben, die man unerträglich findet, dass man in einem Team auch mit dem von allen als nervig empfundenen Kollegen zusammenwirkt und sich in offiziellen Meetings sogar mit Personen auseinandersetzt, denen man außerhalb der Organisation aus dem Weg gehen würde. Die Minimalerwartung ist, dass man mit anderen Organisationsmitgliedern zumindest im Rahmen der formalen Ordnung zusammenarbeitet.[201]

Es kann jedoch äußert nützlich sein, wenn Kollegen über das formal erwartete hinaus kooperieren. Man unterstützt sich gegenseitig bei schwierigen Aufgaben, teilt Informationen, die man nicht unbedingt teilen müsste, hilft sich bei einer möglichst unangreifbaren Darstellung gegenüber Außenstehenden. Man leiht einer Kollegin sein Ohr, wenn diese ihre Vorgesetzte mal wieder nicht ertragen kann, man kann sich gemeinsam über besonders penetrante Kunden auskotzen und sich so von den vielfältigen Spannungen in der Organisation erholen.[202] Über die Kollegen wird man in die informalen Strukturen der Organisation hineinsozialisiert, von ihnen lernt man die kleinen Tricks, mit denen man sich die Arbeit erleichtern kann, und auf sie ist man angewiesen, wenn es darauf ankommt, eigene kleine Missgeschicke gegenüber Vorgesetzten oder gegenüber Kunden zu verbergen.[203] Diese formal nicht vorgeschriebene, sondern lediglich informale Form der Zusammenarbeit wird in Organisationen als „Kollegialität" bezeichnet. *(→ Kameradschaft)*

Zum Aufbau von Kollegialität ist ein hohes Maß an Disziplin notwendig: Signalisierung von kommunikativer Offenheit und wechselseitiger Achtung, Drosselung von Konkurrenz beim Kampf um Ressourcen oder Posten und Verzicht auf übermäßige Profilierung gegenüber Kunden.[204] Wenn Kollegen nicht schnell den Wert der Kollegialität begreifen, werden sie zuerst dezent und dann immer deutlicher darauf hingewiesen. Dem „zickigen Kollegen" werden wichtige Informationen vorenthalten, die er eigentlich dringend zur Erledigung seiner Aufgaben braucht. Man verzichtet darauf, ihn bei Fehlern gegenüber der Chefin zu decken und lässt ihn so ins offene Messer laufen. Der Begriff für diese Art der informalen Durchsetzung von Kollegialitätsnormen ist Mobbing.

Der Vorteil von Motivationseffekten durch Kollegialität für die Organisation ist offensichtlich: Gerade unmittelbare Kollegen haben stark disziplinierende Wirkung auf das Verhalten von Mitgliedern. Dieser Effekt wird darüber produziert, dass Kollegen beratend, mahnend und

---

201 Vermutlich sind Hochschulen, die einzigen Organisationen, die es dulden, dass sich in Instituten professorale Mitglieder komplett der Kommunikation mit anderen Mitgliedern verweigern.

202 Siehe zu diesen Funktionen der Kollegialität *N. Luhmann*: Funktionen und Folgen formaler Organisation (wie Anm. 5), S. 323.

203 Siehe dazu *William M. Evan*: Peer Group Interaction and Organizational Socialization: A Study of Employee Turnover. In: American Sociological Review 28 (1963), S. 436–440.

204 So *N. Luhmann*: Spontane Ordnungsbildung (wie Anm. 81), S. 171. Siehe dazu auch *S. Kühl*: Coaching und Supervision (wie Anm. 30), S. 48.

in letzter Konsequenz strafend eingreifen, wenn ein Organisationsmitglied seine informalen Pflichten verletzt. Weil die Durchsetzung dieser Normen eher im Schatten der formalen Ordnung stattfindet, sind diese nicht selten wirksamer – die Konsequenzen für das betroffene Mitglied gleichzeitig brutaler – als die offizielle Drohung von Vorgesetzten mit Bestrafung oder mit der Kündigung.

Die Organisationsforschung hat immer wieder nachzuweisen versucht, dass Organisationsmitglieder sowohl zufriedener als auch leistungswilliger sind, wenn sie eine Bindung zu ihren Kollegen empfinden. Besonders eng ist dieses Verhältnis, wenn sich die Kollegen in Cliquen zusammenfinden. *(→ Cliquen)* Das Bedürfnis nach Kontakt und Zusammensein mit anderen Menschen werde, so etwa die Annahmen des Human-Relations-Ansatzes, nicht nur von Freunden, sondern schon von Kollegen befriedigt.[205] *(→ Freundschaft)*

Aber in der Regel wird die Kollegialität als einziges Motiv zur Mitgliedschaft in der Organisation nicht ausreichen. Einem Unternehmen, einer Verwaltung oder auch einer Nichtregierungsorganisation wird es vermutlich nicht gelingen, potenzielle Mitglieder zu gewinnen, wenn es lediglich mit einer „netten Arbeitsatmosphäre" werben kann, aber ansonsten über keine Zwangsmittel verfügt, keinen Lohn zahlen kann oder über keinen wirklich attraktiven Organisationszweck verfügt.[206]

Der Vorteil von Motivationseffekten durch Kollegialität für die Organisation ist offensichtlich: Gerade unmittelbare Kollegen haben stark disziplinierende Wirkung auf das Verhalten von Mitgliedern.

[205] Klassisch dazu *Elton Mayo*: The Human Problems of an Industrial Civilization. New York 1933. Siehe auch *F. J. Roethlisberger, W. J. Dickson*: Management and the Worker (wie Anm. 82).

[206] Siehe dazu auch meine Überlegungen in *S. Kühl*: Organisationen (wie Anm. 5), 35f.

#50 Kompetenzdarstellungskompetenz

Wie man das Problem des Selbstlobs umgeht

„Beste Band der Welt sucht Plattenfirma." Mit dieser Anzeige suchte Anfang der 1990er-Jahre die Punkband „Die Ärzte" ein Produktionsunternehmen. Beim Lesen dieser Anzeige stutzt man, sind doch solche Formen der Selbstdarstellung eher ungewöhnlich. Man stelle sich nur Kleinanzeigen vor, in denen die „wohl beste Studentin der USA" einen Arbeitsplatz sucht oder der „vielleicht bestaussehendste Mann Asiens" nach einem entsprechenden weiblichen Gegenstück fahndet. Die Erfolgschancen wären wohl eher gering.[207]

Viele haben schon von ihren Eltern und Lehrern eingetrichtert bekommen, dass „Bescheidenheit eine Zier" ist, und wir kennen diese „Ächtung des Selbstlobs" auch aus ganz unterschiedlichen Lebenssituationen. Der Latin Lover, der allzu offensiv seine sexuellen Fähigkeiten preist, weckt bei der interessierten Weiblichkeit eher Misstrauen gegenüber seinem tatsächlichen Können. Eine Universität, die sich zu aggressiv als exzellent präsentiert, wird Irritationen bei potenziellen Studierenden auslösen.

Hierbei ist es zweitrangig, ob der Leistungsanbieter „in Wirklichkeit" kompetent ist oder nicht. Allein die „mitgeteilte Kompetenz" macht misstrauisch. Der Latin Lover mag im Bett eine Kanone sein, aber das marktschreierische Hinausposaunen dieser Fähigkeiten reduziert die Wahrscheinlichkeit, dass er dort tatsächlich landen wird. Die Universität Bielefeld ist in einer ganzen Reihe von Fächern zweifellos eine „exzellente Universität", doch wenn sie sich selbst als eine solche deklarieren und nicht durch das Lotteriespiel irgendeines Wissenschaftsrates zu einer solchen erkoren würde, schadete ihr eine derartige Selbstdarstellung sogar.

Auch eine mehr oder weniger verkleidete Variante der Kompetenzdarstellung kann ähnliche Effekte erzeugen. Wenn ein Professor auf seiner Website, in den Klappentexten seiner Bücher oder in den Ankündigungen zu seinen Vorträgen damit wirbt, dass er einmal von einer Wirtschaftszeitschrift als „Zeitmanagement-Papst" bezeichnet wurde, verweist er zwar auf die Kompetenz-(oder vielleicht eher Prominenz-)zurechnung anderer, löst aber allein schon durch die Wiedergabe des Zitats auf seiner eigenen (!) Website Irritationen aus.

Das Problem des vermeintlichen Zeitmanagement-Papstes liegt darin, dass ein Wortbeitrag oder auch nur eine kleine Geste anderer allzu offensichtlich instrumentell eingesetzt wird, um die eigene Kompetenz darzustellen. Man sagt oder zeigt etwas, aber letztlich will man etwas ganz anderes als das Gesagte oder Gezeigte zum Ausdruck bringen. Johann Wolfgang von Goethe, der an dieser Stelle schon aufgrund der Kompetenzdarstellungsnotwendigkeit des

[207] *Markus Karg*: Die Ärzte – Ein überdimensionales Meerschwein frisst die Erde auf. Berlin 2001. Für ausführlichere Fassungen des Beitrages siehe *Stefan Kühl*: Ächtung des Selbstlobs und Probleme der Kompetenzdarstellung. In: *Thomas Kurtz, Michaela Pfadenhauer* (Hrsg.): Soziologische Kompetenzforschung 2008. Ebenso ders.: Die verflixte Sache mit der Kompetenzdarstellung. In: *Uwe Schimank, Nadine Schöneck* (Hrsg.): Einladung zur Soziologie. Frankfurt a. M., New York 2008, S. 37–47.

Autors zitiert werden muss, hat das Problem bereits vor zweihundert Jahren prägnant auf den Punkt gebracht: „So fühlt man Absicht und man ist verstimmt."

Derartige Beobachtungen drohen immer zu einer psychologisierenden Analyse zu führen. *(→ Führungskräftebeschimpfung)* Die Kompetenzdarstellung wird als persönliches Problem von pubertierenden Jungmännern, von zu sehr von sich eingenommenen Professoren oder von narzisstischen Beratern identifiziert: Da habe jemand, so die häufige vorschnelle Zurechnung, ein Ego-Problem oder agiere sozial ungeschickt. Dies mag in einzelnen Fällen sicherlich richtig sein. Selbst wenn Soziologen tratschen (was sie häufig tun), kann man beobachten, wie debattiert wird, dass der Kollege Peterson mal wieder den dicken Max markiert hat, oder man kann registrieren, wie im Klatsch andere (und leider manchmal auch man selbst) bei der Einhaltung der zentralen „Selbstlob-Ächtungs-Regel" erneut kläglich versagt haben, aber für diese persönlichen Zurechnungen ist eher die Psychologie zuständig. Für die Soziologie ist ein anderer Punkt interessant: die soziale Notwendigkeit, in vielen Situationen kompetent zu erscheinen, ohne dabei in Selbstlob verfallen zu dürfen.

Im Arbeitsleben, insbesondere in Bereichen, in denen mit Klienten gearbeitet wird, ist man gezwungen, nicht nur fachkundig zu agieren, sondern auch Kompetenzvermutungen zu mobilisieren: Ein Friseur ist darauf angewiesen, seinen Kunden die eigenen Fähigkeiten zu signalisieren, damit diese ihm beim Schneiden ihrer Haare möglichst wenig reinreden und ihn stören und damit sie ihm überhaupt erst den Auftrag geben, ihnen die Haare zu schneiden. Eine Rechtsanwältin muss ihrer Mandantin vermitteln, dass sie das zugrunde liegende Rechtsproblem beherrscht, und zwar unabhängig davon, dass vermutlich kein Anwalt in der Lage ist, komplizierte Rechtsfälle ohne genaues Studium entsprechender Gesetzeskommentare bearbeiten zu können. Ein Beratungsteam muss dem Klienten die Sicherheit vermitteln, dass es ein Problem lösen kann – und zwar auch dann, wenn es das erste Mal auf so ein Problem stößt und keine bewährten Routinen für dessen Lösung hat.

Man kann dieses Phänomen beim Arzt- oder häufig noch schlimmer Friseurbesuch kleiner Kinder beobachten. Kinder haben noch keine Kompetenzvermutung gegenüber Ärzten und Friseuren. Deshalb gestaltet sich deren Behandlung in der Regel schwieriger als die von Erwachsenen. Die Dienstleistungserbringer sind daher bemüht, das Vertrauen ihrer jungen Kunden zu gewinnen. So werden beispielsweise Vertrautheitssurrogate in Form der beruhigenden Anwesenheit von Eltern aufgebaut, bevor die ärztliche Untersuchung oder der Haarschnitt beginnt. In ihrem weiteren Lebensverlauf entwickeln sich Kinder dann – jedenfalls meistens – zu Klienten, die den Leistungserbringern mehr oder minder berechtigterweise mit einer gewissen Kompetenzvermutung gegenübertreten.

Gerade Berufe, die ihre Leistung am Klienten oder sogar in Kooperation mit diesem erbringen, stoßen auf dieses Paradox: Ein Leistungserbringer muss seinem Klienten erst vermitteln, dass er ihm bei seinen Problemen kompetent helfen kann, weil es sonst nur schwer möglich ist, ihm überhaupt zu helfen. Eine Lehrerin kann ihren Schülern nur dann etwas beibringen (so schon eine alte pädagogische Binsenweisheit), wenn die Schüler, auf ihre Kompetenz vertrauend, mitarbeiten. Eine Psychoanalyse setzt eine Serie gelungener Interaktionen zwischen Analytiker und Klient voraus. Damit die Interaktion mit dem Klienten gelingt, ist es notwendig, dass dieser die Aneinanderreihung von „Hmms" nicht als Sprachfehler des Analytikers, sondern als kompetente professionelle Gesprächsführung begreift. Aber wie macht man das? Wie erzeugt man Kompetenzvertrauen? Sicher nicht durch penetrante Kompetenzbehauptungen, aber wie sonst?

Die Notwendigkeit, seine Kompetenzen darzustellen, kann je nach Tätigkeit unterschiedlich verteilt sein: Eine Polizistin braucht ihre Kompetenz zur Nutzung einer Pistole in der Regel nicht unter Beweis zu stellen. Man bringt ihr im Regelfall schon aufgrund ihrer durch die Uniform signalisierten Zugehörigkeit zu einer Berufsgruppe eine Kompetenzvermutung bei der Nutzung einer Pistole entgegen. Einer Pilotin begegnet der Kunde – vorausgesetzt, er leidet nicht unter pathologischer Flugangst – mit einem so hohen Maß an Kompetenzvermutung, dass in der Regel keine zusätzlichen Kompetenzdarstellungen durch die Pilotin benötigt werden. Überspitzt ausgedrückt: Echte Profis brauchen keine Kompetenzdarstellungskompetenz.[208]

Die Berufs- und Professionsforschung hat sich in Berufsprestigestudien immer wieder mit der Frage beschäftigt, welche Beschäftigtengruppen in der Bevölkerung am kompetentesten eingestuft werden. Bei der Messung der Reputation von Berufen schneiden dieselben Professionen seit Jahrzehnten stabil und fast überall auf der Welt am besten ab. Wenn Menschen gefragt werden, welche Berufsgruppe sie am meisten schätzen und bei wem sie am meisten Kompetenz vermuten, gehören die klassischen Professionen der Ärzte, Richter sowie Anwälte, Lehrer und Geistlichen immer zu den am höchsten bewerteten Berufsgruppen. Auf den hinteren Rängen landen fast ausschließlich Berufe wie Journalisten, Politiker, Prostituierte oder Manager, die zwar ihre Leistungen in Interaktionen mit ihren Klienten erbringen, aber nicht als Profession mit standardisierter Ausbildung und beschränktem Berufszugang etabliert sind. *(→ Professionen)*

Diese Kompetenzvermutungen gegenüber Professionen basieren nicht alle auf langen Erfahrungen in konkreten Interaktionen zwischen Professionsangehörigen und Klienten. Sie werden vielmehr durch eine Vielzahl von „Institutionen" gestützt, die jenseits des eigentlichen Gesprächs zwischen Leistungserbringern und Klienten liegen: das Sich-darauf-Verlassen, dass der Tätigkeit des Professionellen ein standardisierter Verhaltenskodex zugrunde liegt, der es ermöglicht, „Kunstfehler" überhaupt zu identifizieren; eine wissenschaftliche Verankerung dieses standardisierten Verhaltenskodexes; die Gewissheit, dass der Professionelle sich diesen Verhaltenskodex in einer mehrjährigen Ausbildung angeeignet hat, sowie die Sicherheit, dass sich die Profession in einer Form selbst kontrolliert, die es ermöglicht, „Kunstfehler" zu identifizieren und zu sanktionieren.

Durch diese Verselbstständigung der Kompetenzvermutung haben Professionen „Inszenierungsvorteile" gegenüber Nichtprofessionen. Die Familienanwältin braucht der ihre Scheidung betreibenden Ehefrau nicht erst die zentralen Paragrafen des Familiengesetzbuchs aufzusagen, damit sich diese auf ein Arbeitsbündnis einlässt. Der Geistliche kann sich, jedenfalls im Erstkontakt, auf die Reputation seines Berufsstands verlassen und der Klient vermutet erst einmal, dass er einigermaßen predigen, die Beichte abnehmen und die zu kritischen Lebenslagen passenden Bibelstellen rezitieren kann. Dem Mediziner wird insofern vertraut, als man, jedenfalls bei Standardbehandlungen, dazu bereit ist, sich einen Praktiker aus dem Internet herauszusuchen. Erst bei schwerwiegenderen Eingriffen zieht man weitere Quellen wie Empfehlungen durch Bekannte heran.

Natürlich gibt es auch bei etablierten Professionen wie Juristen, Medizinern, Geistlichen oder Lehrern Fälle übermäßig inszenierter Kompetenzdarstellung. Diese deuten jedoch in der Regel auf mehr oder minder ausgeprägte Krisen hin: Wenn junge Ärzte mit einem für sie unbekann-

[208] Für den Begriff der Kompetenzdarstellungskompetenz siehe zentral *Michaela Pfadenhauer*: Professionalität. Opladen 2003.

ten Problem konfrontiert werden, kann man häufig beobachten, dass sie zunächst auf der Hinterbühne heimlich im „Klinikleitfaden" blättern, um sich Orientierung zu verschaffen, und anschließend gegenüber dem Patienten mit übertriebener Kompetenzdarstellung auftreten. Bei jungen Lehrern, die durch eine Klasse unter Druck gesetzt werden, lässt sich nicht selten beobachten, wie sie die Situation dadurch verschlimmern, dass sie zu aggressiv versuchen, ihre Kompetenzen, die von den Schülern infrage gestellt werden, darzustellen. Doch normalerweise sind Mitglieder von Professionen vom Zwang zur übermäßig offensiven Kompetenzdarstellung befreit, weil sie sich zu einem nicht unerheblichen Teil auf die Kompetenzvermutungen der Klienten gegenüber Professionen stützen können.

Diese Kompetenzvermutung gegenüber Professionen kann man an dem wohl prominentesten Kleidungsstück einer Profession verdeutlichen: dem Arztkittel. Vorsoziologisch wurde der Arztkittel immer wieder als notwendiges Instrument zur Kompetenzdarstellung einer Profession interpretiert. Der Arztkittel sei, so die auch immer wieder in Cartoons aufgegriffene Vermutung, Ausdruck ärztlichen Standesbewusstseins. Erst im und durch den weißen Kittel würde der Arzt zum Arzt werden. Interessanterweise fällt aber auf, dass viele medizinischen Praktiker keinen Kittel tragen: Psychiater tragen ihn nicht, Kinderärzte legen sehr selten einen an und Hausärzte tragen ihn immer weniger.

Wie wenig Ärzte auf eine Kompetenzdarstellung durch den Arztkittel angewiesen sind, lässt sich in einem Realexperiment beobachten, das von Clare Murphy eindrucksvoll geschildert wird. Nach einer Vorgabe des Gesundheitsministeriums sollen Mediziner in Großbritannien keine weißen Kittel mehr tragen. Hintergrund: In vielen Staaten haben die Infektionen durch antibiotikaresistente Stämme wie Staphylococcus aureus oder Clostridium difficile in den letzten Jahren stark zugenommen. Neben den Krawatten der Ärzte sind Arztkittel die Hauptüberträger dieser Infektionen. Sie werden, so zeigen Studien, seltener gereinigt als Alltagskleidung. Statt des Kittels empfiehlt das britische Gesundheitsministerium das Tragen von Hemden mit kurzen Ärmeln oder T-Shirts, die täglich gewechselt werden. Nur wenn mit Blut, Eiter oder Exkrementen hantiert wird, sollte mit Plastikschürze, Einmalhandschuhen und Mundschutz gearbeitet werden, die unmittelbar nach der Behandlung entsorgt werden. Überraschend ist, wie problemlos sich die Abschaffung des Arztkittels in Großbritannien durchzusetzen scheint. Mehrere Studien haben gezeigt, dass die hauptsächliche Funktion von Arztkitteln, gerade in Krankenhäusern, darin besteht, den Patienten eine schnelle Identifikation des ärztlichen Personals zu ermöglichen, aber gerade dafür gibt es auch andere, weniger infektiöse Möglichkeiten: Namensschilder.[209]

Bei der Darstellung von Kompetenzen gilt die Regel: je indirekter die Kommunikation, desto besser. Das Aushängen von Diplomen ist sicherlich eine eher ungeschickte und auch nur im angloamerikanischen Kontext akzeptierte Praxis. Die Hinweise einer Sekretärin, wie gefragt ihre juristisch, medizinisch, seelsorgerisch, therapeutisch oder beraterisch aktive Chefin ist, wirken glaubwürdiger als die gleichen Verlautbarungen der Chefin selbst. Die Selbstpräsentation als „keynote speaker" auf irgendwelchen Internetportalen wirkt peinlich, während die Fremdbeschreibung als „hervorragende Rednerin" nicht als übertriebene Kompetenzdarstellung wahrgenommen wird.

Aber „Die Ärzte" – gemeint ist nun wieder die Punkband und nicht die Profession – haben vermutlich die beste Bewältigungsstrategie für das Problem gefunden: eine ins Maßlose übertriebene Kompetenzdarstellung, vorgetragen mit einem ostentativ ironischen Unterton. Es ge-

---

[209] Siehe *Clare Murphy*: Death of the Doctor's White Coat. In: Bbc News, 17.11.2007.

hört eine hohe Kunstfertigkeit dazu, dieses ins Absurde gezogene Selbstlob mit einer Mischung aus Ernsthaftigkeit und Ironie über einen längeren Zeitraum durchzuhalten. Sicherlich lässt sich diese Lösung zwar nicht ohne Weiteres beispielsweise auf den akademischen Betrieb oder das Überleben in geselligen Interaktionen übertragen. *(→ Feiern)* Doch wenn sie funktioniert, hat man das Problem des Selbstlobs ein für alle Mal aus der Welt geschafft.

Im Arbeitsleben, insbesondere in Bereichen, in denen mit Klienten gearbeitet wird, ist man gezwungen, nicht nur fachkundig zu agieren, sondern auch Kompetenzvermutungen zu mobilisieren.

Bei der Darstellung von Kompetenzen gilt die Regel: je indirekter die Kommunikation, desto besser.

#51 Komplexität

Der Irrtum der Vereinfacher

Komplexitätsreduktionisten gehen von der Annahme aus, dass einfache Regeln und Strukturen auch zu einfachen, niedrigkomplexen Organisationen führen. Wie trügerisch diese Annahme ist, zeigen neuere Erkenntnisse aus der Mathematik, Wirtschaftswissenschaft, Physik und Biologie. Eine interdisziplinäre Forschungsgruppe in Santa Fe, New Mexico, stößt immer wieder auf das Phänomen, dass einfache Regeln hochkomplexe Systeme erzeugen. So lässt sich zum Beispiel zeigen, wie einfache Rechenvorschriften bei ihrer wiederholten Anwendung komplexe, selbstähnliche Strukturen ausbilden. Der Gebrauch der Berechnungsvorschrift $z(n+1) = [z(n)^2] + c$ ergibt komplexe Zahlenreihen, die ähnliche, jedoch nie gleiche Strukturen aufweisen.[210]

Um dieses Prinzip zu erklären, das sich auch in der Chemie, Astronomie und Ökonomie finden lässt, kann man auf Spiele verweisen, die mit einigen wenigen Regeln hochkomplexe Spielverläufe hervorbringen. Obwohl (oder besser: weil) Schach mit einer geringen Anzahl von Regeln auskommt, wurde es zu einem so komplizierten Spiel, dass selbst Schachgroßmeister und leistungsstarke Computer seine Komplexität nur ansatzweise erfassen können. Der Wirtschaftswissenschaftler William Brian Arthur erklärt das Phänomen noch eindrucksvoller: Man lässt ein bisschen Wasser auf eine glatte Oberfläche tropfen und es entsteht ein komplexes Tröpfchengebilde, nicht etwa, weil hier hoch komplizierte Regeln zugrunde liegen, sondern weil sich zwei relativ simple Regeln gegenseitig ergänzen: Auf der einen Seite versucht die Schwerkraft, das Wasser auseinanderzutreiben und die Oberfläche mit einem dünnen, flachen Wasserfilm zu bedecken. Auf der anderen Seite treibt die Oberflächenspannung der Wassermoleküle diese dazu, sich zu einer großen, kompakten Kugel zu vereinigen. Die gleichzeitige Wirkung dieser beiden für sich genommen einfachen Regelungen produziert nicht nur komplexe, sondern darüber hinaus sogar einmalige Tropfenmuster. Wenn man das Experiment wiederholt, entsteht ein völlig neues Arrangement.[211]

Der verzweifelte Kampf des Managements gegen Überkomplexität und Komplexitätstreiber richtet sich gegen das gleiche Phänomen, das Schach zu einem so hochkomplexen Spiel macht und das Wasser auf der Oberfläche zu einem bizarren und einmaligen Muster formt: Komplexität entsteht durch das Zusammenwirken einiger einfacher Regeln und ist nicht Ergebnis eines umfangreichen und detaillierten Regelwerkes. Sowohl die Entwicklung des Taylorismus als auch die des Lean Managements zeigen, dass angesichts einer zunehmend komplexer werdenden Umwelt alle Versuche der Komplexitätsreduzierung vergeblich sind: Jedwede Einschränkung der Komplexität führt wiederum zu neuer, gesteigerter Komplexität.

Konkret bedeutet dies, dass die traditionellen Zielwerte des von wuchernden Organisationsstrukturen, wachsenden Produktpaletten und langatmigen Entscheidungsverfahren überfor-

---

[210] Zur Fraktaltheorie siehe einschlägig *Benoît B. Mandelbrot*: The Fractal Geometry of Nature. New York 1983.

[211] Siehe für diese Beispiele populärwissenschaftlich *M. Mitchell Waldrop*: Complexity. The Emerging Science at the Edge of Order and Chaos. New York 1992, 36 und 151f. Siehe ausführlich dazu *S. Kühl*: Wenn die Affen den Zoo regieren (wie Anm. 25), 110 ff..

derten Managements – nenne man sie nun Abmagerung, Verknappung oder Verschlankung – letztlich zu einer zusätzlichen Erhöhung der Komplexität führen. Der Systemtheoretiker Dirk Baecker beschreibt dieses Paradox wie folgt: „Jede Vereinfachung steigert Komplexität, und zwar eine Komplexität, die nicht irgendwo anfällt, sondern genau da, wo vereinfacht wurde. Das Einfache ist nicht der Gegenbegriff zum Komplexen, sondern ein Moment der zur Steigerung der Komplexität beitragenden Komplexitätsbewältigung."[212] Einfachheit ist also nicht, wie es uns das Alltagsverständnis nahelegt, der klassische Gegensatz zur Komplexität. Organisationen stellen sich nicht einfach die Wahl zwischen einer komplexitätssteigernden und einer komplexitätsvereinfachenden Strategie. Eine Organisation ist nicht entweder hochkomplex oder einfach, sondern sie kann ihre Komplexität durch Vereinfachungsstrategien steigern.

Mithilfe der Aufhebung der klassischen Gegensätzlichkeit von Vereinfachung und Verkomplizierung wird verständlich, warum Komplexitätsreduzierungskonzepte auf grundsätzlich fragwürdigen Prämissen beruhen. Der Abbau von Zeitpuffern als Rationalisierungsstrategie erhöht die Störanfälligkeit. Ein kontinuierliches Verbesserungskonzept resultiert im Verlust jeder Flexibilität. Die Perfektionierung des Produktionsablaufs führt wiederum zu gesteigerter Komplexität. *(→ Slack)*

Das Komplexitätsdilemma für Organisationen besteht darin, dass angesichts der Unübersichtlichkeit und Komplexität inner- und außerhalb der Organisation die Mitarbeiter nach einfachen, schlanken, komplexitätsreduzierenden Strukturen lechzen, aber gerade diese zu einer weiteren Steigerung der Unübersichtlichkeit führen würden. Die Tatsache, dass sogar die Angestellten von Organisationen, die in jahrelanger organisationeller Starre verharrten, nach Einfachheit und Sicherheit trachten, gibt lediglich einen Vorgeschmack, was an Komplexitätsbewältigung auf sehr flexibel ausgerichtete Organisationen zukommt.

Die Gefahr dieses Prozederes, dass also die heiß ersehnten Maßnahmen der Komplexitätsreduzierung nur zur Komplexitätssteigerung führen, besteht nicht so sehr in dem Dilemma selbst, sondern in dem Unwillen oder der Unfähigkeit, diese überhaupt wahrzunehmen. Der Run auf Simplifizierungs- und Vereinfachungsstrategien im Management birgt Risiken, ja sogar „tödliche Gefahren": Die steigende Komplexität wird nicht wahrgenommen, da man ja eigentlich mit einer Reduzierung gerechnet hat. Die Komplexität, die aus Vereinfachungsstrategien entsteht, kann von der Organisation nicht mehr beherrscht werden. Die gewaltsamen Vereinfachungen widersprechen den Eigengesetzlichkeiten des Systems. Das System „wehrt sich" und entwickelt eine Komplexität, die vom Management nicht mehr zu kontrollieren ist.

---

212 *Dirk Baecker*: Fehldiagnose „Überkomplexität". Komplexität ist die Lösung, nicht das Problem. In: gdi impuls 4 (1992), S. 55–62, hier S. 56.

#52 Kontaktinfektionen

Wie sich Organisationen einst über die Welt verbreiteten

Die Versuche, historische Entwicklungen im Rahmen geschichtswissenschaftlicher Kartenwerke darzustellen, konzentrierten sich bisher fast ausschließlich auf die Ausbildung (und das Verschwinden) von Staaten, die Verbreitung von Weltreligionen sowie die Expansionen wirtschaftlicher Produktionszentren und Handelsprozesse. Das Ordnungsschema von historischen Atlanten scheint sich an Funktionssystemen zu orientieren, mit deutlichen Präferenzen für die gesellschaftlichen Teilbereiche Politik, Religion und Wirtschaft.[213] Wie sähe aber ein historischer Weltatlas der Organisationen aus?

Meine Vermutung ist, dass die Darstellung erst im 14. oder 15. Jahrhundert beginnen und zunächst mit einigen wenigen Karten auskommen würde. Für das 19. Jahrhundert würde das Kartenwerk sicherlich stärker an Umfang gewinnen und zum Beispiel die Diffusion des an Humboldt orientierten Universitätsmodells nach Nordamerika oder die Verbreitung bestimmter industrieller Produktionsprozesse aufzeigen können. Für das 20. Jahrhundert würde das Kartenmaterial voraussichtlich eine fast explosionsartige Vermehrung des Strukturierungsmusters der Organisationen nachweisen können.

Über die Jahrhunderte setzten sich in immer mehr sozialen Feldern Organisationen als dominierendes Strukturierungsmuster durch. Während sich diese ursprünglich auf das Feld der Religion und des Staates beschränkten, sind heutzutage Areale wie die der Wirtschaft, der Erziehung, der Wissenschaft, des Sports oder des Tourismus maßgeblich durch Organisationen bestimmt. Begriffe wie „Organizational Revolution“, „Entstehung des Managerialismus“ oder „Organisationsgesellschaft“ sind Versuche, die Erfolgsgeschichte des sozialen Gebildes auf einen Begriff zu bringen.

Als Standarderklärung für diese „Erfolgsgeschichte“ dient in der Regel der Verweis auf die Überlegenheit von Organisationen – und ganz besonders von Unternehmen – als Strukturierungsform von kollektiven Handlungen. In diesem Erklärungsansatz sind sich die betriebswirtschaftlich orientierte Institutionenökonomie und der politökonomisch orientierte Marxismus überraschend ähnlich. In beiden Fällen erscheint die Organisation als ultima ratio einer effektiven und effizienten Strukturierung von Arbeit. Die globale Durchsetzung der Organisation als Strukturierungsmuster ist aus dieser Perspektive dann lediglich der Sieg einer nach zweckrationalen Gesichtspunkten überlegenen Systemform.

Aber diese zweckrationalen Erklärungsmuster für die Expansion von Organisationen können viele Fragen nicht beantworten: Wie lässt sich die Ausweitung auf Länder, Regionen oder Sektoren erklären, in denen sich die Anforderungen nicht grundlegend verändert haben? Wie kommt es, dass sich in Staaten der sogenannten Dritten Welt komplexe Verwaltungsgeflechte ausbilden, obwohl die Wirtschaft nach wie vor vorrangig auf Subsistenzproduktion ausgerich-

[213] Für eine ausführliche Fassung mit umfassenden Literaturhinweisen siehe *Stefan Kühl*: Organizations in World Society. On the Role of Foreign Aid in the Diffusion of Organizations. In: *Boris Holzer, Fatima Kastner, Tobias Werron* (Hrsg.): From Globalization to World Society. London 2015, S. 258–278.

tet ist? Warum kommt es zu einer zunehmenden Bürokratisierung beispielsweise religiöser Tätigkeiten, obwohl sich auch hier die Anforderungen nicht grundlegend verändert haben?[214]

Die Wurzeln der Organisationsbildung liegen in der Zeit des frühen Christentums. In dem Moment, in dem sich die frühe christliche Kirche zu einer religiösen Vereinigung entwickelte, die ihre Mitglieder unabhängig von askriptiven Kriterien wie Familienzugehörigkeit, Schichtzugehörigkeit oder ethnischen Wurzeln rekrutierte, waren erste Merkmale moderner Organisationsbildung zu beobachten. Mit der Ablösung der Politik und des Rechts von der Religion – und wichtiger noch, mit deren Ablösung aus gesamtgesellschaftlichen Zusammenhängen – im England des späten 17. Jahrhunderts bildeten sich auch auf diesen Feldern Organisationen aus, die zunehmend autonom über ihre Mitgliedschaft verfügen konnten. Mit der Industrialisierung differenzierte sich die Lohnarbeit als eine spezifische, von allen anderen Erwartungen befreite Rolle aus. Gearbeitet wurde nicht mehr vorrangig in der Familie, sondern die Familienmitglieder gingen getrennt unterschiedlichen Arbeiten nach.[215] *(→ Ganzheitlichkeit)*

Der Mechanismus, über den sich die Organisationen anfangs besonders verbreitet haben, lässt sich als „Filialgründung" bezeichnen. Die Prozedur der „Filialgründungen" kann prototypisch erneut bei religiösen Organisationen beobachtet werden. Kirchen und Klöster verbreiteten über die Bildung von Subeinheiten nicht nur ihren religiösen Einfluss, sondern trugen zusätzlich maßgeblich dazu bei, dass sich ein bestimmtes Organisationsmuster ausdehnen konnte. Während dieser Ablauf anfangs auf Europa beschränkt war, dehnte sich der Diffusionsprozess mit der „Entdeckung" neuer Kontinente auf Amerika, Asien und Afrika aus. Ein weiterer Hergang der „Filialgründungen" lässt sich bei den Handelskooperationen feststellen, die sich im 16. und 17. Jahrhundert bildeten und bereits viele Merkmale moderner Organisationen aufwiesen. Weil sich die größten Profite im Fernhandel erzielen ließen, bauten Handelskooperationen häufig militärisch gesicherte Zweigstellen in Amerika, Asien und Afrika auf. Es wurden nicht nur, wie noch beispielsweise im Venedig des 14. oder 15. Jahrhundert, vertrauenswürdige Verwandte in die Ferne geschickt, sondern es formierten sich mit der Hudson's Bay Company, der Royal African Company, der British East India Company oder der Vereenigde Oost-Indische Compagnie große Handelsunternehmen, die über eine Vielzahl von Niederlassungen verfügten und so den Archetyp der Organisation verbreiteten. Man kann sich die Expansion dieses Strukturierungsmusters wie einen Prozess der Zellteilung vorstellen: Die entstehenden Filialen funktionierten wie Zellen, die sich von der Hauptzelle abtrennten, ohne aber den Kontakt zu ihr zu verlieren. Mit dem Ende des Kolonialismus verlor das Filialmodell seine zentrale Bedeutung, ohne aber gänzlich zu verschwinden.

Nach Ende der Kolonialisierung spielte die „Kontaktinfektion" eine zunehmend wichtige Rolle. Das Prinzip: Organisationen bilden sich deswegen aus, weil sie am besten mit anderen Organisationen kommunizieren können. Eine solche Kontaktinfektion kann man beispielsweise bei der Entstehung der öffentlichen Verwaltung in Entwicklungsländern beobachten. Häufig wird übersehen, dass das Prinzip der öffentlichen Verwaltung besonders in den Ländern Afrikas, aber auch in vielen Ländern Asiens, ein neues Prinzip war. In zahlreichen Staaten, besonders eben in Afrika und Asien, bildeten sich die Rudimente einer eigenständigen Verwaltung erst in den letzten Jahren der kolonialen Herrschaft aus. Es spricht vieles dafür, dass dieser Typus in Entwicklungsländern deswegen gebildet wurde, weil nur dieser ein adäquater Ansprechpartner

---

[214] Siehe dazu *Gili S. Drori, John W. Meyer, Hokyu Hwang*: Introduction. Globalization and Organization. In: *dies.* (Hrsg.): Globalization and Organization. World Society and Organizational Change. Oxford 2006.

[215] *T. Parsons*: Das System moderner Gesellschaften (wie Anm. 143), 100 ff..

für Organisationen aus dem Okzident war. Bei Unternehmen führten die zunehmend globaler werdenden Wertschöpfungsprozesse unterdessen dazu, dass die Leistungen durch Zulieferer erbracht werden mussten. Die Vermutung liegt nahe, dass diese Zulieferer sich nicht nur deswegen als Unternehmen etablierten, weil dies die effizienteste Wertschöpfungsform war, sondern weil auch die auftraggebenden Unternehmen am besten mit anderen Unternehmen kommunizieren konnten. Auch die explosionsartige Vermehrung von Nichtregierungsorganisationen im 20. Jahrhundert kann zumindest teilweise mit dem Phänomen der Kontaktinfektion erklärt werden. In letzter Konsequenz können sowohl die Organisationen des Westens als auch des Südens nur schwierig mit amorphen Gebilden wie „der Zielgruppe der verarmten Frauen“, der „Bewegung der Landlosen“ oder gar der „Zivilgesellschaft“ kommunizieren. Die Entstehung der NGOs ist deswegen häufig mit der „Nachfrage“ bereits existierender Organisationen nach handlungsfähigen Zusammenschlüssen zu erklären.

Man darf das Bild der Kontaktinfektion nicht als einen passiven Prozess verstehen, in dem ein „Organisationsvirus“ über das gesellschaftliche Gebilde hereinbricht. Weil es sich bei Arbeitstechniken, Koordinationsmethoden und Strukturierungsformen nicht um kleine Lebewesen handelt, die einen „sozialen Körper“ befallen, läuft die Kontaktinfektion im Sozialen immer über einen aktiven Aneignungs- beziehungsweise Ansteckungsprozess. Eine Idee, Arbeitsform oder Technik muss, so schon der Ethnologe Bronislaw K. Malinowski, von dem einen oder anderen Akteur aktiv aufgegriffen werden. Anders könnte sich eine Idee nicht in einem sozialen System verbreiten.[216]

Organisationen bilden sich deswegen aus, weil sie am besten mit anderen Organisationen kommunizieren können.

[216] *Bronislaw K. Malinowski*: The Life of Culture. In: *Grafton Elliot Smith, Bronislaw Malinowski, Herbert J. Spinden* (Hrsg.): Culture. The Diffusion Controversy. London 1928, S. 26–46.

#53 Krisen

Der Umgang von Organisationen mit Kriegen, Hungersnöten und Pandemien

Krisen gehören für Organisationen vielleicht nicht zum Alltag, kommen aber immer wieder vor. Absatzmärkte brechen plötzlich weg, weil ein Produkt nicht mehr gefragt ist, und führen in Unternehmen zu Liquiditätsproblemen. Relevante Mitarbeiter verlassen gleichzeitig ein Forschungsinstitut und hinterlassen dadurch riesige Kompetenzlücken. Das gerichtliche Verbot eines Prestigevorhabens im Bereich der Verkehrspolitik wirft nicht nur die Frage nach die Fähigkeiten eines Ministers auf, sondern hinterfragt auch die Qualität des ihm zuarbeitenden Ministeriums.[217] *(→ Scheitern)*

Solche Krisen können in einigen Fällen zwar aufgefangen werden, in anderen werden derartige Umstände aber sogar zum vollständigen Scheitern der Organisation führen. Ein solches Versagen ist in der modernen Gesellschaft der Normalfall. Unternehmen kommen und verschwinden, Forschungsinstitute werden gegründet und wieder aufgelöst, Ministerien gebildet und bei Bedarf auch wieder umgestaltet. Für die Mitarbeiter mag das Verschwinden einer Organisation ein einschneidendes Erlebnis sein, die Effekte für die Gesellschaft sind allerdings minimal, weil für gewöhnlich andere Organisationen an die frei gewordenen Stellen treten.

Anders ist es, wenn es sich nicht um eine Krise einer einzelnen Organisation handelt, sondern um die Krise eines Staates oder auch gleich der ganzen Gesellschaft. Man denke nur an Bürgerkriege, Hungersnöte oder Pandemien. In diesen Vorstellungen handelt es sich also nicht mehr nur um die Krise einer einzelnen Organisation, sondern um eine außergewöhnliche Situation für mehr oder minder alle Organisationen.

Mit Blick auf Organisationen sind in diesem Zusammenhang besonders drei Themenfelder von Interesse. Erstens zeigt sich in Krisen, wie stark Organisationen auf Effizienz getrimmt worden sind und wie viel Puffer ihnen dabei gelassen worden ist. Das Spiel ist immer das gleiche: In Phasen des Normalbetriebs schlägt die Stunde der Rationalisierer. Der Puffer, der „Slack" der Organisation, wird immer weiter reduziert. In Krisen werden die Kosten dieser Rationalisierung allerdings deutlich: Es fehlt an Zwischenlagern, um Ersatzteile schnell liefern zu können; Krankenbetten stehen nicht in ausreichender Anzahl zur Verfügung und Personal zur Aufrechterhaltung der inneren Ordnung wird knapp. In der Krisensituation wird nun hektisch versucht, die Folgen dieser fehlenden Puffer abzufedern, und ohne Blick auf die Kosten werden zusätzliche Ressourcen mobilisiert. Sind die schwierigen Zeiten aber vorbei, dann kann man sich sicher sein, dass sich die ersten politischen Stiftungen und Expertenberatungsfirmen mit der Forderung nach dem Abbau von Fettpolstern in Unternehmen, Krankenhäusern oder der Verwaltung profilieren.[218] *(→ Slack)*

Zweitens machen Krisen deutlich, wie eng oder lose Prozesse miteinander gekoppelt sind. Der Ausfall einer Fabrik in einem Krisengebiet ist häufig nicht deswegen problematisch, weil

---

[217] Eine erste Fassung ist erschienen als *Stefan Kühl*: Einst eingespart, jetzt wichtig. In Krisen zeigt sich, welche Organisationen wirklich zentral sind. In: Süddeutsche Zeitung (23.3.2020).

[218] Zu Slack *Richard M. Cyert, James G. March*: A Behavorial Theory of the Firm. Englewood Cliffs 1963, S. 36.

dies für die Versorgung vor Ort nötig ist, sondern weil dort ein wichtiges Teil für einen eng gekoppelten weltweiten Produktionsprozess hergestellt wird. Wer schon einmal erlebt hat, wie bei einer Flutkatastrophe Zulieferteile notfalls mit Hubschraubern angeliefert werden, um nicht einen Produktionsstillstand in der Automobilindustrie zur Folge zu haben, weiß genau, was damit gemeint ist. Lose Kopplungen sind in Krisensituationen häufig vorteilhaft, weil sie auch bei einem eventuellen Ausfall vieler anderer Organisationen die Weiterarbeit ermöglichen.[219] *(→ Workflow)*

Drittens werfen Krisen immer wieder die Frage auf, wie viel Zentralität und Dezentralität sinnvoll ist. Sicherlich, in Ausnahmesituationen wird erst einmal der Ruf nach Zentralisierung laut, weil dadurch Maßnahmen schnell flächendeckend umgesetzt werden können. Auf der anderen Seite wird immer wieder hervorgehoben, dass dezentral angesiedelte Entscheidungskompetenzen eine besser an lokale Bedingungen angesiedelte Vorgehensweise ermöglichen. Je stärker eine Krise sich aber entwickelt, desto deutlicher wird auch, dass die zentrale oder dezentrale Verortung von Kompetenzen keinen allzu großen Unterschied macht. Schließt ein Staat seine Grenzen, folgt über kurz oder lang ein anderer, macht ein Bundesland seine Universitäten und Schulen dicht, schließen sich bald weitere an. Ob diese Entscheidungen richtig oder falsch sind, kann man nicht wissen, aber in Phasen von starker Unsicherheit orientiert man sich in der Regel nicht an einer eigenen Einschätzung der Lage, sondern macht das, was alle anderen auch machen – nur um ganz sicherzugehen.[220] *(→ Autonomie)*

Die zentrale Frage ist in solchen gesellschaftlichen Krisen, ob die Organisationen ihre Funktionsfähigkeit aufrechterhalten können. Der Grund ist, dass die Organisationen die zentralen Instanzen sind, um die Funktionsfähigkeit von gesellschaftlichen Teilbereichen sicherzustellen. Die Wirtschaft funktioniert nicht ohne Unternehmen, die Politik nicht ohne Verwaltungen, Polizeien oder Armeen, Recht nicht ohne Gerichte, Wissenschaft nicht ohne Universitäten, Erziehung nicht ohne Schulen, Medizin nicht ohne Krankenhäuser. *(→ Kontaktinfektionen)*

In gesellschaftlichen Notlagen wird schnell deutlich, welche Organisationen für deren Bewältigung zentral sind und auf welche man problemlos eine Zeit lang verzichten kann. Unternehmen können pleitegehen, was gesellschaftlich jedoch irrelevant ist, solange es nicht zu einer Kettenreaktion von Pleiten kommt, die die wirtschaftliche Handlungsfähigkeit grundlegend infrage stellt. Ob Universitäten zwei, drei Monate ihre Pforten schließen und den Konferenzbetrieb einstellen, ist, mit Ausnahme der wenigen Forschungsfelder, die unmittelbar krisenrelevant sind, egal. Vermutlich führt eine erzwungene Kontaktverdünnung in einigen Feldern sogar zu einem Fortschritt, weil ein konzentrierteres Arbeiten möglich wird. Ob Schüler in ihrer Schullaufbahn zwei oder drei Monate mehr oder weniger lernen, ist für den von ihnen später beherrschten Wissenskanon irrelevant. In Krisen wird vielmehr deutlich, dass Schulen eine Funktion haben, die sonst eher weniger thematisiert wird, die Funktion einer Bewahranstalt für Kinder und Jugendliche, damit ihre Eltern die Möglichkeit haben, arbeiten zu gehen.

Um die Organisationen zu identifizieren, die für die Bewältigung einer Krise als zentral eingeschätzt werden, muss man kein Organisationswissenschaftler sein. Sie werden in den Massenmedien als „systemrelevant" bezeichnet, von der Politik kurzfristig mit Mitteln ausgestattet, die sie über Jahre immer wieder vergeblich beantragt haben, und ihnen wird Per-

---

219 Zu loser Kopplung *Karl E. Weick*: Educational Organizations as Loosely Coupled Systems. In: Administrative Science Quarterly 21 (1976), S. 1–19, 6 ff..

220 Zu Dezentralisierung *Peter M. Blau*: Decentralization in Bureaucracies. In: *Mayer N. Zald* (Hrsg.): Power in Organizations. Nashville 1970, S. 150–174, 150 ff..

sonal zur Verfügung gestellt, das deren Funktionsfähigkeit aufrechterhalten soll. Je nach Krise variiert, welche Organisationen dazugehören; in den meisten Fällen schließt dies aber die Polizeien, Armeen, Krankenhäuser und solche Unternehmen ein, welche die Versorgung mit Nahrungsmitteln sicherstellen. Es handelt sich hierbei um Organisationen, die eine Entdifferenzierung der Gesellschaft, das Zerfallen in Clans und Stämme, die nur um ihr eigenes Überleben kämpfen, verhindern.[221]

Für Mitarbeiter mag das Verschwinden einer Organisation ein einschneidendes Erlebnis sein, die Effekte für die Gesellschaft sind allerdings minimal, weil für gewöhnlich andere Organisationen an die frei gewordenen Stellen treten.

[221] Zu Entdifferenzierung von Gesellschaften siehe *Edward A. Tiryakian*: On the Significance of De-differentiation. In: *Shmuel N. Eisenstadt, Horst Jürgen Helle* (Hrsg.): Macro-sociological Theory. Perspectives On Sociological Theory Volumne 1. London 1985, S. 118–134.

#54 Kultur

Weswegen Kulturprogramme häufig nur zur Kaschierung der faktischen Organisationskultur führen

Organisationskultur ist gestaltbar, das ist ein übereinstimmendes Credo der Managementliteratur zur Organisationskultur.[222] Häufig werden „sinnvermittelnde Maßnahmen" eingesetzt, durch welche den Mitarbeitern die „Mission" ihrer Organisation nahegebracht werden soll. *(→ Sinn)* Die Beteiligung der Mitglieder an der Entwicklung eines Kulturleitbildes wird angestrebt, um gemeinsam über Veränderungen der internen Kultur zu reflektieren. Die „Anreizsysteme" sollen so ausgerichtet werden, dass gleichzeitig Werte wie „Kundenorientierung", „Kollegialität", „Innovationsbereitschaft", „Qualitätsbewusstsein", „Konfliktbewältigung" und „Gemeinschaftssinn" befördert werden. Eine „Rotation von Subkulturträgern" soll zur „Förderung der internen Kenntnis und Akzeptanz der subkulturellen Struktur" beitragen. Eine „interdisziplinäre Lerngruppenzusammensetzung" soll als „Maßnahme der Personalentwicklung" dazu dienen, die propagierten Werte in der Organisationskultur zu verankern.[223] Der Fantasie sind bei den Vorschlägen zur Gestaltung der Organisationskultur allem Anschein nach keine Grenzen gesetzt.

Dem Management wird eine zentrale Rolle bei diesem Prozess zugeschrieben. Manager würden, so die Vorstellung, dadurch, dass sie die Werte glaubwürdig verträten und modellhaft vorlebten, die Kultur der Organisation prägen. Dies könne auf unterschiedliche Weise gelingen: über die Fragen, die sie ihren Mitarbeitern stellten, über die wichtigen Probleme, derer sie sich annähmen, sowie über die Themen, über die sie mit ihnen sprächen – all dies (und sicherlich noch viele weitere Initiativen) seien Wege, um einen unmittelbaren Einfluss auf die Organisationskultur nehmen zu können. Dabei sei es, so die Forderung in der Managementliteratur, sinnvoll, dass die Manager zwischen den verschiedenen Bereichen der Organisation rotierten, um so eine einheitliche Kultur im Gesamtgefüge zu etablieren. So könnten auch „Manager ohne Portfolio", „Culture Evangelists", ernannt werden, deren Aufgabe es sei, Fragen aufzuwerfen, Überzeugungen kritisch zu hinterfragen und neue Ideen vorzuschlagen.

Bei allen Ansätzen zur Gestaltung der Organisationskultur handelt es sich letztlich um die Reaktivierung einer alten Steuerungsfantasie, dem Traum des Managements, die informalen Netzwerke, die verdeckten Anreizstrukturen und impliziten Denkschemata so zu gestalten, dass sie die Organisation insgesamt erfolgreicher machen. Mit dem Begriff der Organisationskultur können Manager somit einerseits den klassischen Steuerungsvorstellungen abschwören, aber andererseits doch die Fiktion einer, wenn auch schwerer zugänglichen Lenkung von organisationalen Ordnungen aufrechterhalten.[224] Weil die Organisationskultur eine „kollektive Programmierung des Geistes" ermögliche, ließen sich, so der Eindruck im Management, Organisationen auch bei zentrifugalen Kräften durch Dezentralisierung einheitlich ausrichten.

---

[222] Dieser Beitrag basiert auf einer ausführlichen Ausarbeitung in *Stefan Kühl*: Organisationskulturen beeinflussen. Eine sehr kurze Einführung. Wiesbaden 2018.

[223] Ich habe nur beispielhafte Zitate eines bekannten Kulturberaters herausgegriffen. *Knut Bleicher*: Strukturen und Kulturen der Organisation im Umbruch: Herausforderungen für den Organisator. In: Zeitschrift Führung & Organisation 2 (1986), S. 97–106, hier S. 105.

[224] So *N. Luhmann*: Organisation und Entscheidung (wie Anm. 47), 239f.

Da sich über die Organisationskultur die „Herzen, die Seele und der Geist" managen ließen, bräuchten sich Manager die Organisationen nicht mehr über hierarchische Weisungen und präzise Programmierungen zusammenzuhalten. *(→ Gefühle)* Letztlich gebe es keine effizientere Steuerung als eine ausgeprägte, konsistente Organisationskultur.[225]

In der Außendarstellung werden Organisationskulturprojekte in der Regel als große Erfolge gefeiert. Es wird dabei so getan, als ob die wohlklingenden Wertekataloge, die im Rahmen des Kulturprozesses erstellt worden sind, in die innere Struktur eingesickert wären. Gerade die für derartige Verfahren verantwortlichen Beraterinnen und Berater geben sich überzeugt, dass die Formulierung einer neuen attraktiven Zielkultur zu einer faktischen Veränderung des Handelns in der Organisation führen würde beziehungsweise bereits geführt hat. Hinter vorgehaltener Hand wird dann aber häufig über die Wirkungslosigkeit der Vorhaben geklagt. *(→ Werte)*

Letztlich erzielen die von oben initiierten Kulturprogramme mit ihrer harmonistisch-humanistischen Prosa aber vorrangig Effekte auf der Schauseite. Die Tatsache, dass Schauseitenmanagement von Organisationen betrieben wird, ist an sich nicht problematisch. Mitarbeiter haben für die lebensnotwendige „Scheinheiligkeit" ihrer Organisation sowohl im Außen- als auch im Innenverkehr in der Regel Verständnis. Dabei wissen Mitglieder aller Hierarchiestufen sehr genau, dass sich sowohl die Organisation als Ganzes als auch einzelne Abteilungen „aufhübschen" müssen, um gegenüber der Öffentlichkeit gut dazustehen, qualifiziertes Personal auf dem Arbeitsmarkt anlocken zu können und um von anderen Organisationen als respektabler Kooperationspartner wahrgenommen zu werden, aber Kulturprozesse sind genau für eine solche Art von Schauseitenmanagement nicht geeignet, weil sie sich vom Anspruch her vorrangig nach innen und nicht nach außen richten. *(→ Heuchelei)*

Das Hauptproblem dieser durch Steuerungshoffnungen getriebenen Kulturprozesse ist jedoch ein anderes: die Kaschierung der faktisch existierenden Kultur durch die von oben verordneten Kulturprogramme, die alle auf die Erarbeitung einer idealisierten „Zielkultur" hinauslaufen. Die Kultur der Organisation solle, so die entsprechende und im Vorlauf bereits angedeutete Vorstellung, in der Aktivierung von positiv aufgeladenen Werten wie „Kundenorientierung", „Mitarbeiterzufriedenheit", „Qualitätsbewusstsein", „Ergebnisverantwortung", „Innovationsbereitschaft", „Kommunikationsbereitschaft", „kollegiale Arbeitsweise", „Konfliktbewältigungsfähigkeit" und „Gemeinschaftsgefühl" bestehen.[226] *(→ Bullshit)* Aber gerade die schnelle Einigung auf eine aus Wohlfühlformeln bestehende „Zielkultur" einer Organisation verunmöglicht den Zugriff auf das faktisch existierende Innenleben.

In der Beraterszene wird die Geschichte eines großen Automobilkonzerns kolportiert, der sich aufgrund eines „Mea-Culpa-Programms" nach einem besonders schwerwiegenden Gesetzesverstoß zu einem Kulturwandel verpflichtet hat. Für diese Umgestaltung wurden weltweit Kulturverantwortliche identifiziert und auf eine entsprechende Reise, eine „Culture Journey", zu als vorbildlich geltenden Unternehmen geschickt. Während die parallel laufenden Verände-

---

[225] Die Aussage über die kollektive Programmierung des Geistes ist von *Geert Hofstede*: Culture's Consequences. International Differences in Work Related Values. Beverly Hills, London 1980, S. 13. Vom Managen des Herzens, der Seele und des Geistes schreibt *Stanley A. Deetz, Sarah J. Tracy, Jennifer Lyn Simpson*: Leading Organizations Through Transition. Communication and Cultural Change. Thousand Oaks, London, New Delhi 2000, S. 1. Die Vorstellung, dass es keine effizientere Steuerung gibt als die Organisationskultur ist von *Klaus Doppler, Christoph Lauterburg*: Change Management. Den Unternehmenswandel gestalten. Frankfurt a. M., New York 2002, S. 452.

[226] *Mats Alvesson*: Understanding Organizational Culture. London 2013, S. 202.

rungen der Formalstruktur vorrangig von männlichen Mitarbeitern getragen wurden – allein schon deswegen, weil auf den verantwortlichen Stellen sowohl in der Fertigung und Montage als auch in der Forschung und Entwicklung fast ausschließlich Männer tätig waren –, waren die von der Bereichsleitung ernannten Kulturverantwortlichen in überwältigender Mehrheit Frauen. Diese Form von thematisch sehr begrenzter Frauenförderung sagt nicht nur sehr viel über die Kultur des Automobilkonzerns aus, sondern die Zuteilung der „harten Themen" an Männer und der „weichen Themen" an Frauen war auch Ausdruck davon, wie ernst die Organisationsspitze diesen Kulturprozess nahm. *(→ Geschlecht)* Der dadurch geschaffene „blinde Fleck" verunmöglichte es, diesen Ausdruck von Geringschätzung wahrzunehmen, geschweige denn, ihn überhaupt zu thematisieren. *(→ Blinde Flecke)* Im Rahmen des Kulturprozesses wurden derweil die immer gleichen wohlklingenden Werteformeln produziert: Authentizität in der Kommunikation, Vertrauen im menschlichen Umgang, aufrichtige Verständigung miteinander, verlässliche Kooperation, Sachlichkeit in Konflikten. An die faktisch existierende Kultur, also die alltäglichen Praktiken in Fertigung und Montage sowie in Forschung und Entwicklung, wurden die Kulturverantwortlichen aber gar nicht erst herangelassen.[227]

Das grundlegende Probleme einer Arbeit an der Organisationskultur ist, dass es keinerlei Gewissheit gibt, wie solche Programme bei den Mitarbeitern verfangen werden. Organisationskulturen bilden sich als informale Handlungsnormen durch Wiederholung und Imitation aus und die so eingespielten Handlungsnormen lassen sich nicht durch einen an allgemeinen Werten orientierten Leitbildprozess verändern. *(→ Leitbild)* Aber welche Möglichkeiten hat das Management dann überhaupt, die Organisationskultur zu beeinflussen?

Die Antwort mag im ersten Moment paradox klingen. Der einzige Hebel des Managements, die Organisationskultur zu verändern, liegt in der Veränderung der Formalstruktur. Nicht so, wie es sich ein steuerungsbegeistertes Management vielleicht wünschen mag, dass mit der Verkündung der neuen formalen Struktur auch gleichzeitig die passende Veränderung der Organisationskultur mit angeregt werden kann, sondern vielmehr dadurch, dass jede Veränderung in den offiziellen Berichtswegen, jede Verkündigung eines neuen offiziellen Ziels, jede Einstellung, Versetzung oder Entlassung Auswirkungen darauf hat, wie die Arbeit informal in den Bereichen, Abteilungen oder Teams koordiniert wird.[228]

---

227 Siehe dazu *S. Kühl*: Organisationskulturen beeinflussen (wie Anm. 222), 40f.

228 Das Argument habe ich an verschiedenen Stellen ausgearbeitet. Siehe nur beispielhaft *Stefan Kühl*: Organisationskultur. Eine Konkretisierung aus systemtheoretischer Perspektive. In: Managementforschung 18 (2018), 7-35; *Stefan Kühl*: Jenseits von zweckrationalen Steuerungsfantasien im Management. In: *Maja Apelt, Ingo Bode, Raimund Hasse* (Hrsg.): Handbuch Organisationssoziologie. Wiesbaden 2019, S. 1–19.

#55 Kündigung

Wie Organisationen auf Arbeitsschutzrechte reagieren

Immer, wenn die Arbeitslosenzahlen in die Höhe gehen, wird die Forderung nach einer Auflockerung des Kündigungsschutzes laut. Das Argument ist simpel: Die Ermöglichung einer „Hire and Fire"-Politik kann zwar kurzfristig zu einer Entlassungswelle führen, zahlt sich aber langfristig aus, weil Organisationen viel bereitwilliger Mitarbeiter einstellen. Kurzfristig käme es anfangs, so das Argument, dadurch zwar zu einem Anstieg von Arbeitslosenzahlen, mittelfristig, also zeitnah, würden diese aber zurückgehen.

Die Verteidigungshaltung, die die Gewerkschaften gegen eine Auflockerung des Kündigungsschutzes anbringen, wirkt hilflos. Das Argument, dass der einzelne Arbeitnehmer aufgrund seiner schwachen Verhandlungsposition gegenüber dem Arbeitgeber durch Gesetze, Tarifverträge und Betriebsvereinbarungen geschützt werden muss, kann gerade bei einer neoliberalen Grundstimmung kaum verfangen.

Die Frage ist, ob das ökonomische Argument der Flexibilisierer aufgeht. Stimmt die Vorstellung, dass eine Reduzierung des Kündigungsschutzes auch dazu führt, dass sich Unternehmen überschüssiger Arbeitnehmer leichter entledigen können? Diese Annahme hat eine gewisse Spontanplausibilität. Bei näherem Hinsehen lässt sich jedoch bezweifeln, ob im Bereich des Kündigungsschutzes Gesetze auch die intendierten Wirkungen haben werden. Zu welchen Verteidigungsstrategien werden Arbeitnehmer greifen, wenn ihnen der Rückzug auf Kündigungsschutzklauseln nicht mehr zur Verfügung steht?

Das Beispiel der Vereinigten Staaten zeigt, dass ein kaum existierender gesetzlicher und tarifrechtlicher Kündigungsschutz vorrangig zu einer Verlagerung der Konfliktarenen führt. Arbeitnehmer klagen bei der Entlassung nicht mehr wegen der Verletzung des Kündigungsschutzes, sondern aufgrund von Diskriminierungen anhand von wahlweise Rasse, Geschlecht, Religion oder sexueller Orientierung. Selbst dem weißen, cis-männlichen, protestantischen Heterosexuellen fällt noch eine kleine Absonderlichkeit an sich auf, weswegen er sich von dem ehemaligen Arbeitgeber diskriminiert fühlen könnte.

Hier wirkt eine Besonderheit des US-amerikanischen Rechtssystems, die vielen Deregulierern gewollt oder ungewollt als Vorbild zu dienen scheint: Statt Schutzrechte gesetzlich zu verankern, wird viel Raum für Schadensersatzprozesse geschaffen, in denen sich Bürger ihr Recht erstreiten können. Statt sich auf gesetzlich abgesicherte Verbraucherschutzrichtlinien zu berufen, klagt man vor Gericht auf Erstattung des Schadens. Wie ineffizient diese Verlagerung der Konfliktarena sein kann, lässt sich in einer für die Mediengesellschaft dramatisierten Form in populären US-amerikanischen Anwaltsserien beobachten.

Schon heute wird deswegen in vielen Ländern mit gutem Grund argumentiert, dass das Problem nicht ein zu stark, sondern ein zu wenig reguliertes Arbeitsrecht ist. Da das Arbeitsrecht durch ein hohes Maß an Generalklauseln gekennzeichnet ist, delegiert der Gesetzgeber die Interpretationskompetenzen an die Gerichte. Verhandelt werden dann hochkomplexe Kündigungsfälle, die fast nur noch von spezialisierten Arbeitsrechtsanwälten durchschaut werden können. Hier haben wir es dann zwar mit einer Beschäftigungsmaßnahme für Juristen zu tun, aber ob letztlich Unternehmer oder Arbeitnehmer daraus einen Nutzen ziehen, ist mehr als fragwürdig.

Das ist allerdings kein automatisches Argument für ein striktes Kündigungsschutzgesetz. Der Blick auf Länder mit starkem Kündigungsschutz zeigt nämlich: Eine Chefin wird jeden ungewollten Mitarbeiter los, indem sie ihm die alltägliche Zusammenarbeit zur Qual werden lässt. Wo in anderen Ländern eine „Hire and Fire"-Gesetzgebung erlaubt, sich von Mitarbeitern zu trennen, wird in Ländern mit starkem, ausführlichem Kündigungsschutz vermehrt auf Strategien gesetzt, die auf die alltägliche Kommunikation ausgerichtet sind.

In ihrer wildwüchsigen, unorganisierten Form werden diese Mechanismen in Anlehnung an die Tierwelt als „Mobbing" bezeichnet. In systematischerer Form heißen sie euphemistisch zum Beispiel „Dienstleistungszentrum Arbeit". In eigens eingerichteten organisationsinternen Arbeitsämtern schiebt das durch Kündigungsschutzgesetze und Betriebsvereinbarungen sich geknebelt fühlende Management nicht mehr gebrauchte Arbeitnehmer ab. Durch regelmäßige regionale Versetzungen, die Abordnung zu ungeliebten Arbeiten oder verordnete Anwesenheit, ohne dass tatsächlich gearbeitet würde, werden Mitarbeiter in diesen „Pools für Heimatlose und Entrechtete" so mürbe gemacht, dass sie von sich aus ihren Job kündigen.[229] Zugespitzt ausgedrückt: Wer „ja" zu einem rigiden Kündigungsschutz sagt, öffnet auch die Tür zu mehr oder minder systematisiertem Mobbing in Unternehmen.

Kurz: Alles in allem werden Gesetze, Richtlinien und Betriebsvereinbarungen in der alltäglichen Interaktion zwischen Mitarbeitern und Unternehmen klein gearbeitet. Genauso wie der zurzeit von oben verordnete Kündigungsschutz vor Ort effektiv unterlaufen werden kann, werden sich auch Arbeitnehmer bei einer Lockerung von Kündigungsschutzgesetzen Felder schaffen, in denen sie ihre Position wieder stärken können. Die Frage ist dann nicht mehr vorrangig die nach Flexibilität und Rigidität, sondern in welchen Arenen die Konfliktaustragung die geringsten Kosten für alle Beteiligten verspricht. Ob diese Kostenrechnung dann zugunsten einer Auflösung der Kündigungsrechte aufgeht, muss sich erst noch zeigen.

[229] Siehe zu diesem Begriff *Günter Wallraff*: Aus der schönen neuen Welt. Expeditionen ins Landesinnere. Köln 2009, S. 245.

#56 Leitbilder

Zwischen Abstraktion und Konkretisierung

Eine Zeit lang forderten die Installationsprogramme von Mobiltelefonen als Erstes ihre Nutzer auf, ein persönliches Mission Statement, ein individualisiertes Leitbild, einzugeben. Irritiert fragte man sich, ob die sich zunehmend als künstlich intelligent präsentierenden Mobiltelefone zukünftig die Eingabe von allen Terminen blockieren werden, die nicht mit dem eigenen Leitbild kompatibel sind. Während die Erstellung persönlicher Leitbilder uns ungewöhnlich, ja fast schon abstrus erscheint, ist dies in Organisationen längst an der Tagesordnung. Unternehmen, aber auch Verwaltungen, Krankenhäuser, Universitäten, Schulen und Kindergärten, die etwas auf sich halten, bieten ihren Mitarbeitern, Kunden und Lieferanten einen Wertekanon an, der Orientierung in der alltäglichen organisatorischen Unübersichtlichkeit bieten soll.

Die Leitbilder klingen alle überraschend ähnlich. So präsentierte IBM lange Zeit ein Leitbild, das den Dienst am Kunden, die Verpflichtung gegenüber den Aktionären, ein faires Verhalten gegenüber den Lieferanten und die Verantwortung gegenüber der Gesellschaft verkündete. Das technologische Gemischtwarenunternehmen 3M gab als gemeinsame Werte im Unternehmen absolute Integrität, die Achtung individueller Initiative, Toleranz gegenüber Fehlern „in bester Absicht“ sowie qualitativ hochwertige und zuverlässige Produkte vor.

Die Crux ist, dass Leitbilder so abstrakt formuliert sind, dass sie sich nicht als Grundlage für konkrete Handlungsempfehlungen eignen.[230] *(⟶ Werte)* Ob man sich jetzt in einer Konfliktsituation eher zugunsten des Kunden, des Aktionärs, des Lieferanten oder der Gesellschaft entscheiden soll, ließ das Leitbild von IBM offen. Ob der Mitarbeiter bei 3M für eine Innovation einen Fehler „in bester Absicht“ riskieren oder sich für den sicheren Weg entscheiden sollte, um ein zuverlässiges Produkt abzuliefern, wurde durch das Leitbild ebenso unklar gelassen.

Handlungsempfehlungen in Leitbildern erinnern an die beiden Arme einer Küchenwaage. Je allgemeiner die Handlungsempfehlungen und je abstrakter der Wertekatalog einer Organisation formuliert sind, desto weniger können Mitarbeiter daraus schließen, wie sie sich tatsächlich verhalten sollen. Je stärker jedoch ein Leitbild konkrete Handlungsanweisungen vorgibt, desto weniger integrierend kann es wirken, desto augenscheinlicher dringen die Widersprüchlichkeiten der Organisation an die Oberfläche und desto offensichtlicher ähneln sie verbindlichen formalen Regeln.[231]

Aber vielleicht ist die mangelnde Fähigkeit, über Leitbilder Verhalten zu steuern, gar nicht so schlimm. Möglicherweise geht es bei Leitbildern ja gar nicht darum, sondern eher um die Produktion von Legitimität für das Unternehmen, die Verwaltung, das Krankenhaus, die Universität, die Schule oder den Kindergarten. *(⟶ Heuchelei)* Leitbilder scheinen die Ablagefläche für alle nicht ökonomischen Ansprüche zu sein, die von außen an eine Organisation herangetragen werden. Ein Unternehmen, das als einziges Ziel Profit, Profit und Profit ausgibt, gerät auch in einer Marktwirtschaft in Rechtfertigungsprobleme. Mitarbeiter wollen das Gefühl haben, dass sie täglich acht, neun oder zehn Stunden nicht allein für den schnöden Mammon aufwenden,

[230] Siehe zu diesem Merkmal von Werten allgemein *N. Luhmann*: Rechtssoziologie (wie Anm. 186), 88f.

[231] Siehe dazu *Stefan Kühl, Hansjörg Mauch, Christoph Nahrholdt*: Leitbilder richtig entwickeln. In: HarvardBusinessManager (2015), 10, S. 56–65.

sondern Teil einer größeren Sache sind. Kunden lassen sich besser binden, wenn man ihnen vermittelt, dass sie nicht gemolken werden, sondern im Mittelpunkt des Unternehmens stehen.

Die Erzeugung dieser Form der Akzeptanz ist die klassische Aufgabe der Leitung. Dem Mitarbeiter am Fließband oder der Pflegerin auf der Krebsstation ist der Ruf ihrer Organisation zwar in der Regel nicht egal, schließlich muss man sich gegenüber seinen Freunden rechtfertigen, aber für die Reputation ist primär die Spitze zuständig. Das erklärt auch, weswegen das Topmanagement und bestenfalls noch die Leitbildbeauftragten mit besonderem Herzblut an dem Wertekatalog hängen, Mitarbeiter die Leitbildkampagnen jedoch mehr oder minder über sich ergehen lassen. *(→ Zynismus)*

Die Erstellung des Leitbildes ist allerdings schwieriger, als man auf den ersten Blick denken mag. Einerseits darf das Leitbild nämlich nicht verstauben, anderseits darf man sein Leitbild nicht zu häufig wechseln, weil sich die Mitarbeiter sonst nur noch über die jeweils aktuelle „Jahreslosung" lustig machen würden. *(→ Bullshit)* Auf der einen Seite darf das Leitbild nicht zu weit von den in der Gesellschaft gehandelten Werten abweichen. Man stelle sich nur ein Leitbild vor, das trotz der demokratischen Grundstimmung eine autoritäre Führung für das Unternehmen fordert. Auf der anderen Seite darf es aber auch nicht eine billige Kopie des Wertekatalogs eines anderen Unternehmens sein.[232]

Leitbilderstellung ist immer eine Gradwanderung zwischen diesen Polen und allein deswegen schon ein aufwendiger Prozess, der sich nicht standardisieren lässt – weder bei Organisationsleitbildern noch bei persönlichen Mission Statements. Insofern ist es also unwahrscheinlich, dass uns in der nächsten Softwareversion eines Handys eine Programmerweiterung nach zwei Jahren automatisch zur Erneuerung unseres Mission Statements auffordert oder das Mobiltelefon uns einen Warnhinweis gibt, wenn unser persönliches Leitbild zu stark denen anderer Nutzer ähnelt.

Den Mitarbeitern ist zwar in der Regel der Ruf der Organisation nicht egal, schließlich muss man sich gegenüber Freunden rechtfertigen, aber für die Reputation einer Organisation ist primär deren Spitze zuständig. Das erklärt, weswegen das Topmanagement mit Herzblut an den Leitbildern hängt, Mitarbeiter die Kampagnen jedoch mehr oder minder über sich ergehen lassen.

[232] Siehe ausführlich dazu *Stefan Kühl*: Leitbilder erarbeiten. Eine kurze organisationstheoretisch informierte Handreichung. Wiesbaden 2017.

#57 Lernen

Über erfolgreich scheiternde Organisationen

In den späten 1990er-Jahren gönnte es sich fast jedes Unternehmen, sich als lernende Organisation zu präsentierten. Über diesen eingängigen Begriff konnte man Zulieferer, Kunden sowie Mitarbeiter und nicht zuletzt sich selbst davon überzeugen, dass man sich permanent in Veränderung befand. In einer durch Disruption gekennzeichneten „Dynamix-Welt", so die Vorstellung, dürfe „Wandel das einzig Stabile" sein. *(→ Disruption)* In den meisten Organisationen hat sich das Managementkonzept der lernenden Organisationen inzwischen jedoch abgenutzt. In wenigen Jahren hat es das gleiche Schicksal durchlaufen wie vor ihm andere Managementmoden auch – beispielsweise Lean Management, Business Process Reengineering oder virtuelle Organisationen. *(→ Managementmoden)*

Für ein, zwei Jahre gab es kaum Unternehmensleitbilder oder Konferenzen, in denen nicht das Lernen als zentrale Überlebensbedingung für moderne Organisationen gefeiert wurde. Dann setzten jedoch sichtbare Ermüdungserscheinungen ein: Es entstand das Gefühl, dass zu dem Begriff alles gesagt war. Man merkte, dass auch dieses Konzept nicht das organisationale Allheilmittel war, und irgendwann wurde der Begriff durch neue Vorhaben ersetzt.

Aber in einem Typus von Organisationen hat das Konzept überlebt: in den überstaatlichen, staatlichen und nicht staatlichen Entwicklungshilfeorganisationen. Im Leitbild fast jeder großen Entwicklungshilfeorganisation wird nach wie vor Lernen als die zentrale Organisationsmaxime propagiert. „Wir überprüfen ständig in der Interaktion mit unseren Partnern und durch Evaluierungen", so etwa die Maxime einer der führenden Entwicklungshilfeorganisationen, „ob wir noch deren Bedürfnissen gerecht werden und wie wir das besser tun könnten." Alle Mitarbeiter müssten, so die Vorstellung, „durch ihre Arbeit klüger werden". Eine andere staatliche Entwicklungshilfeorganisation kombiniert den Begriff des „Lernens" mit dem ebenfalls lange Zeit populären Begriff des „Netzwerkes" und präsentiert sich als „lernende Netzwerkorganisation". Wie kommt es, dass in den Entwicklungshilfeorganisationen das Konzept der lernenden Organisation immer noch zelebriert wird?

Die Ursache für die Popularität des Konzeptes liegt in der permanenten Kritik, der sich Entwicklungshilfeorganisationen ausgesetzt sehen. Nach Jahrzehnten der Entwicklungshilfe haben die Promotoren der Hilfe für Länder in Asien, Afrika und Lateinamerika offensichtlich immer noch nicht jene Stellschrauben identifiziert, mit denen sich langfristig Erfolge in den Entwicklungsländern erzielen ließen. Die Ergebnisse der Bemühungen sind auch nach der Investition von jährlich über 100 Milliarden US-Dollar mehr als ernüchternd. *(→ Scheitern)*

Der Verwaltungswissenschaftler Wolfgang Seibel bezeichnet Organisationen, die trotz ihres Scheiterns weiterbestehen als erfolgreich scheiternde Organisationen. Diese Organisationen verfehlen regelmäßig ihre angestrebten übergreifenden Ziele: die Reduzierung des Analphabetismus, die Verbesserung der Gesundheitsversorgung oder die Durchsetzung demokratischer Prinzipien in Entwicklungsländern. Das Scheitern führt jedoch nicht zur Abschaffung dieser Organisationen, sondern im Gegenteil zu verstärkten Mittelzuweisungen für diese.[233]

[233] *Wolfgang Seibel*: Erfolgreich scheiternde Organisationen. Zur politischen Ökonomie des Organisationsversagens. In: Politische Vierteljahresschrift 32 (1991), S. 479–496. Ausführlich ders.: Funktio-

Mit einem Problem müssen diese Organisationen jedoch umgehen: dem öffentlichen Legitimitätsdefizit, das durch den mangelnden Erfolg ihrer Bemühungen entsteht. Die naheliegende Reaktion derartiger Organisationen ist, auf das ständige Scheitern ihrer Bemühungen mit permanentem Lernen zu reagieren. Gerade die großen staatlichen Entwicklungshilfeorganisationen reagieren sehr schnell auf Kritik und passen ihre Projekte und Programme neuen Entwicklungen an. Selbst große überstaatliche Organisationen reagieren so zielsicher auf Einwände, dass sie sogar von ihren Kritikern als hochinnovativ wahrgenommen werden. Aber was bedeutet das Konzept der lernenden Organisation eigentlich genau?

Verborgen unter dem verbalen Müll, der mit dem Begriff der lernenden Organisation häufig mit vermittelt wird, gibt es einen Kerngedanken: Es gäbe, so jedenfalls die Vorstellung, aufgrund ihrer turbulenten Umwelten kaum noch überzeugende Blaupausen für das alltägliche Funktionieren von Organisationen. Daher müssten Organisationen auf allzu genaue Vorlagen verzichten und sich fragen, wie sie sich trotz dieser Umstände verändern könnten. *(→ Beobachtung)* Statt „Wie produzieren wir" steht „Wie verändern wir" als Urgrund rationalen Handelns der Organisation im Vordergrund.

Wenn das Konzept der lernenden Organisation für die Außendarstellung genutzt wird, kann dies sehr wohl sinnvoll sein. Wir leben in einer Gesellschaft, in der das permanente Lernen zu einem nicht hinterfragbaren Mantra geworden ist. Man kann nicht widersprechen, wenn Politiker das Lernen als Grundvoraussetzung für den Erfolg eines Staates bezeichnen. Das Verlangen nach besseren Lernbedingungen für Studenten ist als Wertvorstellung so attraktiv, dass man zwar über die Wege dahin streiten kann, aber die Forderung wenigstens mit Lippenbekenntnissen bedient werden muss. Auch wenn Unternehmen, Verwaltungen oder Nichtregierungsorganisationen nicht unbedingt das Leitbild der lernenden Organisation benutzen, können sie auf die Frage, ob sie lernen, in ihrer Organisation nicht einfach mit „Nein" antworten.

Das Problem entsteht in dem Moment, in dem Entwicklungshilfeorganisationen das Konzept der lernenden Organisation zu ernst nehmen. Lernen ist eine komplizierte Angelegenheit. Sie funktioniert dann am besten, wenn sich Erfahrungen möglichst unmittelbar und kurzfristig auf Ursachen beziehen lassen. Aus Versuch und Irrtum lassen sich Lernschleifen kreieren, mit denen sich immer bessere Ergebnisse erzielen lassen.

Allzu häufig verhindern jedoch schon die Vielfalt von Wirkfaktoren und größere Zeitspannen solche Lernprozesse: Lässt sich die Reduzierung der Säuglingssterblichkeit Mosambiks auf den Erfolg der Aufklärungskampagne zurückführen oder auf eine allgemeine Verbesserung der wirtschaftlichen Situation? Kann die Reduzierung der Luftverschmutzung im Großraum Kairo mit dem Erfolg eines Weltbankprojektes erklärt werden oder liegt dem eventuell nur der Niedergang einiger besonders verschmutzender Industrien zugrunde? Die Gefahr ist groß, dass die Entscheider gar nicht mehr die Konsequenzen bemerken, die bestimmte Entscheidungen nach sich ziehen oder schlimmer noch, aus den scheinbaren oder angenommenen Wirkungen falsche Schlüsse ziehen.

Angesichts dieser sowieso schon schwierigen Lernprozesse in der Kooperation zwischen Industriestaaten und Entwicklungsländern hat das Konzept der lernenden Organisation verheerende Auswirkungen: Um das Lernen der Projektmanager zu erhöhen, werden diese in der Regel

naler Dilettantismus. Erfolgreich scheiternde Organisationen im „Dritten Sektor" zwischen Markt und Staat. Baden-Baden 1992.

auf neue Positionen versetzt und bekommen so kaum noch mit, welche Effekte die von ihnen angestoßenen Projekte haben. *(→ Jobwechsel)* Weil Konzepten wie dem Social Marketing von Kondomen schon nach wenigen Jahren der Makel einer nicht mehr allzu neuen Maßnahme anhaftet, fordert das Entwicklungshilfeministerium „neue Konzepte" und erschwert damit das Lernen aus den vorherigen.

Es ist paradox: Das Lernen in den Entwicklungshilfeorganisationen wird im Moment nicht dadurch behindert, dass die Organisationen sich zu wenig verändern, sondern vielmehr dadurch, dass sie sich so schnell verändern, dass sie kaum noch langfristig beobachten können, welche Effekte ihre Projekte und Programme in den Ländern bewirkt haben. Zugespitzt ausgedrückt: Es ist das permanente Lernen, dass das Lernen der Organisationen blockiert. Es spricht einiges dafür, dass Entwicklungshilfeorganisationen die Aufforderung zu permanentem Wandel nicht allzu ernst nehmen, nicht jede Mode der Entwicklungszusammenarbeit mitmachen und stattdessen etwas ruhiger beobachten sollten, welche Effekte ihre Interventionen haben.

Das Lernen in den Organisationen wird nicht dadurch behindert, dass die Organisationen sich zu wenig verändern, sondern vielmehr dadurch, dass sie sich so schnell verändern, dass sie kaum noch langfristig beobachten können, welche Effekte ihre Projekte bewirkt haben.

#58 Löhne

Über die Gefahren der Transparenz

Löhne stoßen deswegen auf großes Interesse, weil es bei den meisten Menschen einen „chronischen Mangel" an Geld gibt.[234] Wenn man nicht Empfängerin einer großen Erbschaft ist, über lukrative Zinsen abwerfendes Kapital verfügt oder von der Vermietung von Häusern und Wohnungen leben kann, ist man – so schon die Beobachtung von Karl Marx – gezwungen, seine Arbeitskraft zu verkaufen, und das findet heutzutage in den allermeisten Fällen durch den Verkauf dieser Ware an Organisationen statt.[235]

Aus organisationswissenschaftlicher Perspektive ist der chronische Geldmangel in modernen Gesellschaften deswegen interessant, weil dies ermöglicht, Menschen dazu zu motivieren, Tätigkeiten zu vollziehen, die sie ohne die In-Aussicht-Stellung und die in den meisten Fällen auch tatsächlich realisierte Zahlung von Löhnen nicht machen würden. *(→ Identifikation)* Bewerber mögen sich in Assessment-Centern noch so sehr als mit den Zwecken der Organisation hyperidentifizierte potenzielle Vorzeigemitarbeiter präsentieren und das gesamte Vokabular der von der Mode der Purpose Driven Organization infizierten Personaler bedienen, allen Beteiligten ist zu jedem Zeitpunkt klar, dass die infrage kommenden Arbeitnehmer letztlich ohne eine Entlohnung nicht in diesem Assessment-Center sitzen würden. *(→ Personalauswahl)*

Auf den ersten Blick unterliegt die Bestimmung des Lohns – jedenfalls in kapitalistischen Wirtschaftsordnungen – im Grunde genommen denselben Prinzipien wie die Bestimmung des Preises für Produkte und Dienstleistungen. Sicherlich, es mag staatlich verordnete Mindestlöhne geben, tarifrechtliche Vereinbarungen oder Deckelungen von Vorstandsgehältern. Letztlich wird aber der Lohn, ähnlich wie bei Butter, Haarschnitten oder Grippemedikamenten, über Angebot und Nachfrage bestimmt.

Wie auf allen Produkt- und Dienstleistungsmärkten herrschen auch auf Arbeitsmärkten nie die perfekten Bedingungen. Selbst wenn es überzeugten Anhängern der Marktwirtschaft gelingen würde, „Marktverzerrungen" wie Mindestlöhne, Tarifvereinbarungen und Gehaltsdeckelungen abzuschaffen, würden sich Löhne nie als „natürliches" Ergebnis eines Zusammenspiels von Angebot und Nachfrage ausbilden, weil die Verhandlungsmacht zwischen Arbeitgebern und Arbeitnehmern ungleich verteilt ist.[236] Es wird, allem Gerede von „gerechten Löhnen" zum Trotz, immer gute Gründe geben, weswegen sich der eine Mitarbeiter oder die andere Mitarbeiterin durch die gezahlten Bezüge ungerecht behandelt fühlen wird.

Angesichts dieser Schwierigkeiten beschreiten Organisationen unterschiedliche Wege, um das Gehalt der Mitarbeiter bestimmen zu lassen. In vielen Verwaltungen werden Löhne nach einem an der Qualifikation orientierten strikten Stufensystem vergeben, in dem Mitarbeiter alle zwei Jahre auf ihrer jeweiligen Ebene etwas mehr Gehalt bekommen. In einigen Nichtregierungsorganisationen wird ein Einheitslohn gezahlt, der lediglich durch Kinderzuschläge

---

[234] Dazu *N. Luhmann*: Zweckbegriff und Systemrationalität (wie Anm. 180), 140f.

[235] *Karl Marx*: Das Kapital. Erstes Buch. In: *ders.* (Hrsg.): Marx-Engels-Werke. Band 23. Berlin 1962, S. 11–955, 192 ff..

[236] *Karl Polanyi*: The Great Transformation. Politische und ökonomische Ursprünge von Gesellschaften und Wirtschaftssystemen. Wien 1977, 194 ff..

erhöht werden kann. In vielen Unternehmen verhandeln die Mitarbeiter in einem von der Personalabteilung vorgegebenen Rahmen das Gehalt direkt mit ihren Vorgesetzten.

Interessant sind die Fälle, in denen Organisationen versuchen, über eine höchstmögliche Gehaltstransparenz einen Prozess des selbst organisierenden Ausmendelns der Gehälter zu erreichen. *(→ Selbstorganisation)* Ausgangspunkt ist die häufige Kritik, dass selbst in vielen Organisationen, in denen sonst alle Kennzahlen allen Mitarbeitern zugänglich sind, bei den Löhnen plötzlich eine auffällige Intransparenz herrscht. Das Ziel ist es dann, den Transparenzanspruch in der Organisation auch auf Löhne auszuweiten und damit das typische Dogma à la „Über das Gehalt spricht man nicht – jedenfalls nicht in einem großen Kreis" zu überwinden. *(→ Transparenz)*

Die Gefahr ist jedoch, dass sich alle Organisationsmitglieder kollektiv auf eine von vornherein vergebliche Suche nach „gerechten Löhnen" begeben. Es werden stets ausgefeiltere Systeme zur Bestimmung der Löhne entwickelt, ständig aufwendigere Abstimmungsrunden über die Gehälter eingeführt oder immer mehr Gremien gebildet, die ein für alle zufriedenstellendes Lohnmodell einführen sollen. Die Transparenz in der Gehaltsfrage droht dabei allerdings zunehmend Aufmerksamkeit auf sich und gleichzeitig von anderen für die Organisation relevanten Themen abzuziehen.

Löhne stoßen deswegen auf großes Interesse, weil es bei den meisten Menschen einen „chronischen Mangel" an Geld gibt.

#59 Macht

Wider die Ignorierung von Mikropolitik in Organisationen

Macht in Organisationen hat ein schlechtes Image. Die mit Macht in Verbindung gebrachten Begriffe klingen abschreckend: Intrigen, Grabenkämpfe, Cliquen- und Koalitionsbildung, Radfahren, nach oben buckeln und nach unten treten, Informationsfilter, Mauscheleien, Regimekritiker, trojanische Pferde, Konkurrenten ausstechen. Macht wird assoziiert mit Egoismus, Machiavellismus und Missbrauch.[237]

Entkleidet man den Machtbegriff von negativen Konnotationen, dann drückt er die Fähigkeit aus, bei anderen ein Verhalten zu erzeugen, das sie spontan nicht angenommen hätten.[238] Mit Macht etwas durchsetzen zu wollen, ist ein Phänomen, das man in Organisationen tagtäglich antrifft. Dennoch wird es selten offen thematisiert. Stattdessen trägt man die Konflikte, die aus dem Anspruch oder der Erwartung entstehen, andere mögen sich anpassen, gehorchen und unterwerfen, versteckt aus.

In Machtbeziehungen werden, mit der Andeutung von Drohungen, Handlungsmöglichkeiten ausgetauscht. Das sind die Fähigkeiten, für andere wichtige Probleme zu lösen oder Hilfe und Unterstützung zu verweigern.[239] Die Macht hängt von der Relevanz der Handlungsmöglichkeiten für andere sowie von der Autonomie und Nichtersetzbarkeit der Akteure ab. Ein Vertriebsmitarbeiter, der einen privilegierten Zugang zu einem wichtigen Kunden hat, besitzt einen Trumpf, mit dem er wuchern kann. Je weniger ein IT-Experte wegen seiner detaillierten Kenntnisse eines in der Firma selbst gestrickten Programms zu ersetzen ist, desto stärker ist seine Position gegenüber Personen, die von diesem Programm abhängig sind.

Dabei ist Macht eine Austauschbeziehung, die zwar asymmetrisch, aber stets wechselseitig ist. Eine Person oder Personengruppe kann die eigenen Auffassungen nur dann durchsetzen, wenn eine andere Person oder Personengruppe bereit ist, sich mit dieser in eine Beziehung einzulassen. Eine Meisterin kann nur anordnen, solange die Arbeiter ihr folgen. Eine Offizierin kann nur Befehle erteilen, wenn sie davon ausgehen kann, dass die Soldaten diese auch befolgen.[240] Sobald sich eine Person der Beziehung zum Beispiel durch Kündigung entzieht, ist die Austauschbeziehung und damit auch das Machtverhältnis zu Ende. Schon einzelne Verweigerungen wie die, Überstunden zu arbeiten, können eine Vorgesetze in Bedrängnis bringen. Sie wird ihren Leuten eine Kompensation, eine Gefälligkeit anbieten müssen.

Aus einer Machtbeziehung ziehen also immer beide Seiten etwas. Dies bedeutet selbstverständlich nicht, dass es sich um einen fairen oder gerechten Austauschprozess handeln muss.

---

[237] Dieser Artikel basiert auf einer längeren Ausarbeitung, die ich zusammen mit Wolfgang Schnelle geschrieben habe; siehe *Stefan Kühl, Wolfgang Schnelle*: Macht gehört zur Organisation wie die Luft zum Leben. In: Herrnsteiner (2001), 2, S. 16–20. Zur Einordnung im Verhältnis zu Vertrauen und Verständigung siehe *Stefan Kühl*: Laterales Führen. Eine sehr kurze organisationstheoretisch informierte Handreichung. Wiesbaden 2017, 23f.

[238] So die bekannte Bestimmung in *M. Weber*: Wirtschaft und Gesellschaft (wie Anm. 146), S. 28.

[239] So *Erhard Friedberg*: Le pouvoir et la règle. Paris 1993, 117f.

[240] *Mark J. Osiel:* Atrocity, Military Discipline & the Law of War. New Brunswick; London 1999, S. 227.

Es verweist aber darauf, dass auch der vermeintlich Machtlose ein Interesse an der Aufrechterhaltung der Machtbeziehung haben kann.

Die Rolle von Macht wird besonders in dramatischen Konfliktsituationen deutlich. Zugegebenermaßen sind solche Konflikte in Machtbeziehungen aber eher die Ausnahme als die Regel. Machtbeziehungen basieren stattdessen darauf, dass diese von den beteiligten Akteuren geteilt und mehr oder minder akzeptiert werden. Zwar lauert im Hintergrund immer die Drohung, dass man die Machtbeziehung eskalieren lassen kann und Sanktionen bis hin zur Gewaltanwendung wirksam werden. In der Regel ist die Machtbeziehung jedoch dadurch gekennzeichnet, dass sich beide Seiten in diese fügen und Sanktionen und Drohungen latent gehalten oder nur vorsichtig angedeutet werden. *(→ Gewalt)*

Macht stützt sich auf die Kontrolle relevanter Unsicherheitszonen. Die können ganz unterschiedlicher Natur sein. Hierarchen stützen ihren Einfluss darauf, formale organisatorische Regeln erlassen zu können, die das Aktionsfeld der Untergebenen einengen oder erweitern können. Experten, beispielsweise IT-Fachleute oder Marketingspezialisten, gewinnen ihre einflussreiche Stellung aus der Beherrschung von in der Organisation relevantem Sachwissen. Personen, die Relaisstellen zur Umwelt darstellen, ziehen Machtmöglichkeiten daraus, dass sie einen privilegierten Zugang zu Kunden, zentralen Zulieferern, wichtigen Kooperationspartnern oder einflussreichen staatlichen Stellen haben. Gatekeeper, etwa ein Sekretär oder ein persönlicher Referent, ziehen ihren Einfluss aus der Kontrolle wichtiger interner Kommunikationskanäle und Informationsquellen.[241]

Hierarchie begründet also nur eine Unsicherheitszone unter vielen und man begeht einen groben analytischen Fehler, wenn man Hierarchie mit Macht gleichsetzt. Zweifellos entscheiden Manager nicht nur über Arbeitsprozesse oder Strategien mit; als Vorgesetzte bestimmen sie auch maßgeblich die Einstellung, Entlassung und Karriere ihrer Mitarbeiter. *(→ Karriere)* Sie beherrschen damit eine zentrale Unsicherheitszone ihres Personals, jedenfalls so lange, als dieses keine attraktiveren Alternativen auf dem Arbeitsmarkt hat. Sie können zugleich auch über andere Unsicherheitszonen wie den Kontakt zur Umwelt oder Fachkenntnisse verfügen. Dies geschieht aber nicht automatisch, quasi qua Amt. Häufig haben nämlich gerade die Untergebenen mehr Fachwissen als Vorgesetzte. Aufgrund des wachsenden Bedarfs an spezialisiertem Fachwissen können Führungskräfte nicht mehr alle Themenfelder in ihrem Bereich übersehen und müssen zulassen, dass ihre Mitarbeiter sachverständiger und kompetenter sind als sie selbst. Auch die Kontakte zu Kunden, Zulieferern, Kooperationspartnern oder politischen Institutionen sind nicht an der Spitze monopolisiert. Insbesondere in größeren Unternehmen, Verwaltungen oder Verbänden ist es nötig, dass die Organisationsspitze die Pflege der Außenkontakte delegiert. Weiterhin hat die Führungskraft nicht die Möglichkeit, alle Kommunikationen in der Organisation zu regulieren. Schon die häufige Klage von Führungskräften über vermeintlich falsche Gerüchte zeigt, dass Kommunikationen in Unternehmen ganz anders laufen, als es sich die Führungskräfte vorgestellt haben.[242] *(→ Hierarchie)*

Häufig findet man Situationen in Organisationen, in denen sich die Hierarchen nicht unbegrenzt durchsetzen können, weil ihre Untergebenen wichtige Unsicherheitszonen beherrschen. So können in Krankenhäusern die vermeintlichen „Götter in Weiß“ trotz ihrer formalen Be-

---

241 *Michel Crozier, Erhard Friedberg*: Macht und Organisation. Die Zwänge kollektiven Handelns. Berlin 1979, S. 40.

242 Siehe dazu *Niklas Luhmann*: Zweck – Herrschaft – System. Grundbegriffe und Prämissen Max Webers. In: *ders.* (Hrsg.): Politische Planung. Opladen 1971, S. 90–112, 99f.

fugnisse die Abläufe nicht eindeutig bestimmen. Pflegekräfte beherrschen für Ärzte wichtige Unsicherheitszonen und können diese als Tauschgut einsetzen. Folglich sind die Ärzte von den Pflegekräften abhängig, weil sie häufig nur kurz in den Stationen verweilen. Sie sind darauf angewiesen, dass die Pflegekräfte ihnen administrative und zuweilen auch kurative Arbeiten abnehmen. So können Aushandlungsverhältnisse entstehen, in denen die Pfleger die Bereitschaft zur Übernahme von stärkerer Verantwortung gegen stärkere Mitsprache bei der Patientenbetreuung eintauschen. Selbst in Gefängnissen sind die Insassen den Wärtern nicht hilflos ausgeliefert. Zwar können die Wärter Verfehlungen der Gefangenen melden und deren Bestrafung fordern, dies würde jedoch den Eindruck vermitteln, dass die Justizbeamten ihre Gefangenen nicht im Griff haben. Um dies zu vermeiden, entstehen Tauschbeziehungen, in denen die Wärter einige Regelverletzungen der Gefangenen durchgehen lassen, solange sie sich insgesamt kooperativ verhalten.[243]

Trotz solcher Machtspiele wird eine Organisation in der Regel nicht zu einer Löwengrube, in der sich die Beteiligten gegenseitig in einem darwinistischen Überlebenskampf bekriegen. Die Machtentfaltung stößt an Grenzen, weil es in der Regel ein gemeinsames Interesse an der Fortdauer des Spiels gibt. Im Hintergrund lauert immer die Drohung eines Akteurs, das Machtspiel und damit auch die Austauschbeziehung zu beenden. Daran haben die Angehörigen jedoch entweder kein Interesse oder sie haben keine Möglichkeit. Sie wollen etwas von ihren Gegenübern, etwas, das sie zu so günstigen Bedingungen von niemand anderem bekommen können. Denkbar ist allerdings auch, dass sie schlicht keine Möglichkeit haben, das Machtspiel zu beenden, weil sie die andere Person nicht durch Entlassung aus der Organisation entfernen können.

Trotz Machtspielen wird eine Organisation nicht zu einer Löwengrube, in der sich die Beteiligten gegenseitig in einem darwinistischen Überlebenskampf bekriegen. Die Machtentfaltung stößt an Grenzen, weil es in der Regel ein gemeinsames Interesse an der Fortdauer des Spiels gibt.

[243] Siehe zu Gefängnissen *David Mechanic*: Sources of Power of Lower Participants in Complex Organizations. In: Administrative Science Quarterly 7 (1962), S. 349–364.

#60 Managementmoden

Wie man unsicheres in sicheres Wissen verwandelt

Managementmoden sind breit geteilte Vorstellungen darüber, wie Unternehmen, Verwaltungen, Krankenhäuser, Hochschulen, Schulen, Armeen, Polizeien oder Verbände besser organisiert werden können. Die Managementmoden suggerieren dabei, dass durch die Einführung neuer Gestaltungsprinzipien die Anpassungs-, Leistungs- und Innovationsfähigkeiten erhöht werden können. Sie setzen mit diesem Versprechen an dem in Organisationen verbreiteten Bedürfnis an, wahrgenommene Defizite zu beheben und bisher nicht genutzte Verbesserungsmöglichkeiten zu erschließen.[244]

Die Vorstellung der verbesserten Gestaltung beschränkt sich derweil nicht auf eine einzelne Organisation, sondern verbreitet sich über eine Vielzahl dieser Gebilde. In einigen Fällen begnügt sich der Prozess der „sozialen Ansteckung" durch eine Managementmode auf eine einzelne Branche. Manchmal konzentriert er sich auch auf einen ganz bestimmten Organisationstypus, zum Beispiel nur auf Unternehmen, nur auf Verwaltungen oder nur Armeen. Nicht selten springt eine Managementmode jedoch von einem Typ auf andere über, wenn etwa Verwaltungen, Armeen oder Universitäten Konzepte übernehmen, die ursprünglich mal für profitorientierte Unternehmen konzipiert wurden. *(→ Kontaktinfektion)*

Der Nutzen von Managementmoden besteht darin, dass sie gerade mit ihrer auf Wandel ausgerichteten Rhetorik Mut zur Veränderung machen. Der Hintergrund: Organisationen müssen die Unsicherheit, die jeder Entscheidung vorangeht, einfach weitgehend ignorieren. Sie müssen etwas tun und sich dann einreden, dass das Getane richtig und die Maßnahme konsequent weiterzuverfolgen ist.[245] Managementmoden helfen dabei, unsicheres wie sicheres Wissen zu behandeln und so zu überzeugten sowie überzeugenden Handlungen zu kommen.[246] *(→ Entscheidung)*

Managementmoden führen wie Moden generell allerdings ein kurzes Leben.[247] Bei ihrem Aufkommen wirkten diese auf Hochglanz gedruckten, in Managementbüchern verarbeiteten und in animierte Präsentationen gegossenen Konzepte erst mal zwar viel attraktiver als der von den Mitarbeitern wahrgenommene Status quo, aber der „Härtetest" der Vorhaben, so Niklas Luhmann, stehe ja auch noch aus. Je konkreter eins dieser neuen Programme in der Praxis umgesetzt werde, desto klarer werde, dass es ähnliche Widersprüchlichkeiten berge wie schon alle anderen vorher bekannten Organisationskonzepte.[248] Je intensiver Leitvorstellungen von Lean Management, agiler Organisationsentwicklung oder selbstorganisiertem Führen umgesetzt werden, umso stärker werden deren blinde Flecken deutlich. *(→ Blinde Flecken)* Je

---

[244] *P. P. Carson, P. A. Lanier, K. D. Carson, B. N. Guidry*: Clearing a Path Through the Management Fashion Jungle (wie Anm. 14), 1143f.

[245] Siehe dazu schon früh *Nils Brunsson*: The Irrationality of Action and Action Rationality: Decisions, Ideologies and Organizational Actions. In: Journal of Management Studies 19 (1982), S. 29–44.

[246] Siehe dazu *K. E. Weick*: Der Prozeß des Organisierens (wie Anm. 112), S. 341.

[247] *Eric Abrahamson*: Management Fashion. In: Academy of Management Review 21 (1996), S. 254–285, hier S. 255.

[248] *N. Luhmann*: Organisation und Entscheidung (wie Anm. 47), S. 336.

häufiger sich der Kaiser in der Öffentlichkeit zeigt, so schon die Einsicht der Jugendliteratur, desto deutlicher wird, dass er nackt ist. *(→ Vorreiter)*

Managementmoden nutzen sich deswegen zwangsläufig mit der Zeit ab. Ob man nun die Ansätze des Lean Managements, des Business Process Reengineering, der lernenden Organisation oder agilen Organisationsentwicklung nimmt, anfangs sind sie durch Lobpreisungen, Erfolgsgeschichten und Rezepte so abgesichert, dass jede grundlegendere Kritik als Ketzerei betrachtet wird. Wer es wagt, in der Anfangsphase auf die blinden Flecken des neuen, als rational erscheinenden Unternehmensmodells hinzuweisen, wird als Ewiggestriger diskreditiert. Durch den Einsatz in der Praxis verbraucht sich das Modell jedoch von selbst. Die Originalität geht verloren. Die zu Beginn überschwänglichen Hoffnungen werden enttäuscht. Schwachstellen treten hervor. Auch wenn einige Berater und Manager mit Einwürfen wie „So machen Sie agiles Management richtig“, „Die Fehler bei der Selbstorganisation und wie Sie sie vermeiden können“ oder „Agile Organisation – jetzt aber richtig“ versuchen, die Modewelle zu verlängern, die Konzeption verliert mal mehr, mal weniger schnell an Glanz. *(→ Digitalisierung)*

Managementmoden helfen dabei, unsicheres wie sicheres Wissen zu behandeln und so zu überzeugten sowie überzeugenden Handlungen zu kommen.

#61 Mitarbeiter-orientierung

Wie Organisationen Mitarbeiter von ihren eigenen Interessen abstrahieren lassen

Unter manchen Managern herrscht die Vorstellung, ihre Organisation bestände nur aufgrund der in ihr arbeitenden Menschen. Nicht selten fordern einige Führungskräfte in Reden vor Mitarbeitern in Schulungsseminaren oder in den Hochglanzbroschüren daher, dass sich die Angestellten mit ihrer ganzen Persönlichkeit ins Unternehmen einbringen sollen. *(→ Ganzheitlichkeit)* Aber was würde passieren, wenn dies Wirklichkeit werden würde?

Unternehmen, Verwaltungen und Verbände zeichnen sich dadurch aus, dass sie von den individuellen Interessen ihrer Mitarbeiter abstrahieren. Kurz gesagt: Organisationen bestehen nur, weil sie Mechanismen entwickelt haben, die dazu in der Lage sind, die Vielzahl von verschiedenen individuellen Interessen, die in die Firma hineingetragen werden, zu disziplinieren. Mit der Unterzeichnung eines Arbeitsvertrages erklärt sich ein neuer Mitarbeiter bereit, seine persönlichen Vorlieben zurückzustellen und in den Mittelpunkt seines Handelns stattdessen die von der Organisation geforderten Rollenerwartungen zu stellen, also von eigenen Interessen zu abstrahieren und sich erst einmal auf die Regeln des Systems einzulassen. Organisationen existieren also gerade deswegen, weil Mitarbeiter einen großen Teil ihrer Hoffnungen, Probleme und Erwartungen in den Empfangshallen des Firmengebäudes abgeben und sich eben nicht mit ihrer ganzen Persönlichkeit einbringen. *(→ Gefühle)*

Der Trick, der an dieser Stelle zum Tragen kommt, wird von Soziologen als „konditionierte Mitgliedschaft" bezeichnet. Die Mitgliedschaft in einem Unternehmen, einer Verwaltung oder einer Universität ist an die Anerkennung von Erwartungen geknüpft, die die Organisation an ihre Mitglieder stellt. Wenn ein Organisationsmitglied auch nur eine Weisung seines Vorgesetzten aus Prinzip nicht akzeptiert oder einer Vorschrift grundsätzlich die Anerkennung verweigert, rebelliert er damit nicht nur gegen diese eine Anweisung oder Vorschrift, sondern gegen die Grundsätze dieser Organisation insgesamt.

Entlang dieser Beobachtung lässt sich der zentrale Unterschied zwischen Unternehmen, Verwaltungen oder Krankenhäusern auf der einen sowie Freundesgruppen auf der anderen Seite festmachen: Bei Cliquen von Freunden kann man den legitimen Anspruch stellen, dass sich alle mit ihrer ganzen Person einbringen können und sollen, also einschließlich ihrer persönlichen, beruflichen, handwerklichen, religiösen sowie sportlichen Hoffnungen und Sorgen. Man trifft und liebt sich wegen der Persönlichkeit. Man kommuniziert vorrangig, um Beziehungen aufzubauen, ohne dass es unbedingt eine konkrete Aufgabe geben muss. *(→ Gruppe)*

In Organisationen geht es dagegen nicht darum, interessante, nette und liebenswerte Menschen kennenzulernen, sondern vielmehr darum, Tätigkeiten und Informationen so miteinander zu verknüpfen, dass man Lösungen für anstehende Aufgaben finden kann. Das kann die Entwicklung eines neuen Automobils, die Herstellung eines Schreibtisches oder die Zusage für ein großes Bauprojekt sein. Zwar wird das Kennenlernen interessanter, netter und liebenswerter Menschen nicht von vornherein ausgeschlossen, aber man kann sich vorstellen, was passieren würde, wenn ein Mitarbeiter seinen Kontaktbedürfnissen höhere Priorität einräumen würde als der Entwicklung besagten Automobils, der Herstellung des Schreibtisches oder dem Gewinnen des Großprojektes.

Wenn Organisationen das „Menschliche" in ihre Organisationspolitik wieder einführen, dann mag das zwar eine ideologische Bedeutung haben, aber es handelt sich nur um die sehr begrenzte Wiedereinführung von etwas, das an sich ausgeschlossen ist. Durch Betriebsfeste, humanistisch aufgeklärte Leitbilder oder psychologisch orientierte Kommunikationstrainings versucht die Organisation letztlich nur das „Menschliche", das sie eigentlich ausschließt, in niedrigen, gut zu beherrschenden Dosierungen wieder hineinzulassen. *(→ Feier → Leitbilder)* Was passiert nun, wenn in einer Organisation unter dem Schlagwort der „Mitarbeiterorientierung" die stärkere Einbindung des Personals sowie das Berücksichtigen individueller Interessen gefordert wird?

Durch die Mitarbeiterorientierung werden die „Dressierungen" der individuellen, lokalen Interessen, quasi der Status quo der internen Regulierung, aufgelockert. Die Positionen, Rollen und Regeln, die Organisationen sich mühsam aufgebaut haben, werden tendenziell infrage gestellt: Die Forderung, dass sich Mitarbeiter mit ihrer ganzen Person einbringen sollen, ist letztlich gleichzusetzen mit der Aufforderung, ihre eigenen, durch die Organisation nicht voreilig disziplinierten Vorstellungen, Wünsche und Idee einzubringen. Das kann sicherlich belebend wirken – die Mobilisierung von individuellen Interessen, persönlichen Vorlieben und interessanten Abweichungen führt zu Vielfalt in der alltäglichen Zusammenarbeit. So kann die Erstarrung des Systems in seinen formalisierten Rollen und Regeln verhindert werden und sie können ihren Anteil zum Erfolg einer Organisation beitragen. Es kann durchaus vorteilhaft sein, wenn nicht alle Mitarbeiter das „Unternehmen im Blut" haben, sondern das Gefüge durch ihre Abweichungen, Macken und Skurrilitäten nicht zur Ruhe kommen lassen.

Aber trotz aller vermeintlicher Vorteile darf nicht vergessen werden, dass die Mobilisierung von Vorstellungen, Wünschen und Ideen tendenziell immer den Mechanismus in Organisationen unterläuft, sich gegen die Persönlichkeit des Angestellten abzugrenzen. Organisationen, die sich (zu) stark auf die Bedürfnisse und Auffassungen ihrer Mitarbeiter einlassen, verlieren den Zusammenhalt. Sie werden zu einem Haufen ungebündelter Entscheidungen. Sie drohen, je nach Perspektive, zu einem Freundeskreis aufzusteigen oder zu verkommen. Es wird das Prinzip der Differenzierung unterlaufen, durch das sich die moderne Gesellschaft insgesamt auszeichnet: Verschiedene Formen des Sozialen werden auseinandergezogen und nur je für sich, in der dafür eingerichteten Nische, perfektioniert, während ein entdifferenzierendes Wieder-Zusammenwerfen fast immer regressiv ist. *(→ Freundschaften)*

Organisationen stehen also vor dem grundlegenden Problem, dass sie auf der einen Seite darauf angewiesen sind, die lokalen Interessen und persönlichen Wünsche auszublenden, auf der anderen Seite aber genau diese Interessen auch einbeziehen müssen, weil sie anders keine Mitwirkenden für sich gewinnen können. Das Management steckt in einem von dem Philosophen Cornelius Castoriadis beschriebenen Dilemma: Die Organisation kann einerseits das Einbringen der Mitarbeiter mit ihrer ganzen Person gebrauchen. Nur so wird die Erstarrung von formalisierten Regeln und Rollen verhindert. Andererseits ist die Organisation auf die Eingrenzung und Ausblendung lokaler und begrenzter Interessen angewiesen, weil dadurch das so bedeutende Grundprinzip in Form von formalisierten Regeln und Rollen aufrechterhalten werden kann.[249]

[249] *Cornelius Castoriadis*: Gesellschaft als imaginäre Institution. Entwurf einer politischen Philosophie. Frankfurt a. M. 1997, 164 ff..

#62 Moral

Der Ausdruck von Achtung und Missachtung in Kommunikationen

Moral spielt in den Diskursen von Organisationen eine immer wichtigere Rolle. Ministerien bekennen sich in ihren Selbstdarstellungen zur Nachhaltigkeit. *(→ Nachhaltigkeit)* Verwaltungen propagieren Geschlechtergerechtigkeit als einen zentralen Wert ihrer Personalpolitik. *(→ Geschlecht)* Unternehmen propagieren – ganz im Sinne des Diskurses über neue Organisationsformen –, dass sie der Arbeit ihrer Mitarbeiter einen Sinn geben wollen. *(→ Sinn)*

Die Organisationen treibt dabei um, wie sie die „individuelle Fähigkeit" ihrer Mitglieder zum „moralischen Handeln unterstützen statt untergraben" und ein Klima schaffen kann, in dem „gravierende moralische Fehler" vermieden werden.[250] Das wirft aber zwangsläufig die Frage auf, wer denn bestimmen darf, was moralisches und was amoralisches Handeln in Organisationen ist: die einzelnen Mitglieder einer Organisation, die Organisationspitzen als Gesamtverantwortliche oder die sich als Zivilgesellschaft präsentierenden Interessengruppen außerhalb der Organisation?[251]

Die Frage der Moral an das einzelne Organisationsmitglied zu überweisen, ist schwierig, weil hier mit Verweis auf die Moral sehr unterschiedliche Vorgehensweisen favorisiert werden können. Wir kennen aus Polizeien und Armeen die Diskussionen unter Organisationsmitgliedern, ob man Folter androhen darf, um Entführungsopfer zu retten oder Anschläge zu verhindern. Man kann hier unterschiedlicher Meinung sein, aber es wäre schwer zu argumentieren, dass das eine Organisationsmitglied moralischer handelt als das andere, schließlich können beide ihre Haltung mit Verweis auf ihre Moral begründen.

Der Spitze der Organisation die Definition einer Moral zu überlassen, ist ähnlich problematisch. Wir wissen aus der historischen Forschung, dass in der SS in der Weimarer Republik sowie im NS-Staat eine ausgeprägte „Organisationsmoral" vertreten wurde. Diese mag allem widersprochen haben, was in demokratischen Staaten als moralisches Handeln verstanden wurde beziehungsweise wird, aber es bleiben keine Zweifel, dass innerhalb der SS die eigenen Handlungen in einem starken Maße durch eine eigene Moral begründet wurden.[252]

Alternativ ließen sich als Instanzen für die Festlegung einer als richtig oder falsch einzustufenden Sittlichkeit Akteure außerhalb der Organisationen bestimmen. Es ließe sich demzufolge das Konzept einer Zivilgesellschaft propagieren, das als moralischer Kompass für Organisationen dienen könnte. Das Problem ist jedoch, dass die Zivilgesellschaft keine eindeutige Absenderanschrift hat. Letztlich steht es jeder Person frei, im Namen „der Zivilgesellschaft"

---

[250] So *Lisa Herzog*: Das System zurückerobern. Moralische Verantwortung, Arbeitsteilung und die Rolle von Organisationen in der Gesellschaft. Darmstadt 2021, S. 53.

[251] Die Überlegungen basieren auf einer Auseinandersetzung mit dem Versuch, die Moralphilosophie für Unternehmen in Anwendung zu bringen. Siehe *Stefan Kühl*: Kriminelle Gangs haben auch ihr Egalitätsideal. In: Frankfurter Allgemeine Zeitung (19.11.2021).

[252] Siehe dazu nur die Fallstudie über SS-Richter Konrad Morgen; *Herlinde Pauer-Studer, J. David Velleman*: Konrad Morgen. The Conscience of a Nazi Judge. London 2015.

zu sprechen. Das Ergebnis wäre deswegen eine hohe Widersprüchlichkeit in den Positionen, die mit Verweis auf die Zivilgesellschaft gerechtfertigt würden.

Einigen kann man sich dann nur noch auf allgemeine Werte wie „Respekt gegenüber allen Individuen" oder die „Vermeidung eines durch das eigene Handeln verursachten Schadens bei Dritten".[253] Solche mit Moral aufgeladenen Werte klingen in ihrer Abstraktheit immer überzeugend, aber geraten, wenn sie operationalisiert werden, zwangsläufig mit anderen, ähnlich wohlklingenden Werten in Konflikt. *(→ Werte)*

Durch die Proklamation von Moralvorstellungen wird Achtung oder Missachtung gegenüber Personen zum Ausdruck gebracht.[254] Man kann sich durch die Einnahme einer moralischen Position selbst als „achtungswürdig" präsentieren oder man kann prüfen, ob jemand durch seine Reaktion „Achtung verdient". Man kann andere durch Moralisierung im „Netz der Achtungsbedingungen fangen, um sie dann darin abzuschleppen", oder sie, gefangen in einem Meer aus moralischen Anforderungen, darin treiben lassen.[255]

Durch Achtung honoriert man andere dafür, dass sie sich so verhalten, wie man es für richtig hält. Wertschätzung ist dabei die Währung, die man denjenigen zukommen lässt, die in Wort und Tat den eigenen moralischen Vorstellungen nahekommen.[256] *(→ Wertschätzung)* Anerkennung verdienen Personen, die in ihrem Denken, Fühlen und Handeln konsistent sind und die proklamierten Werte auch gegen Widerstände mit ihrem konkreten Handeln in Einklang bringen.[257]

Bei moralisch vorgebrachten Anforderungen an andere Personen verbergen sich mögliche persönliche Interessen hinter der Berufung auf ein allgemeines Wohl.[258] Man präsentiert sich in diesen Fällen als Vertreter des „großen Ganzen", der „bisher Missachteten" oder „zukünftigen Generationen".[259] Nur durch diese stets kommunikative Abstrahierung von eigenen Interessen des moralisch Argumentierenden erhalten moralische Appelle überhaupt erst ihre Wucht im Anspruch an andere. Den moralisch vorgetragenen Anforderungen kann man sich kommunikativ nur schwer entziehen, ohne dass einem egoistische Motive unterstellt werden können.[260] Aber vielleicht könnte diese Wirkung Grund genug für Organisationen sein, die Produktion immer neuer Moralkataloge einzustellen und stattdessen zu prüfen, ob vielleicht nicht gerade der Verzicht auf ein solches Register moralisch geboten(er) ist.[261]

---

253 *L. Herzog*: Das System zurückerobern (wie Anm. 250), S. 60.

254 Siehe allgemein dazu *Niklas Luhmann*: Paradigm lost. Über die ethische Reflexion der Moral. Frankfurt a. M. 1990, S. 18.; ders.: Soziologie der Moral. In: *ders.* (Hrsg.): Die Moral der Gesellschaft. Frankfurt a. M. 2008, S. 56–162, 102 ff..

255 So *Niklas Luhmann*: Soziale Systeme. Grundriß einer allgemeinen Theorie. Frankfurt a. M. 1984, 215f.

256 Ebd., S. 318.

257 So zum Beispiel *Michael E. Palanski, Francis J. Yammarino*: Integrity and Leadership. In: European Management Journal 25 (2007), 3, S. 171–184.

258 *N. Luhmann*: Die Gesellschaft der Gesellschaft (wie Anm. 188), 1038f.

259 Siehe dazu ders.: Soziologie des Risikos. Berlin, New York 1991, S. 5.

260 *Cristina Besio*: Uncertainty and Attribution of Personal Responsibility in Organizations. In: Soziale Systeme 19 (2013), S. 307–326, hier S. 316.

261 Siehe zum Folgenden *S. Kühl*: Brauchbare Illegalität (wie Anm. 88), S. 157.

#63 Motivation

Warum man die Erfahrungen aus Vereinen nicht auf Unternehmen übertragen kann

Immer wieder hört man die Klage von Managern, dass Mitarbeiter mit größter Begeisterung und Verantwortungsbereitschaft in Häkel- oder Kleingartenvereinen tätig seien, in den eigenen Unternehmen aber nicht das gleiche Engagement an den Tag legen würden. Zweifelnd fragt sich das Management, was denn die Mitarbeiter daran hindern würde, eine zumindest ähnliche Begeisterung aufzubringen. Aufgeklärte Manager setzen darauf, durch Aufgabenerweiterung, mehr Mitsprachemöglichkeiten und größere Verantwortung die Motivation ihrer Mitarbeiter zu steigern.

Das Bild des hoch engagierten Häkel- oder Kleingartenvereinsaktivisten wirkt als Leitvorstellung für den neuen Mitarbeitertypus auf den ersten Blick überzeugend. Das Ziel des „hundertprozentig motivierten Mitarbeiters" scheint schließlich kaum kritisierbar zu sein. Aber ist es für Unternehmen wirklich erstrebenswert, solch (über-)motivierte Mitarbeiter in den eigenen Reihen zu halten? Verlieren Unternehmen nicht viel von ihrer Dynamik, wenn sie ihre Belegschaft ähnlich motivieren würden wie Vereine?

Wenngleich dies auf den ersten Blick überraschend wirken kann: Die fehlende Motivation lässt sich durchaus als eine evolutionäre Errungenschaft in Unternehmen und Verwaltungen begreifen.[262] Provokant ausgedrückt: Erst durch den Verzicht darauf, die Mitarbeiter mit allen Informationen zu einer Entscheidung immer auch motivieren zu wollen, erreicht ein Unternehmen ein hohes Maß an Flexibilität. *(→ Entscheidung)* Eine umfassende Motivation der Mitarbeiter würde ein Unternehmen unbeweglich machen. Wir können uns dies anhand eines Vergleichs zwischen Vereinen und Unternehmen veranschaulichen.[263] *(→ Identifikation)*

Erstens: In einem Verein ist man darauf angewiesen, mit seinen Worten immer auch zu motivieren. Nur Masochisten würde freiwillig in einem Verein bleiben, wenn sie an dem Zusammensein, der Kommunikation und der Auseinandersetzung nicht auch eine große Freude hätten. Dadurch sind die Kommunikationsmöglichkeiten und -modi in Vereinen jedoch begrenzt. Es sind vorrangig nur Themen ansprechbar, die die Mitglieder motivieren. Wenn zu viel oder zu lang über Unangenehmes gesprochen werden würde, würde sich der Verein vermutlich ziemlich schnell auflösen.

Zweitens: Jede, die einmal Vorsitzende in einem Verein gewesen ist, kennt das Problem. Man kann sich nicht darauf verlassen, dass die Mitglieder etwas nur deswegen machen, weil man zur Vorsitzenden gewählt worden ist. Die Weisungsbefugnisse sind mit denen einer Chefin in einem Unternehmen nicht zu vergleichen. Vielmehr ist man permanent darauf angewiesen, sich mit seiner ganzen Persönlichkeit, seinem ganzen Charisma und seiner ganzen Überzeugungskraft dafür einzusetzen, dass die Mitglieder das machen, was man gerade ausgeheckt hat.

---

262 *N. Luhmann*: Funktionen und Folgen formaler Organisation (wie Anm. 5), 89 ff..

263 Einschlägig *Heinz-Dieter Horch*: Strukturbesonderheiten freiwilliger Vereinigungen. Analyse und Untersuchung einer alternativen Form menschlichen Zusammenarbeitens. Frankfurt a. M., New York 1983. Siehe auch ders.: The Intermediary Organisational Structure of Voluntary Associations. In: Voluntary Sector Review 9 (2018), S. 55–72.

Drittens: In einem Verein ist man engagiert, weil man den Zweck dieses Vereines – die Propagierung des Umweltschutzes, die Bekämpfung der Wehrpflicht oder die Förderung des Kleingartenwesens – als sinnvoll erachtet. Deswegen lösen sich Vereine in aller Regel schnell wieder auf, sobald ein vorher definierter Zweck erreicht wurde. Wir können das in der Realität besonders an vielen Bürgerinitiativen beobachten. Den Wechsel zu einem anderen, vielleicht sogar unattraktiveren Zweck überstehen Vereine unterdessen nur sehr selten. Den Übergang von der Förderung des Kleingartenwesens hin zu einem Verein zur Diskussion aktueller Börsenentwicklungen etwa müsste der Kleingartenverein vermutlich mit einem Verlust eines Großteils der Mitglieder bezahlen. Mit all diesen Problemen von Vereinen braucht sich ein Unternehmen nur in sehr begrenztem Maße herumzuschlagen. Warum?

Die Antwort liegt in einem äußerst effektiven Motivationsmittel, über das Unternehmen, nicht aber Vereine verfügen: Geld. Der Mitarbeiter erhält für seine Mitgliedschaft in einem Unternehmen oder einer Verwaltung eine finanzielle Aufwandsentschädigung und erklärt sich dafür bereit, wenigstens tendenziell auf die drei oben genannten Punkte zu verzichten, die ihm in einem Verein so wichtig erscheinen: Er verlangt nicht, dass alle Anweisungen, die er bekommt, ihn motivieren müssen. Er akzeptiert die Worte der Vorgesetzten auch dann, wenn er mit diesen oder gar der Chefin selbst nicht einverstanden ist. Er verrichtet die Arbeit, obwohl oder vielleicht gerade, weil er es nicht als seinen Lebensinhalt begreift, Kochtöpfe, Sprengköpfe oder Backpulver herzustellen. *(→ Löhne)*

All diese Punkte entlasten das Management in Unternehmen davon, die Motivationsfrage im eigenen Handeln permanent mitzudenken. Die Führungsetage hat den Vorteil, dass die Anweisungen, die sie gibt, unabhängig von der ihnen zuteil gewordenen Begeisterung und Motivation befolgt werden. In Unternehmen erhalten Vorgesetzte Autorität qua Position. Sie können sich immer darauf berufen, dass Mitarbeiter sanktioniert werden oder notfalls sogar ihre Stelle verlieren können, wenn sie ihren vielleicht nicht besonders charismatisch und persönlich authentisch vorgetragenen Befehlen nicht Folge leisten. *(→ Hierarchie)* Viele Unternehmen profitieren daher davon, dass die Mitarbeiter sich nicht mit den Organisationszielen identifizieren. Anderenfalls hätten Versicherungen, Rüstungsfirmen und Immobilienmakler wohl Schwierigkeiten, ausreichend Mitarbeiter zu finden. *(→ Sinn)*

Durch die Trennung von Kommunikationen, Autoritäten und Zwecken von dem Motivationsproblem stellen Unternehmen überhaupt erst ihre Flexibilität sicher. Sie brauchen bei Entscheidungen das Motivationsthema eben nicht immer mitzudenken und können es in die für Personal, Incentives und Trainings zuständigen Abteilungen überweisen, aber trotz der Vorzüge des Supermotivators „Geld“ besteht natürlich auch für Unternehmen ein ganz eigenes Motivationsproblem.

Das Motivationsproblem in Unternehmen hängt damit zusammen, dass bei der Einstellung eines neuen Mitarbeiters die Arbeitskraft immer in weitgehend unbestimmter Form eingekauft wird. Es steht nicht fest, welche Arbeit in den acht Stunden seiner Anwesenheit verrichtet werden muss. Diese Unbestimmtheit ermöglicht dem Unternehmen ein Höchstmaß an Flexibilität: Mitarbeiter können hin- und hergeschoben werden, ohne sich allzu große Sorgen darüber machen zu müssen, ob die von diesen Maßnahmen betroffenen Personen ein solches Hin- und Herschieben befürworten.

Das viel diskutierte Motivationsproblem ist ein Folgeproblem dieses Flexibilitätsvorteils. Der Mitarbeiter kann den durch die Unbestimmtheit seines Arbeitsvertrages geschaffenen Vorteil dazu nutzen, sich dem Unternehmen zu entziehen. Dabei laviert er immer zwischen zwei divergierenden Polen: Einmal geht es ihm darum, seine Arbeitskraft so weitgehend zu schonen, wie es geht. Andererseits hat er ein Interesse daran, nicht entlassen zu werden, die Bedingungen für die Mitgliedschaft im Unternehmen eventuell sogar noch zu verbessern. *(→ Karriere)*

Wollte das Management dieses Motivationsproblem aus der Welt schaffen, indem es entweder das Unternehmen wie einen Verein organisieren oder Aufgaben im Arbeitsvertrag im Detail beschreiben würde, dann müsste es auf Flexibilität verzichten. Man kann im Unternehmen eben nicht beides haben: hundertprozentige Flexibilität und hundertprozentige Motivation. Das gibt allein schon die Logik der Prozentrechnung nicht her. Daher wird man wohl gezwungen sein, so weiterzumachen wie bisher – ein alltägliches Austarieren zwischen den gegensätzlichen Anforderungen von Flexibilität und Motivation.

Man kann in einem Unternehmen nicht beides haben: hundertprozentige Flexibilität und hundertprozentige Motivation.

#64 Nachhaltigkeit

Zur Pflege eines Wertes in Organisationen

Man muss sehr genau suchen, bis man eine Organisation findet, die sich nicht in irgendeiner Form zum Wert der Nachhaltigkeit bekennt. Unternehmen lassen Berichte erstellen, in denen sie nachweisen, wie sie nachhaltig werden wollen. Dabei gilt die Faustregel, je größer die Umweltverschmutzungen eines Unternehmens, desto dicker sind die Nachhaltigkeitsberichte. Auch Verwaltungen, in denen vorrangig Akten bearbeitet werden, erstellen inzwischen umfangreiche Nachhaltigkeitsstrategien, um ihre Bemühungen bei der Reduzierung des ökologischen Schuhabdrucks nachzuweisen. Einzelne Universitäten stellen bevorzugt Personal ein, das belegen kann, dass sie mit ihrer Forschung zu einer wie auch immer gearteten nachhaltigen Gesellschaft beitragen.[264] Vermutlich würde es niemanden mehr überraschen, wenn auch eine kriminelle Organisation wie die Mafia sich ein partizipativ erarbeitetes Nachhaltigkeitsleitbild geben würde.

Der Begriff der Nachhaltigkeit hat inzwischen eine so hohe Selbstverständlichkeit, dass man ihn problemlos in jede Rede zu fast jedem Thema einfließen lassen kann: „Wir müssen nachhaltigere Politik machen, damit wir auch noch den nächsten Generationen eine Überlebenschance geben." „Wir brauchen in unserem Unternehmen eine Strategie, um uns nachhaltig am Markt halten zu können." „Wir müssen einen Change-Prozess nachhaltig anlegen, sodass die Effekte nicht verpuffen." Kaum etwas scheint in Organisationen nachhaltiger zu sein als die Verwendung des Wortes Nachhaltigkeit selbst.[265]

Man kann den Grad der Selbstverständlichkeit testen, indem man in Organisationen einmal versucht, genau das Gegenteil von Nachhaltigkeit zu fordern: einen Ressourcenverbrauch auf Kosten der nächsten Generationen, eine Strategie, die auf Kosten der langfristigen Positionierung des Unternehmens geht, oder einen Change-Prozess, der nur kurzfristige Effekte erzielen soll. *(→ Agilität)* Der Lyriker und Dichter Walter Moers hat dies einmal dargestellt, indem er seinen Helden ein Konzert geben lässt, in dem er sein erstes Lied dem „Erfinder der FCKW-Spraydose" widmet, ihn erklären lässt, dass „bedrohte Lebewesen" nie sein „Fach gewesen seien", er regelmäßig Insektenvernichtungsmittel auf Bienen sprühe und sich vorrangig von Delphinen ernähre. Spätestens, wenn sein Held „Ich quäl das Tier zum Scherz, trag Wegwerfslips aus Nerz" und „Auf mein Parkett aus Tropenholz, da bin ich ganz besonders stolz" singt, wird deutlich, dass er mit seinen Formulierungen nicht den allgemein akzeptierten Wert der Nachhaltigkeit bedient.[266]

Zur Pflege des Wertes der Nachhaltigkeit ist es notwendig, permanent den Anspruch der Konkretisierung aufrechtzuerhalten. Es dürfe, so die inzwischen in den Nachhaltigkeitsdiskurs eingeflochtene Standardformulierung, nicht bei Lippenbekenntnissen bleiben, sondern es müssten „konkrete Maßnahmen" ergriffen werden. In keinem Change-Prozess zur Nachhaltig-

---

264 Siehe dazu eine lesenswerte Kritik von *Jürgen Mittelstraß*: Die Universität und ihre Gesellschaft. In: Frankfurter Allgemeine Zeitung (23.6.2018), S. 6.

265 So das Bonmot von *Manfred Moldaschl*: Zynismus Controlling. Zur Messung von Nachhaltigkeit und Scheitern im Change. In: Organisationsentwicklung (2010), 4, S. 19–26, hier S. 19.

266 *Walter Moers*: Das kleine Arschloch kehrt zurück. Frankfurt a. M. 1991, 1 ff.

keit der Organisation fehlt die Ankündigung, dass nach der Erstellung des bewusst allgemein gefassten Leitbildes konkrete Nachhaltigkeitsmaßnahmen ergriffen werden sollen. *(→ Leitbild)* Größere Organisationen richten Stellen, manchmal auch ganze Abteilungen, ein, die nicht nur den Wert der Nachhaltigkeit innerhalb der Organisation hochhalten sollen, sondern darüber hinaus Programme auf dem Weg zu einer besseren Nachhaltigkeit entwickeln sollen.

Dabei stoßen Organisationen auf ein Problem, das schon von Niklas Luhmann beschrieben wurde: Je höher die Chance ist, über abstrakte Wertformulierungen Akzeptanz in der Umwelt zu erzeugen, desto größer sind die Probleme, wenn diese Werte in konkrete Programme umgesetzt werden sollen.[267] Erst dann wird nämlich deutlich, dass die Konkretisierung eines Wertes anderen Werten in der Organisation widerspricht. Ob ein Wert in für die Organisation notwendigerweise schmerzhafte Programme umgesetzt werden kann, hängt dann häufig von der Frage ab, wie die Machtspiele in der Organisation verlaufen. Die Stabsstellen, die innerhalb einer Organisation einen Spezialwert wie Nachhaltigkeit vertreten, haben in der Regel allerdings die geringsten Machtressourcen. *(→ Werte → Zwecke)*

Insofern kann man fragen, ob die Ankündigung der Operationalisierung eines Wertes wie Nachhaltigkeit nicht am besten als integrierter Teil der Legitimationsproduktion in Organisationen zu verstehen ist. Das Publikum ist angesichts der landauf, landab verkündeten Wertekataloge so ermüdet, dass die Konkretisierungsversprechen in der Außendarstellung mitgeliefert werden müssen. Aber weil es sich eben nur um eine erste Bekanntmachung handelt, entstehen dann schnell Zweifel, dass es in der Organisation auch faktisch zu einer Umstellung grundlegender Erwartungshaltungen kommt.

Kaum etwas scheint in Organisationen nachhaltiger zu sein als die Verwendung des Wortes Nachhaltigkeit selbst.

---

[267] *N. Luhmann*: Rechtssoziologie (wie Anm. 186), 88f. Siehe dazu ausführlich *S. Kühl*: Leitbilder erarbeiten (wie Anm. 232).

#65 Partizipation

Zur Auskühlung durch Beteiligung

Das „Zeitalter der Partizipation", so der Tenor in der Managementliteratur, breche jetzt endlich auch in den Unternehmen an. Partizipation, Beteiligung, Mitbestimmung – so scheinen die Zauberwörter zu lauten, mit denen Veränderungsprozesse in Unternehmen, Verwaltungen und Verbänden zum Erfolg gebracht werden sollen.[268] Die Erwartung ist, dass eine Organisation durch Partizipation mit sich selbst ins Reine gebracht und die geballte Intelligenz im Inneren des Systems mobilisiert wird. Wenn möglichst viele Personen an einer Entscheidung beteiligt werden, so die Annahme, dann wird die Richtigkeit des Prozesses gefördert. *(→ Reformen)*

Hinzu kommt die Annahme, dass angesichts der Beteiligung möglichst vieler an der Herstellung einer Entscheidung ganz zwangsläufig zusätzlich noch die Überzeugung von der Richtigkeit dieser Beschlussfassung steigt. Wenn die Mitarbeiter an Entscheidungen beteiligt wurden, so die Behauptung, dann wären sie auch motivierter, die darin getroffenen Vorhaben tatsächlich umzusetzen. In der Fachliteratur wird dies als Motivationshypothese beschrieben. *(→ Entscheidung)*

Angesichts dieser Voraussetzungen sind nicht wenige Führungskräfte erzürnt, wenn Organisationsmitglieder kein Interesse daran zeigen, sich von Betroffenen zu Beteiligten machen zu lassen. Eine Reaktion, die Führungskräfte zur Weißglut treiben kann. Den Mitarbeitern wird zwar das Recht zugestanden, sich einzubringen, aber nicht, auf Partizipation zu verzichten. Wie lässt sich diese Verweigerung erklären?

Die Ursache für diese offen ausgelebten Renitenzen ist, dass es bei der offensiven Propagierung von Beteiligung an Entscheidungen häufig um alles andere geht als um eine einvernehmliche Bestimmung einer „richtigen Lösung". In vielen Fällen geht es vielmehr um die Legitimation durch Partizipation. Durch die Anteilnahme an einem Beschluss über einen neuen Produktionsprozess, eine neue Marketingstrategie oder einen Sozialplan zur möglichst störungsfreien Entlassung von Mitarbeitern wird den Beteiligten eine Bereitschaft abverlangt, inhaltlich noch unbestimmte Entscheidungen innerhalb gewisser Toleranzgrenzen hinzunehmen. Dasselbe Phänomen ist von Bürgerbeteiligungsverfahren bei strittigen politischen Entscheidungen bekannt: Die Möglichkeit zur Partizipation dient weniger der Abänderung der später getroffenen Entscheidungen als der Absorption von Protest, indem die wildesten Protestierer durch zeitaufwendige Sitzungen, umfangreiche Sitzungsprotokolle und komplexe Verfahrensvorschriften ermüdet werden

Wenn man partizipativ beteiligt wurde, dies wissen Organisationsmitglieder in der Regel, fällt es schwerer, sich von einem Ergebnis, mit dem man eigentlich gar nicht so zufrieden ist, zu distanzieren, als wenn man gar nicht erst beteiligt wurde. Niklas Luhmann hat dieses Phänomen an Gerichtsverfahren verdeutlich. Durch die Partizipation an einem prinzipiell ergebnisoffenen Gerichtsverfahren werden die Teilnehmer systematisch „ausgekühlt". Sie werden durch die Teilhabe an Entscheidungsprozessen moralisch entwaffnet und verlieren dadurch

---

[268] *Patricia Mclagan, Christo Nel*: The Age of Participation. New Governance for the Workplace and the World. San Francisco 1995.

die Möglichkeit, sich gegen für sie ungünstige Entscheidungen aufzulehnen. Der Verlierer eines Mietprozesses wird kein Verständnis für einen weitergehenden Einspruch erreichen, weil seine Niederlage durch ein korrekt geführtes Verfahren bereits bestimmt und gleichzeitig legitimiert wurde. Selbst ein Mörder kann durch ein nach allen Regeln der Kunst gestaltetes Verfahren emotional so ausgekühlt werden, dass er sich nach der entsprechend zelebrierten Verkündigung des Urteils bereitwillig die Handschellen anlegen lässt.[269] *(→ Auskühlung)* Weswegen funktioniert dieses Verfahren des „Auskühlens" aber nur begrenzt bei den partizipativen Maßnahmen des Managements?

Es gibt einen zentralen Grund: Partizipative Prozesse in Unternehmen, Verwaltungen und Verbänden sind lange nicht so stark formalisiert wie Gerichtsprozesse. Vor Gericht gibt es klar einklagbare Spielregeln, eindeutige Rollen und neutrale Entscheider. Erst durch diese starke Formalisierung von Regeln und Rollen wird den Beteiligten die Möglichkeit genommen, sich betrogen zu fühlen oder sich als betrogen darzustellen. Die Sensibilität des Justizwesens gegenüber Verfahrensfehlern hängt maßgeblich damit zusammen, dass bei einer sich einschleichenden Beliebigkeit gegenüber dem Verfahren das Auskühlen der verlierenden Seite nicht mehr effektiv funktionieren würde.

Zweifellos lässt sich an dieser Stelle einwenden, dass auch in Organisationen Partizipationsprozesse in gewisser Weise formalisiert werden: Es werden Spielregeln aufgestellt, eine gemeinsame Vorgehensweise bestimmt und neutrale Moderatoren ernannt, aber weder wird die Formalisierung von Spielregeln und Rollen besonders ernst genommen, noch fühlen sich die Beteiligten allzu stark an diese Regeln gebunden. Häufig ist es dann nur noch der externe Organisationsberater, der verzweifelt an die anfangs vereinbarte Vorgehensweise erinnert. Alle anderen Akteure verändern munter ihre Interpretation der Spielregeln und wechseln ihre Rolle.

Bei dieser Form von gering formalisierter Partizipation ist es verständlich, dass Mitarbeiter skeptisch bleiben. Man glaubt nicht an die Stabilität des Verfahrens und sträubt sich deswegen dagegen, in diesen Prozess miteinbezogen zu werden. Sich zu einem späteren Zeitpunkt als nicht beteiligt darzustellen, erscheint die wesentlich attraktivere Option zu sein – und je weniger formalisiert ein derartiges Beteiligungsverfahren ist, desto einfacher fällt eine entsprechende Inszenierung.

Übrigens: Es gibt ein prominentes Beispiel einer stark formalisierten Form der Partizipation, bei der auch der Prozess des Auskühlens aller Beteiligten in Unternehmen sehr erfolgreich funktioniert: die betriebliche Mitbestimmung. Allerdings handelt es sich hierbei ja um eine Art der Partizipation, auf die viele Unternehmensführungen gerne verzichten möchten und lieber durch weniger formalisierte Mitbestimmungen ersetzen wollen.

[269] *Niklas Luhmann*: Legitimation durch Verfahren. Frankfurt a. M. 1983.

#66 Personal

Über die Daseinsberechtigung einer Abteilung

Die Beschreibungen moderner Personalarbeit sind schillernd. Die Human-Ressource-Manager sollen „internes Unternehmertum vorleben, breit fordern und fördern". Die Personalabteilung werde dabei zu einem „qualitativen und quantitativen Wertschöpfungscenter" und erhöhe durch „gezieltes Kompetenzmanagement" den „Added Value" des Unternehmens.[270]

Vielleicht braucht man solche bunten Beschreibungen dazu, um beim Topmanagement für die Wichtigkeit der Personalarbeit zu werben, um durch jahrelange Tätigkeiten in der Lohnabrechnung „verdorbene" Mitarbeiter aus der Lethargie zu reißen oder sich auf Konferenzen gegenseitig Wertschätzung zu zollen. Ob aber damit die Funktion von Personalarbeit zufriedenstellend beschrieben werden kann, ist zweifelhaft.

Überzeugend wären Beschreibungen von Personalarbeit, wenn sie so spezifisch wären, dass sie nicht in gleicher Form von anderen Einheiten des Unternehmens gebraucht werden können. Aber stellen sich nicht auch die Logistiker oder Qualitätsmanager eines Unternehmens als „strategische Partner des Topmanagements", als „administrative Experten" oder als „Change-Manager" dar? Sind nicht auch die Einkäufer oder Verkäufer eines Unternehmens schnell dabei, sich für ihr „internes Unternehmertum" zu preisen? Proklamieren sich nicht auch Marketing oder Vertrieb als „qualitative und quantitative Wertschöpfungscenter"? Beanspruchen nicht auch die Stabsstellen der internen Organisationsentwickler für sich, dass sie durch „gezieltes Kompetenzmanagement" den „Added Value" mehren? Wenn man sich mit solchen Worthülsen nicht zufriedengeben will, wie könnte man die Funktion von Personalern in Organisationen präziser bestimmen?

Niklas Luhmann schlägt ein Modell vor, in dem die Komponente Personal als Teil der Struktur von Organisationen bestimmt wird. Sein Organisationsmodell ist einfach: In Organisationen können auf drei Arten Strukturen geschaffen werden. Die erste Art von Strukturen besteht darin, dass sich Organisationen Programme geben, also darüber entscheiden, was getan wird. *(→ Programme)* Die Betriebswirtschaftslehre würde dies vermutlich als Ablauforganisation bezeichnen. Die zweite Art von Strukturen besteht aus den Kommunikationswegen – dem, was die Betriebswirtschaftslehre typischerweise als Aufbauorganisation definiert. Über die Kommunikationswege, zum Beispiel die Hierarchien *(→ Hierarchien)*, die Projektorganisationen *(→ Projektgruppen)* oder die Mitzeichnungsrechte, wird festgelegt, wer miteinander kommunizieren darf und wer nicht. Der Clou von Luhmanns Modell ist, dass er Personal gleichrangig als die dritte Art von Strukturen betrachtet, weil seiner Meinung nach die Besetzung von Stellen mit bestimmten Personen beeinflusst, wie zukünftig Entscheidungen gefällt werden.[271]

Das Luhmann'sche Organisationskonzept wird auch als „3K-Modell" bezeichnet. Die Struktur einer Organisation besteht demnach aus den Kanälen, über die kommuniziert wird, aus den durch Programme festgelegten Kriterien für richtiges und falsches Verhalten und aus Köpfen,

---

[270] Vgl. nur exemplarisch *Rolf Wunderer*: Die zehn Maximen des Altmeisters. In: Personalmagazin 12 (2005), S. 28.

[271] *Niklas Luhmann*: Allgemeine Theorie organisierter Sozialsysteme. In: *ders.* (Hrsg.): Soziologische Aufklärung 2. Opladen 1975, S. 39–50.

die aufgrund ihrer Erziehung, Ausbildung und Sozialisation bestimmte Formen von Entscheidungen fällen. Jede Entscheidung, die in einer Organisation getroffen wird, wird durch diese drei K, also die Kanäle, Kriterien und Köpfe, geprägt.

Man kann sich das „3K-Modell" am Beispiel einer Personalabteilung verdeutlichen. Die personalrelevanten Entscheidungen, die in einer Organisation gefällt werden, hängen natürlich davon ab, wie die Personalabteilung in der Hierarchie verankert ist (die Kanäle) und welche Regeln bei der Einstellung oder Entlassung in der Organisation greifen (die Kriterien). Aber die Entscheidungen werden auch dadurch beeinflusst, welche Person (Köpfe) beispielsweise den Posten des Personalleiters bekleidet. Wir wissen, dass Juristen häufig andere Entscheidungen fällen als Betriebswirte, Soziologen oder Psychologen.[272] Deswegen betreibt die Organisation über die Besetzung einer Stelle eines Personalleiters im wahrsten Sinne des Wortes „Strukturpolitik". Wie kommt es jetzt, dass in den meisten Organisationen die Personalkompetenzen, anders als die Zuständigkeiten über Kommunikationswege und Regeln jedenfalls, in einer gesonderten Abteilung gebündelt werden?

In der Selbstbeschreibung der Personaler wird die Ausbildung der Spezialistenabteilung mit der Notwendigkeit hoher Professionalität begründet. *(→ Professionen)* Dieses Argument ist nicht von der Hand zu weisen. Sicherlich hilft es, wenn man weiß, wie ein Arbeitsvertrag juristisch korrekt aufgesetzt, eine Versetzung in einer Organisation möglichst reibungslos gestaltet oder mit Betriebsräten ein Sozialplan ausgehandelt werden muss. Die Soziologie vermutet jedoch, dass die Bildung von Personalspezialisten einen anderen Grund hat.

Die Konzentration der Komponente Personal in einer spezialisierten Abteilung entsteht aus einem Misstrauen der Organisation gegenüber der Personalpolitik ihrer Vorgesetzten. Das Misstrauen gründet sich darauf, dass die Vorgesetzten ihre Personaleinstellungs- und Personalbeurteilungskompetenzen zu ihrem eigenen Nutzen gebrauchen. Die weitverbreitete Befürchtung ist, dass Führungskräfte ihre Kompetenzen zur Personalbeurteilung dafür einsetzen könnten, handzahme Mitarbeiter heranzuziehen und unbequeme Mitarbeiter abzustrafen. *(→ Karriere)*

Deswegen werden in den meisten Organisationen Einstellungen, Karrieren und Entlassungen nicht einzig und allein den Vorgesetzten überlassen, sondern die Kompetenzen wenigstens teilweise auch in eine eigene Abteilung, die Personalabteilung, überführt. Diese versucht dann über Assessment-Center, Einstellungstests, 360-Grad-Feedbacks und Karriereperspektivgespräche die Macht der Vorgesetzten zu begrenzen. *(→ Personalauswahl)*

Durch Personaler wird verhindert, dass Seilschaften und Promotionsbündnisse entstehen. Führungskräften wird es dadurch erschwert, Mitarbeiter mit Versprechen oder der Vergabe von Beförderungen an sich zu binden und sie als verlängerte Arme in zukünftigen mikropolitischen Schlachten einsetzen zu können. Personaler sind in gewisser Weise die Kämpfer gegen das „Don-Corleone-Prinzip", das Aufbauen von Seilschaften, in Organisationen.[273] Sie sind gewissermaßen die organisationale Verkörperung des Misstrauens gegen Personalentscheidungen des Managements.

---

272 Ders.: Die Grenzen einer betriebswirtschaftlichen Verwaltungslehre. In: Verwaltungsarchiv 56 (1965), S. 303–313.

273 Siehe zum Don-Corleone-Prinzip *Horst Bosetzky*: Mikropolitik. Netzwerke und Karrieren. Wiesbaden 2019, 29 ff..

Man kann viele Aufgabenbereiche der Personalarbeit an externe Dienstleister ausgliedern: die Lohnbuchhaltung, das Coachen der Mitarbeiter oder die Beratung für entlassene Mitarbeiter. *(→ Coaching → Personalentwicklung)* Aber gerade die Funktion, als Regulativ der Führungskräfte in Personalfragen zu dienen, will eine Organisation nicht ohne Weiteres an Externe abgeben.

Interessant ist, dass in den Selbstbeschreibungen der Personaler in der Regel von der institutionalisierten Misstrauensinstanz kaum etwas zu lesen ist. Stattdessen wird lieber von Personalern als „Sparringspartner der Führungskräfte", als „Berater der Leitungsinstanzen" oder als „strategische Partner des Topmanagements" gesprochen. Das überrascht nicht, weil diese zentrale Funktion von Personalern nicht offen thematisiert werden kann. Schließlich würde man als Personaler bei seinen Führungskräftekollegen aus den anderen Abteilungen doch eine gewisse Irritation auslösen, wenn man darstellen würde, dass der Mehrwert einer Personalabteilung in der Kontrolle der Personalentscheidungen liege.

Die Einrichtung von Personalabteilungen ist gewissermaßen die organisationale Verkörperung des Misstrauens gegen Personalentscheidungen des Managements.

#67 Personalauswahl

Wie man die Mikropolitik durch Assessment-Center reduziert

Da werden mehrere Bewerber einige Tage an einem Ort zusammengeholt, mit mehr oder minder schwierigen Aufgaben konfrontiert und bei der Lösung dieser Aufgaben von Psychologen sowie Führungskräften des Unternehmens aufmerksam beobachtet. Alles nur, um aus dem Kreis der Interessenten zielsicher die passenden Berufseinsteiger oder die bereits in der Organisation vorhandenen „High Potentials" auszuwählen. *(→ Karriere)*

Eine zeit- und kostenintensive Angelegenheit, angesichts derer sich nicht wenige Unternehmen fragen, ob sich dieser ganze Aufwand lohnt. Wie kann man aber die Effizienz oder Ineffizienz von Assessment-Centern bestimmen? Die Leistungsfähigkeit der Abgewiesenen kann nur schwer beurteilt werden. Meistens ist das Gedächtnis in Organisationen sogar so schlecht, dass man sich nicht einmal daran erinnert, wenn die erfolgreiche Geschäftsführerin des Konkurrenzunternehmens vor zehn oder fünfzehn Jahren im eigenen Assessment-Center als ungeeignet eingestuft wurde.

Tatsächlich war ein Versicherungsunternehmen in der glücklichen Lage, die Nützlichkeit seines Auswahlverfahrens zu bestimmen. Die Vertriebsabteilung hatte zusammen mit der Personalabteilung ein Assessment-Center durchgeführt und eine Anzahl von geeignet erscheinenden Vertriebsmitarbeitern ausgewählt, aber der Markt explodierte und die Firma sah sich gezwungen, auch einigen zunächst abgewiesenen Kandidaten eine Stelle anzubieten. Zu einem späteren Zeitpunkt stellte diese Firma einem Studenten die Verkaufszahlen der beiden Gruppen zur Verfügung, um zu messen, wie viel höher die Verkäufe von Versicherungspolicen durch die ursprünglich durch das Assessment-Center ausgewählte Gruppe im Vergleich zu den ursprünglich abgelehnten Bewerbern war.

Das Unternehmen erlebte eine Überraschung: Die Verkaufszahlen der beiden Gruppen unterschieden sich nicht merklich. In einigen Aspekten waren die ursprünglich abgelehnten Kandidaten sogar besser als die zuerst eingestellten Vertriebsmitarbeiter. Die üblichen Verdächtigen für diesen Lapsus lassen sich schnell benennen: Das Verfahren war ungenügend, die engagierten Psychologen nicht professionell genug und die eigenen Führungskräfte durch die Assessoren-Schulung nur unzureichend vorbereitet. Aus diesem Blickwinkel folgt ein Wachstumsauftrag an die ganze Assessment-Branche: noch bessere Verfahren, Berater und Assessoren-Schulungen, um solche Missgeschicke möglichst zu vermeiden. Ein Blick auf die wachsende Anzahl von Dissertationen, Forschungsprojekten und Veröffentlichungen zeigt, dass diese Branche boomt.

Einige Kritiker nahmen und nehmen jedoch eine ganz andere Perspektive ein: Die Qualität der durch Assessment-Center getroffenen Entscheidungen, so der in Unternehmen häufig geäußerte Verdacht, ist auch nicht besser als die anderer im Großen und Ganzen anerkannter Auswahlverfahren – etwa die Abiturnoten, das allseits bekannte Los, Vetternwirtschaft oder die mehr oder minder willkürliche Entscheidung eines Vorgesetzten. Ketzerische Stimmen weisen auf den „Viehmarkt-Charakter" von Assessment-Centern hin: Die Zuchtbullen müssten lediglich einige stolze Runden drehen, wodurch aber wenig über ihre spätere Leistungsfähigkeit im Unternehmen ausgesagt wird. Als „definitiver Beweis" wird dann angeführt, dass die Beratungsfirmen, die Assessment-Center anbieten, ihre eigenen Mitarbeiter in der Regel gerade nicht durch Assessment-Center auswählen.[274]

Ein Grund also auf Assessment-Center in Unternehmen zu verzichten und sich billigeren Auswahlverfahren zuzuwenden? Nicht unbedingt – und zwar aufgrund von Funktionen des Assessment-Centers, die nicht in den Broschüren, Handzetteln und Foliensätzen der zuständigen Berater und Personalabteilungen auftauchen. Es geht bei Assessment-Centern häufig nicht um die Bewerber, sondern um die Personen auf der anderen Seite: die eigenen Führungskräfte und Assessoren. Die Bewerber, um die es ja offiziell geht, sind dabei nur Staffage.

Alteingesessene Manager zeigen sich häufig resistent gegen alle Versuche, ihnen über Schulungen moderne Führungseigenschaften beizubringen. Die Aufforderung, seinen eigenen Führungsstil zu reflektieren, wird dann mit Verweis auf die fehlende Zeit, die eigenen zufriedenen Mitarbeiter und die Ineffizienz solcher Schulungen erfolgreich abgewiesen. Über die Ausbildung zu Gutachtern in Assessment-Centern kann diesen Führungskräften jedoch schonend beigebracht werden, worauf es bei einer modernen Führung ankommt. Durch die Anwendung dieser Kriterien bei der Beobachtung von Bewerbern werden diese dann auch noch eingeübt, ohne dass sich die Führungskräfte allzu sehr auf die Schulbank zurückbeordert fühlen müssten. *(→ Personalentwicklung)*

Noch wichtiger – Personaleinstellungen und Beförderungen sind eine heikle Angelegenheit: Persönliche Geschmäcker, Abteilungsegoismen, Nepotismus sowie berufliche Vorprägungen auf Seiten der Entscheidungsträger spielen eine wichtige Rolle. Das ist ein idealer Nährboden für heftige mikropolitische Auseinandersetzungen, die noch dadurch verschärft werden, dass es häufig keine definitive Entscheidungsinstanz für Personaleinstellungen gibt. In dieser Situation bietet das Assessment-Center eine formalisierte Möglichkeit, um Einstellungsentscheidungen unter weitgehend unparteiischen Bedingungen zu fällen.

Betroffene Führungskräfte können über die Rolle des Assessors in den Entscheidungsprozess eingebunden werden, um sich selbst von der Neutralität und Sachorientierung des Einstellungsverfahrens zu überzeugen. Mit Hinweisen auf die „Objektivität" und „Rationalität" des Assessment-Centers kann Kritik an getroffenen Entscheidungen effizient abgewiesen werden. Sollte eine Anzahl von Bewerbern floppen, kann man nicht eine einzelne Führungskraft dafür verantwortlich machen, sondern das Verfahren oder die eingesetzten Berater: Man habe ja die Kandidatin Müller ausgewählt, weil sie in allen Übungen und Gesprächen die beste Punktzahl bekommen habe und man deswegen nicht habe erwarten können, dass sie in der Praxis so versage.[275]

Es geht also beim Einsatz von Assessment-Centern vorrangig um eine Ruhigstellung der Organisation angesichts hochriskanter Entscheidungen einerseits sowie um die Ermöglichung einer effizienten Schuldabweisung für die beteiligten Führungskräfte andererseits. Die Bewerber selbst und ihre Qualitäten spielen eigentlich nur eine untergeordnete Rolle. Dieses Verfahren der Ruhigstellung funktioniert natürlich nur so lange, wie alle Betroffenen von der Objektivität des Assessment-Centers überzeugt sind oder wenigstens so tun als ob. Das bedeutet auch, dass die Kritik an dem Auswahlverfahren möglichst klein gehalten werden muss, nicht weil es um die Qualität der Bewerber geht, sondern weil man keine adäquaten Alternativen zur Ruhigstellung in solch hochriskanten Entscheidungssituationen wie Einstellungen hat. Übrigens: Die

---

[274] *Ain Kompa*: Assessment Center. Bestandsaufnahme und Kritik. München, Mering 1999.

[275] *Oswald Neuberger*: Assessment Center. Ein Handel mit Illusionen. In: *Charles Lattmann* (Hrsg.): Das Assessment Center Verfahren der Eignungsbeurteilung. Heidelberg 1989, S. 291–307.

oben erwähnte Forschungsarbeit über das Assessment-Center bei den Vertriebsmitarbeitern liegt sicher verwahrt und für die Öffentlichkeit nicht zugänglich in den Stahlschränken des Unternehmens. Ein Schelm, wer Böses dabei denkt.

#68 Personalentwicklung

Über die schwierige Koordination von Selbst- und Fremderwartungen

In der Managementliteratur wird in der Regel davon ausgegangen, dass Veränderungen in Organisationen nur durch eine geschickte Kombination von Personal- und Organisationsentwicklung möglich sind. Das Motto: Ein modernes Management braucht beides, sowohl gezielte Eingriffe in das Regelwerk der Organisation, den hierarchischen Aufbau sowie die Karrierestrukturen als auch die Weiterentwicklung des vorhandenen Personals.

Solche „Sammler-Positionen" haben immer die Spontanplausibilität auf ihrer Seite: „Wir machen alles, was zu einer modernen Personalarbeit gehört", klingt per se gut, weil suggeriert wird, dass alles gleichzeitig optimiert werden kann. Arbeit am Menschen *und* an den Organisationsstrukturen; Experten- *und* Prozessberatung; Friede *und* Freiheit – oder wie es in den 1970er-Jahren ironisierend hieß: Friede, Freude *und* Eierkuchen. *(→ Agilität)*

In der Abstraktion kann man sich mit dieser Sowohl-als-auch-Position immer im Recht wähnen: Sie macht sich als Statement in Gottesdiensten, auf Wahlplakaten oder in den Leitbildern von Unternehmen und Verwaltungen ganz hervorragend. *(→ Leitbilder)* Wer mag sich auch dem Anspruch an Ganzheitlichkeit entziehen? *(→ Ganzheitlichkeit)* Aber wenn es konkret wird, ist es häufig eine Entscheidung zwischen dem einen und dem anderen, und in dieser Situation hilft einem dann die Flucht in die Wertformulierungen wenig weiter. *(→ Werte)*

Natürlich muss man sich gerade aus einer soziologischen Perspektive für solche abstrakten Wertformulierungen interessieren, schließlich haben diese doch wichtige Beruhigungsfunktionen in Unternehmen, Verwaltungen, Krankenhäusern, sozialen Einrichtungen oder Parteien. *(→ Heuchelei)* Aber dies ist lediglich der eine Beobachtungsfokus. Gerade in Bezug auf Organisationen traut sich die Organisationsforschung auch Aussagen zu, die eine Auskunft darüber geben, was einflussreich und was weniger einflussreich ist, und sie hält die Personalentwicklung für einen schwachen Hebel, um die Strukturen von Organisationen zu verändern.

Im Alltag von Organisationspraktikern wird in der Regel so getan, als ob die Programme, die Technologien und die Dienstwege die Hardware der Organisation darstellen. Gleichzeitig wird alles, was „den Menschen" betrifft – um die Sprache der Informations- und Kommunikationstechnologie zu verwenden –, als „Software" begriffen. Für diese weichen Aspekte, die sogenannten Softfaktoren, sind dann die Personalspezialisten aus der Psychologie, Pädagogik oder humanorientierten Betriebswirtschaftslehre zuständig.

Organisationswissenschaftlich informiert würde man das Argument umdrehen: Die Strukturen der Organisationen sind die eigentliche Software. Sie sind bei und trotz aller Verhärtungen durch einfache Entscheidungen „umzuprogrammieren". Die Personen sind dagegen Hardware, weil sie sich diesen einfachen Programmierprozessen entziehen. Organisationsprogramme oder Kommunikationswege lassen sich par ordre du mufti umstellen, erwachsene Personen lassen sich dagegen nur sehr ungern verändern.

Das Problem ist unter Trainern und Beratern wohlbekannt. Die Mitarbeiterin kommt hoch motiviert von einem Wochenendseminar zurück und will einiges anders machen. Dann stößt sie aber auf Vorgesetzte, Kollegen und Untergebene, die mit ihren alten Fremderwartungen an sie herantreten, und innerhalb von wenigen Tagen ist der Effekt des Seminars verpufft. Die Mitarbeiterin hat aber das Problem, dass sie sich selbst nach dem Seminar vielleicht als eine andere Person sieht, ihre Umgebung aber, einschließlich ihres Lebenspartners oder ihrer Lebenspartnerin, dessen ungeachtet von ihr Kontinuität im Rahmen ihrer üblichen Verhaltensweisen einfordert.

Die Veränderung wird, um es systemtheoretisch auszudrücken, durch das „zirkuläre Zusammenspiel von Selbst- und Fremderwartung" blockiert. „Selbst wenn der einzelne bereit wäre, sich zu ändern", so die Begründung Niklas Luhmanns, „sieht er sich durch die sozialen Erwartungen festgelegt, mit denen er sich tagtäglich konfrontiert findet; und ebenso treffen veränderte Anforderungen immer noch auf dieselbe Person, die für viele soziale Kontakte ihre Identität wahren muss. Personales und soziales Gedächtnis verfilzen so stark, dass eine planmäßige Änderung kaum jene Asymmetrie herausfinden kann, die sie bräuchte, um ihren Hebel anzusetzen."[276]

Die schnelle Lösung, die von der Praxis angeboten wird, ist eine gleichzeitige Veränderung von Selbst- und Fremderwartung: Die Managerin soll ihr Selbstbild ändern und gleichzeitig sollen auch die Vorgesetzten, Kollegen und Untergebenen ihr Bild von ihr so anpassen, dass zukünftig eine andere Verhaltensweise unterstützt werden kann. Das Problem – und darauf will Luhmann aufmerksam machen – ist, dass ein solches Vorhaben eine unrealistische Steuerungsfantasie von Trainern oder Beratern ist. Veränderungen der Selbst- und Fremderwartungen so takten zu wollen, dass am Ende ein anderes Verhalten herauskommt, bedeutet, die Komplexität von sozialen Erwartungshaltungen völlig zu unterschätzen.

Die Strukturen der Organisationen sind die eigentliche Software. Sie sind bei und trotz aller Verhärtungen durch einfache Entscheidungen „umzuprogrammieren". Die Personen sind dagegen Hardware, weil sie sich diesen einfachen Programmierprozessen entziehen.

[276] *N. Luhmann*: Organisation und Entscheidung (wie Anm. 47), S. 280.

#69 Persönliches

Wenn gute Beziehungen wichtiger als formale Vorgaben sind

Die weltweite „Erfolgsgeschichte" der Organisation basiert auf der evolutionär ungewöhnlichen Trennung von Rollen in der modernen Gesellschaft.[277] Die Rolle als Organisationsmitglied ist institutionell von allen anderen Rollen dieser Person getrennt. Einerseits bedeutet dies, so schon Niklas Luhmann, dass ein organisationsexterner Status nicht ohne Weiteres in die Organisation übertragen werden kann: „Väter, Erstgeborene, Hausbesitzer oder Mittelstürmer haben in der Organisation auf Grund dieses externen Status keine besonderen Rechte", obgleich „hoher Status in der Außenwelt durchaus Prestige, Beziehung und Einfluss einbringen kann". Andererseits erlaubt erst diese Trennung zwischen Rollen, dass „unangemessene Ansprüche zurückgewiesen werden können". Mit dem Eintritt in eine Organisation geht das neue Mitglied die Verpflichtung ein, in seiner Rolle als Organisationsmitglied von den aus anderen Zusammenhängen entstehenden persönlichen Verpflichtungen zu abstrahieren. Dies ermöglicht einem Organisationsmitglied, Ansprüche zurückzuweisen, wenn „man im Dienst als Verwandter, Logenbruder, Parteigenosse oder Urlaubsbekannter angesprochen wird".[278]

Diese Rollentrennung wird dadurch gestützt, dass von Mitgliedern einer Organisation eine vollständige und nicht nur graduelle Unterwerfung unter die Regeln des sozialen Systems erwartet wird. Die Mitgliedsrolle basiere, so Luhmann weiter, auf einer eindeutigen Grenzdefinition, nämlich „darauf, dass sich feststellen lässt, welche Erwartungen formalisiert und in die Mitgliedsrolle aufgenommen sind, dass sichtbar ist, wo das Handeln vom Dienstlichen ins Persönliche oder vom Persönlichen ins Dienstliche umschlägt". Diesen formalen Erwartungen muss sich ein Organisationsangehöriger *immer* unterwerfen. Bei jeder Kommunikation innerhalb einer Organisation fragt sich ein Mitglied, ob es sich gerade den formalen Erwartungen entsprechend verhält oder nicht und ob es mit einer Ablehnung der Angelegenheit die gesamte Mitgliedschaft aufs Spiel setzt. Die Frage, die gerade bei problematischen Anforderungen im Raum steht, lautet: „Kann ich Mitglied bleiben, wenn ich diese und jene Zumutung offen ablehne?"[279]

Erst durch diese Ablösung der Rollenerwartungen von den an das Mitglied adressierten persönlichen Anforderungen konnte die Organisation eine Autonomie als eigenständiges soziales System ausbilden, rechtlich gesprochen also zu einer „juristischen Person" werden. *(→ Kontaktinfektion)* Sie gewährleistete, dass für das Eingehen einer Beziehung mit der Organisation nicht das Ansehen der Kontaktperson als relevant angesehen wurde, sondern man davon ausgehen konnte, dass ein Organisationsmitglied die Organisation vertritt. Die Ausbildung von Organisationen als juristische Personen stellte weiterhin sicher, dass eine Organisation nicht mit dem Tod eines Spitzenmitglieds zusammenbrach, sondern allgemein davon ausgegangen werden konnte, dass die Organisation mit einem neuen Amtsinhaber vielleicht nicht mehr die völlig gleiche, aber eine recht ähnliche war. Sie ermöglichte schließlich auch, dass die

---

[277] Eine umfassende Ausarbeitung mit ausführlichen Literaturangaben findet sich in *S. Kühl*: Organizations in World Society (wie Anm. 213).

[278] *N. Luhmann*: Funktionen und Folgen formaler Organisation (wie Anm. 5), S. 65.

[279] Ebd., 43 und 40.

Organisation Verpflichtungen eingehen konnte, die auch den Wechsel eines Amtsinhabers überstehen konnten.[280]

Aus dieser Perspektive kann eine Besonderheit der Organisationen in vielen Entwicklungsländern in der mangelnden Abschottung gegenüber anderen Rollen gesehen werden. Für die Kommunikationswege lässt sich beispielsweise zeigen, dass diese häufig nicht dem im Organigramm festgeschriebenen Dienstweg folgen, sondern anhand von familiären, ethnischen oder freundschaftlichen Netzwerkstrukturen funktionieren. Derartige Prozesse sind auch für westliche Organisationen ausführlich beschrieben worden. In diesen Fällen ist es jedoch üblich, dass im Konfliktfall der formal vorgeschriebene Kommunikations- und Entscheidungsweg über die informellen Kommunikations- und Entscheidungswege obsiegt und die sich auf informalen „Abwegen" befindlichen Mitarbeiter ein Bekenntnis zur Formalstruktur ablegen müssen. In Organisationen in Entwicklungsländern wird diese Notwendigkeit häufig nicht gesehen. Auch im Konfliktfall fühlen sich Mitarbeiter im Recht, wenn sie sich auf eingespielte, aber nicht offiziell abgesegnete Trampelpfade berufen.

Es scheint geradezu die Besonderheit von Organisationen in Entwicklungsländern zu sein, dass sie zu einer nur graduellen Inklusion von ihren Mitgliedern fähig sind. Der Angestellte einer Stadtverwaltung mag nicht, wie formal festgeschrieben, jeden Tag in seiner Behörde erscheinen, aber es ist ungeschriebene Regel, dass man wenigstens drei Tage pro Woche vor Ort ist. In ländlichen Gegenden Westafrikas ist der Lehrer vielleicht nicht wie vorgeschrieben zu den Unterrichtszeiten im Klassenraum, aber er hält sich an die informelle Norm, dass er in der Zeit die Schüler mit zu lösenden Aufgaben versorgt. In der Organisationsforschung wird dieses Phänomen als „konkurrierende informelle Institution" bezeichnet.[281]

Die externen Erwartungshaltungen, zum Beispiel von Verwandten oder Freunden, sind dabei häufig stärker als die Erwartungshaltungen der Organisation selbst und führen zu Korruption, persönlicher Bereicherung oder Patronage. Empirisch sind diese Phänomene für Organisationen in verschiedenen Regionen herausgearbeitet worden. Im Nahen und Mittleren Osten wird die starke Rolle von Netzwerken als „Wasta" bezeichnet. Gemeint sind damit als Selbstverständlichkeit vorausgesetzte Gefälligkeiten zwischen Verwandten sowie Unterstützungen zwischen Freunden und Bekannten, wobei darauf geachtet wird, dass das „Wasta-Konto" der Beteiligten langfristig ausgeglichen wird und Gefälligkeiten, die von Personen, zu denen keine Kontakte bestehen, mit Naturalien eingefordert werden. In Mittel- und Südamerika wird dieses Prinzip als „Confianza" bezeichnet. Es handelt sich um Vertrauensbeziehungen, in denen eine illegal erbrachte Leistung nicht sofort entgolten, sondern lediglich langfristig ausgeglichen wird. Das Prinzip der „Guanxi" in China beschreibt ein über längere Zeit etabliertes Netzwerk von Individuen, über das Personen versuchen, an Dienstleistungen oder Produkte zu gelangen. Weil das Guanxi-Prinzip quer zu den Formalstrukturen von Organisationen verläuft, besteht ein fließender Übergang zum Phänomen der Korruption.

Aus wissenschaftlicher Perspektive entstehen alle diese Phänomene aus einer spezifischen Situation in Entwicklungsländern: der nur begrenzten Ausdifferenzierung der Organisationen. Die Anforderungen der Organisationen an ihre Mitglieder sind nur schwach formalisiert. Es ist nicht gelungen, die Anerkennung der formal geäußerten Erwartungen zur Mitgliedschaftsbedingung zu machen. Es besteht kaum eine kausale Verbindung zwischen dem, was

---

[280] Siehe dazu *N. Luhmann*: Soziale Systeme (wie Anm. 255), 430f.

[281] *Hans-Joachim Lauth*: Informal Institutions and Democracy. In: Democratization 7 (2000), S. 21–50, hier S. 25.

ein Organisationsmitglied tut, und der Frage, ob es in der Organisation verbleiben kann oder nicht. Das Problem hierbei liegt in dem Umstand, dass Organisationen mit nicht oder nur sehr begrenzt autonom steuerbaren Mitgliedschaften einen Verlust ihrer formalen Steuerungskapazitäten hinnehmen müssen.[282]

Mit dem Eintritt in eine Organisation geht das Mitglied die Verpflichtung ein, in seiner Rolle als Organisationsmitglied von aus anderen Zusammenhängen entstehenden persönlichen Verpflichtungen zu abstrahieren. Dies ermöglicht ihm Ansprüche zurückzuweisen, wenn man im Dienst als Verwandter, Parteigenosse oder Urlaubsbekannter angesprochen wird.

[282] Dazu *Hans Geser*: Gesellschaftliche Folgeprobleme und Grenzen des Wachstums formaler Organisationen. In: Zeitschrift für Soziologie 11 (1982), S. 113–132, hier S. 126.

#70 Professionen

Weswegen alle versuchen, professionell zu sein, aber nur wenige zu einer Profession gehören

Der Begriff der Professionalität wird häufig ganz selbstverständlich im Munde geführt. Eine Schauspielerin, die ihr Geld am Theater verdient, versteht sich als „professionelle Darstellerin". Berater propagieren ihre Konzepte der „systemischen Professionalität". Eine Führungskraft preist sich für das „professionelle Management" einer Produktentwicklung. Für Prostituierte hat sich in ähnlicher Weise der Begriff der „Professionellen" eingebürgert. *(→ Kompetenzdarstellungskompetenz)*

Das Aufmotzen von Professionalität zur Allerweltsvokabel verdeckt jedoch, dass mit dem alltagssprachlichen Verständnis des Begriffs zwei ganz unterschiedliche Sachen gemeint sein können. Bei einem engen Verständnis von Professionalität geht es um Qualitätssicherung durch Verordnung verbindlicher Handlungsstandards, eine Homogenisierung der Ausbildung sowie eine Restriktion der Zugänge zu einem Berufsfeld. In diesem Verständnis sind Professionen ein Mechanismus der Marktschließung, indem die Profession selbst darüber entscheidet, wer als Anbieter auf dem Markt auftreten wird und wer aufgrund von fehlenden Standards vom Markt entfernt wird. Der *Professionelle* hat dabei nicht die Autonomie in der Bestimmung von Professionalität, sondern muss sich den durch eine *Profession* festgelegten Standards unterwerfen.

Demgegenüber geht es bei der Nutzung eines breiten Begriffsverständnisses um „Professionalität ohne Profession", also um individuell definierte Formen von professionellem Handeln, bei dem jeder in einem Feld Tätige nach Professionalität strebt, dabei aber möglichst wenig durch von Berufsverbänden verordnete und verbindlich gesetzte Handlungsstandards, Ausbildungsinhalte oder Zugangsrestriktionen betroffen sein will. Es gibt keine genau abgegrenzte und seine Zugänge regulierende Profession, sondern lediglich ein breiteres Verständnis von *Professionalismus.* Der in diesem Sinne *Professionelle* muss sich deswegen nicht den regulierenden Zwängen eines Kollektivorgans unterwerfen, sondern entwickelt auf freiwilliger Selbstverpflichtung basierende Vorstellungen von *Professionalisierung.*[283]

Das Merkmal einer fehlenden Professionsbildung muss nicht mit dem Mangel an Professionalität bei den einzelnen Akteuren einhergehen. Es ist sehr wohl möglich, dass sich durch Professionalismus hervorragend arbeitende Experten ausbilden, ohne dass die Tätigkeitsfelder selbst als Professionen begriffen werden können. Es gibt sicherlich – im Selbst- und Fremdverständnis – sehr professionell arbeitende Manager, ohne dass das Management eine übergeordnete Profession darstellt. Auch bei Prostituierten mag es Leistungsanbieterinnen geben, die sich als sehr professionell verstehen und von ihren Klienten auch so wahrgenommen werden, ohne dass besagte Leistungsanbieterinnen selbst als Profession organisiert sind. Gleichzeitig ist es aber geradezu das Charakteristikum von fehlender Professionsbildung, dass Professionalität im Handeln postuliert wird, es aber an objektivierten Standards dafür fehlt, woran dies festgemacht werden könnte (oder nicht). *(→ Scharlatanerie)*

---

[283] Siehe dazu *Harold L. Wilensky*: The Professionalization of Everyone? In: American Journal of Sociology 30 (1964), S. 137–158.

Bei allem drohenden Begriffswirrwarr durch die unterschiedliche Verwendung von den sich zugegebenermaßen stark ähnelnden Ausdrücken darf man einen zentralen Gedanken nicht aus den Augen verlieren: Bei einer breit gefassten Auslegung entsteht an sich kein Mechanismus der kollektiven Qualitätssicherung. Man mag sehr wohl Professionalität als Ziel formulieren und versuchen, andere von seinem individuellen Begriffsvermögen zu überzeugen, aber letztlich intendiert das breite Verständnis von Professionalität, dass der Markt aus den unterschiedlichen professionellen Praxen die beste herausselektiert, oder hierarchisch vorgegeben wird, welche Vorgehensweise in einer Organisation gewünscht ist oder nicht.

Während man in jedem Tätigkeitsfeld davon ausgehen kann, dass nach Professionalität im Sinne des weiten Verständnisses gestrebt wird, ist für unseren Zweck die Frage interessanter, wovon es abhängt, ob sich Professionen in einem Tätigkeitsfeld im engeren Sinne ausbilden. In Anlehnung an den Soziologen David L. Torres lassen sich zwei zentrale Faktoren bestimmen, von denen die Professionsbildung abhängt: erstens von der Komplexität des Wissensbestandes und zweitens von der kritischen Relevanz des Wissensbestandes. Komplexität entsteht immer, wenn keine klaren Kausalverbindungen zwischen Ausgangslage und Sollzustand existieren, die Ausgangslagen sich teilweise dabei noch verändern und selbst die Ziele eines Vorhabens fluktuieren können. Die kritische Relevanz zeigt sich darin, wie stark sich ein Versagen auf die Gesellschaftsmitglieder auswirkt. Auch wenn die moderne Gesellschaft eine hohe Zahl von frühzeitig Sterbenden verkraften kann, so gilt der Tod von Klienten aufgrund von (Be-)Handlungsfehlern des Leistungsanbieters als wohl deutlichstes Indiz für kritische Relevanz.[284]

Wenn man es mit einer geringeren gesellschaftlichen Relevanz beim Versagen zu tun hat, werden die Qualitätsprobleme, wie zum Beispiel im Fall von Face-Stylisten, über den freien Markt gelöst. Eine hohe Komplexität des Wissens bei nur geringer Relevanz im Versagensfall liegt häufig bei wissenschaftlichen Tätigkeiten vor. Die Gesellschaft kann durch Soziologen sicherlich nicht mit dem Instrumentarium für Trivialmaschinen erklärt werden, aber ob diese Erklärungen am Ende stimmen oder nicht, ist für die gesellschaftliche Praxis dann doch ziemlich irrelevant. Haben wir es hingegen sowohl mit einer hohen Komplexität als auch mit einer kritischen Relevanz von Wissensbeständen zu tun, bilden sich häufig Professionen aus.

Hohe Komplexität und kritische Relevanz liegen bei allen Tätigkeiten vor, die versuchen, „lebenspraktische Probleme“ von Personen mit „Hilfe wissenschaftlicher Erkenntnis- und Analysemittel“ zu lösen. Diese Probleme können, wie eine Analyse von Ärzten, Therapeuten und Geistlichen zeigt, aus der Perspektive der einzelnen Person mehr oder minder existenzkritisch sein. Es geht um das „Arbeiten an individuellen Personen“, die häufig hohen Risiken ausgesetzt sind, den „Risiken des nicht eindämmbaren Streites“, der „Gesundheit“, des „Seelenheils“ oder des „Lernens falscher Wahrheiten“. Die trost- oder heilsbedürftigen, die kranken oder streitenden Menschen suchen nach Möglichkeiten, dass andere sich dieser Risiken annehmen und sie bei der Bearbeitung dieser Risiken unterstützen – quasi eine Art „stellvertretende Krisenbewältigung“.[285]

Wegen der häufig existenzkritischen Problemlagen sind Ärzte, Therapeuten, Juristen oder Geistliche zum „raschen Entscheiden“ gezwungen, und zwar ganz unabhängig davon, ob das

[284] *David L. Torres*: What, if Anything, is Professionalism? Institutions and the Problem of Change. In: Research in the Sociology of Organizations 8 (1991), S. 43–68.

[285] *Ulrich Oevermann*: Professionalisierungsbedürftigkeit und Professionalisiertheit pädagogischen Handelns. In: *Margret Kraul, Winfried Marotzki, Cornelia Schweppe* (Hrsg.): Biographie und Profession. Bad Heilbrunn 2002, S. 19–63.

vorhandene Wissen eine ausreichende Sicherheit für dieses Handeln liefert. Während man sich in Berufen wie Makler, Werkzeugbauer, Steward oder Sekretär darauf verlassen kann, dass man alle entstehenden Probleme und Aufgaben mit einem vorher erlernten Standardrepertoire an Fertig- und Fähigkeiten bewältigen kann, müssen einige Berufe auch für unerwartete Anforderungen schnelle Umgangsformen finden. Der Mediziner kann sich gezwungen sehen, auch eine ihm bisher nicht bekannte Krankheit oder Verletzung zu behandeln und dafür eine gegenüber Kollegen zu rechtfertigende Vorgehensweise zu finden. Wenngleich bei einer Vielzahl von Rechtsfällen häufig nur der Sachstand ermittelt werden muss und sich daraus dann fast automatisch die Rechtsfolgen ergeben, gibt es doch immer wieder Situationen, in denen ein Jurist mit einem Rechtsproblem konfrontiert wird, für das es bisher keine Präzedenzfälle gibt.[286]

Der Blick auf die Ärzte, Therapeuten, Juristen, Geistlichen und Lehrer zeigt, dass es für eine Professionsbildung jedoch nicht ausreicht, dass sich Leistungserbringer stellvertretend an lebenspraktischen Problemen von Personen abarbeiten. Das tun auch Architekten oder Makler, die versuchen, zukünftigen Hausbesitzern eine neue Heimat zu geben, oder Kosmetiker, die das häufig sehr relevante lebenspraktische Problem von Hässlichkeit zu reduzieren versuchen. Für eine Professionsbildung scheint vielmehr zentral zu sein, dass es gesellschaftlich anerkannt ist, dass eine tendenziell existenzbedrohende Problemlage von Personen vorliegt. Es fällt auf, dass sich in der modernen Gesellschaft Professionen in den gesellschaftlichen Feldern ausgebildet haben, in denen solche existenziellen Problembezüge des Menschen anfallen: in der Religion, im Rechtswesen, in der Medizin und in der Erziehung. In anderen gesellschaftlichen Feldern wie der Wirtschaft, der Politik, den Massenmedien, dem Sport oder dem Tourismus bilden sich zwar vielfältige Berufe aus, die ihrerseits sicherlich versuchen, den eigenen Anspruch an Professionalität zu erfüllen, doch es gibt unter ihnen keinen „Leitberuf", an dem sich alle anderen Tätigkeiten in diesem Feld orientieren.[287]

---

[286] *Everett C. Hughes*: Mistakes at Work. In: The Canadian Journal of Economics and Political Science 17 (1951), S. 320–327.

[287] Überlegungen zu der hier dargestellten Differenz habe ich zuerst ausgearbeitet in *S. Kühl*: Coaching und Supervision (wie Anm. 30), 117 ff..

#71 Programme

Warum gute Fußballer selten auch gute Schiedsrichter sind

Als der langjährige deutsche Nationalspieler Lothar Matthäus gefragt wurde, ob er sich vorstellen könne, nach seiner Karriere als Fußballspieler Profischiedsrichter zu werden, offenbarte er mal wieder seine Fähigkeit, auch komplexere Sachverhalte auf den Punkt zu bringen. „Schiedsrichter kommt für mich", so Matthäus, „nicht infrage, schon eher etwas, was mit Fußball zu hat."

Ganz unrecht hatte er nicht: Zwar gibt es viele Profifußballer, die nach ihrer aktiven Karriere Fußballtrainer, Vereinsmanager, WM-Organisator oder Fußballkommentatorin werden, aber keinen einzigen, der sich zum Schiedsrichter mausert. Wie kommt das? Liegt es lediglich daran, dass die 3.000 oder 4.000 Euro, die ein Profischiedsrichter pro Spiel erhält, ein Pappenstiel im Vergleich zu den Zinsen sind, die ein Fußballprofi auf seine Rücklagen erhält?

Eine mögliche Antwort kann man bei James March und Herbert Simon finden, zwei Wissenschaftlern, die eigentlich nicht im Verdacht stehen, jemals einen Ball weiter als zehn Meter getreten zu haben. Die beiden Organisationsforscher haben für Unternehmen, Verwaltungen und Universitäten festgestellt, dass die dort tätigen Mitarbeiter durch ganz unterschiedliche Regeln geprägt sind. Die einen sind Spezialisten für Zweckprogramme – für die kreative Wahl von Mitteln, um ein angestrebtes Ziel zu erreichen –, während die anderen eher Experten für Konditionalprogramme sind und ihren Fokus demnach darauf richten, bestimmte Impulse zu identifizieren, mit denen sie dann auf ein genau festgelegtes Instrumentarium reagieren.[288] *(→ Führung)*

Fußballer sind – ähnlich wie Basketballer, Handballer oder Baseballspieler – Spezialisten für eine kreative Wahl von Mitteln, um das sehr genau vorgegebene Ziel, den Gewinn des Spiels, zu erreichen. Um die dafür notwendigen Tore zu erzielen kann sich ein Spieler im Rahmen der Regeln vieles einfallen lassen: Er kann den Ball über einen Doppelpass ins Tor tragen, den Ball über den Torwart heben oder mit einem knallharten Direktschuss in die linke Ecke die Gegner überraschen. Mit hervorragender Technik, guter Kondition und taktischem Gespür kann man es zu einem sehr guten Spieler bringen. Zur Weltklasse wird man aber erst, wenn man ein untrügliches Gespür für die richtige Wahl der Mittel hat.

Die Logik des Trainers oder Managers ist von der Logik des Fußballers nicht weit entfernt. Auch hier geht es um die kreative Wahl von Mitteln, um eine Fußballmannschaft zum Erfolg zu führen. Klar, der Trainer ist in den neunzig Minuten des Spiels zur körperlichen Passivität verdammt, aber vor, während und nach dem Spiel besteht die Arbeit des Trainers vorrangig darin, für das Ziel des Spielgewinns eine Vielzahl von entsprechenden Strategien zu entwickeln, zu erproben und in ihrer Anwendung zu perfektionieren.

Aber Schiedsrichter ticken grundsätzlich anders – und das ist gut so. Eine Ausrichtung der Unparteiischen an der Logik des Fußballers oder Trainers hätte auch für das internationale Schiedsrichterwesen verheerende Auswirkungen. Wir brauchen uns nur vorzustellen, wenn ein Schiedsrichter das Ziel „möglichst reibungsloser und inspirierender Ablauf des Spieles"

---

[288] *J. G. March, H. A. Simon*: Organizations (wie Anm. 134), S. 141.

vorgegeben bekäme und er seine Professionalität vorrangig darin sehen würde, seinerseits einfallsreiche Mittel zu finden, um das Ziel zu erreichen. Er würde der Gastmannschaft einen Elfmeter versagen, weil dies Unruhe in den Zuschauerrängen auslösen würde. Er könnte das Spiel vorzeitig abpfeifen, weil er das Ziel eines für alle befriedigenden Fußballmatches bereits nach fünfundsiebzig Minuten erfüllt sähe.[289]

Nein, Schiedsrichter sind perfektionierte Wenn-dann-Maschinen: wenn Foul im Strafraum, dann Elfmeter; wenn Notbremse als letzte Frau oder letzter Mann, dann rote Karte. Die Aktivität eines Schiedsrichters besteht einzig und allein darin, im Laufe eines Spieles permanent nach Impulsen zu recherchieren, die laut Regelbuch eine Reaktion verlangen. Man darf die Schwierigkeit dieser Aufgabe nicht unterschätzen. Schiedsrichter ähneln an dieser Stelle Richtern, bei denen die Feststellung eines Tatbestandes ebenfalls eine komplizierte und wegen ihrer Komplexität häufig auch leicht kritisierbare Angelegenheit ist.

Man kann also nicht sagen, wer die schwierigeren Aufgaben hat, die Fußballprofis oder die Schiedsrichter, aber Matthäus hat vollkommen recht, wenn er darauf hinweist, dass die Funktionsweise eines Schiedsrichters ganz und gar nichts mit der Erfahrungswelt eines Fußballprofis zu tun hat.

[289] Siehe zu Schiedsrichtern aufschlussreich *Dietrich Zur Nedden, Michael Quasthoff*: Pfeifen. Vom Wesen des Fußballschiedsrichters. Göttingen 2006.

#72 Projekte

Von gut und schlecht definierten Problemen

In kaum einem Feld des Managements schien lange Zeit eine so große Einigkeit über die „richtige Vorgehensweise" zu herrschen wie bei der Durchführung von Projekten.[290] Manager, Organisationsentwickler, IT-Berater sowie Expertenberater stimmten weitgehend überein, wie ein Projekt nach „allen Regeln der Kunst" abgewickelt werden sollte. Voraussetzung für ein erfolgreiches Projekt sei, so lange Zeit die Annahme, die genaue Bestimmung der Projektziele. Im „Pflichtenheft" sollten die Ziele so konkret beschrieben werden, dass man sich die angestrebte Zukunft plastisch vorstellen könne und die Aufgaben und Tätigkeiten, die zur Zielerreichung nötig seien, aufgelistet werden könnten.[291] Das Projekt sollte, so lange Zeit der überwiegende Tenor in der dazugehörigen Managementliteratur, immer in „typischen, klar unterscheidbaren Phasen und Schritten" ablaufen. Zu Beginn eines Projektes müssten Pläne erstellt werden, in denen die Zeitpunkte für Auftaktveranstaltungen, Analyse und Diagnose, Datenfeedback, Projektkonzeption, Präsentationen, Umsetzung und Projektabschluss festgelegt würden.[292] Die Logik des klassischen Projektmanagements ist geprägt gewesen durch „Vorstellungen von geplantem Wandel".[293]

Aber zunehmend sind Kratzer in den Lack des klassischen Projektmanagements gekommen. Bei Untersuchungen über Softwareprojekte wurde festgestellt, dass Projekte häufig ihren Kostenrahmen um das Doppelte überschritten, ihre Dauer in der Regel fast doppelt so lang war wie geplant und die meisten dieser Vorhaben im Laufe ihrer Geschichte einen Neustart erlebten.[294] *(→ Scheitern)* Die hehren Ideale des Projektmanagements scheinen sich, nicht zuletzt aufgrund der Vielzahl der mehr oder weniger erfolgreich durchgeführten Projekte, abgenutzt zu haben.

Angesichts dieser Krise gab es die typischen Erklärungsversuche, mit denen versucht wurde, das klassische Projektmanagement zu retten: mangelnde Qualifikation der Beteiligten, widerständige, durch tayloristische Arbeitsstrukturen geprägte Mitarbeiter, die fehlende Einsichtigkeit der mittleren Linienmanager in die Notwendigkeit des Projektes, ungenügende Kooperation zwischen Organisations-, Weiterbildungs- und IT-Abteilungen, die Unfähigkeit der Berater.[295] Es wurde eine Diskrepanz zwischen den logischen, rationalen und schlüssigen

---

[290] Der Beitrag basiert auf einem Text, den ich zusammen mit Wolfgang Schnelle geschrieben habe. Siehe *Stefan Kühl, Wolfgang Schnelle*: Wenn klassisches Projektmanagement in die Sackgasse führt. In: *Birgit Ehrl-Gruber* (Hrsg.): Handbuch Innovatives Projektmanagement. Kissing 2006, S. 1–24.

[291] So zum Beispiel *Pitter A. Steinbuch*: Projektorganisation und Projektmanagement. Ludwigshafen 1998, 28 ff..

[292] So zum Beispiel noch *Klaus Doppler, Christoph Lauterburg*: Change Management. Den Unternehmenswandel gestalten. Frankfurt a. M., New York 1997, 101 und 285.

[293] *John R. Kimberly*: Reframing the Problem of Organizational Change. In: *Robert E. Quinn, Kim S. Cameron* (Hrsg.): Paradox and Transformation. Toward a Theory of Change in Organization and Management. Cambridge 1988, S. 163–168, hier S. 165.

[294] Siehe früh *John H. Lehmann*: How Software Projects are Really Managed. In: Datamation 25 (1979), 1, S. 115–129, hier S. 115. Für eine lesenswerte frühe Kritik siehe *Adrian W. Fröhlich*: Mythos Projekt. Projekte gehören abgeschafft. Bonn 2002, 25 ff..

[295] Siehe nur beispielhaft für solche Erklärungen *Georg Kraus, Reinhold Westermann*: Projektmanagement mit System. Wiesbaden 1997, 195 ff..

Projektmanagementstandards und dem irrationalen, emotionalen Verhalten der Mitarbeiter aufgebaut.

Die Probleme des klassischen Projektmanagements wurden individualisiert, also auf Personen geschoben: „Wenn die Mitarbeiter mitziehen würden ...", „Wenn die Beraterin diesen Aspekt nicht übersehen hätte ..." oder „Wenn das Vorstandsmitglied seine Energie nicht in andere Angelegenheiten gesteckt hätte ...". Diese Personalisierung von Problemen ermöglichte es, die Standards des klassischen Projektmanagements auch trotz negativer Erfahrungen in der alltäglichen Praxis aufrechtzuerhalten: Der Plan war gut, bloß leider waren die Menschen noch nicht weit genug. *(→ Führungskräftebeschimpfung → Haltung)* Aber diese Herangehensweise an die Probleme des Projektmanagements konnte auf die Dauer nicht befriedigen. Es bedurfte einer Differenzierung.

Das klassische, auf einen chronologischen Zyklus von Problembestimmung, Ursachenanalyse, Lösungsgenerierung und Maßnahmenbestimmung basierende Projektmanagement ist für den Typ der gut definierten Probleme geeignet. Von gut definierten Problemen spricht man, wenn eine Herausforderung im Detail beschrieben werden kann, die beteiligten Akteure in der Problemdefinition übereinstimmen und alle notwendigen Informationen beschaffbar sind. Dies ermöglicht eine effektive Vorausprogrammierung der Aufgabenerfüllung über Wenn-dann-Regeln.[296] *(→ Programme)*

Der klarste Fall von Lösungen für gut definierte Probleme sind technische Projekte, die einen Wiederholungscharakter haben und durch Routinen zu regeln sind. Zum Beispiel ist das Verlegen von Stromkabeln durch die lokalen Stadtwerke ein solches Projekt. Wenn ein neuer Anschluss gelegt werden soll, lässt sich das Problem – der Haushalt will einen Stromanschluss haben – genau definieren, die Kosten über die durchschnittlichen Preise für die Verlegung eines Meters Stromkabel mal Anzahl der Meter präzise kalkulieren und der Arbeitsablauf entsprechend den Arbeitsrichtlinien der Stadtwerke klar festlegen.

Das klassische Projektmanagement stößt jedoch bei Projekten, bei denen die Probleme nicht gut definierbar sind, an Grenzen, beispielsweise bei Aufgaben, die kein eindeutiges Ziel haben und bei denen zu „Beginn des Projektes noch gar nicht klar ist, in welche Richtung es gehen soll".[297] Bei Reorganisationsprojekten scheitern die klassischen Projektmanagementtools, weil die Findungsphase nie eindeutig abgeschlossen ist, die Aufgaben meistens kein eindeutiges Ende haben und notwendige Ressourcen nur ungefähr abzuschätzen sind. In vielen Produktentwicklungsprojekten hat man es mit Problemen zu tun, in denen entweder die Ziele relativ klar, aber die Methoden nicht gut definierbar sind, oder in denen umgekehrt die Methoden einigermaßen bekannt, aber die Ziele nicht eindeutig sind.[298]

Die Probleme scheinen in diesen Fällen nicht eindeutig bestimmbar zu sein, sie sind schlecht definiert. Unter einem schlecht definierten Problem versteht man ein Problem, über dessen Struktur man nur begrenzte Informationen hat, dessen Definition von Akteur zu Akteur

---

[296] Maßgeblich *Herbert A. Simon*: The Structre of Ill Structured Problems. In: Artifical Intelligence 4 (1973), S. 181–201. Leichter zugänglich als Argument in *James G. March, Herbert A. Simon*: Organisation und Individuum. Menschliches Verhalten in Organisationen. Wiesbaden 1976, 150 ff..

[297] So *G. Kraus, R. Westermann*: Projektmanagement mit System (wie Anm. 295), 187f.

[298] Siehe zu Projekten aufschlussreich und umfassend *Marcel Schütz, Pia Lehmkuhl, Heinke Röbken, Etienne Witte*: Projektmanagement. Eine Einführung aus sozial- und organisationswissenschaftlicher Sicht. Wiesbaden 2022.

unterschiedlich ist und zu dessen Lösung aufgrund der Komplexität nicht alle Handlungsalternativen erwogen sowie auf ihre Folgen abgeklopft werden können.

Mit solchen schlecht definierten Problemen müssen sich besonders komplexe Organisationsreformen auseinandersetzen. *(→ Reformen)* Die Schwierigkeiten, auf denen Reorganisationsprojekte beispielsweise aufsetzen, werden im Verlauf der Zeit häufig umdefiniert: Ging es anfangs noch um Kosteneinsparung, verlagert sich das Ziel mehr zu einer strategischen Neuausrichtung. Managerinnen, die das Projekt anfangs betrieben haben, ziehen sich zurück, andere Akteure kommen hinzu. Auch komplexe EDV-Projekte setzen häufig auf solch schlecht definierten Problemen auf. Die Software, die am Ende eines Projektes herauskommt, hat häufig wenig mit den im Pflichtenheft festgelegten Zielsetzungen und Vorgehensweisen zu tun. Insbesondere die Softwaretechnologie entwickelt ein so starkes „Eigenleben", dass man eher auf der Grundlage der bereits vorhandenen Tools schließt, was am Ende herauskommt, als dass man für sauber definierte Ziele die entsprechenden Tools heranzieht.

Wie wirkte sich die klassische lineare Vorgehensweise bei Projekten mit schlecht definierten Problemen aus? In den Projekten wurde festgestellt, dass es immer wieder Planabweichungen in Form von Zeit-, Budget- oder Personalkapazitätsüberschreitungen gab. Je undurchsichtiger das Problem, mit dem sich ein Projekt auseinandersetzte, desto häufiger musste in einem logisch-linearen Planungsprozess also zurückgesprungen werden, um die Zielerreichung zu modifizieren. Im Projektablauf entstanden sogenannte „Echternacher Springprozessionen", in denen es zwei Schritte vorwärts und einen zurückging.[299] Der Projektverlauf war nicht eine stetige Fortentwicklung, in der ein Entwicklungstand eine feste verbindliche Basis für den nächsten Schritt darstellte. Vielmehr bildete sich ein Rückkopplungskreis aus, in dem immer wieder zurückgesprungen werden musste, um Planungen anzupassen. Durch diese Rücksprünge konnte sich ein Projekt zwar immer mehr der Realisierung annähern, aber die Planungssystematik verlor an Linearität. Die Komplexität wuchs sehr stark an.

Der in Mode gekommene agile Projektansatz macht letztlich nichts anderes, als diese in der Praxis zu findenden Rücksprünge in die offizielle Planungsphilosophie für Projekte zu integrieren. Die Idee eines solchen agilen Projektmanagements ist es, den Projektprozess kontingent zu halten. Kontingenz bezeichnet die Offenheit einer Situation: „Es geht so, aber auch anders, allerdings nicht beliebig." Der Grundgedanke der Kontingenz ist, dass es bei schlecht definierten Problemen keinen „one best way" gibt, sondern verschiedene Wege existieren, um voranzukommen. Welche eingeschlagen werden, hängt von der Situation, den Entwicklungen der Organisation, den Machtkonstellationen oder zufälligen Veränderungen in der Umwelt ab. *(→ Agilität)*

---

299 So *Rolf G. Ortmann*: Projektmanagement in der Softwareentwicklung: Definierte Abläufe oder offene Prozesse. In: Vdf (Hrsg.): Management von Großprojekten. Zürich 1993, S. 1–10, hier S. 2.

#73 Projektgruppen

Wenn die Variationsspezialisten die Routinespezialisten vergessen

Die Einrichtung von Projektgruppen wird mit verschiedenen Gründen als „State of the Art" des Projektmanagements bezeichnet: Die Steuerung und Koordination einer vollzeitig tätigen Gruppe ist einfacher. Das Projekt kann durch die voll verantwortliche Gruppe schneller abgewickelt werden, wodurch der Organisation die Projektergebnisse schneller zur Verfügung stehen. Durch die Kreativität der festen Gruppen lassen sich bessere Lösungen erwarten. Die Akzeptanz der Fachabteilungen kann dadurch gewährleistet werden, dass eigene Mitarbeiter in das Projekt entsandt werden. Externe Spezialisten können in die Projektgruppe eingebunden werden. Wo könnten die Probleme bei solch einer Allzweckwaffe liegen?

Unternehmen, Verwaltungen und Krankenhäuser tendieren dazu, Spezialbereiche für „Variation" auszubilden, deren Ideen, Anregungen und Konzepte dann von den „Routinespezialisten" in der Praxis umgesetzt werden müssen. Abteilungen für Szenariomanagement, für Organisationsentwicklung oder Forschung und Entwicklung sind dafür zuständig, Wissen zu produzieren; im operativen Bereich werden die Wissensbestände angewendet. Organisationsexperten in den Stäben konzentrieren sich auf die Entwicklung neuer Organisationsstrukturen und die in die Linie integrierten Abteilungen setzen diese Organisationsstrukturen dann um.

Die Einrichtung von Projektgruppen ist ein typisches Beispiel für die Ausdifferenzierung von „Variationsspezialisten", deren Ergebnisse dann von den „Routinespezialisten" umgesetzt werden müssen, aber es zeigt sich, dass die Funktion „Veränderung" sich nicht gut eignet, als Spezialfunktion in Spezialsystemen ausdifferenziert zu werden, weil das dann nur die Unbeweglichkeit der anderen Subsysteme zementiert. Wenn die Veränderungsaufforderungen an Spezialeinheiten abgegeben werden, dann darf man sich folglich nicht wundern, wenn sich alle anderen Abteilungen auf die Routineaufgaben zurückziehen und neue Entwicklungen als unwillkommene Störungen abweisen. *(→ Projekte)*

Im Alltag von Projekten lässt sich der Effekt an der Produktion von „Planungsruinen" beobachten. Projektteams entwickeln IT-gestützte Wissensmanagementprogramme, die von den „Usern" nicht genutzt werden. Strategiegruppen konstruieren neue Organigramme, welche die herrschenden Machtgeflechte nicht ausreichend berücksichtigt haben und deswegen nicht „lebendig" werden. Entwicklungsabteilungen erstellen neue Produkte, von denen sich erst spät herausstellt, dass sie sich gar nicht fertigen lassen. *(→ Scheitern)*

Die weitgehende Konsequenz sollte sein: Schafft Projektgruppen ab.[300] Alternativ zu den vorherrschenden, auf Projektgruppen setzenden Managementmodellen wird als Planungsinstanz nur noch ein einzelner Projektmanager eingesetzt, der direkt an die „Herren" oder „Damen", die Auftraggeber, berichtet. Der Projektmanager hat in diesem Modell keine hierarchischen Weisungsbefugnisse gegenüber anderen Projektbeteiligten und zieht lediglich das obere und

[300] Erste Überlegungen dazu habe ich zusammen mit Wolfang Schnelle entwickelt. Siehe dazu *S. Kühl, W. Schnelle*: Wenn klassisches Projektmanagement in die Sackgasse führt (wie Anm. 290).

mittlere Management sowie die infrage kommenden Fachleute zu kurzzeitigen Gesprächsrunden zusammen. Bei diesen Treffen wird nach Möglichkeit die Zusammensetzung der Teilnehmer variiert, sodass sich nie derselbe Teilnehmerkreis zweimal begegnet.

Auf den ersten Blick liegt der Vorteil dieser Vorgehensweise darin, dass sich die Freistellung von Personal für ein Projekt erübrigt und das Alltagsgeschäft der meisten Projektbeteiligten durch die nur kurzen Besprechungszeiten kaum beeinträchtigt wird. Der Hauptnutzen liegt jedoch auf einem anderen Aspekt: Der Verzicht auf Projektinstanzen sorgt dafür, dass sich das Projekt nicht zu stark von der Logik der „Routinespezialisten" entfernt.

Wo liegen die Schwächen dieser Vorgehensweise? Die Durchsetzungskompetenzen des Projektmanagers sind schwach. Es gibt keine „Instanz" in Form von Projektteams und Lenkungsausschüssen, auf die er sich beziehen kann. Die Konsequenz ist, dass die hierarchisch höherrangingen Sponsoren eines Projektes stark gefordert sind. Sie müssen für die Rückendeckung und die Ressourcen des Projektmanagers sorgen. Dies muss aber nicht unbedingt als Pathologie dieses Modells angesehen werden, im Gegenteil: Die Hierarchen können die Verantwortung nicht auf Projektteams abweisen, sondern stehen selbst im Zentrum des Geschehens.[301]

[301] Siehe ausführlich dazu *Stefan Kühl*: Projekte führen. Eine sehr kurze organisationstheoretisch informierte Handreichung. Wiesbaden 2015.

#74 Qualitätsmanagement

Über den Kampf gegen die Informalität

Von Beratern unterstützte Reformprojekte setzen in der Regel an den offensichtlichen Strukturen einer Organisation an. Dass sich die in Planung stehenden Veränderungen daran orientieren, ist nachvollziehbar, schließlich sind die sichtbaren Anlagen einer Organisation allgemein bekannt und damit leichter erwähn- sowie diskutierbar, denn das Topmanagement braucht eine Vorstellung, wie viele Ressourcen durch das Unterfangen gebunden werden. Die betroffenen Linienmanager möchten wissen, was sich in ihrer Organisation ändern soll. Auch die Berater wollen einen klar formulierten Auftrag haben, um ihre eigene Kostenkalkulation vornehmen zu können und den Personaleinsatz zu planen.

Im Qualitätsmanagement gibt es jedoch häufig einen anderen Ansatzpunkt. Hinter dem Einsatz von Instrumenten wie Qualitätszirkel, Kaizen und Kontinuierlichem Verbesserungsprozess steckt die Hoffnung, die strikte Trennung zwischen Hand- und Kopfarbeit zu überwinden. Die zuerst in der Automobilindustrie und dann in fast allen anderen Branchen eingesetzten Hilfsmittel zielen auf die Mobilisierung des Erfahrungs- und Produktivitätswissens der Beschäftigten und stehen damit in deutlicher Konkurrenz zur klassischen Expertenrationalisierung. Statt die Qualitäts- und Rationalisierungsverantwortung lediglich einigen wenigen Sachkundigen zu übertragen, sollten alle im Unternehmen auffindbaren Kräfte, unabhängig von ihrem Status und ihrer Funktion, für die kontinuierliche Verbesserung der Produktion genutzt werden. *(→ Lernen)*

Mit der angesprochenen Aufhebung einer strikten Trennung von Kopf- und Handarbeit soll eines der Grundprobleme der tayloristischen Organisationsform angegangen werden: die Diskrepanz zwischen den von Experten ersonnenen Planungen und einer Realität des Produktionsablaufes, der nach ganz eigenen Gesetzmäßigkeiten abläuft. (→ *Regelbruch*) Qualitätszirkel, Kaizen und Kontinuierlicher Verbesserungsprozess waren als Ansätze deswegen stets darauf ausgerichtet, den abgerissenen Rückfluss von Anwendungserfahrungen aus der Produktion in die Planung wiederherzustellen und den Kreislauf von Planungs- und Erfahrungswissen wieder zu schließen.[302]

Konkret äußert sich dies in den dazugehörigen Qualitätsworkshops in dem Versuch, das informal genutzte Erfahrungswissen der Mitarbeiter in formalisierte Standards zu überführen. Die Hoffnung ist, dass die Lösungen, die dezentral gefunden worden sind, durch einen Formalisierungsprozess als Strukturen, Regeln oder Prozesse im Organisationsgedächtnis verankert werden. Sobald sie sich bewährt haben, gehört es nach Ansicht von Qualitätsberater Masaaki Imai zu den zentralen Aufgaben des Managements, den Nutzen der Verbesserungen

[302] Siehe dazu lesenswert *Manfred Moldaschl*: Arbeitsorganisation und Leistungspolitik im Qualitätsmanagement. In: *Hartmut Hirsch-Kreinsen* (Hrsg.): Organisation und Mitarbeiter im TQM. Berlin 1997, S. 63–96.

über die gesamte Organisation zu verbreiten, indem die Neuerungen durch klare Vorgaben verbindlich gemacht werden.[303]

Aber genau an dieser Stelle stoßen die Qualitätsmanagementinitiativen erfahrungsgemäß auf Probleme.[304] Warum sollten sich Mitarbeiter dafür begeistern, im Rahmen einer Qualitätskampagne hinsichtlich ihres informalen Arbeitsverhaltens ihre verdeckten Spielräume und leistungsrelevanten Reserven aufzudecken? Das Erfahrungswissen, die verdeckten Spielräume, die Kenntnis der informalen Abläufe in der Organisation und die geheim gehaltenen Leistungsreserven sind Trumpfkarten, welche die Mitarbeiter in den organisatorischen Machtkämpfen einsetzen können; Formalisierung und Standardisierung stellen indes eine Bedrohung für sie dar, für welche sie genau jene Trumpfkarten parat halten. *(→ Macht)*

Im dominierenden Strang des Qualitätsmanagements würde die Existenz besagter informaler Arbeitsverhalten, verdeckter Spielräume sowie leistungsrelevanter Reserven als Ansatzpunkt für die in Planung stehenden Maßnahmen angesehen werden. Man würde genau an diesen informalen Aspekten der Organisation ansetzen, um sie in formalisierte (und damit kollektiv optimierbare) Arbeitsbedingungen zu überführen. Übersehen wird dabei jedoch, dass die Informalitäten eine wichtige Funktion erfüllen.

Dieser Kampf gegen die Organisationskultur, der häufig implizit bei Kaizen-Kampagnen und kontinuierlichen Verbesserungsprozessen geführt wird, geht von einem zweckrationalen Organisationsverständnis aus. Es wird unterstellt, dass Organisationen einen eindeutigen Zweck haben und die Ausrichtung an diesem über Hierarchien nach unten durchgesetzt werden kann und muss. Wenn man jedoch davon ausgeht, dass die Organisationen durch inkonsistente Zwecke und brüchige Hierarchien gekennzeichnet sind, dann erscheint der Versuch zur Eindämmung von Informalität als ein Don-Quichote-Kampf.

Das Erfahrungswissen, die verdeckten Spielräume, die Kenntnis der informalen Abläufe in der Organisation und die geheim gehaltenen Leistungsreserven sind Trumpfkarten, welche die Mitarbeiter in den organisatorischen Machtkämpfen einsetzen können.

---

303 *Masaaki Imai*: Kaizen: der Schlüssel zum Erfolg der Japaner im Wettbewerb 1991.

304 Für die Empirie zu diesem Fall und eine ausführliche Fassung des Arguments siehe *S. Kühl*: Formalität, Informalität und Illegalität in der Organisationsberatung. Systemtheoretische Analyse eines Beratungsprozesses (wie Anm. 148).

#75 Rankings

Ein Instrument zur Produktion von Aufmerksamkeit

Beim Blick in die Massenmedien könnte man den Eindruck bekommen, dass inzwischen versucht wird, alles irgendwie in die Form eines Rankings zu bringen. Gerankt werden die Korruptionsanfälligkeit von Ländern, die Popularität von Business Schools bei Studierenden, die Beliebtheit von Hotels in einer Stadt, der Leistungsgrad von Spielern in nationalen Basketballligen, die Beliebtheit von Beratern oder der Erotikgrad von sexuellen Eroberungen.

Ein Ranking kann man sich vergleichsweise einfach zusammenbasteln. Man erhebt für eine vorher definierte Kategorie – Restaurants in einer Region, Unternehmen in einer Branche, Mitarbeiter in einer Organisation – Daten, lässt andere im Internet quantitative Bewertungen generieren oder erhebt solche Statistiken selbst, etwa durch Befragungen. Diese zu einer Kategorie gehörenden Einheiten macht man dann vergleichbar, indem man sie in Reihenfolgen von „mehr oder weniger" bringt.[305] In der sich mit Prozessen der Quantifizierung auseinandersetzenden Forschung wird eine solche Hochaggregierung von Zahlen in Form von Rankings oder auch von Ratings oder Indizes als Metamessung bezeichnet.[306]

Die Funktion von Rankings besteht darin, in einer mit Informationen überfluteten Welt Aufmerksamkeit zu produzieren. Man weiß oder ahnt zumindest, dass die Korruption in verschiedenen Ländern der Welt unterschiedlich funktioniert, aber erst wenn Organisationen in eine Rangliste gebracht werden, entsteht ein entsprechendes Interesse, weil es sich für eine massenmediale Dramatisierung eignet.[307]

Die Aufmerksamkeit wird dadurch generiert, dass Rankings nach dem Prinzip des Nullsummenspiels funktionieren; der erste Platz des einen geht stets mit dem Umstand einher, dass jemand anderes diesen ersten Platz nicht mehr einnehmen kann. Der Aufstieg des einen bedeutet zwangsläufig immer auch den Abstieg eines anderen. Mit „Spielen ohne Gewinner" oder „Win-win-Situationen" haben Rankings überhaupt nichts zu tun; diese wären für eine Aufmerksamkeitsgenerierung nämlich viel zu langweilig. *(→ Win-win-Situationen)*

In Organisationen werden Rankings dafür genutzt, um Druck für Veränderung zu produzieren. *(→ Benchmarking)* Es werden über verschiedene Organisationen einer Branche hinweg „Gemeinkostenwertanalysen" angefertigt, die dabei helfen sollen, einen Rationalisierungsdruck in der Organisation zu „verargumentieren". Es werden „Organizational Health Indices" erstellt, die versprechen, alle zentralen Elemente einer Organisation, etwa den Innovationsgrad oder die Produktivität pro Mitarbeiterstelle, im Vergleich zu anderen Organisationen derselben Branche zu messen.[308]

---

[305] Siehe dazu *Bettina Heintz*: „Wir leben im Zeitalter der Vergleichung." Perspektiven einer Soziologie des Vergleichs. In: Zeitschrift für Soziologie 45 (2016), 5, S. 305–323, hier S. 317.

[306] Siehe zum Konzept der „meta-measurements" oder „second-order-measurements" *Michael P. Power*: Counting, Control and Calculation: Reflections on Measuring and Management. In: Human Relations 57 (2004), S. 765–783.

[307] Zur Entstehung des Korruptionsindex von Transparency International lesenswert *Jens Ivo Engels*: Alles nur gekauft? Korruption in der Bundesrepublik seit 1949. Darmstadt 2019, 204f.

[308] *Duff McDonald*: The Firm. The Story of McKinsey and its Secret Influence on American Business. New York et al. 2013, S. 302.

Die Datenqualität, die den Metamessungen in Form von Rankings zugrunde liegt, ist unterschiedlich. Das Anordnen der Mannschaften einer Basketballliga auf der Basis von gewonnenen oder verlorenen Spielen kann niemand anzweifeln, weil ein darauf basierender Einspruch nur bei Übertragungs- oder Rechenfehlern eine Chance auf Erfolg haben könnte. Bei den Korruptionsindizes ahnt man, dass der Wert der Daten begrenzt ist, aber gleichzeitig geht man davon aus, dass die Qualität wenigstens so gut ist, dass sie sich für eine grobe Einschätzung eignen. Das Ranking von Beratungsunternehmen anhand von Kundeneinschätzungen hat unterdessen einen so offensichtlichen Fiktionsgehalt, dass sich auf ihre Reputation bedachte Beratungsunternehmen inzwischen von den Veranstaltern dieser Zahlenlotterien unter Androhung von Klagen aus den Rankings entfernen lassen.

Aber in der Regel wird die Qualität der Datenbasis, die Rankings zugrunde liegt, erfolgreich „verdunkelt". Manager wissen, dass die quantitativen Rankings, die ihnen große Expertenberatungsfirmen zur Einschätzung der Leistungsfähigkeit ihrer Organisation liefern, häufig nicht aussagekräftiger sind als grobe Schätzungen. Trotzdem nutzen sie die Reputation der Firma, um die Zahlen intern zu „validieren". Personaler wissen, dass die von Beratungsfirmen eingeführten quantitativen Potenzialeinschätzungen von Mitarbeitern kaum Aussagekraft besitzen, aber sie nutzen eine visuell aufgemotzte Darstellung, um sie plausibel erscheinen zu lassen.[309] *(→ Zahlen)*

Trotz des Wissens über den hohen Grad an Konstruiertheit reagieren Organisationen auf Rankings nicht selten wie Pawlow'sche Hunde auf den Klingelton, der ihnen ein neues Leckerli verspricht. Unternehmen, die sich auf einem hart umkämpften Arbeitsmarkt gegen Konkurrenten durchsetzen müssen, richten eigene Stellen ein, die die Außendarstellung so optimieren sollen, dass das Unternehmen auf den Rankings für „die attraktivsten Arbeitgeber" ganz oben erscheint. Universitäten, die um Platzierungen auf Tabellen für Topuniversitäten erscheinen wollen, richten – jedenfalls teilweise – ihre eigene Struktur auf die Kriterien dieser Rankings aus und leisten sich auf ihren Gehaltslisten Professorinnen und Professoren, die zwar fast nie anwesend sind, aber aufgrund ihrer Publikationstätigkeiten versprechen, die Universität in den relevanten Rankings weiter nach oben zu bringen.[310]

Mit ihrem Fokus auf Rankings machen sich Organisationen oder zumindest Organisationseinheiten abhängig von Kriterien, die nicht ihre eigenen sind. Sie übernehmen die ihnen von außen vorgegebenen Messverfahren und setzen sich einem Druck aus, den sie selbst nicht kontrollieren können. Im extremen Fall wird dadurch situationssensibles Lernen der Organisation verhindert, weil alle Bemühungen darauf ausgerichtet sind, durch die Verbesserung auf dem für sie nach externen Kriterien ausgerichteten Ranking weiter nach oben zu rutschen. *(→ Evaluation)*

309 Für eine der besten Studien über die Konstruktionsweise von Zahlen siehe *Alexander Gruber*: Beraten nach Zahlen. Über Steuerungsinstrumente und Kennzahlen in Beratungsprojekten. Wiesbaden 2015.

310 Zur „reactivity" in Bezug auf Rankings, siehe einschlägig *Wendy Nelson Espeland, Michael Sauder*: Rankings and Reactivity. How Public Measures Recreate Social Worlds. In: American Journal of Sociology 113 (2007), S. 1–40.

#76 Reformen

Die besondere Brisanz von Machtspielen in Veränderungsprozessen

Der Status quo kann in Organisationen als „Pazifikationsformel" der unterschiedlichen Interessen gelten.[311] Es laufen eingeschliffene Routinespiele ab, die den alltäglichen Betrieb der Organisation gewährleisten: die Produktionssteuerung, die alltäglichen Arbeitsprozesse im Verkauf, die Verzahnung zwischen Entwicklung, Konstruktion und Produktion sowie die verlässliche Entgeltabrechnung und Personalverwaltung. Diese Routinen sind durch Spielzüge gekennzeichnet, in denen die Akteure ihre Muskeln vielleicht nicht gleich einsetzen, bei entsprechender Gelegenheit aber durchaus zeigen. Zwar gibt es immer wieder Momente, in denen der Status quo infrage gestellt wird, insgesamt sind die Machtbeziehungen aber recht stabil und für die Akteure überschaubar. Die Beteiligten haben sich auf eine Verteilung der Spielkarten und zumindest einige wenige Spielregeln geeinigt.[312]

Veränderungsprojekte sind demgegenüber eine Aufkündigung dieses Status quo. Reformen bedrohen die ausgehandelten und eingeschliffenen Machtspiele in einer Organisation.[313] Eine erste Bedrohung für die Akteure besteht darin, dass durch die Reformprojekte die gegebenen Machtverhältnisse aufgedeckt werden. Die Macht von einflussreichen Akteuren basiert immer darauf, dass zwar die Bedeutung der von ihnen beherrschten Machtquellen allen deutlich ist, diese Verhältnisse jedoch nicht allzu intensiv diskutiert und damit auch nicht infrage gestellt werden. Mit Reformprojekten werden die bestehenden Machtverhältnisse plötzlich an die Oberfläche geholt. Die Frage nach Alternativen wird laut. *(→ Macht)*

Aufgrund der Tatsache, dass die Ergebnisse eines Reformprojektes nicht vorher feststehen und die Folgen nicht komplett zu übersehen sind, können sich die Akteure nicht ausrechnen, wie sie nach der Reform dastehen werden. Sie können sich nicht sicher sein, ob sie bessere Spielkarten (mit mehr Trümpfen) bekommen, ob ihnen die neuen Spielregeln zusagen, wer die neuen Spielpartner sind und ob man überhaupt mit ihnen auskommen wird.[314]

Reorganisations- und Veränderungsprojekte sind in letzter Konsequenz „Metaspiele", in denen die Regeln für zukünftige Routinespiele definiert werden. Wer hier den Kürzeren zieht, wird in den späteren Routinespielen durch seinen geringen Einfluss oder seine fehlenden Weisungsbefugnisse immer wieder daran erinnert werden. Deswegen wird in den Veränderungsprojekten mit so harten Bandagen gekämpft – und deswegen gestalten sich einige Veränderungsprojekte so zäh.[315]

---

311 So *N. Luhmann*: Organisation und Entscheidung (wie Anm. 47), S. 335. Der Beitrag basiert auf einem gemeinsamen Artikel mit Wolfgang Schnelle, siehe *S. Kühl, W. Schnelle*: Macht gehört zur Organisation wie die Luft zum Leben. (wie Anm. 237), 19f. Dort finden sich auch ausführlichere Literaturhinweise.

312 *Günther Ortmann*: Formen der Produktion. Organisation und Rekursivität. Opladen 1994, S. 63.

313 Siehe dazu umfassend *Marcel Schütz*: Die Realität der Reform. Über Wahrnehmung und Wirklichkeit der Veränderung von Organisationen. Wiesbaden 2022.

314 *H. Bosetzky*: Innovation (wie Anm. 184), S. 222.

315 *Günther Ortmann, Jörg Sydow, Arnold Windeler*: Organisation als reflexive Strukturation. In: *Günther Ortmann, Jörg Sydow, Klaus Türk* (Hrsg.): Theorien der Organisation. Die Rückkehr der Gesellschaft. Opladen 1997, S. 315–355, hier S. 334.

Schon bei der Definition des Problems wird maßgeblich über die Verteilung der Karten bei dem Metaspiel der Reorganisation entschieden. Die auf den ersten Blick manchmal obskur erscheinenden Debatten um die Frage, was eigentlich das Problem ist, erklären sich daraus, dass mit der genauen Definition dieser Angelegenheit auch bestimmt wird, welche Machtspiele zur Diskussion stehen und wessen Wissen und Einfluss bei dem Reorganisationsprojekt gefragt sein wird.

Widerstand gegen Veränderungsprojekte ist aus dieser Perspektive rational. Akteure, die sich in diesen Metaspielen nicht gegen Maßnahmen zur Wehr setzen würden, die sie mit schlechteren Karten dastehen lassen würden, mögen allenfalls wegen ihres Altruismus gelobt werden. Die Zurechnung von Widerstand auf persönliche Defizite der Beteiligten ist dabei also eher eine durchsichtige Diskriminierungsstrategie im Machtspiel der Reorganisation als ein für Veränderungsprojekte generell geeigneter Erklärungsansatz.

Das Topmanagement, externe Berater und interne Organisationsentwickler beklagen häufig die Zähigkeit von Veränderungsprojekten sowie die fehlende Bereitschaft der Mitarbeiter, diese Veränderungen mitzutragen. Letztlich offenbaren sie dabei aber lediglich ihren eigenen blinden Fleck. Auch sie sind Mitspieler in dem Metaspiel der Reorganisation, besitzen aber eine andere Gratifikationsstruktur als die Mitarbeiter. Sie werden letztlich dann belohnt, wenn sich etwas verändert. Die Beibehaltung des Status quo gilt als Misserfolg. *(→ Honorar)*

Veränderungsprojekte sind in letzter Konsequenz „Metaspiele“, in denen die Regeln für zukünftige Routinespiele definiert werden. Wer hier den Kürzeren zieht, wird in den späteren Routinespielen durch seinen geringen Einfluss oder seine fehlenden Weisungsbefugnisse immer wieder daran erinnert werden.

#77 Regelbruch

Über das Management brauchbarer Illegalitäten

Regelbrüche und Gesetzesverstöße sind aus einer organisationswissenschaftlichen Perspektive alles andere als überraschend. Sie finden sich, wenn man nur genau hinsieht, in jedem Unternehmen, jeder Verwaltung, jeder Polizei, jeder Armee, jedem Krankenhaus, jedem Ministerium. Den Ursprung bildet der Umstand, dass Organisationen mit widersprüchlichen Anforderungen konfrontiert werden, die nicht alle durch Entscheidungen auf der Formalebene gelöst werden können. Deswegen bilden sich kleine Schleichwege jenseits des offiziellen Ablaufs aus.

Der Fachbegriff für diese in jeder Organisation zu findende Form von Regelbrüchen lautet „brauchbare Illegalität".[316] Letztlich ermöglicht erst die brauchbare Illegalität, dass sich Regeln in Organisationen trotz ihrer Starrheit halten können. Regeln müssen von Zeit zu Zeit verletzt werden, damit sie als solche weiterexistieren können. Nur indem Organisationsmitglieder permanent situativ ausbalancieren, ob sie den formalen Strukturen entsprechend handeln oder ob sie informale Wege gehen, erreichen Organisationen überhaupt erst ihre schnelle Anpassungsfähigkeit.[317]

Nicht umsonst gilt der Dienst nach Vorschrift als eine der effektivsten Sabotageformen in Organisationen. Man erinnert sich beim Dienst nach Vorschrift an die überholten, aber nie offiziell aufgehobenen Anordnungen und blockiert durch deren Anwendung die Organisation. Man hält sich an die vorgeschriebenen Dienstwege und verweigert, zur schnellen Entscheidungsfindung Abkürzungen zu nehmen. Man lässt jeden Vorschlag dahingehend prüfen, ob dieser auch mit den existierenden formalen Regeln abgestimmt wurde. Man besteht darauf, dass alle Regeln und Anweisungen buchstabengetreu ausgeführt werden. Die kurzen Beispiele verdeutlichen: Die Organisation würde durch die strikte Orientierung an den formalen Strukturen komplett lahmgelegt werden.[318] *(→ Compliance)*

Regelbrüche sind immer dann prekär, wenn nicht nur gegen die formalen Bestimmungen der Organisation verstoßen wird, sondern dabei sogar staatliche Gesetze gebrochen werden. Man denke an die Manipulationen an den elektronischen Fahrtenschreibern, um die Lenkzeiten für Lkw-Fahrer zu erhöhen, an die verbotene Überbrückung von Sicherungen von Produktionsmaschinen mithilfe von Drähten, um auch bei einem Schaden der Maschine die Produktion aufrechterhalten zu können, oder an die kleinen Gefälligkeiten gegenüber Betriebsräten, die, wenn sie denn öffentlich werden, vor dem Gesetz als Untreue zu werten sind. In solchen Fällen greifen bei Bekanntwerden nicht nur die Normen der Organisation, sondern auch übergreifende staatliche Regelungen.

Solche Fälle von Regelverletzungen sind empfindlich gegenüber der Aufdeckung von innen oder von außen. Werden die Strafverfolgungsbehörden eingeschaltet, gibt es, jedenfalls für die Organisationen in der westlichen Welt, kaum noch Möglichkeiten, die dann einsetzende

---

[316] Einschlägig *N. Luhmann*: Funktionen und Folgen formaler Organisation (wie Anm. 5), 304 ff. Siehe ausführlich *S. Kühl*: Brauchbare Illegalität (wie Anm. 88), 23 ff..

[317] Siehe dazu *E. Friedberg*: Le pouvoir et la règle (wie Anm. 239), S. 153.

[318] Siehe zum Dienst nach Vorschrift als Streiktechnik auch *Michel Crozier*: Le phénomène bureaucratique. Paris 1963, 247 ff.

strafrechtliche Prüfung zu unterbinden. Das systematische Schmieren von Auftraggebern, das große Elektronikkonzerne praktizieren, um an große Aufträge für den Bau von Kraftwerken, U-Bahnen oder Flughäfen heranzukommen, geht mit dem Risiko einher, dass eine Aufdeckung dieser Regelverletzung Ermittlungen nicht innerhalb, sondern außerhalb der Organisation in Gang setzt.

Beim Bekanntwerden eines Regelbruchs wird immer wieder die Frage gestellt, welcher „Vollidiot" entschieden hat, den Erfolg einer Organisation so leichtfertig aufs Spiel zu setzen. Aber regelabweichende informale Prozesse in Organisationen bilden sich meist – und das wird häufig übersehen – nicht durch eine Entscheidung eines Topmanagers oder eines Gremiums aus. Sie schleichen sich langsam ein. Üblicherweise wird nicht irgendwann offiziell entschieden, zur Erreichung der Ziele auch formal oder gesetzlich verbotene Mittel einzusetzen. Man experimentiert zuerst mit kleinen, kreativen Abweichungen, ehe sich diese zu einer bewährten Praxis entwickeln, die gar nicht mehr im Hinblick auf ihre Rechtmäßigkeit geprüft wird. Es etablieren sich Routinen, ohne dass es jemals einen von oben abgesegneten Masterplan zum Regelbruch oder zum Gesetzesverstoß gegeben hätte.

Wenngleich sich diese illegalen Routinen langsam einschleichen, so ist das Wissen um die Regelbrüche in der Organisation doch weitverbreitet. Egal, ob man sich Skandale in der Pharmaindustrie anschaut, die Vertriebsoptimierung durch Schmiergeldzahlungen in der Elektronikindustrie, die Verstöße gegen Umweltschutzgesetze durch Automobilkonzerne oder den Untergang von Kreuzfahrtschiffen, immer stellt sich im Nachhinein heraus, dass das Wissen um die Regelbrüche und Gesetzesverstöße an ganz verschiedenen Stellen der Organisation vorhanden gewesen ist. Es ist dann nur eine Frage der internen Recherche, die Wissensspuren bis zum Topmanagement nachzuvollziehen.

Die Frage, warum trotzdem die vielfachen Hinweise auf illegales Handeln in den Hierarchien versandet sind, ist einfach zu beantworten. Die großzügigen Gesetzesinterpretationen und die kleinen Regelabweichungen waren für die Organisation funktional und wurden daher ganz bewusst geduldet. Gleichzeitig haben die Führungskräfte – jedenfalls, wenn sie geschickt sind – darauf geachtet, dass sie von diesen Praktiken offiziell nicht in Kenntnis gesetzt wurden, weil sie sonst für die unmittelbare Abstellung dieser Regelbrüche verantwortlich gewesen wären, wodurch aber wiederum die Einhaltung der Effizienz-, Kosten- und Terminvorgaben schwieriger geworden wäre. „Das will ich gar nicht wissen" ist die Kurzformel, mit der Führungskräfte ihre Haltung gegenüber Untergebenen zum Ausdruck bringen, wenn diese so naiv sind, ihre Vorgesetzten mit Hinweisen auf eine brauchbare Illegalität in der Organisation zu belasten.

#78 Reputation

Motivation durch das Streben nach Anerkennung

Die Stimmung an den Fachhochschulen und Universitäten verändert sich. Vielerorts müssen sich Professoren in Zielvereinbarungen verpflichten, eine genau spezifizierte Anzahl von Abschlussarbeiten zu betreuen und eine festgelegte Menge von Artikeln zu publizieren. Verhandelt werden diese Zielvereinbarungen nicht mit Dekanen, die im Sinne der akademischen Selbstverwaltung durch die Wissenschaftler einer Fakultät bestimmt werden, sondern mit Leitungspersonal, das vom Präsidenten der Universität ernannt wird. Werden die Zielvereinbarungen nicht erreicht, können dem Professor Gehalt, Mitarbeiterstellen oder Sachmittel entzogen werden.[319]

Ziel dieser Maßnahmen ist es, so jedenfalls die Steuerungsvorstellung, das akademische Personal wieder zu Leistungsträgern werden zu lassen. Nur durch die Bindung monetärer und materieller Vorteile an die Erreichung von Leistungszielen sei es möglich, die Professorenschaft daran zu hindern, in eine wohlige Bequemlichkeitsstarre zu verfallen. Einzig durch die Übernahme von in der Wirtschaft erprobten Methoden der Mitarbeitermotivation könne es gelingen, den Professor über seine acht oder neun Pflichtsemesterwochenstunden hinaus zum Arbeiten zu bringen.

Sicherlich mag es die Professoren geben, die in dem Moment ihrer Berufung den Griffel fallen lassen und die sichere Position eines Lebenszeitbeamten vorrangig dafür nutzen, ihr Leben jenseits der Universität zu optimieren. Jeder Student und jede Studentin kennt Geschichten von Freizeitprofessoren, die einmal die Woche an der Universität auftauchen und ansonsten die schöne Einrichtung des Mittagsschlafs pflegen, um nachmittags bei ihren ausgedehnten Bergtouren gut in Form zu sein, oder es wird von Professoren berichtet, die die Universität vorrangig als Plattform für ihre lukrativen Berater- und Gutachtertätigkeiten nutzen und für Studierende nur noch zu erreichen sind, wenn sie ihr Interesse als Anfrage eines großen Unternehmens oder einer Medienanstalt tarnen.

Weswegen stellen diese Exemplare indes die seltene Ausnahme in der Akademie dar, obwohl doch sowohl der Privatleben- als auch der Nebenerwerbsoptimierer scheinbar individuell rational zu handeln scheinen? Wie kommt es, dass die Mehrzahl der Wissenschaftler nach ihrer Berufung auf eine Lebenszeitstelle nicht zu allgemein akzeptierten Arbeitszeiten zurückkehren, sondern eher aus der Fünfzigstundenwoche jetzt eine Sechzigstundenwoche macht?

Der Grund für den auf den ersten Blick vielleicht irrational wirkenden Arbeitseifer von Wissenschaftlern liegt in der Wirkmacht einer verdeckten Karrierestruktur im akademischen Areal. *(→ Karriere)* Es gibt in jeder wissenschaftlichen Disziplin Messlatten, mit denen die Qualität der Forschenden gemessen werden kann. Es ist überraschend, wie schnell sich Wissenschaftler darauf verständigen können, wer die „Bringer" in ihrer Disziplin sind und wer eher abgeschrieben werden kann.[320]

---

319 Siehe dazu *Mathias Binswanger*: Sinnlose Wettbewerbe. Warum wir immer mehr Unsinn produzieren. Freiburg im Breisgau, Wien 2012.

320 Siehe zu Reputation einschlägig *Niklas Luhmann*: Selbststeuerung der Wissenschaft. In: *ders.* (Hrsg.): Soziologische Aufklärung 1. Aufsätze zur Theorie sozialer Systeme. Opladen 1970, S. 232–252.

Dieses Ranking findet interessanterweise ganz ohne Zitierindex oder Aufstellungen über eingeworbene Forschungsmittel statt. *(→ Rankings)* Selbst in Disziplinen wie der Psychologie, der Soziologie oder der Biologie, die durch heftige Theoriestreitereien gekennzeichnet sind, fällt die große Übereinstimmung darüber auf, wer zu den Koryphäen gerechnet werden kann. Man käme vielleicht nie auf die Idee, den Vertreter einer anderen Schule auf eine Professur am eigenen Institut zu berufen, und auch bei der Entscheidung über Forschungsmittel zögert man, diese an den Vertreter einer anderen Theorierichtung zu vergeben. Sitzt man dann aber schulübergreifend abends beim Bier zusammen, einigt man sich dann doch überraschend schnell darauf, wessen Artikel zitierenswert sind und wessen man eher ungelesen zur Seite legen kann. Diese Rangordnung spielt bei den alltäglichen Interaktionen zwischen Wissenschaftlern mindestens unterschwellig eine zentrale Rolle. In den Diskussionen auf einer Konferenz und in den kleinen Gesprächen in der Kaffeepause schimmert die Rangliste immer durch und wird dabei regelmäßig neu austariert.

Das Besondere an der Karriere in der Wissenschaft im Vergleich zu beruflichen Laufbahnen in der Wirtschaft, in Politik oder Recht ist, dass diese Karrieren nicht an eine Organisation gebunden sind. Der Star in einer Disziplin muss nicht automatisch auch das Sagen in seiner Fakultät haben. Die wichtigen Entscheider in den Instituten und Fachbereichen sind nicht unbedingt auch diejenigen, die im verdeckten Ranking einer Disziplin besonders gut abschneiden. Es gibt sogar böse Stimmen, die behaupten, dass allzu aktive Anstrengungen in den Universitätsgremien negativ mit der Karriere in der Wissenschaft korrelieren.

Vielleicht lässt sich das Engagement in den Gremien nicht nur als notwendige Pflichtübung verstehen, die jeder Wissenschaftler mal erfüllen muss, sondern auch als Kompensationsfläche für mangelnde Reputation auf der verdeckten Karriereleiter der Wissenschaft. Das unterschwellige Ranking innerhalb der Wissenschaft hätte dann nicht nur den Effekt, das akademische Potenzial am wissenschaftlichen Arbeiten zu halten, sondern könnte darüber hinaus die Beteiligung an der akademischen Selbstverwaltung wenigstens teilweise erklären.

Der Reformeifer vieler Universitäten und Fachhochschulen besteht vorrangig darin, diese verdeckte Karrierestruktur durch vermeintlich objektivierende Bewertungsverfahren zu ersetzen, aber es ist fraglich, ob sich die Rangliste durch eine bürokratisch anmutende Sammelwut abbilden lässt. Weswegen sollte man aufwendige und kostspielige Verfahren einführen, wenn doch der akademische Klatsch allein dafür sorgt, dass das Personal am Arbeiten gehalten wird? *(→ Löhne)*

#79 Scharlatanerie

Weswegen es so schwer ist, die Qualität eines Prozesses des Veränderungsmanagements zu bestimmen

Change-Manager werden in Unternehmen, Verwaltungen, Krankenhäusern, Hochschulen oder Polizeien nicht selten mit dem Verdacht der Scharlatanerie konfrontiert. Mitarbeiter beschweren sich über schlechte Erfahrungen mit Change-Managern und beklagen, dass Berater mehr oder minder gedankenlos die jeweils aktuelle Managementmode propagieren und am Ende nichts als „verbrannte Erde" hinterlassen, aber auch die Veränderungsspezialisten selbst bedauern nicht selten, dass es an einheitlichen Standards für die Herstellung, Entwicklung und Sicherung der Qualität von Change-Prozessen fehlt.[321] (→ *Reformen*)

Hintergrund für das Qualitätsproblem im Change-Management ist, dass es sich bei der Durchführung und Begleitung von Veränderungsprozessen um komplexe Dienstleistungen handelt, die sich einer statischen Qualitätsmessung und -sicherung entziehen. Da der Kunde mitverantwortlich für den Erfolg einer Maßnahme ist, sind Beratungsprozesse in einem solchen „Veränderungsmanagement" stark mit Unsicherheit behaftet.

Im Gegensatz zu der Produktion einer Metallbox, der Einrichtung einer telefonischen Verkaufsaktion, der Bedienung von Kunden im Restaurant oder der logistischen Verkettung mit Zulieferern ist ein Organisationsentwicklungsprozess nur schwer steuer-, plan- und voraussagbar. Die Probleme des Klienten sind meistens so gebaut, dass sie nicht durch „einfache Rezeptologien" gelöst werden können.[322] Sie sind so komplex, dass für sie kein Standardablauf entwickelt werden kann und Entscheidungen von Fall zu Fall getroffen werden müssen.

Die vielen Fragen, mit denen sich Change-Manager in Veränderungsprozessen konfrontiert sehen, sind für diese Unsicherheit charakteristisch: Wie wirken sich die geplanten Interventionen aus? Wie reagiert das Klientensystem auf die Diagnosen und Eingriffe der Berater? Welche ungewollten Nebenfolgen könnten sich im Rahmen eines Organisationsentwicklungsprozesses ausbilden und wie würden sie sich verhindern lassen? Welches Eigenleben hat die Organisation und wie beeinflusst dieses mein Handeln? Welche Immunisierungsbestrebungen gibt es in der Organisation und wie sollte man als Berater darauf reagieren?

In der Soziologie wird diese Unsicherheitsbelastung von Tätigkeiten als „Technologiedefizit" bezeichnet. Demnach ist eine Tätigkeit so komplex, dass sie nicht in einzelne Komponenten zerlegt werden kann.[323] Das Technologiedefizit bringt ein zentrales Problem der Qualitätssicherung mit sich: Bei in Einzelteile zerlegbaren Tätigkeiten ist es nämlich möglich, vorweg Standards der Qualität zu definieren und am Produkt oder am Prozess zu überprüfen, ob die dazugehörigen Werte eingehalten worden sind oder nicht. Man braucht sich lediglich den Produktionsprozess in einer Dosenfabrik anzusehen, um zu erkennen, welche Rolle definierte

---

[321] Siehe dazu eine erste Darstellung von mir am Beispiel des Coachings *S. Kühl*: Coaching und Supervision (wie Anm. 30), 111 ff..

[322] So *Klaus Krämer*: Kritische Aspekte der Organisationsentwicklung. In: *Claus Henning Bachmann* (Hrsg.): Kritik der Gruppendynamik. Frankfurt a. M. 1981, S. 313–339, hier S. 315.

[323] Siehe zum Thema Technologiedefizit grundlegend *Niklas Luhmann*, *Karl-Eberhard Schorr*: Das Technologiedefizit der Erziehung und die Pädagogik. In: Zeitschrift für Pädagogik 25 (1979), S. 345–365.

und überprüfbare Qualitätsstandards, zum Beispiel in Form von ISO-Normen, spielen. Bei mit Unsicherheit belasteten Tätigkeiten ist diese Form der formalisierten Qualitätssicherung nicht möglich. Es lässt sich nicht eindeutig feststellen, ob eine Intervention den Richtlinien entspricht. *(→ Qualitätsmanagement)*

Etablierte Professionen wie die Medizin, die Juristerei oder die Theologie haben das Technologiedefizit dadurch in den Griff bekommen, dass sie eigene Professionen ausgebildet haben. Hochschulen mit standardisierten oder teilstandardisierten Ausbildungsgängen wurden eingerichtet, in denen auch durch Forschung die wissenschaftlichen Grundlagen weiterentwickelt worden sind. Professionsverbände wurden gegründet, die nicht nur den Anspruch haben, alle in dem Bereich Tätigen zu organisieren, sondern gleichzeitig – ganz wichtig – den Zugang zum Beruf zu kontrollieren. Professionelle Maßstäbe wurden etabliert, an denen sich alle in der Branche zu orientieren haben. Gleichzeitig wurden Möglichkeiten geschaffen, Personen von der Ausübung der Tätigkeit auszuschließen, wenn sie sich nicht an diese Standards halten. *(→ Professionen)*

Eine vergleichbare Professionsbildung ist im Bereich des Change-Managements nicht einmal in Ansätzen zu beobachten. Jede x-beliebige Person, die 16-jährige Gymnasiastin genauso wie die 80-jährige verrentete Immobilienmaklerin, kann Leistungen in der Organisationsentwicklung anbieten und sich die Bezeichnung „Change-Beraterin“ oder „Organisationsentwicklerin“ auf ihre Visitenkarten drucken. Das einzige Erfolgskriterium liegt in der Frage, ob und inwiefern sich auf dem Markt eine Nachfrage für die angebotenen Leistungen finden lässt.

Zugegebenermaßen lässt sich aber auch durch eine Professionsbildung Scharlatanerie nicht vollkommen vermeiden. Selbst in den ausdifferenzierten Professionen der Medizin, der Rechtswissenschaft und der Theologie kommt es zu eklatanten Kunstfehlern. Patienten werden falsch operiert und wachen mit der berühmt-berüchtigten Schere in ihrem Bauch wieder auf. Klienten bekommen eine falsche Rechtsberatung und verlieren trotz guter Ausgangsbasis ihren Prozess. Gläubige werden vom Theologen falsch beraten und kommen trotz der Befolgung aller Anweisungen durch das christliche Fachpersonal in die Hölle.

Der Unterschied von Professionen gegenüber Nichtprofessionen ist jedoch, dass etwaige Probleme innerhalb der Gemeinschaft der Professionellen kontrolliert werden. Erst durch die ausdifferenzierten Professionen können Scharlatanerie, Kunstfehler und Stümpereien überhaupt als solche benannt und sanktioniert werden. Diese eindeutige und unbestrittene Benennung findet durch die Professionsmitglieder selbst und nicht etwa durch den Kunden oder durch Gerichte statt. Durch die Professionsbildung wird die geleistete Arbeit nicht unbedingt besser, aber die Akteure in einem durchprofessionalisierten Tätigkeitsfeld können die Vorwürfe gegen ihre Arbeit besser kontrollieren. Sie können Kritik aus der Öffentlichkeit und Beschwerden von Kunden damit zurückweisen, dass sie auf die Qualitätssicherungsstandards in ihrer jeweiligen Profession verweisen. Dies fehlt im Bereich des Change-Managements komplett.

Angesichts der fehlenden generalisierten Merkmale für ein qualitätsgesichertes Change-Management bilden die Kunden Sicherheitssurrogate aus, die sich an der Person des Beraters festmachen. Ein Beispiel hierfür wäre der zur Genüge bekannte „Graue-Haare-Faktor“ in der Beratungsbranche. Dass dem grauhaarigen Berater unbewusst ein höheres Maß an Professionalität zugestanden wird, hängt auch damit zusammen, dass aufgrund der mangelnden Professionsbildung kaum andere objektivierte Sicherheiten angeboten werden. Darüber hinaus ist die Betonung der Signalwirkung von handgenähten Schuhen und hochpreisigen Flanell- und Nadelstreifenoutfits im Beratungsbereich besonders wichtig, weil nur wenig formalisierte Kompetenzsignale zur Verfügung stehen. Von einem professionell organisierten Arzt in Birkenstocksandalen lässt man sich behandeln, von Beratern in Birkenstocksandalen wohl eher nicht.

Angesichts der fehlenden Merkmale für ein qualitätsgesichertes Change-Management bilden die Kunden Sicherheitssurrogate aus, die sich an der Person des Beraters festmachen. Die Signalwirkung von handgenähten Schuhen und hochpreisigen Nadelstreifenoutfits im Beratungsbereich sind besonders wichtig, weil nur wenig formalisierte Kompetenzsignale zur Verfügung stehen.

#80 Scheitern

Weswegen zwei Drittel aller Veränderungsprojekte ihre Ziele nicht erreichen

Scheitern ist tabuisiert. Kaum ein Manager bekennt sich öffentlich dazu, dass das von ihm initiierte Reorganisationsprojekt kläglich gescheitert ist. *(→ Reformen)* Nur in Ausnahmefällen berichtet eine Beraterin auf einer Konferenz davon, dass die von ihr begleitete Fusion die ursprünglichen Ziele verfehlt hat. Man scheitert als Managerin und als Berater regelmäßig, aber man spricht nicht darüber.[324]

Es gibt jedoch eine auffällige Ausnahme von der Tabuisierung des Scheiterns: Bei fast allen quantitativen Untersuchungen über den Erfolg und Misserfolg neuer Managementkonzepte, über Change-Prozesse oder IT-Projekte kommt, wie von einer unsichtbaren Hand gesteuert, heraus, dass eine Vielzahl aller Vorhaben scheitert. *(→ Zahlen)* Schon in den 1990er-Jahren verkündete beispielsweise einer der „Erfinder" des Business Process Reengineering – einer heute weitgehend vergessenen Managementmode –, dass über zwei Drittel aller Reengineering-Projekte an den hochgesteckten Zielen versagen.[325] Fernab dieses Einzelfalls wird regelmäßig berichtet, dass 70 Prozent aller Rationalisierungsmaßnahmen von Unternehmen im Sande verlaufen. Heutzutage findet man ebenfalls Studien, die vermelden, dass mindestens zwei Drittel aller Change-Managementprojekte keine Erfolge vermelden. Manchmal mag die Prozentzahl etwas niedriger sein, etwa bei 60 Prozent, manchmal aber auch etwas höher, bei 70 Prozent, selten auch mal 80 Prozent. Der Tenor fast aller Studien ist jedenfalls eindeutig: Die Wahrscheinlichkeit des Scheiterns ist groß. Woher kommt dieses fast gesetzmäßige Verkündigen einer so hohen Anzahl gescheiterter Projekte? Weswegen sind es, fast unabhängig von der jeweiligen Managementmode, immer um die zwei Drittel aller Vorhaben, die scheitern?

Reorganisationsprozesse und Change-Projekte, so die Botschaft der Studien, sind eine ganz schwierige Sache. Die Organisationen seien häufig überfordert, wenn sie grundlegende Veränderungen anstoßen wollten. Es fehle den Führungskräften das Know-how, um eine Reorganisation durchzuziehen, die Mitarbeiter würden zu wenig eingebunden werden und es mangele an Unterstützung des Topmanagements. Die Botschaft klingt zunächst sicherlich überzeugend, schließlich kann man immer über mangelndes Wissen, mangelnde Einbindung oder mangelnde Unterstützung klagen.

Aber man kann diese Studien auch ganz anders interpretieren. Die zwei Drittel sagen sehr wenig über die Leistungsfähigkeit der untersuchten Unternehmen aus, aber sehr viel über diejenigen, die diese Studien publizieren. Untersuchungen, die wie auf magische Art und Weise immer auf eine Misserfolgsquote von 60 Prozent bis 80 Prozent aller Projekte kommen, haben vorrangig die Funktion, ein an Glanz verlierendes Organisationskonzept oder ein ursprünglich mit viel Vorschusslorbeeren eingeführtes Managementinstrument noch ein bisschen am Laufen zu halten. Einer abebbenden Modewelle kann über die Studien noch ein bisschen Energie zu-

324 Für eine stark gekürzte Variante siehe *Stefan Kühl*: Vorsicht, Statistik! In: Harvard Business Manager (2011), 6, S. 96–99.

325 So *James Champy*: Reengineering Management. The Mandate for New Leadership. New York 1995.

geführt werden. Zugegeben, eine steile Behauptung, aber es gibt eine ganze Reihe von Indizien, die diese These plausibel erscheinen lassen.

Interessanterweise werden die Studien des Scheiterns in der Regel von denjenigen Beratungsunternehmen oder beratungsnahen Forschungsinstituten erstellt, die das betreffende Managementkonzept selbst anbieten und nicht selten auch selbst „erfunden haben". Oftmals verschicken diese Institute im Rahmen ihrer Erhebungen einen kurzen Fragebogen an die Unternehmen, setzen eine studentische Hilfskraft ans Telefon, um die entsprechenden Firmen abzutelefonieren, oder sie schicken ihre Berater selbst mit einer kurzen Liste von Fragen direkt zu den etwaigen Probanden. Die Ergebnisse dieser Untersuchungen fassen sie dann in einer kleinen Studie zusammen, die sie an die befragten Betriebe schicken und zusätzlich in den Wirtschaftsmedien zu positionieren versuchen.

Mit dieser Vorgehensweise schlagen sie zwei Fliegen mit einer Klappe: Auf der einen Seite können sie mit potenziellen Kunden ins Gespräch kommen. Die Budgetverantwortlichen für Change-Managementprojekte in Unternehmen werden üblicherweise so mit Werbebroschüren von Beratungsunternehmen überschüttet, dass diese häufig direkt in den Papierkorb wandern. Mit einer Umfrage werden sie jedoch als Wissende angesprochen und die Berater erhöhen die Wahrscheinlichkeit, dass sie über die Umfrage mit ihnen ins Gespräch kommen können. Auf der anderen Seite können sich die Beratungsunternehmen und Forschungsinstitute in der Fachöffentlichkeit mit der Studie als Experten für die jeweilige Managementmode positionieren. Fachmedien greifen diese Studien gerne auf, weil sie mit genauen Zahlen – etwa 68,5 Prozent – den Eindruck einer wissenschaftlichen Genauigkeit hinterlassen. *(→ Wissenschaftsgläubigkeit)*

Ein Punkt springt an dieser Stelle aber besonders ins Auge: Wie kommt es, dass ausgerechnet die Beratungsunternehmen und Forschungsinstitute, die prominent mit der Entwicklung oder der Verbreitung eines Managementinstruments assoziiert werden, diese Studien durchführen? Schneiden sie sich nicht ins eigene Fleisch, wenn sie das häufige Scheitern ihres „hausgemachten" Managementinstruments verkünden? Die anfängliche Überraschung legt sich schnell, wenn man sich anschaut, wie ihre Untersuchungen angelegt sind.

Während mit großer Selbstverständlichkeit von der Wahrscheinlichkeit des Scheiterns von zwei Drittel oder gar drei Viertel aller Vorhaben gesprochen wird, ist es interessanterweise in der Regel kaum möglich, auch nur ein Projekt zu konkretisieren, welches zu den gescheiterten Unterfangen gehört. Journalisten, die versuchen, die Publikation einer Scheiter-Studie mit ausgewählten Fällen aufzupeppen, verzweifeln nicht selten, weil sie kaum eines der fehlschlagenden Unternehmen identifizieren können.

Auch die Beratungsfirmen, welche die Studien durchgeführt haben, helfen nicht weiter. Schließlich besagen ihre Erhebungen nie, dass zwei Drittel ihrer *eigenen* Projekte gescheitert sind, sondern es wird immer signalisiert, dass es sich um ein breites Sample von Unternehmen handelt, die ganz unabhängig von der eigenen Kundendatei ausgewählt wurden. Letztlich wäre es ja auch ein wenig peinlich, weil eine Beratungsfirma selbst eingestehen und offen zur Schau stellen würde, dass ein Großteil ihrer Projekte nicht den erhofften Erfolg hat.

Die Studien implizieren also, dass das Scheitern ein Scheitern „der anderen" gewesen ist. Weil den Untersuchungen jedoch fast immer eine Liste von Regeln mitgegeben wird, mit denen das Versagen vermieden werden kann, signalisieren die Beratungsfirmen, dass die Unternehmen, die die Leistung bei ihnen aufkaufen, zu dem Drittel der Projekte gehören werden, die entgegen dem allgemeinen Trend erfolgreich sein werden.

Bei „Dauerbrennern" wie Change-Management oder Unternehmensfusionen werden die potenziellen Käufer von Beratungsleistungen über Jahre hinweg kontinuierlich mit Studien über das überwiegende Scheitern solcher Vorhaben versorgt, aber bei großen, mit viel Tamtam eingeführten neuen Managementkonzepten wie Lean Management oder Business Process Reengineering können wir beobachten, dass nach zwei, drei, manchmal erst fünf Jahren die Studien zum Scheitern einer Vielzahl von Projekten erscheint, bevor das Managementkonzept kurze Zeit später weitgehend in Vergessenheit gerät. *(→ Managementmoden)*

Mit den Scheiter-Studien lassen sich jetzt die kaum noch zu bestreitenden Beobachtungen vieler Mitarbeiter aufgreifen, dass ein Managementkonzept nicht das hält, was es verspricht. Niemand würde der Aussage Glauben schenken, dass die Quote des Scheiterns zwei oder drei Jahre nach dem Start einer Managementmode lediglich bei 8 bis 10 Prozent liege. Gleichermaßen darf man aber auch nicht zu hohe Prozentzahlen vermelden. Während man mit einer Scheiter-Quote von 92 Prozent, 97 Prozent oder gar 100 Prozent andeutet, dass es sowieso keinen Sinn habe, ein Konzept weiterzuverfolgen, kann mit einer Bestimmung von 60 Prozent, 66 Prozent oder 70 Prozent signalisiert werden, dass es Hoffnung gebe – und eine Beauftragung des Beratungsunternehmens erhöhe, so jedenfalls die Suggestion, die Wahrscheinlichkeit, dass man nicht zu der großen Zahl der versagenden Unternehmen gehören werde.

Die Berichte vom Scheitern der Mehrzahl der Projekte gehen mit einem großen Versprechen des Lernens einher. Bei den Studien wird schließlich nicht nur die Anzahl der fehlgeschlagenen Projekte, sondern auch die diesem Scheitern zugrunde liegenden Ursachen werden beleuchtet. Es wird von handwerklichen Fehlern berichtet, von einer mangelnden Einbindung der Mitarbeiter oder von fehlendem Engagement des Topmanagements. Die mal mehr, mal weniger offensichtliche Andeutung ist, dass man aus den gescheiterten Projekten Schlüsse ziehen kann – natürlich am besten mit der Hilfe des Unternehmens, das die Studie durchgeführt hat.

Aber letztlich wird das Lernen verhindert, weil Informationen über die Projekte lediglich in der Form von oberflächlichen, anonymisierten Zahlen vorliegen und als Gründe für das Scheitern meistens nur Allgemeinplätze genannt werden. Lernen könnte man aus dem Scheitern nur, wenn die Daimlers, Boings und McDonald's bereit wären, nicht nur regelmäßig Erfolge zu vermelden, sondern auch ihre gescheiterten Projekte zur Diskussion stellen würden, aber da greift das nur schwer zu verletzende Gesetz der Tabuisierung von konkretem Scheitern. *(→ Lernen)*

Deswegen sind die Studien des Scheiterns letztlich nichts anderes als ein – um einen Begriff des Organisationspsychologen Manfred Moldaschl zu verwenden – „Erkenntnisverhütungsmittel".[326] Man lernt sehr wenig über die vermeintlich gescheiterten Veränderungsprojekte, aber sehr viel darüber, wie Beratungsunternehmen, Managementgurus und Forschungsinstitute versuchen, einer abklingenden Managementmode noch ein bisschen Energie zuzuführen. Aber was soll man mit dieser Information anfangen können?

[326] *Manfred Moldaschl*: Erkenntisbarrieren und Erkenntnisverhütungsmittel. Warum siebzig Prozent der Changeprojekte scheitern. In: *Falko von Ameln, Josef Kramer, Heike Stark* (Hrsg.): Organisationsberatung beobachtet. Hidden Agendas und Blinde Flecke. Wiesbaden 2009, S. 301–312.

#81 Selbstorganisation

Von den hierarchischen Grenzen eines verklärten Konzeptes

Systemtheoretiker sind überrascht, wenn Praktiker das Konzept der Selbstorganisation für sich entdecken, schließlich ist es die grundlegende Strukturierungsform einer jeden Organisation. Organisationen stehen verschiedene Mechanismen der selbst organisierten Entscheidungsfindung zur Verfügung: Neben Abstimmungen, Konsensfindung und Ausmauscheln gehört in vielen Organisationen auch die Strukturierung über Hierarchie dazu.

„Aber nein!", rufen die Praktiker angesichts dieser systemtheoretischen Verwendung des Begriffs, „so verstehen wir Selbstorganisation nicht." Es ginge bei Selbstorganisation darum, dass Teams, Bereiche oder Abteilungen ohne hierarchische Eingriffe von außerhalb und ohne Ausbildung einer eigenen Hierarchie zu Entscheidungen kämen. Selbstorganisation umfasst also, anders als bei den Systemtheoretikern, gerade nicht hierarchische Steuerung, sondern wird von Praktikern vielmehr als das Gegenteil verstanden. *(→ Hierarchie)*

Zugestanden, jede und jeder kann Worte so bestimmen, wie sie oder er es möchte, aber das Wuchern des Begriffs der Selbstorganisation verdeckt, dass Selbstorganisation in den meisten Fällen im Rahmen einer hierarchisch strukturierten Organisation zu finden ist. Sicherlich, es gibt „selbst organisierte Organisationen", die komplett auf Hierarchien verzichten. Man denke an ländliche Kommunen, politische Basisorganisationen oder selbst verwaltete Betriebe. In den meisten Fällen werden jedoch „Inseln der Selbstorganisation" in Form von sich selbst steuernden Teams oder teilautonomen Gruppen in eine hierarchische Grundstruktur eingepasst. Diese Einbettung in eine hierarchische Grundstruktur führt zu Effekten, die inmitten all der Begeisterung häufig übersehen werden.[327] *(→ Teams)*

Das Spezifische einer hierarchischen Grundstruktur ist, dass jedes Thema bei Bedarf auf eine höhere Ebene gezogen werden kann. Zwar mögen die sich in der Hierarchie weiter oben befindlichen Verantwortlichen nur in Ausnahmesituationen zu der Maßnahme greifen, niedrig gelegene Verantwortung an sich zu ziehen, doch behalten sie sich immer das formale Recht vor, jede weiter unten angesiedelte Entscheidungssituation oder sonstige Problembereiche zur „Chefsache" zu erklären. Selbst wenn Entscheidungen sich selbst steuernden Teams oder teilautonomen Gruppen überlassen werden, kann die nächsthöhere hierarchische Ebene auf ihr einklagbares Weisungsrecht zurückgreifen und die Entscheidungsfindung wieder zurücknehmen oder sie zumindest entsprechend eigenen Vorstellungen modifizieren. *(→ Hierarchie)*

Derartige Eingriffe der Hierarchie geschehen nicht aus böser Absicht, sondern hängen mit der Verantwortungszurechnung in hierarchisch strukturierten Organisationen zusammen. Weil in Hierarchien jedes Thema nach oben gezogen werden kann, kann sich keine Chefin dadurch aus der Affäre ziehen, dass sie auf die Verantwortung der ihr untergebenen Einheiten verweist. Sie würde sich sofort den Vorwurf einhandeln, dass sie in einer Krisensituation nicht von ihren hierarchischen Eingriffsmöglichkeiten Gebrauch gemacht habe. Ein Verweis darauf, dass die Entscheidung nicht von ihr, sondern von ihren „selbst organisierten Mitarbeitern"

---

[327] Siehe zum Folgenden – basierend auf einer empirischen Studie – *S. Kühl*: Sisyphos im Management (wie Anm. 16), 38 ff..

getroffen worden sei, würde nicht als Entschuldigung akzeptiert werden. Auch der Hinweis auf die Unkenntnis einer Situation wäre nicht legitim, solange die Entscheidung in ihrem Aufgabenbereich getroffen worden wäre.

Entgegen dem Postulat in der Managementliteratur lässt sich mit guten Gründen behaupten, dass die Verantwortung der hierarchisch vorgesetzten Führungskraft durch die Einrichtung von sich selbst steuernden Einheiten nicht reduziert wird. Die Manager behalten, wie gezeigt, in letzter Konsequenz die Verantwortung für die Entscheidungen, die von selbst organisierten Teams, autonomen Profitcentern oder gar rechtlich selbstständigen und räumlich entfernten Netzwerkunternehmungen getroffen werden. Daraus entsteht sowohl das Recht als auch die Notwendigkeit für Führungskräfte, in die sich selbst steuernden Einheiten einzugreifen.

Die Manager in den sich selbst steuernden Einheiten sehen sich deswegen permanent der Frage ausgesetzt, ob sie es jetzt selbst machen können, ob die Vorgesetzten eingebunden werden sollen oder diese es gar selbst entscheiden müssen. Bei den Mitarbeitern in den sich selbst steuernden Einheiten entsteht der Eindruck, dass man zwar selbst, aber doch immer unter Vorbehalt entscheiden darf beziehungsweise muss. Die eigenen Verfügungen scheinen immer nur so lange in Ordnung zu sein, wie sie den Vorstellungen der Führung nicht grundsätzlich widersprechen.

Die Lösung, die Praktiker für dieses Problem vorschlagen, ist simpel. Die sich selbst steuernden Teams und teilautonomen Einheiten müssten sich mit der nächsthöheren hierarchischen Ebene verbindlich über Entscheidungskompetenzen verständigen. Das ist dann aber alles andere als originell. Seit es moderne Organisationen gibt, hat es immer schon eine solche Verteilung von Entscheidungskompetenzen über verschiedene hierarchische Ebenen gegeben. Selbst in der klassischen bürokratischen Organisation wurden dabei – schon aus Entlastungsgründen – immer auch Kompetenzen von oben nach unten abgegeben. Diese Dezentralisierung von Entscheidungskompetenzen ändert aber nichts an dem prinzipiellen Gedanken, dass die hierarchische Grundstruktur einer Organisation es höheren Ebenen ermöglicht, in die Selbstorganisationsprozesse weiter unten einzugreifen.

Systemtheoretiker sind überrascht, wenn Praktiker das Konzept der Selbstorganisation für sich entdecken, schließlich ist es die grundlegende Strukturierungsform einer jeden Organisation.

#82 Selbstständigkeit

Die Grenzen der Freiheit in Organisationen

Welche Wünsche an die Mitarbeiter stehen auf der Liste einer Geschäftsführerin eines Unternehmensbereiches oder des Leiters einer Verwaltung ganz oben? Ich tippe auf folgende Platzierungen: erster Platz, der Wunsch nach selbstständigen Mitarbeitern, die von sich aus Initiative für grundlegende Veränderungen ergreifen; zweiter Platz, der Wunsch, dass die Mitarbeiter nicht mühsam motiviert werden müssen, sondern von sich aus mit Begeisterung an die Arbeit gehen; Platz drei, der Wunsch nach Mitarbeitern, die nicht nur ihren Aufgabenbereich erledigen, sondern das große Ganze im Auge haben. *(→ Selbstorganisation)*

Eine solche Wunschliste ist nachvollziehbar, träumt doch jeder mal davon, dass wie von Gottes Hand die eigene Arbeit erleichtert wird. Problematisch ist jedoch, dass die moderne Managementliteratur den Führungskräften einredet, dass der selbstständige, selbst motivierte und im Großen und Ganzen denkende Mitarbeiter nicht nur die Arbeit der Führungskräfte erleichtere, sondern auch den betroffenen Unternehmen, Verwaltungen, Krankenhäusern, Armeen oder Kirchen zunutze käme. Was würde passieren, wenn Mitarbeiter den Appell zu mehr Selbstständigkeit nicht nur als Verzierungen für die Weihnachtsansprache des Geschäftsführers betrachteten, sondern wirklich selbstständig agierten? Was wären die Effekte, wenn sich die Mitarbeiter nicht mehr nur auf ihre Aufgaben, sondern auf das große Ganze der Organisation konzentrierten?

Von dem Soziologen Talcott Parsons stammt ein heutzutage ketzerisch klingender Gedanke: Organisationen erreichen ihre Leistungsfähigkeit nur dadurch, dass sie ihren Mitarbeitern *verbieten*, sich an den übergeordneten Zielen dieser Organisation zu orientieren, und diese stattdessen lediglich die ihnen vorgeschriebenen Aufgabe erledigen. Man mag von Mitarbeitern verlangen, dass sie sich (scheinheilig) zu den „großen" Zielen wie „Profite machen", „Menschen beglücken", „Kranke heilen" oder „Seelen retten" bekennen. Jede Organisation würde einem Mitarbeiter aber sofort kündigen, wenn dieser anfangen würde, seine Handlungen wirklich an diesen abstrakten Zielen und nicht an den vorgeschriebenen Aufgaben zu orientieren.[328]

Man stelle sich nur den Mitarbeiter eines Fließbandes vor, der die Produktionshalle verlässt, weil er der Meinung ist, dass es dem Unternehmen noch mehr nutze, wenn er in seiner Mittagspause selbst gemalte Werbeplakate für den von ihm produzierten Mercedes aufhänge. Oder man denke an die Sekretärin einer Privatklinik, die die Aufforderung des Krankenhausmanagements ernst nähme, dass jeder Mitarbeiter wie ein eigenes Profitcenter anfangen solle, eigene Einnahmen zu generieren, und deswegen anfinge, den Privatpatienten Kaffee nur noch gegen eine „Praxisgebühr" auszuhändigen. Der US-Marine, der nicht wie verordnet den Terrorismus im Irak bekämpfte, sondern seinen Einsatz an der Heimatfront für vordringlicher hielte, würde keine Medaille für selbstständiges Denken erhalten, sondern wegen Fahnenflucht ins Gefängnis wandern. *(→ Ziele)*

---

[328] Siehe dazu *Talcott Parsons*: A Sociological Approach to the Theory of Organizations. In: *ders.* (Hrsg.): Structure and Process in Modern Societies 1960, S. 16–58.

Der ganz Clou organisationsinterner Arbeitsteilung basiert darauf, dass Mitarbeiter ihre Handlungen nicht als ein Mittel für ein übergeordnetes Ziel begreifen, sondern die ihnen vorgegebene Aufgabe als den wichtigsten Zweck überhaupt begreifen und ihre Kreativität, Initiative und Energie nur daran orientieren. Der einzige Mitarbeiter, bei dem diese Kreativität, Initiative und Energie mit dem obersten Ziel einer Organisation zusammenfällt, ist die Topführungskraft, aber die sollte erkennen, dass die Orientierung am großen Ganzen ihr (und nur ihr) Job ist und dass die Hoffnung, dass andere ihren Job tun, ein verständlicher, aber frommer Wunsch bleiben wird. *(→ Identifikation)*

Organisationen erreichen ihre Leistungsfähigkeit nur dadurch, dass sie ihren Mitarbeitern verbieten, sich an den übergeordneten Zielen dieser Organisation zu orientieren, und diese stattdessen lediglich die ihnen vorgeschriebenen Aufgabe erledigen.

#83 Sinn

Das Problem bei der Suche nach dem „Purpose“

Im Management gibt es den „Traum“ von Organisationen als „Orte, in denen Menschen täglich Sinn stiften durch das, was sie miteinander tun“. „Individuen“, so dieser Traum, gehen „mit Freude“ zur Arbeit, begegnen sich dort „als echte Menschen“ und „entfalten ihr Potenzial“. Die Organisationen würden so jeden Tag lernen und kontinuierlich besser werden. Die Beteiligten kehrten, so die weitergehende Vorstellung, jeden Tag mindestens genauso „energiegeladen und erfüllt nach Hause zurück, wie sie am Arbeitsplatz erschienen sind“.

Die Vorstellung ist, dass die Organisationen, die diese Fantasie verwirklichen können, nicht „nur zu ihrem eigenen Leben und Wohlbefinden“ beitragen, sondern gleichermaßen zu dem ihrer Kunden, Geschäftspartner und Kapitalgeber. Es würden Prozesse angestoßen werden, die die Umwelt schonten, ihnen mitunter sogar halfen, ihre natürliche Grundlagen zu erhalten, um so eine „positive Entwicklung des gesellschaftlichen Umfelds“ zu unterstützen.[329]

Während solche Träume lange Zeit ein Vorrecht selbst verwalteter Betriebe, politischer Basisinitiativen und utopischer Lebensgemeinschaften waren, sind sie inzwischen im Mainstream des Managements angekommen. Das Schlagwort hierfür ist das der „purpose-driven organization“. Allen Problemen mit Abgasmanipulationen, Umweltverschmutzung oder Korruption zum Trotz glauben inzwischen auch Großunternehmen in der Automobil-, Pharma- und Energieindustrie, dass die Lösung für das Problem der Mitarbeitermotivation in der Suche nach einem höheren Sinn ihrer Unternehmungen liege.

Der „Purpose“ soll dabei „Treiber“, „Richtungsgeber“ und „Orientierungshilfe“ für die Organisation sein. In diesem Zusammenhang wird zwar mit Widersprüchlichkeiten zwischen Zwecken gerechnet und mögliche Veränderungen der sinnhaften Zwecke werden antizipiert, aber nichtsdestotrotz müsse – so die Vorstellung – eine Organisation immer von einem fest definierten, übergeordneten Zweck aus gedacht werden. Es liegt die Annahme zugrunde, dass das Streben nach einem „higher purpose“ eine Orientierung stiftende Überzeugung und Motivation bei den Mitarbeitern initiieren könne. Wenn der „higher purpose“ stimme, würden die Manager bereitwillig einen Beitrag leisten, der weit über die Orientierung an kurzfristigen Vorteilen hinausgehe, und die Mitarbeiter würden mit immer mehr Energie sowie Kreativität an ihren Job gehen und deswegen letztlich auch mehr für die Organisation leisten.[330]

Die Popularität der Orientierung an einem „Purpose“ hängt maßgeblich damit zusammen, dass sich die jetzt über mehrere Jahrzehnte anhaltende Suche von Organisationen nach ihrer „Mission“ erschöpft hat.[331] Die Suche nach einer „Mission“ über Leitbildprozesse würde sich, so die Vorstellung, auf die Beantwortung der Frage konzentrieren, „was“ erreicht werden solle,

---

[329] Alle Formulierungen aus *Franziska Fink, Michael Moeller*: Purpose Driven Organizations. Sinn – Selbstorganisation – Agilität. Stuttgart 2018, 1f.

[330] *Robert E. Quinn, Anjan V. Thakor*: Purpose-driven. How to Get Employee to Bring Their Smarts and Energy to Work. In: Harvard Business Review (2018), 4, S. 78–85, hier S. 81.

[331] Um die in den 1980er-Jahren aufkommende Suche nach Missionen zu verstehen, siehe besonders den im Management sehr einflussreichen Text von *Thomas J. Peters, Robert H. Waterman*: In Search of Excellence. New York 1982.

während die Suche nach dem „Purpose“ die Frage nach dem „Warum“ beantworten wolle.[332] Nach „Leitbild“ und „Mission“ brauchte es scheinbar einen neuen Begriff, um den Prozess der Suche nach attraktiven Werten zu reaktivieren. *(→ Leitbilder → Wert)*

Aber wie schon bei dem Leitbildprozess selbst herrscht auch hier die Vorstellung vor, dass der „Purpose“ als Anleitung für konkrete Handlungen dienen könne.[333] So möge der oberste „Purpose“ noch aus wohlklingenden, zumeist englischen Formulierungen wie „spreading ideas“, „evolve humanity's relationship to power“, „provide hospitality“ oder „deliver happiness to the world“ bestehen. Allerdings müsse dieser, so die sich anschließende Forderung, noch in konkrete Kriterien für Entscheidungen übersetzt werden, also durch „ein Herunterbrechen auf Unterzwecke operationalisiert und damit handhabbar gemacht werden“.[334] Je genauer die Umsetzung eines „Purpose“ gelinge, desto größer sei die Wahrscheinlichkeit, dass auch die Mitarbeiter unter dem „Purpose“ einer Organisation Dasselbe verstünden wie das Management.

Genaue Bestimmungen sollen dabei die Fragen der Mitarbeiter beantworten: „Für wen leiste ich einen Beitrag?“, „Welchen Beitrag leiste ich?“ und „Wie mache ich das?“.[335] Je exakter mit Instrumenten wie dem „purpose statement builder“ oder dem „purpose quest“ die Antworten spezifiziert würden, desto besser würden, so das Versprechen, die Entscheidungsprobleme der Organisation gelöst werden. Durch den „Purpose“ könnten, so die Vorstellung, die Aktivitäten in der Organisation erfolgreich „orchestriert“ werden. Im selbstverständlich nie existierenden Extremfall würden durch einen genau definierten „Purpose“ Entscheidungen sogar überflüssig werden, weil sie sich fast zwangsläufig ergeben würden.

So weit, so gut. Die Bestimmung genauer sinnhafter Zwecke bringt jedoch ein bekanntes Problem mit sich: Sie begrenzen den Spielraum für Veränderungen. Die Mitarbeiter können nur für das motiviert und begeistert werden, das in den eng definierten „Purpose“ passt. Die Ausrichtung auf den „Purpose“ reduziert erst einmal die Handlungsvielfalt in einer Organisation – sie macht die Menschen in ihrer Ausrichtung enger.[336] *(→ Identifikation)*

Das Problem ist, dass die Ausrichtung auf einen „Purpose“ Veränderungen blockiert, die nicht zu diesem „Purpose“ passen. Während eindeutig festgelegte Zwecke unter dem Gesichtspunkt der Orchestrierung von Einzelhandlungen in stabilen Umwelten positiv wirken, erscheint diese Stärke unter der Bedingung häufiger Veränderungen im Umfeld der Organisation jedoch problematisch. Wenn sich die einmal definierten Zwecke als korrekturbedürftig erweisen, dann behindern alle vorherigen Festlegungen das Umsteuern der Organisation. Die Rigidität der Orientierung an einem Zweck erweist sich als Hindernis. *(→ Zwecke)*

---

[332] So die monoton wiederholte Message von *Simon Sinek*: Start with Why. How Great Leaders Inspire Everyone to Take Action. New York 2011., und ders.: Find your Why. A Practical Guide to Discovering Purpose for You or Your Team. New York 2017.

[333] Siehe dazu *S. Kühl*: Leitbilder erarbeiten (wie Anm. 232).

[334] *F. Fink, M. Moeller*: Purpose Driven Organizations (wie Anm. 329), S. 90.

[335] *Aaron Hurst*: The Purpose Economy. How your Desire for Impact, Personal Growth and Community is Changing the World. Boise 2016, 100 ff..

[336] Siehe ausführlich dazu *S. Kühl*: Das Regenmacher-Phänomen (wie Anm. 109), 100 ff..

#84 Slack

Über den Nutzen und Schaden von Fettpolstern

Sehr häufig bilden Organisationen überschüssige Reserven aus, organisatorische Fettpolster, auch „Slack“ genannt, die nicht dem eigentlichen Arbeitszweck dienen und aktuell nicht von der Organisation nachgefragt werden. Eine Armee hält sich Ersatzteile für Panzer selbst dann vorrätig, wenn kein militärischer Konflikt bevorsteht. An zentralen Bahnhöfen unterhalten staatliche Verkehrsbetriebe Pools von Technikern, die komplizierte Fehlerquellen beseitigen können, auch wenn deren Qualifikationen nur selten nachgefragt werden. Ein Landkreis erklärt sich bereit, Krankenhausbetten zu finanzieren, die nicht permanent gebraucht werden, um auf eine Katastrophe oder eine Pandemie eingestellt zu sein.[337] *(→ Krise)*

Genau dieser Slack steht immer wieder in der Kritik. Fettpolster einer Organisation werden als unnötige Kostentreiber oder als Verschwendung gebrandmarkt. In der Folge wird auf vielfältige Art versucht, den organisatorischen Slack zu reduzieren. Mit viel gepriesenen Wunderpillen, etwa der „Gemeinkostenwertanalyse“, werden Fettpolster ausgemacht und herausgesaugt. Mit Einstellungsstopp und Cost-cutting wird dem Unternehmen eine „radikale Hungerkur“ verordnet. Wenn alles nichts hilft, werden im Rahmen von Outsourcing-Strategien ganze, als zu fettlastig angesehene Unternehmensteile „amputiert“.[338]

Viele Organisationen, die konsequent auf Verschlankung – Lean Management – setzen, handeln sich mit dem Abbau von organisatorischen Fettpolstern jedoch erhebliche Probleme ein. Die Puffer und Ressourcen helfen, Konflikte zu vermeiden, weil sie Organisationen davon entlasten, alle Ziele auf einen Nenner zu bringen. Konflikte werden dadurch gedämpft, dass die Organisation überschüssige Ressourcen zur Verfügung stellt, sodass unterschiedliche, auch entgegengesetzte Bedürfnisse befriedigt werden können. Umfangreiche Zwischenlager verhindern, dass Konflikte zwischen dem Produktionsbereich und dem Vertrieb aufkommen. Große finanzielle Ressourcen verringern das Risiko, dass gleichzeitig auftretende Ansprüche von verschiedenen Abteilungen nicht erfüllt werden können.[339]

Ein weiterer Grund, Ressourcen und Polster aufzubauen, liegt in dem Umstand, dass sich dadurch etwaige Fehler nicht direkt bis tief in die Organisation durchschlagen. Für einige Unternehmen mag es sinnvoll sein, dass man bei einem kleinen Fehler an einem Produkt per „Reißleine“ gleich das ganze Fließband so lange lahmlegt, bis dieser Fehler behoben ist. Für viele Betriebe kommt es jedoch darauf an, das eigene Produktionssystem über Puffer so zu gestalten, dass man eine gewisse Anzahl von Fehlern im System ertragen kann. Einige Organisationen müssen verhindern, dass jeder Ausnahmefall in einem geregelten Prozess gleich zum

---

[337] Erste Überlegungen von mir dazu finden sich in *S. Kühl*: Von der Suche nach Rationalität zur Arbeit an Dilemmata und Paradoxen (wie Anm. 183), 309f. Ausführlichere Ausarbeitungen in Hinblick auf das Konzept des Lean Managements in *S. Kühl*: Das Regenmacher-Phänomen (wie Anm. 109), 138 ff..

[338] Siehe dazu *Ralph D. Stacey*: Managing Chaos. Dynamic Business Strategies in an Unpredictable World. London 1992, S. 25.

[339] *James G. March*: Eine Chronik der Überlegungen über Entscheidungsprozesse in Organisationen. In: *ders.* (Hrsg.): Entscheidung und Organisation: Kritische und konstruktive Beiträge. Wiesbaden 1990, S. 2–23, hier S. 8.

Zwischenfall wird. Durch Puffer und Reserven lose gekoppelte Organisationen sind daher im wahrsten Sinne des Wortes toleranter gegenüber Fehlern.

Besonders unter Innovationsgesichtspunkten können Fettpolster eine zentrale Funktion in Organisationen erfüllen: Ein Unternehmen, welches sich perfekt einer bestimmten Marktsituation angepasst hat und die ganze Organisation auf die effiziente Bedienung dieser Marktnische ausrichtet, kann ein grundlegendes Problem bekommen, wenn sich die Marktsituation abrupt ändert. Es sind keine überschüssigen Ressourcen mehr vorhanden, mit denen es sich auf neue Gegebenheiten effektiv einstellen kann. Anders formuliert: Das Unternehmen ist zwar aufgrund des permanenten Abbaus von Ressourcen, Puffern und Fettpolstern an die Marktsituation angepasst, aber eben nicht mehr anpassungsfähig.

Das heißt, dass es gerade in Umweltsituationen, in denen eine hohe Flexibilität von Organisationen gefragt ist, notwendig ist, kurzfristig personelle, finanzielle, materielle und/oder intellektuelle Ressourcen mobilisieren zu können. Fettpolster erschaffen und stellen in Organisationen einen Überschuss an Zeit und Ressourcen zur Verfügung, der dafür genutzt werden kann, Neues auszuprobieren. Sie können den entscheidenden Vorrat für Innovation und Wandel darstellen. Organisationen schaffen sich letztlich diese Reservate, um ganz bewusste Verschwendung zu praktizieren. Man hofft, dass die Zeit von den freigestellten Mitarbeitern für etwas Sinnvolles genutzt werden kann.[340] *(→ Innovation)*

Aber die starke Betonung des Nutzens von Puffern und Ressourcen in Form von Konfliktdämpfung, Fehlerfreundlichkeit, Vorbereitung auf Überlast sowie Förderung von Innovation darf nicht davon ablenken, dass wir es bei den Rücklagen mit einem organisatorischen Dilemma zu tun haben: Der bewusste Einbau von Reserven ist in letzter Konsequenz eine Aufforderung zur organisatorischen Selbstbehinderung. Unternehmen entwickeln einen gewissen organisatorischen Schlendrian, hoffend, dass sie dadurch eine Reserve für den Fall haben, dass plötzlich neue Anforderungen an sie herangetragen werden. Organisationen legen sich Fettpolster zu, lassen Redundanzen in ihren Prozessen zu, alles in der Hoffnung, dass die Mitarbeiter diese Ressourcen für Innovationen, Flexibilität und Wandel nutzen. Organisationen setzen also, um es etwas provokant auszudrücken, auf eine schlampige Gestaltung von Arbeits- und Entscheidungsprozessen, um dadurch über gute Möglichkeiten zu verfügen, mit zukünftigen Problemen zurechtzukommen.[341]

Die Produktion von Reserven und das Zulassen von Fehlern stellt sich so dar, als wenn man Kaffee- und Teepausen einrichtet, nur damit sich die Mitarbeiter ohne Zwang und Ziel informal treffen, in der Hoffnung, dass die Mitarbeiter diese Chancen dazu nutzen, Innovationen auszuhecken. Es ist, als ob man zur Schaffung von Neuerungen und zur Ermöglichung von Wandel Unternehmensgebäude mit langen Fluren, geräumigen, fehleranfälligen und langsamen Liften und nur wenigen, häufig verstopften Toiletten ausstattet – hoffend, dass die Mitarbeiter die so entstehenden Kontaktmöglichkeiten für kreative Prozesse nutzen.[342]

Organisatorische Selbstbehinderung durch Schlampigkeit und Schlendrian kann dazu führen, dass die Reserven zur Entwicklung von Innovation genutzt werden – muss es aber nicht. Organisationen sind eben nicht in der Lage, darüber zu verfügen, wofür die Fettpolster, die Puffer und Reserven genutzt werden können. Es ist möglich, dass die Kaffeepausen, die langen Flure, die geräumigen und langsamen Lifte und die wenigen Toiletten zur Folge haben, dass

---

340 *R. M. Cyert, J. G. March*: A Behavorial Theory of the Firm (wie Anm. 218), 36 ff..

341 *K. E. Weick*: Der Prozeß des Organisierens (wie Anm. 112), 352f.

342 Siehe dazu *N. Luhmann*: Organisation und Entscheidung (wie Anm. 47), S. 358.

die Mitarbeiter Kreativität entwickeln, es kann aber ebenso dazu führen, dass die Mitarbeiter von Kaffeepause zu Kaffeepause eilen, entnervt gegen die Liftwände trommeln, sich abends nicht mehr auf die langen Flure trauen und das Benutzen der Toiletten zum alptraumartigen Erlebnis wird.[343]

Der bewusste Einbau von Reserven ist in letzter Konsequenz eine Aufforderung zur organisatorischen Selbstbehinderung.

[343] Siehe zum „Fettpolster-Dilemma“ ausführlich *S. Kühl*: Das Regenmacher-Phänomen (wie Anm. 109), 138 ff..

#85 Standardisierung

Kompetenzverlagerungen in dezentrale Einheiten werden erst durch Standardisierungen möglich

Wenn man den Einredungen des Managements Glauben schenken mag, dann soll durch die Kompetenzverlagerung in dezentrale Einheiten die gesamte Organisation flexibler ausgerichtet werden. Statt Flexibilität durch spezielle Funktionsbereiche, wie die Arbeitsvorbereitung, die Entwicklungsabteilung oder das Topmanagement, zu sichern, soll die Flexibilität durch sich selbst steuernde, dezentrale Einheiten gewährleistet werden. So sollen Innovationen schneller in die Praxis umgesetzt, Aufträge flexibler bearbeitet und Qualitätsprobleme kreativer gelöst werden. *(→ Autonomie → Teams)* Aber geht diese Rechnung auf? Wird mit der Verlagerung der Flexibilität in dezentrale Einheiten wirklich die gesamte Organisation elastischer?[344]

Die Erzeugung von Flexibilität durch die Verlagerung von Kompetenzen in dezentrale Einheiten ist für die Organisationsspitze problematisch: Sie verbaut sich durch die Dezentralisierung die direkten Zugriffsmöglichkeiten auf die verschiedenen nachgelagerten Einheiten. Die Vorgesetzten können nicht mehr ohne Weiteres in die einzelnen teilautonomen Bereiche hineinsteuern, in denen die Flexibilität dezentral erzeugt werden soll.

Das Problem des Organisierens ist jedoch nicht nur die Erzeugung von Flexibilität und Innovation, sondern auch die Produktion von Zusammenhang, Einheit und Kohärenz. Um zu gewährleisten, dass durch eine weitgehende Flexibilisierung das Unternehmen nicht als Ganzes unsteuerbar wird, müssen sich die Unternehmen die Erzeugung von Flexibilisierung in Form von Kompetenzverlagerungen „nach unten" durch Standardisierungen, Verfestigungen und Stabilisierungen in anderen Bereichen förmlich erkaufen.[345]

Der Bereich, der sich besonders für Verfestigungen anbietet, ist die Beziehungsebene zwischen den dezentralen Arealen und dem Vorgesetzten. Damit die flexiblen dezentralen Einheiten steuerbar bleiben, müssen die Vorgesetzten die Beziehungen zu den dezentralen Einheiten relativ stark reglementieren und strukturieren. Dies geschieht in Form von genauen Vorgaben über Qualität, Preis und Leistungen der dezentralen Einheiten, Stichwort Zielvereinbarungen.[346] *(→ Ziele → Zwecke)*

Zugespitzt, das Management erzielt eine neue Form von Flexibilisierung durch die Kompetenzverlagerung in dezentrale Einheiten, bezahlt diese jedoch mit dem Verzicht auf die ursprüngliche Form der Flexibilisierung über hierarchische Eingriffe. Es ist jetzt für die vorgesetzten Stellen nicht mehr so einfach möglich, von oben die vorrangige Bearbeitung eines bestimmten Auftrages durchzusetzen, eine bestimmte Person in einer dezentralen Einheit zu entlassen oder die Beziehung von dezentralen Einheiten durch hierarchische Anweisungen zu regulieren.

---

344 Erste Überlegungen zu dem Thema von mir finden sich in *S. Kühl*: Von der Suche nach Rationalität zur Arbeit an Dilemmata und Paradoxen (wie Anm. 183), 316f.

345 Diese Idee findet sich schon bei *P. M. Blau*: Decentralization in Bureaucracies (wie Anm. 220).

346 Siehe das Harzburger Modell für ein Managementkonzept, das komplett auf Zielvereinbarung aufgebaut ist. *Reinhard Höhn*: Führungsbrevier der Wirtschaft. Bad Harzburg 1969.

Dieser Prozess wird zum Beispiel bei einer Auftragsbearbeitung in der auf Dezentralisierung zielenden Teamarbeit deutlich: Früher war es einer Vorgesetzten möglich, direkt in die Planung für die Auftragsbearbeitung eines Fertigungsbereiches einzugreifen. Falls in einem Bereich der Firma problematische Engpässe deutlich wurden, wies die Führungskraft einfach einen anderen Bereich an, kurzfristig in der Bearbeitung des Auftrages zu unterstützen. Hier lag ein erhebliches Flexibilitätspotenzial in der traditionellen Organisationsform. Dieses Flexibilitätspotenzial geht mit der Einführung der Teamarbeit weitgehend verloren. Vorgelagerte Einheiten sind darauf angewiesen, die Beziehungen zu den einzelnen Teams genau zu definieren: Kennziffern, Rechte und Pflichten werden genau festgelegt. Dies bietet dem Vorgesetzten und den Teams die Sicherheit, dass die Aufträge auch bearbeitet werden können, aber die Flexibilität, die die einzelnen Teams erhalten haben, verhindert es, dass der Vorgesetzte von oben kurzfristig Umdisponierungen anordnen kann. Die Schaffung von Flexibilität in einem Bereich wurde durch Vernichtung von Flexibilität in einem anderen Bereich erkauft.

Organisationen stecken in einem Dilemma: Flexibilität in den unteren dezentralen Einheiten wird durch Standardisierung und Verfestigungen in anderen Bereichen der Organisation erkauft. Flexibilität ist nicht etwas, das sich in Organisationen beliebig steigern lässt, sondern muss vielfach gegen Starrheit in anderen Teilen der Organisationen eingetauscht werden.[347]

Flexibilität in dezentralen Einheiten wird durch Standardisierung und Verfestigungen in anderen Bereichen der Organisation erkauft.

[347] Dazu ausführlich *S. Kühl*: Wenn die Affen den Zoo regieren (wie Anm. 25), 25 ff..

#86 Strategien

Zu den Grenzen der Zweckrationalität in Organisationen

Kaum ein Wort wird im Management so leichtfertig verwendet wie der Begriff der Strategie. Es ist die Rede von Strategien als „Aktionskurse für die Zukunft", von einem „Muster", einem „über die Zeit hinweg konsistenten Verhalten", von einer „einzigartigen, neuen Position, die ein Unternehmen anstrebt", oder von einem „Bündel von Richtlinien, wie mit einer Situation umzugehen ist". Strategie wird bestimmt als „eine Regelmäßigkeit in einem Strom von Entscheidungen", als eine „geplante Evolution" eines Unternehmens oder als „Plan, mit dem die zentralen Ziele, Richtlinien und Handlungen in ein kohärentes Ganzes integriert werden".[348]

Weil in der Begrifflichkeit eine Zukunftssuggestion steckt, wird das Wort Strategie von Organisationspraktikern häufig verwendet, wenn etwas als besonders erfolgskritisch dargestellt werden soll. „Strategisches Einkaufsmanagement" kommt gewichtiger daher als „einfaches Einkaufsmanagement", „strategisches Personalmanagement" gibt der Einstellung und Entlassung von Personen in Organisationen gleich eine besondere, weil auf die Zukunft ausgerichtete Bedeutung und der Ausdruck der „Strategieberatung" verspricht Beratern höhere Tagesätze als eine simple „Organisationsberatung". Das Wort „strategisch" scheint sich fast beliebig jedem Begriff des Managements voranstellen zu lassen, um Wichtigkeit zu signalisieren, ohne dass dabei aber klar wird, wie sich der Sinngehalt der Aussage veränderte, wenn man das Adjektiv einfach weglassen würde. *(→ Bullshit)*

Aus einer systemtheoretischen Perspektive bezeichnet Strategie den Suchprozess zum Finden geeigneter Mittel für einen vorher definierten Zweck. *(→ Zwecke)* Strategieformulierung (oder Strategieentwicklung) wäre aus dieser Perspektive das Suchverfahren nach den geeigneten Mitteln.[349] Strategieumsetzung wäre der Prozess des Einsatzes der als geeignet identifizierten Mittel, um den vorher definierten Zweck zu erreichen. Strategieformierung wäre dementsprechend das Mittel, das sich quasi im Schatten des offiziellen Prozesses der auf einen Zweck ausgerichteten Suche ausbildet.

Erst mit dieser präzisen Definition kann man die geführte Strategiedebatte an die für die Organisationsforschung so relevante Auseinandersetzung über das Verhältnis von Zwecken und Mitteln in Organisationen anschließen. Unter Zwecken beziehungsweise unter Zielen wird in der Organisationsforschung ein genau definierter Zustand verstanden, der erreicht werden soll. Unter Mitteln werden die möglichen Wege angesehen, mit denen dieser Zustand erreicht werden kann. Wenn Zwecke eine Suche nach Mitteln anleiten sollen – also in der Organisation Strukturierungswirkung entwickeln sollen –, dann müssen sie so genau spezifiziert werden, dass sich feststellen lässt, ob der Zweck erreicht wurde oder nicht. Dafür müssen der Zweckinhalt (Was soll erreicht werden?), das Zweckausmaß (Wie viel soll erreicht werden?), der zeitliche Bezug (Wann soll etwas erreicht werden?), der personelle Bezug (Wer

[348] Siehe hierzu ders.: Strategien entwickeln. Eine kurze organisationstheoretisch informierte Handreichung. Wiesbaden 2016.

[349] Siehe früh schon *Georg Schreyögg*: Unternehmensstrategie. Grundfrage einer Theorie strategischer Unternehmensführung. Berlin, New York 1984, S. 246.

ist verantwortlich, dass der Zweck erreicht wird?) sowie der räumliche Bezug (Wo soll er erreicht werden?) spezifiziert werden.

Im klassischen Strategieverständnis steht am Beginn eines Strategieprozesses die Spezifikation der Mission, des langfristen Zieles, einer Organisation. Auf der Basis der Analyse der Umweltbedingungen, der internen Kapazitäten sowie der vorhandenen Ressourcen sollen dann die verschiedenen Mittel zur Erreichung dieses übergeordneten Zieles bestimmt werden. Die verschiedenen Alternativen werden anschließend in Bezug auf Möglichkeiten und Risiken ausführlich analysiert, um letztlich die Strategie auszuwählen, die die Erreichung des übergeordneten Vorsatzes gewährleistet. Die auserlesene Strategie wird dann operationalisiert. Es werden quantitative Vorgaben formuliert, Meilensteine definiert und Aktionspläne aufgestellt, deren Erreichung durch das Management regelmäßig „gemonitort" werden.

Dieses klassische Strategieverständnis, das von der sogenannten „Design School" beziehungsweise „Planning School" vertreten wird, besitzt ein Verständnis von Organisationen, das in der Organisationswissenschaft als „Zweckfetischismus" bezeichnet wird. Die ganze Organisation wird von einem Oberzweck aus durchdekliniert. An die Spitze wird ein Oberzweck gesetzt, der erfüllt werden soll. Im Anschluss werden dann die Mittel definiert, mit denen das ausgegebene Ziel erreicht werden soll. Die nunmehr festgelegten Mittel werden dann als Unterzwecke festgelegt, für deren Erreichung dann wiederum geeignete Mittel gesucht werden. So entsteht eine pyramidenförmig angeordnete Kette von Ober- und Unterzwecken, mit der jede Handlung in der Organisation auf ihre Nützlichkeit hin untersucht werden kann. *(→ Ziele)* Kurz, es geht um den Aufbau einer „strategy-focused organization".[350]

Die organisatorische Vorstellung hinter diesem Zweck-Mittel-Denken ist alt. Schon Fritz Nordsieck, einer der Begründer der Betriebswirtschaftslehre, vertrat die Auffassung, dass die von einer Organisation zu erfüllende Aufgabe der „Ausgangspunkt" für die Bestimmung der Struktur dieser Organisation sein sollte. Die Aufgabe sollte, so Nordsieck, in einer Organisationsuntersuchung systematisch in Teilaufgaben zerlegt und diese dann spezifischen Organisationseinheiten oder, noch besser, spezifischen Stellen in der Organisation zugeordnet werden. Durch das Ineinandergreifen bei der Erfüllung dieser Teilaufgaben sollte dann die Gesamtaufgabe erfüllt werden.[351]

Ihren realempirischen Ausdruck findet diese Vorgehensweise in häufig mehrere Hundert Seiten langen strategischen Masterplänen mit präzisen Zielvorgaben, Zeitplänen und Budgetzuweisungen. Der Masterplan beinhaltet dabei bis ins Detail beschriebene Subzwecke, die alle „smart", also spezifisch, messbar, akzeptiert, realistisch und terminiert, sein sollen. Wenn man modern erscheinen möchte, nennt man diese Tausende von Subzwecken in einer Organisation nicht mehr simpel „Zielvorgaben" oder „Zielvereinbarung", sondern „Objectives and Key Results" und gibt damit einem altbekannten Konzept einen agilen Touch. In den Zeitplänen wird manchmal für Hunderte von diesen Subzielen tage-, nicht selten auch stundengenau festgelegt, wann diese Vorstellungen jeweils erreicht sein sollten und für die Erreichung jedes dieser Subziele wird dann auf den Dollar, Euro oder Renminbi genau ein Budget festgelegt. Die strategischen Pläne müssen dann nur noch den relevanten Mitarbeitern zugänglich gemacht und deren Einhaltung durch das Management überprüft werden.

---

[350] So zum Beispiel *Robert S. Kaplan, David P. Norton*: The Strategy-Focused Organization. How Balanced Scorecard Companies Thrive in the New Business Environment. Boston 2001, 2 ff..

[351] *Fritz Nordsieck*: Die schaubildliche Erfassung und Untersuchung der Betriebsorganisation. Stuttgart 1932, S. 10.

An der Klage über das „Implementation Gap", die „Umsetzungslücke", wird allerdings deutlich, dass das klassische Strategiemanagement an seine Grenzen stößt. Die Umsetzungslücke nach einem Strategieprozesses liegt – und das wird häufig übersehen – nicht am mangelnden Engagement des Topmanagements, der fehlenden Professionalität des mittleren Managements im Umsetzungsmanagement oder an schlechten Beratern, sondern ist das unvermeidliche Ergebnis eines zweckrational verengten Blicks in diesem gesamten Prozedere.

Es herrscht in der Organisationsforschung inzwischen weitgehend Einigkeit darüber, dass die Vorstellung von Organisationen als harmonische Ableitungen von Unterzwecken aus einem geteilten Oberzweck eine reine Fantasie des Topmanagements ist. Organisationen sind vielmehr gekennzeichnet durch konkurrierende oder gar widersprüchliche Zwecke, regelmäßige Zweck-Mittel-Verdrehungen, Zwecke als reine Schaufensterdekoration, willkürliche und unbeobachtete Zweckwechsel oder die Verselbstständigung von Unterzwecken.[352] Bei der Entwicklung von Strategien darf dies nicht als Pathologie einer Organisation verstanden werden. Die Vorgehensweise bei der Kreation von Strategien muss vielmehr an diese Merkmale angepasst werden.

Aus dieser Perspektive ist erklärlich, weswegen in den letzten Jahrzehnten Vorschläge für eine grundlegend andere Vorgehensweise in Strategieprozessen ausgebildet worden sind. *(→ Agilität)* Ansätze wie der „logische Inkrementalismus", die „lernende Strategieentwicklung", das „Graswurzelmodell der Strategieentwicklung", die „diskursive Strategiegestaltung" oder „Effectuation" unterscheiden sich im Detail, basieren in ihrem Kern aber alle auf einer Loslösung von dem zweckrationalen Organisationsverständnis der klassischen Strategielehre. Sie sind deswegen auch letztlich nur vor dem Hintergrund der Zweckrationalitätskritik in der Organisationstheorie zu verstehen und einzuordnen.

Das Wort „strategisch" scheint sich fast beliebig jedem Begriff des Managements voranstellen zu lassen, um Wichtigkeit zu signalisieren, ohne dass dabei aber klar wird, wie sich der Sinngehalt der Aussage veränderte, wenn man das Adjektiv einfach weglassen würde.

352 Siehe dazu früh schon *N. Luhmann*: Zweckbegriff und Systemrationalität (wie Anm. 180).

#87 Systemisches

Gründe für eine Trivialisierung der Wissenschaft

Es gehört zur Selbstverständlichkeit von sich als „systemisch“ verstehenden Beratern und Managern, sich auf die soziologische Systemtheorie zu berufen. Auf systemischen Fortbildungen werden regelmäßig Bilder von Bäumen ans Flipchart gemalt, auf denen die soziologische Systemtheorie als zentrale Wurzel des systemischen Managements und der systemischen Beratung dargestellt wird, und fast jeder Text eines Systemikers ist mit Zitaten des obersten Systemtheoretikers Niklas Luhmann garniert, um die eigene Vorgehensweise wissenschaftlich zu begründen oder auch nur zu legitimieren.

Sicherlich, die Quellen, auf die sich Systemiker berufen, sind vielfältig; die von den Systemikern gezeichneten Bäume zeigen als Wurzeln zumeist auch noch Kommunikationstheorien à la Paul Watzlawick, die systemische Familientherapie von Mara Selvini Palazzoli, den Sozialkonstruktivismus besonders von Heinz von Foerster, die Psychoanalyse Sigmund Freuds oder naturwissenschaftliche Systemtheorien à la Humberto R. Maturana. Der Einfluss dieser Theorien auf die systemische Familientherapie und die Gruppendynamik waren gewiss beachtlich, aber weil diese Ansätze so gut wie nichts über Organisationen aussagen, stellt die soziologische Systemtheorie in der Regel die zentrale Referenz dar, wenn es um die Verwendung der Systemtheorie für die Beratung und das Management von Organisationen geht. Spätestens hier müssten die überzeugten Systemtheoretiker aber aufhorchen, gibt es doch erst einmal keinen Grund dafür, weswegen sich irgendjemand außerhalb der Wissenschaft für die soziologische Systemtheorie interessieren sollte.

Wenn man die Systemtheorie als wissenschaftliche Perspektive ernst nimmt, dann würde einen alles andere als die weitgehende Ignorierung der Systemtheorie außerhalb der Wissenschaft überraschen. Es ist ja gerade eine zentrale Einsicht der systemtheoretischen Analyse, dass die moderne Gesellschaft in operativ geschlossene Funktionssysteme differenziert ist, die jeweils nach ganz eigenen Logiken funktionieren. Überspitzt ausgedrückt: Eine Wissenschaftlerin interessiert sich erst einmal dafür, ob ihre Ideen in der Wissenschaft verfangen. Ob die eigenen Forschungen Effekte in der Wirtschaft, Politik oder in den Massenmedien haben, ist für sie bestenfalls zweitrangig. Ja, radikaler noch, eine zu starke Präsenz der Wissenschaftler in Wirtschaft, Politik oder den Massenmedien führt fast reflexartig in der Scientific Community zum Vorwurf der Scharlatanerie, weswegen Wissenschaftler sich sehr gut überlegen, ob sie in Tageszeitungen oder – schlimmer noch – in einer Praktikerzeitschrift veröffentlichen sollten. (→ *Wissenschaftsgläubigkeit*) Woher kommt dann der fulminante Erfolg der Systemtheorie als Leittheorie für Manager und Berater?

Es gibt eine plausible Erklärung: Das, was im Moment als systemisches Management, als systemische Beratung oder als systemisches Coaching angeboten wird, ist, um es freundlich auszudrücken, mit der soziologischen Systemtheorie nur sehr lose gekoppelt. In vielen Fällen haben die Publikationen, die unter dem Label „systemisch“ den Anspruch erheben, systemtheoretisch informierte Handreichungen zu liefern, mit der systemtheoretischen Soziologie so viel zu tun wie ein James Bond Film mit der faktischen Arbeit von Geheimdiensten. Die für die systemische Beratung und das systemische Management vereinfachten systemtheoretischen Überlegungen wirken alle griffiger, eingängiger und praktischer als die für den wissenschaftlichen Diskurs geschriebenen systemtheoretischen Urtexte, jedoch um den Preis erheblicher inhaltlicher Verzerrungen.

Man mag als selbst in der wissenschaftlichen Theorie verankerter Purist darüber klagen, aber dieser Effekt ist bis zu einem gewissen Grad nicht zu verhindern. Die „Verwässerung" wissenschaftlichen Wissens ist inzwischen nicht nur für soziologische Theorien als unvermeidlich nachgewiesen worden. Bei der Reinterpretation werden, so prägnant die Soziologen Ulrich Beck und Wolfgang Bonß, die Ergebnisse soziologischer Forschung ihrer „Soziologie" entkleidet, denn die Wissensbestände, die im Wissenschaftsbetrieb produziert werden, unterliegen im Produktionsprozess nicht dem Kriterium der Anwendbarkeit und sind deswegen für die Praxis häufig „unpraktisch". Das soziologische Wissen wird deswegen in der Praxis regelrecht umgearbeitet.[353]

Wer eine Illustration für die Trivialisierung benötigt, schaue sich nur die Internetvideos à la „Systemtheorie ist wie eine Heizung" an. Es sind die amüsanten Versuche von Praktikern, die Systemtheorie mit der Metapher der Heizung zu erklären. Mit Rückgriff auf die Urzeit der Kybernetik wird beschrieben, dass ein System aus einem Thermostat und einem Wasserkreislauf besteht, das sich nach Wunsch des Nutzers bei einer beliebigen Temperatur einsteuern lässt. Sicherlich ist dies ein Musterfall für die Trivialisierung wissenschaftlicher Erkenntnis, aber auch die Bezeichnung dieses Versuchs als „Tollerei", „Leerformel" und „Realsatire" zeigt letztlich nur die Ignoranz gegenüber der Unvermeidbarkeit von Trivialisierungen der Wissenschaft in der Praxis.

Das „Systemische" ist Opfer seines eigenen Erfolges geworden. Inzwischen wird alles mit dem Begriff des „Systemischen" geschmückt und mit Referenzen auf die Systemtheorie ausgestattet. Es gibt „systemisches Gesundheits-Coaching", „systemische Supervision", „systemisches Mentoring", „systemische Burn-out-Prophylaxe", „systemisches In- und Outsourcing", „systemische Schulpädagogik", „systemisches Sozialmanagement", „systemisches Innovationsmanagement", „systemische Personalentwicklung", „systemische Hundeerziehung", „systemische Heimerziehung" und „systemisches Führen mit Pferden". Es scheint keine Expansionsgrenzen für dieses Adjektiv mehr zu geben; die Durchsetzung der Substantivformen „Systemik" oder „Systemiker" ist nur noch eine Frage der Zeit und es ist nicht ausgeschlossen, dass es bald das Verb „systemiken" oder „systemisieren" geben wird.

Man erkennt die Expansion in die Beliebigkeit an dem Vokabular, das sich inzwischen eingeschlichen hat. Es ist nicht mehr nur – in der Begrifflichkeit abgestimmt mit Niklas Luhmann – die Rede von „Sinndimensionen", „Selbstreferenzen" oder „Autopoiesis", sondern auch von „Wertschätzung", „Achtung", „Haltung" oder „Authentizität". Es gehe, so der mit den Überlegungen von Niklas Luhmann nicht mehr abgestimmte Tenor, um die Ausbildung einer systemischen „Haltung" gegenüber dem Klientensystem. *(→ Haltung)* Es komme darauf an, in der Beratung eine „Wertschätzung" zu zeigen und allen mit „Achtung" zu begegnen. *(→ Wertschätzung)* Man müsse dabei „authentisch" sein, mit sich selbst übereinstimmend handeln und darin von anderen erkannt werden. *(→ Authentizität)* Diese unter dem Label „systemisch" verkauften Prinzipien mögen – je nach Geschmack – aufgrund ihrer Konsensfähigkeit als sympathisch oder wegen ihrer offensiven Proklamation als heuchlerisch erscheinen, mit der soziologischen Systemtheorie Niklas Luhmanns haben sie nichts zu tun. *(→ Werte → Heuchelei)*

---

353 *Ulrich Beck, Wolfgang Bonß*: Soziologie und Modernisierung Zur Ortsbestimmung der Verwendungsforschung. In: Soziale Welt 35 (1984), S. 381–406, 392 ff..

Das grundlegende Problem ist, dass im Diskurs der Systemiker die Spannung zwischen Wissenschaft und Praxis weitgehend aufgegeben worden ist. Die „systemtheoretische Organisationstheorie“ wird inzwischen kurzerhand mit einer „systemischen Organisationstheorie“ gleichgesetzt. Die „systemtheoretische Wirtschaftssoziologie“ wird zur „systemischen Wirtschaftstheorie“ umdeklariert und die „Systemtheorie der Beratung“ wird mit der „Systemtheorie in der Beratung“ verschmolzen. Es hat eine gewisse Ironie, dass gerade der Beratungs- und Managementansatz, der sich auf eine Theorie beruft, die die Unterscheidung von Systemen stark macht, Wissenschaft und Praxis weitgehend fusioniert.

Das, was im Moment als systemisches Management, als systemische Beratung oder als systemisches Coaching angeboten wird, ist, um es freundlich auszudrücken, mit der soziologischen Systemtheorie nur sehr lose gekoppelt.

#88 Tabus

Zum Schutz von Interaktionen

Wenn man gefragt wird, warum man auf einem internationalen Managementkongress einen Vortrag hält, mag – auch für sich selbst einsichtig – Eitelkeit ein treibendes Motiv sein, aber ein solcher Beweggrund ist nicht offen kommunizierbar. Man kann, darauf hat der Literaturwissenschaftler Jan-Philipp Reemtsma hingewiesen, auf die Frage nach Motiven nicht einfach antworten: „Weil ich ein eitler Kerl bin und zeigen möchte, dass ich über dieses Thema mehr zu sagen habe als XY." Stattdessen werden in der Kommunikation legitime Motive bedient. Man verweist darauf, dass man eingeladen worden ist, man suggeriert, dass man nicht in erster Linie sich selbst, sondern anderen einen Gefallen tut, und wird dann ein paar Worte über die Wichtigkeit des Themas verlieren.[354]

In der Systemtheorie wird ein solches „Fehlen bestimmter Themen zur Ermöglichung und Steuerung von Kommunikation" als „Latenz" bezeichnet.[355] Will man einen durch die Psychoanalyse geprägten Begriff nutzen, kann man von einem „Tabu" sprechen. In Beratungsprozessen wird häufig auch von „Hidden Agendas" geredet. Damit wird zum Ausdruck gebracht, dass maßgebliche Gründe für das Engagement von Beratern zwar von allen Beteiligten beobachtet, jedoch nicht unmittelbar angesprochen werden können.

Diese Kommunikationslatenz muss von allen an einer Kommunikation Beteiligten sorgfältig gepflegt werden, weil diese die Funktion eines „Strukturschutzes" hat. Häufig hat man als Beobachter eine Ahnung, welche Themen nicht ansprechbar sind. Interagiert man mit einem Ehepaar, sind beispielsweise die zwischen den Ehepartnern sichtbar werdenden Spannungen nicht als Gesprächsthema geeignet, außer diese schneiden selbst das Thema „Zustand der Paarbeziehung" an. In Jugendcliquen ist Kleinstdelinquenz, der Ladendiebstahl oder das Sprayen an Häuserwände ein beliebtes Thema, während eine Konversation über Schwächen einzelner Cliquenmitglieder möglichst vermieden wird. In Organisationen sind die Aspekte der Formalstruktur, die offiziellen Kommunikationswege, die verabschiedeten Programme sowie die verkündeten Personalentscheidungen, in der Regel problemlos ansprechbar. *(→ Programme → Personal)* Viele im informellen Bereich ablaufenden Macht-, Verständigungs- und Vertrauensprozesse sind dagegen nicht offen zu benennen. *(→ Macht → Verständigung → Vertrauen)*

Gerade in Reformprozessen lassen sich solche Tabuisierungen informaler Verhaltensweisen oftmals beobachten. Jede Organisation ist auf informale, häufig sogar illegale Praktiken angewiesen: die Abkürzung von Ausschreibungsverfahren, das Ausflaggen von Standardaufträgen als eilige Angelegenheit, um ein bürokratiereduziertes Verfahren nutzen zu können, die Nutzung nicht offiziell gemeldeter Räume oder das erst nachträgliche Ausfüllen von Formularen, die eigentlich vor einem Arbeitsschritt ausgefüllt sein müssen. In den Workshops bilden sich dann stille Vereinbarungen zwischen Management, Mitarbeiter und Beratern aus, welche

[354] *Jan Philipp Reemtsma*: Vertrauen und Gewalt. Versuch über eine besondere Konstellation der Moderne. Hamburg 2008, S. 407.
[355] *N. Luhmann*: Soziale Systeme (wie Anm. 255), S. 457.

informalen Aspekte ansprechbar sind und welche nicht.[356] (→ *Gemeinschaft* → *Regelbruch* → *Workshops*)

Aber Tabus in Organisationen sind nicht auf informale oder illegale Prozesse beschränkt. Es ist bekannt, dass Politiker sich gern Gutachten von möglichst renommierten Beratungsfirmen erstellen lassen. Alle Beteiligten sind sich (manchmal mit Ausnahme der Berater) dessen bewusst, dass die Empfehlungen nie umgesetzt werden, aber die Gutachten erfüllen auch in solchen Fällen eine latente, nicht kommunizierbare Funktion, weil die Beamten in den Ministerien angesichts der häufig realitätsfernen Einschätzungen eher bereit sind, selbst über Modernisierungen nachzudenken.

In Workshops bilden sich stille Vereinbarungen zwischen Management, Mitarbeiter und Beratern aus, welche informalen Aspekte ansprechbar sind und welche nicht.

[356] Siehe dazu auch die Empirie in *S. Kühl*: Formalität, Informalität und Illegalität in der Organisationsberatung. Systemtheoretische Analyse eines Beratungsprozesses (wie Anm. 148), 284 ff..

#89 Teams

Über die Zensur persönlicher Themen in formalen Subeinheiten

Teams gelten häufig als die kleinen, vertrauten, sozial innigen Einheiten der Organisation, wo man sich versteht, wo man offen miteinander reden kann, aber diese Auffassung ist falsch. Sicherlich, auf den ersten Blick haben Teams viele Gemeinsamkeiten mit den jenseits von Organisationen existierenden Gruppen wie Freundschaftscliquen, Straßengangs oder Kommunen. Auch bei ihnen kennen sich die Personen untereinander. Es wird bemerkt, wenn Personen dazukommen oder ausscheiden, aber Teams existieren – und das ist der zentrale Unterschied – nur im Rahmen von Organisationen und können deswegen nicht die gleiche Form von Autonomie ausbilden, die Gruppen außerhalb von Organisationen entwickeln.[357] *(→ Gruppe)*

Bei Teams handelt es sich um kleine Abteilungen, Steuerungskreise in Unternehmen, Züge in Panzerkompanien, teilautonome Fertigungs- oder Montagegruppen sowie beispielsweise auch Vorstände, die sich auf die Formalstruktur der Organisation berufen müssen und in ihrer weiteren Existenz von formalen Entscheidungen der Organisation abhängen. Sie sind, anders als die in der Informalität verankerten Cliquen, in den Organigrammen vermerkt, sie finden sich in den Akten wieder und man kann auf sie in den internen Protokollen Bezug nehmen. *(→ Cliquen)*

Die Eingebundenheit dieser Teams in die Organisation hat schwerwiegende Folgen. Sie können etwa über ihre Mitgliedschaft nicht selbst verfügen. Ein kleines Arbeitsteam hat keine formalen Möglichkeiten, sich dagegen zu wehren, wenn ihm eine neue Mitarbeiterin zugewiesen wird. Ein über längere Zeit eingerichtetes Projektteam kann nicht autonom darüber entscheiden, welche Personen Mitglied dieses Teams sein sollen und welche nicht. Dadurch sind sie nicht in der Lage, eigene formale (!) Normen zu entwickeln und durchzusetzen. Eine teilautonome Montagegruppe in der Automobilindustrie kann keine formalen Bestimmungen aufstellen, die beispielsweise dem Regelwerk der Gesamtorganisation widersprechen, und ihre Teammitglieder dann mit Verweis auf die riskante Mitgliedschaft im Team auf diese Regeln einschwören.[358] *(→ Autonomie → Selbstorganisation)*

Dies führt dazu, dass Teammitglieder in Organisationen – im Gegensatz zu Gruppen – ausschließlich in ihrer Rolle als Organisationsmitglied auftreten müssen. Man kann über Jahre Kollegen in einer Abteilung haben, von denen man nicht weiß, ob sie Affären haben, ob ihre Eltern noch leben und welchen Basketballverein sie in ihrer Freizeit unterstützen, und weitergehend: Diese Kollegen können mögliche Anfragen ihrer Teammitglieder bezüglich dieser Themen zurückweisen und sich dabei im Recht fühlen.

Es ist selbstverständlich nicht ausgeschlossen, dass sich in Teams ebenso persönliche Beziehungen ausbilden können, in ganz seltenen Fällen auch als persönliche Beziehungen aller Mitglieder eines Teams zueinander. Aber die Organisation ist, wie es teilweise im organisationswissenschaftlichen Ansatz der Human Relations suggeriert wird, auf diese persönlichen

---

357 Die hier vorgestellten Überlegungen basieren auf einem Artikel über die Unterschiede von Gruppen und Teams. Siehe ders.: Dyaden, Gruppen und Teams. Die Rahmungen von Coachings und Supervisionen. In: Gruppendynamik und Organisationsberatung 39 (2008), S. 477–498.

358 *N. Luhmann*: Spontane Ordnungsbildung (wie Anm. 81), S. 176.

Beziehungen nicht angewiesen, damit die Mitglieder ihre Leistungen erbringen. Straffe Leitung, hohe Entlohnung und symbolische Abstrafung einzelner Mitglieder können ähnliche, häufig sogar bessere Effekte bei der Leistungserzeugung erzielen.[359] *(→ Tabus)*

Aus organisationswissenschaftlicher Perspektive ist interessant, dass bei der Behandlung von personenbezogenen Themen in Teams – anders als bei Gruppen – die organisationsinterne Öffentlichkeit als ein Zensurmechanismus auftreten kann. Mit Zensurmechanismus ist gemeint, dass einzelne Teammitglieder, mitunter sogar das gesamte Team, Informationen zurückhalten können. Für diesen Zensurmechanismus gibt es einen zentralen Grund: die Existenz „gemeinsam bekannter Dritter" außerhalb des Teams.

Während man in den häufig schon fast mystisch verklärten zufälligen Zusammenkünften in Zugabteilen meint, alles erzählen zu können, weil man mit den Zufallsbekanntschaften keine gemeinsamen Bekannten hat, ist jeder Teilnehmerin einer Teamsitzung bewusst, dass es außerhalb der Sitzung Personen gibt, die allen Anwesenden bekannt sind. Dies führt dazu, dass in den Sitzungen immer der Verdacht mitschwingt, dass Verschwiegenheit nicht gewährleistet ist. Bei informalen Treffen mit Kollegen und manchmal auch mit Vorgesetzten könnte man sich auf Diskretion verlassen, in offiziellen Sitzungen der Teams sollte man diese als nicht gegeben betrachten.[360]

Es ist selbstverständlich nicht ausgeschlossen, dass sich in Teams ebenso persönliche Beziehungen ausbilden können. Aber die Organisation ist auf diese persönlichen Beziehungen nicht angewiesen, damit die Mitglieder ihre Leistungen erbringen. Straffe Leitung, hohe Entlohnung und symbolische Abstrafung einzelner Mitglieder können ähnliche, häufig sogar bessere Effekte bei der Leistungserzeugung erzielen.

[359] *N. Luhmann*: Funktionen und Folgen formaler Organisation (wie Anm. 5), S. 107.

[360] Siehe dazu *André Kieserling*: Kommunikation unter Anwesenden. Frankfurt a. M. 1999, 335 ff..

#90 Technik

Die Risiken einer engen Kopplung

Mit „Technik" werden auf den ersten Blick ganz unterschiedliche Phänomene bezeichnet. Man kann an die Technik beim Basketballspielen denken, die man erlernen muss, um nachher auf dem Spielfeld zu bestehen, an die Technik beim Klavierspielen, die Voraussetzung für das Meistern komplexer Stücke ist, an die Technik der Organisationsführung, die eine Führungskraft mühsam erlernen muss, an die Fertigungstechnik in Produktionsunternehmen oder an die Informationstechnik, ohne die elektronische Datenverarbeitungsgeräte nicht funktionieren könnten.

Bei aller Unterschiedlichkeit geht es immer um das Gleiche, eine genau vorgegebene Reaktion auf einen vorher genau definierten Impuls. Egal, ob man beim Basketballspiel zu einem Wurf ansetzt, beim Klavierspielen eine Note sieht, eine bestimmte Situation in einer Organisation erlebt, ein Werkstück in einer Fertigungsmaschine bearbeitet wird oder ein Sensor in einem elektronischen Gerät ausgelöst wird: Immer geht es darum, dass in einer vorher bestimmten Art und Weise reagiert wird. Technik ist letztlich also nichts anderes als ein Konditionalprogramm, bei dem sichergestellt werden soll, dass ohne weitere Prüfung eine genau definierte Reaktion auf einen Impuls erfolgt.[361] *(→ Programme)*

Nun gehört es offensichtlich zum Charakter eines jeden Konditionalprogramms, dass erwartet wird, dass man auf einen Impuls in einer vorgeschriebenen Weise reagiert, aber – und der Punkt ist wichtig – es ist immer noch eine Entscheidung des Organisationsmitglieds, ob bei einem Impuls ein Programm angewendet wird oder nicht. Ein Organisationsmitglied kann sich immer auch gegen eine Anwendung einer Regel entscheiden, unterliegt dann aber einem Rechtfertigungszwang, weswegen es ein eigentlich vorgegebenes Programm nicht umgesetzt hat.

Technik setzt an dieser Stelle an und soll genau diese Möglichkeit der Abweichung, die bei Wenn-Dann-Programmen existiert, ausschließen, indem eine feste Kopplung zwischen Impuls und Reaktion festgelegt wird.[362] Die Anwendung eines Programms erfolgt dann nicht mehr aufgrund einer Entscheidung, sondern wird automatisiert. Es wird nur noch stupide überprüft, ob eine Auslösebedingung vorliegt und dann „automatisch" eine bestimmte Reaktion ausgeführt. Während eine konditionalprogrammierte Finanzbeamtin immer noch selbst entscheidet, ob sie bei einem verspäteten Eingang einer Steuererklärung eine formal vorgeschriebene Strafzahlung erhebt oder nicht, wird bei einer Verlagerung dieses Entscheidungsprozesses auf eine Maschine die Strafzahlung automatisch verschickt.

Obwohl wir bei Technik meistens an Maschinen denken, umfasst dieser Begriff auch menschliches Verhalten, sofern es „automatisch" abläuft und nicht „durch Entscheidungen unterbrochen wird".[363] Ob wir mit dem Fahrrad bei einer roten Ampel eine Straße überqueren, ist

---

[361] Niklas Luhmann spricht hier von der Möglichkeit der „Technisierbarkeit der Konditionalprogramme". *N. Luhmann*: Rechtssoziologie (wie Anm. 186), S. 230.

[362] „Der Begriff der Technik soll sehr formal definiert sein als feste Kopplung von kausalen Elementen, gleichviel auf welcher materiellen Basis diese Kopplung beruht" – so *N. Luhmann*: Organisation und Entscheidung (wie Anm. 47), S. 363.

[363] Ebd., S. 370.

eine Entscheidung, mit der man gegen ein Wenn-Dann-Programm verstößt, das durch die Technik des Fahrradfahrens ermöglichte, sekündliche Austarieren des Fahrrades nicht. Aber das menschliche Verhalten ist bei der Umsetzung von Automatismen auffällig unperfekt. Man kann noch so sehr die Automatismen beim Fahrradfahren verinnerlicht haben, es passiert immer wieder, dass man auch ohne eine vorausgehende Entscheidung auf einen Impuls nicht in der vorprogrammierten Form reagiert. Zweifellos ist also die Einbettung in Maschinen – Stichwort Automation – die konsequenteste Umsetzung des Prinzips der Technik. *(→ Automation → Digitalisierung)*

Maschinen können noch so leistungsfähig, Software noch so komplex, Roboter noch so sehr mit künstlicher Intelligenz aufgemotzt sein, letztlich handelt es sich dabei um nichts anderes als eine Aneinanderreihung einer extrem großen Anzahl von An- und Aussignalen, die über feste Kopplungen miteinander verbunden sind.[364] Selbstverständlich können auch hier Abweichungen auftreten, die werden aber unmittelbar als Systemfehler ausgewiesen und zumindest in den meisten Fällen entsprechend schnell behoben.

Aber genau in diesen in Technik hinterlegten Automatismen liegen auch enorme Risiken. Wir wissen inzwischen, dass Katastrophen dadurch zustande kommen, dass in Atomkraftwerken, Flugzeugen oder Energienetzen eine Vielzahl von technisierten Wenn-Dann-Programmen so stark ineinander verschachtelt werden, dass deren Wirkweise für einzelne Personen gar nicht mehr überschaubar ist. Man verlässt sich auf die Technik und wird dann überrascht, wenn es zu einer Kernschmelze, einem unkontrollierbaren Absturz oder einem Versorgungszusammenbruch kommt.[365] Vielleicht ist es an der einen oder anderen Stelle deswegen gar nicht so schlecht, wenn zwischen einem Auslöseimpuls und einer Reaktion immer noch eine Entscheidung steht.

[364] So die Formulierung bei *Ursula Plesner, Emil Husted*: Digital Organizing. Revisiting Themes in Organization Studies. London 2020, S. 5.

[365] Hierzu immer noch einschlägig *Charles Perrow*: Normal Accidents. New York 1984.

#91 Transparenz

Die Tücken der Durchschaubarkeit

Kaum eine Organisation kann darauf verzichten, sich den Wert der Transparenz auf die Fahnen zu schreiben, und einige von diesen Organisationen scheinen es mit der Transparenz ernst zu meinen. Die Informationen über Arbeitsprozesse und Arbeitsaufgaben werden für alle Mitarbeiter zugänglich gemacht. Die Lohnhöhe jedes einzelnen Organisationsmitglieds kann von allen eingesehen werden. Fehler werden auch gegenüber der Öffentlichkeit offensiv kommuniziert. Eine transparente Organisation würde nicht nur höhere Effizienz in der Öffentlichkeit erzielen, sondern auch effizienter funktionieren und höhere Arbeitszufriedenheit bei den Mitarbeitern erzeugen.

Wer sich für die Effekte einer auf die Spitze getriebenen Transparenz interessiert, kann diese an einer der interessantesten Parteigründungen der letzten Jahrzehnte beobachten. Die sogenannte Piratenpartei galt eine Zeit lang als die vielversprechendste Neugründung in der Parteienlandschaft. Zielsicher besetzten sie das Thema der Netzpolitik, während manche Politiker anderer Parteien noch damit beschäftigt waren zu begreifen, wie ihr Internetanschluss funktionierte, aber die Euphorie war schnell vorbei. Die Partei flog aus einem Parlament nach dem anderen und verlor einen erheblichen Teil ihrer Mitglieder.[366]

Man könnte den Niedergang der Piratenpartei als das ganz normale Scheitern von Parteineugründungen verstehen. Parteien entstehen in den meisten Fällen aus politischen Bewegungen heraus. Die ursprüngliche Attraktivität dieser politischen Bewegungen, ob sie sich nun für Umweltschutz, Weltfrieden, Frauenrechte, Netzpolitik, christlichen Fundamentalismus oder völkische Homogenität einsetzen, liegt in den Möglichkeiten, sich vergleichsweise unkompliziert für eine „gute Sache" zu engagieren. *(→ Bewegungen)*

Relativ schnell durchlaufen politische Bewegungen jedoch einen Prozess der „Verorganisierung". Es werden Bürgerinitiativen gegründet, Dachverbände gebildet und Parteien ins Leben gerufen. Man wird in Machtkämpfe hineingezogen, bekommt es mit sich verkrustenden Strukturen zu tun, und das Interesse an der Sache wird immer mehr durch ein Interesse an politischer Karriere, öffentlicher Aufmerksamkeit sowie finanziellen Nebenverdiensten überlagert. *(→ Verorganisierung)*

Die Geschichte der Piratenpartei ist deswegen interessant, weil sich in ihr aufgrund ihrer Ansprüche an interne Transparenz die Probleme noch einmal verschärft haben.[367] Der Anspruch der Piratenpartei war und ist absolute Transparenz nach innen und nach außen. Debatten sollen nicht im stillen Kämmerlein von Fraktionen oder Parteivorständen geführt werden, sondern von allen nachvollzogen werden können. Das „Transparenzprunkstück" der Fraktionen der Piraten waren die öffentlich per Livestream übertragenen Fraktions- und Arbeitskreissitzungen. Der Anspruch an interne Transparenz führte aber letztlich zu drei grundlegenden Problemen.

---

[366] Für eine frühere Fassung siehe *Stefan Kühl*: Die Tücken der Transparenz. In: Süddeutsche Zeitung (21.5.2017), S. 2.

[367] Siehe zu Transparenz die klassische Studie von *F. Anechiarico, J. Jacobs*: The Pursuit of Absolute Integrity (wie Anm. 90).

Das Glaubwürdigkeitsproblem: Das Ergebnis der Bemühungen um interne Transparenz war nicht das erhoffte Verschwinden einer politischen Hinterbühne, sondern im Gegenteil die Ausbildung einer noch geschickter versteckten. Der Soziologe Leopold Ringel hat gezeigt, wie diese Hinterbühne der Fraktionen der Piraten aussah.[368] Es entstanden nicht für alle zugängliche Mailinglisten, bei öffentlich gestreamten Sitzungen entwickelte sich eine Zeichensprache, mit der die Diskussion sensibler Themen gesteuert werden konnte, und brisante Inhalte wurden als datenschutzrechtlich relevant eingestuft, um sie jenseits öffentlicher Beobachtung diskutieren zu können. Diese Hinterbühne war sehr wohl funktional. Nur durch diese Tricks war es für die Fraktion möglich, interne Konflikte, problematische Meinungen oder unausgegorene Strategien jenseits öffentlicher Wahrnehmung besprechen zu können. In der Wahrnehmung der Basis entstand dadurch aber eine offensichtliche Diskrepanz zwischen dem offensiv vertretenen Transparenzanspruch der Partei und der faktischen Arbeit der Parteifunktionäre.

Das Zurechnungsproblem: Die Gründung der Piratenpartei hatte ihren Ursprung unter anderem in einer Reaktion auf die Verkrustung etablierter Parteien, in der Mitglieder erst eine jahrelange Ochsentour absolvieren müssen, bevor sie effektiv Einfluss auf parteipolitische Positionen nehmen können. Mit dem Konzept der „liquid democracy", einer Art internetgestützter Mitgliederbeteiligung, wurden die inzwischen weitgehend verblichenen basisdemokratischen Ideale anderer Parteien in der Piratenpartei noch einmal radikalisiert. Das Bekenntnis zur Basisdemokratie ist jedoch immer auch ein Bekenntnis zur Schwächung der Vorsitzenden. Je mehr Basisdemokratie sich eine Partei gönnt, desto vielstimmiger erklingt sie auch. Diese Vielstimmigkeit mag anfangs als charmante Besonderheit einer Partei zelebriert werden, schnell wird sie aber zur störenden Kakofonie. Die Massenmedien suchen die Lautsprecher in der Partei aus, die nach ihren Kriterien die interessantesten Neuigkeiten bieten. So wird dann schnell das Getwitter einer Abgeordneten über geplatzte Kondome, negative HIV-Tests und parlamentarische Langeweile ausführlicher diskutiert als Gesetzesinitiativen der Partei zur Informationsfreiheit.[369] *(→ Demokratie)*

Das Integrationsproblem: Flügelkämpfe entstehen zwangsläufig in jeder Partei, die sich nicht auf ein sehr eng definiertes Wählerspektrum beschränken will. Während sich in den meisten etablierten Parteien ein mühsam ausgehandelter Modus Vivendi zwischen den verschiedenen Flanken ausgebildet hat, sind neu gegründete Parteien durch heftiges Flügelschlagen gekennzeichnet. Ihr Überleben hängt dann davon ab, inwiefern sie in der Lage sind, die Streitigkeiten zu kontrollieren. Der Anspruch der Piratenpartei ist es gewesen, alle politischen Debatten in der Öffentlichkeit zu führen. Es ist also nicht wie bei anderen Parteineugründungen die Unfähigkeit, politische Kämpfe hinter verschlossenen Türen auszutragen, sondern die eigene Ambition gewesen, die Türen für alle weit offenzuhalten, die die Piratenpartei in die Bredouille gebracht hat. Schließlich führte genau dieses Offenhalten von Türen zu einer Verschärfung der Konflikte. Eine Anekdote besagte, dass die Einzigen, die den Livestream der Fraktionssitzungen der Piraten regelmäßig verfolgten, Praktikanten der lokal ansässigen Zeitungen waren, die sofort berichten sollten, wenn sich interne Verwerfungen abzeichneten, aus denen sich Nachrichten generieren ließen. Öffentliche Berichterstattung über interne Auseinander-

---

[368] Siehe zur Theorie der Transparenz und zu der Empirie über Piratenpartei einschlägig *Leopold Ringel*: Transparency and Secrecy. Theorizing Boundaries of Visibility. In: Research in the Sociology of Organizations (2018); ders.: Unpacking the Transparency-Secrecy Nexus. Frontstage and Backstage Behaviour in a Political Party. In: Organization Studies 91 (2018), 705-723.

[369] Dazu ausführlich *Leopold Ringel*: Transparenz als Ideal und Organisationsproblem. Eine Studie am Beispiel der Piratenpartei Deutschland. Wiesbaden 2017.

setzungen ist immer ein Konfliktverstärker, der durch die Partei selbst nur noch sehr begrenzt kontrolliert werden kann.

Die Piratenpartei ist letztlich an dem Anspruch gescheitert, ihre gesellschaftliche Forderung nach mehr Durchsichtigkeit auch auf die Strukturen der eigenen Partei anzuwenden. Die Forderung der Piraten nach mehr Transparenz von Verwaltungen, Polizeien und Unternehmen stieß zwar auf breite Zustimmung in der Gesellschaft, aber die Piratenpartei musste schmerzhaft lernen, dass sie diese Forderung nur hätte durchsetzen können, wenn sie in der eigenen Partei Transparenz allenfalls in homöopathischen Dosen zugelassen hätte.[370] Verwaltungen, Polizeien und Unternehmen, die den Wert der Transparenz nicht nur zum Ausschmücken ihres Leitbildes verwenden, sondern konkret operationalisieren wollen, sollten sich das Scheitern der Partei, die am radikalsten diese Transparenz von ihnen eingefordert hat, genau studieren.

Das Ergebnis der Bemühungen um interne Transparenz ist nicht das erhoffte Verschwinden einer Hinterbühne, sondern im Gegenteil die Ausbildung einer noch geschickter versteckten.

[370] Zur Übertragung der Überlegungen auf Unternehmen siehe besonders eindrucksvoll *Ethan S. Bernstein*: The Transparency Paradox. A Role for Privacy in Organizational Learning and Operational Control. In: Administrative Science Quarterly 57 (2012), 2, S. 181–216. Siehe auch sehr interessant *Fran Osrecki*: Fighting Corruption with Transparent Organizations. Anti-corruption and Functional Deviance in Organizational Behavior. In: Ephemera 15 (2015), S. 337–364.

#92 Verorganisierung

Was man aus dem Niedergang des islamischen Staates lernen kann

Wie viele soziale Systeme haben auch Organisationen einen „Hof" von angrenzenden und umrahmenden, vorlaufenden oder nachlaufenden sozialen Einrichtungen um sich. Die Ehe kennt den Vorlauf des Kennenlernens, der Verlobung und den Nachlauf der Ex-Beziehung, der Trennungsmediation und der Familiengerichtsbarkeit. Das Rechtssystem hat einen Vorlauf von brodelnden Konflikten, Ärgernissen, sich zuspitzenden Unvereinbarkeiten und einen Nachlauf von befriedeten oder entschiedenen Lagen, beruhigten oder zerstörten Lebensverhältnissen.

In diesem Sinn hat auch die Form Organisation Vorläufer oder Anwärter, manchmal auch Zerfallsprodukte. Soziale Bewegungen gehören zu diesen Anwärtern, da sie, wie die Friedensbewegung, Umweltbewegung, Frauenbewegung, nationale oder religiöse Bewegungen, mit dem Schwung der spontanen, graswurzelartigen Aufwallung beginnen, aber ohne organisationale Kristallisation nicht lange bestehen bleiben. Die Verorganisierung kann dabei Segen oder Fluch – oder beides – für die jeweilige soziale Bewegung sein. *(→ Bewegungen)*

Dies zeigt sich paradigmatisch am Fall des dschihadistischen Islamismus. Der Islamismus ist aus einer wissenschaftlichen Perspektive zunächst einmal nichts anderes als der typische Fall einer sozialen Bewegung. Politische und religiöse Bewegungen orientieren sich an Werten, die sich zur Mobilisierung von Bevölkerungsteilen eignen. Das können Werte sein wie Frieden, Umweltschutz oder Gleichberechtigung, es können aber ebenso Werte wie Rassenreinheit, nationale Identität oder die weltweite Durchsetzung des „wahren" islamischen (oder auch christlichen) Glaubens sein.[371] *(→ Werte)*

Im Gegensatz zu Organisationen fällt es bei Bewegungen schwer, den Kreis der Mitglieder genau zu definieren. Während es in Verwaltungen, Unternehmen oder Armeen leicht zu erkennen ist, welche Personen Mitglieder sind, ist es bei der Friedensbewegung, der Frauenbewegung, der evangelikalen Bewegung oder eben der islamistischen Bewegung schwerer zu bestimmen, wer dazugehört und wer nicht. Man kann zwar grob zwischen Aktivisten und Sympathisanten unterscheiden, aber es ist nicht nur für Sicherheitskräfte, sondern oft auch für die jeweilige Bewegung selbst kaum auszumachen, wo genau die Grenze zwischen diesen beiden Lagern verläuft.

Die mobilisierenden Werte allein erzeugen noch keine starke Bindungswirkung; diese entsteht in Bewegungen oftmals erst auf der Grundlage von Gruppen, die sich durch persönliche Kontakte bilden. Wir wissen aus Studien über die Friedensbewegung, wie wichtig solche häufig durch die „gemeinsame Sache" initiierten Freundeskreise waren, um eine hohe Sichtbarkeit der jeweiligen Bewegung zu erreichen. Die Rote-Armee-Fraktion muss maßgeblich als eine sich um Paare und Freundeskreise bildende Gruppe verstanden werden, die sich, anders als die Bewegung selbst, politisch radikalisierte. Auch bei einer ganzen Reihe der islamistischen Terroranschläge ist deutlich geworden, wie stark die Umsetzung von Erwartungen, die ja

---

[371] Der Beitrag basiert auf einem Artikel, den ich zur Hochzeit des islamischen Staates geschrieben habe. Siehe *Stefan Kühl*: Terror mit Adresse. In: Süddeutsche Zeitung (24.11.2015), S. 2.

im Fall von Selbstmordattentaten mit weitgehenden Folgen für die weitere Lebensplanung der Attentäter verbunden sind, auf persönlich und familiär verdichteter Erwartungsbildung basiert.[372] *(→ Gruppe → Freundschaft)*

Aus dieser Perspektive mögen sich die islamistische Bewegung, die Bewegung der patriotischen Europäer gegen die „Islamisierung des Abendlandes“ oder die sowohl gegen den Islamismus als auch gegen Pegida protestierende antirassistische Bewegung in ihrer Ideologie unterscheiden, von ihrer Struktur her sind sie sich jedoch nicht unähnlich. Wenn in Städten die mit rechtsextremen Parteien verbundenen Hooligans auf gewaltbereite Islamisten treffen und gleichzeitig antirassistische Initiativen zu Gegendemonstrationen aufrufen, dann beziehen diese Bewegungen ihre Identität in einem hohen Maße aus der gegenseitigen Abneigung, aber von der Art und Weise, wie sie für ihre Sache mobilisieren, Konflikte inszenieren und Proteste organisieren, unterscheiden sie sich nicht grundlegend. Welche Erkenntnisse kann man gewinnen, wenn man den Islamismus als Bewegung begreift?

Ähnlich wie bei anderen Bewegungen konnte man auch bei der islamistischen Bewegung eine zunehmende „Verorganisierung“ beobachten.[373] Ein erster Schub für diese Entwicklung wurde durch externe militärische oder finanzielle Unterstützung ausgelöst. Für die Lieferung von Waffen und Geld brauchte man Adressen, und darüber verfügen nur Organisationen. Man konnte eine solche „Verorganisierung“ in Afghanistan beobachten, als die USA während des sowjetisch-afghanischen Krieges Islamisten militärisch unterstützten und so letztlich die Ausbildung der al-Qaida-Organisation beförderten. Einen ähnlichen Prozess konnte man später ebenfalls bei der islamistischen Bewegung beobachten, die allein schon deswegen eine Organisation brauchte, um die Geldzahlungen aus Saudi-Arabien und Katar sowie aus den Vereinigten Arabischen Emiraten und Kuwait nicht nur empfangen, sondern verteilen zu können. Im Fall der islamistischen Bewegung war der zentrale Effekt für die Organisationsbildung jedoch die Entstehung eines islamistischen Protostaates in Ostsyrien und im West-Irak. Wenngleich es der Ideologie von Bewegungen widerspricht, so können Staaten nicht ohne Organisationen auskommen. In dem vom IS kontrollierten Gebiet hatten sich deshalb schnell eigene Organisationen für die innere Sicherheit, für die Rechtsprechung, für die soziale Hilfe und für die Erziehung gebildet. Schnell wurde die erste Verwunderung über den starken Bürokratisierungsgrad in den besetzten Gebieten geäußert.

Deutlich zeichneten sich zugleich die ungewollten Nebenfolgen der Verorganisierung ab. Der Zweck, die Durchsetzung des Islam mithilfe des Dschihad, hatte allein nicht mehr genug Strahlkraft, um Nachwuchs zu rekrutieren. Auch wenn die Propagandavideos des IS noch versuchten, die Aufopferung für die islamistische Sache in den Mittelpunkt zu stellen, wurden andere Motive für die IS-Rekruten immer wichtiger. Das Bedürfnis nach Action musste nicht mehr durch die bei vielen IS-Kämpfern beliebten Videospiele befriedigt werden, man konnte stattdessen mit Pick-ups durch die Straßen fahren und sich bei der Folterung von vermeintlich Ungläubigen selbst verwirklichen. Den IS-Kämpfern wurden Wohnungen, Bezahlung und Frauen in Aussicht gestellt. Mit dem Islam hatte das zwar nichts mehr zu tun, aber Bewegungsorganisationen müssen solche Gegensätze zwischen den eigenen Zwecken und den Motiven ihrer Mitglieder dulden, häufig sogar fördern.

---

[372] *Friedhelm Neidhardt*: Soziale Bedingungen terroristischen Handelns. In: *Wanda von Baeyer-Katte u. a.* (Hrsg.): Gruppenprozesse. Analysen zum Terrorismus 3. Opladen 1982, S. 318–391.

[373] Die Grundlagen für diese Überlegungen finden sich in der Soziologie schon früh, siehe *Moissei Jakowlewitsch Ostrogorski*: Democracy and the Organization of Political Parties. London 1902.

Der dschihadistische Islamismus geriet zunehmend tiefer in das typische Dilemma von Bewegungen.[374] Wenn er sich nicht zu einer Organisation entwickelt hätte, dann wäre er Gefahr gelaufen, zersplittert oder überrollt zu werden, weil sich besetzte Gebiete in der Form einer Bewegung nicht hätten halten lassen. Wenn Bewegungen jedoch immer mehr zu Organisationen werden, dann verlieren sie die für ihre Mitglieder attraktive Eigenart einer unmittelbaren Bedürfnisbefriedigung. Attentäter sprengen sich dann nicht mehr aus Identifikation mit der Sache in die Luft, sondern weil sie von Organisationen dazu gezwungen werden, und sich zunehmend verorganisierende Bewegungen lassen sich vergleichsweise gut bekämpfen, schließlich haben sie eine (wenn auch nicht immer leicht feststellbare) Adresse.

Wenn Bewegungen immer mehr zu Organisationen werden, dann verlieren sie die für ihre Mitglieder attraktive Eigenart einer unmittelbaren Bedürfnisbefriedigung.

[374] Siehe dazu *Friedhelm Neidhardt*: Einige Ideen zu einer allgemeinen Theorie sozialer Bewegungen. In: *Stefan Hradil* (Hrsg.): Sozialstruktur im Umbruch. Opladen 1985, S. 193–204, hier S. 202.

#93 Verständigung

Über die Stärken und Schwächen von Diskursen in Organisationen

Verfestigte Denkmuster finden sich immer und überall in Organisationen. Jeder Akteur ist in ein soziales Umfeld eingebunden, dessen Erwartungen erfüllt werden müssen. Das Denkgebäude eines solchen sozialen Umfeldes ist normalerweise kohärent und in sich geschlossen. Man hat gemeinsame Auffassungen darüber ausgebildet, wie man die Wirklichkeit und sich selbst darin sieht. Die Ansichten sind zudem dogmatisiert, das heißt, dass sie nicht mehr hinterfragt werden.[375]

Denkmuster können aus den Standards, Normen und Auffassungen der eigenen professionellen Gemeinschaft entstehen. Man betrachte nur die Perspektiven von Anwälten, Medizinern oder Ingenieuren. *(→ Professionen)* Oder sie sind aus der funktionalen Differenzierung als Folge der Arbeitsteilung in einer Organisation entstanden. Die Denkweise im Vertrieb ist beispielsweise darauf ausgerichtet, die Kundenwünsche zu befriedigen, während die Produktion darauf aus ist, die geplante und laufende Herstellung nicht zu ändern.

Wenn von verfestigten Denkweisen gesprochen wird, ist damit jedoch nicht gemeint, dass sie absolut starr und unbeweglich sind. Sie lassen sich durchaus ändern und mit ihnen die Interessen, Auffassungen und Normen, allerdings nur sehr schwerfällig und langsam. Um auf verfestigte Denkweisen in Organisationen aufmerksam zu werden, lassen sich folgende Fragen nutzen: Welche Auffassungen der einen Gruppe stören die der anderen, welche Auffassungen passen nicht zueinander? Welche eigennützigen Interessen unterstellt man den anderen und welche Interessen meldet man selbst offen an? Vor welchen Gedanken fürchtet man sich in der Organisation? Wo handelt eine andere Gruppe anders, als es ihren Auffassungen entspricht?

Der Ansatzpunkt ist, dass man über Verständigung zu einem Einvernehmen innerhalb der Organisation kommen kann, wie eine bestimmte Aufgabe gelöst werden soll. Gemeinsame Aufgaben bilden dabei die Voraussetzung für eine Koordination über Verständigung. Die gemeinsamen Aufgaben zwingen alle, die divergierenden Interessen anderer Teilnehmer zu berücksichtigen und die Auswirkungen der eigenen Handlungen darauf zu bedenken. Dadurch können Interpretationsaufwand und das Risiko eines Dissenses so weit reduziert werden, dass es durch Verständigung zu der Fiktion eines Konsenses kommen kann.[376]

Die Vorteile, die mit einer Steuerung über Verständigung verbunden sind, liegen auf der Hand: Es werden die Ansichten, Erfahrungen und Interessen vieler Akteure mobilisiert. Dadurch erhofft man sich, die bestmögliche Lösung für eine bestimmte Aufgabe zu finden. Verständigungsprozesse in Unternehmen reduzieren die Motivations- und Kontrollprobleme des Managements. Mitarbeiter wählen einen bestimmten Weg zur Abarbeitung eines Problems,

---

[375] Überlegungen zu verfestigten Denkmustern und zur Rolle von Verständigung bei deren Aufbrechen finden sich in *S. Kühl*: Laterales Führen (wie Anm. 237), 20 ff., in dem ich auch auf das Verhältnis zu Macht und Vertrauen eingehe.

[376] Einschlägig immer noch dazu am Beispiel junger Ehen *Alois Hahn*: Konsensfiktionen in Kleingruppen. Dargestellt am Beispiel von jungen Ehen. In: *Friedhelm Neidhardt* (Hrsg.): Gruppensoziologie. Perspektiven und Materialien. Opladen 1983, S. 210–233.

weil sie sich mit allen Beteiligten auf diesen Weg geeinigt haben, und nicht, weil sie sich aufgrund von Anweisungen oder von Marktprozessen dazu gezwungen sehen. Damit können, so die Hoffnung, Maßnahmen zur Motivation und zur Kontrolle entfallen. Aber lässt sich eine Organisation oder eine Kooperationsbeziehung zwischen Organisationen einzig und allein über Verständigung organisieren? *(→ Identifikation)*

Mit Begriffen wie „diskursives Unternehmen", „konsensuelles Management" oder „Soziokratie" wird Verständigung zur zentralen Steuerungsform in und zwischen Organisationen erhoben. Die Idee hinter diesen Konzepten ist, dass man über Verständigung zu einem Einvernehmen innerhalb der Organisation kommen kann, wie eine bestimmte Aufgabe gelöst werden soll.

Alle reden in Organisationen deswegen bei Koordinationsproblemen sehr schnell von Verständigung, aber so einfach ist das nicht, denn: Die Voraussetzung für Verständigung als zentrale Steuerungsform wäre, dass es identische Erfahrungshintergründe, Interessenlagen und Wertorientierungen gäbe. Genau die werden aber ja durch die aus der Arbeitsteilung entstehenden lokalen Rationalitäten in und zwischen Organisationen verhindert. Letztlich liefe eine nur auf Verständigung basierende Steuerung von Organisationen darauf hinaus, die Stärke, die in der Bearbeitung von Komplexität durch Arbeitsteilung und professionelle Spezialisierung liege, zu opfern. Eine gänzliche Verständigung wäre nur möglich, wenn Erfahrungshintergründe, Wertorientierungen und Zielsetzungen aller Beteiligter gleich wären – und dies würde nur gehen, wenn die Arbeitsteilung und Spezialisierung aufgegeben würden.

Eine gänzliche Verständigung wäre nur möglich, wenn Erfahrungshintergründe, Wertorientierungen und Zielsetzungen aller Beteiligter gleich wären – und dies würde nur gehen, wenn die Arbeitsteilung und Spezialisierung aufgegeben würden.

#94 Vertrauen

Die Überschätzung eines Steuerungskonzeptes

Vertrauen ist in Mode: Je schärfer der Wind in der Wirtschaft weht, je stärker der Druck auf die Mitarbeiter in den Unternehmen und Verwaltungen wird, desto intensiver wird von Managern, Beratern und Sachbuchautoren Vertrauen als Essenz moderner Führung beschworen. Dabei geht es den Verkündern von Vertrauen als neue Zauberformel nicht darum, diese als eine neue Metamoral für Unternehmen zu proklamieren. Vielmehr wird versprochen, dass Vertrauen sich rechnet. Vertrauenskultur ist, so der Tenor, der Wettbewerbsvorteil für das 21. Jahrhundert.[377]

Angesichts dieser Vertrauenseuphorie fragt man sich: Warum werden nicht alle Prozesse in der Gesellschaft – oder wenigstens in Unternehmen, Krankenhäusern, Verwaltungen, Universitäten oder Hochschulen – auf Vertrauen aufgebaut? Weswegen gibt es Hierarchien, in die Mitarbeiter eines Unternehmens oder einer Verwaltung mit ihrem ersten Arbeitstag hineinverpflichtet werden? Weswegen beschäftigen wir immer noch ganze Horden von Rechtsanwälten mit der Gestaltung von Verträgen, in denen jede Kleinigkeit „gerichtssicher" ausformuliert wird, und hoffen nicht einzig darauf, dass unser Partner nicht die Vertrauensfrage stellt?

Dies hängt mit der zentralen Schwäche von Vertrauen zusammen, ihrer Fragilität. Vertrauen zwischen Personen baut sich langsam auf. Man kann mit einem freundlichen Blick, einer Geste oder einem Entgegenkommen beginnen und wartet dann ab, wie der oder die andere reagiert.[378] Wenn es eine positive Reaktion gibt, kann sich langsam eine vertrauensvolle Beziehung aufbauen, aber Vertrauen ist riskant. Häufig reicht ein kleines Anzeichen für einen Missbrauch des Vertrauens aus, damit eine mühsam aufgebaute Vertrauensbeziehung auseinanderbricht. Man kann ja nicht sicher sein, dass es bei dem einen Missbrauch bleibt.

Angesichts der Fragilität von Vertrauen zwischen Personen ist es ein evolutionärer Fortschritt, dass moderne Gesellschaften nicht mehr in der gleichen Form durch persönliche Beziehungen geprägt sind wie noch die Germanenstämme zu Caesars Zeiten oder die (fiktiven) amerikanischen Indianerstämme zu Zeiten von Karl May. Vermutlich werden wir deswegen immer flexibler und mobiler werden, weil wir die Beziehungen zu unserer Umwelt nicht allein auf der Stärke persönlicher Netzwerke aufbauen. Wir können von Oslo aus zum Krüger-Nationalpark nach Südafrika reisen und dort zwei Wochen Löwen beobachten, ohne alte persönliche Kontakte mobilisieren oder mühsam Vertrauensbeziehungen zum Fremdenführer während des Aufenthalts aufbauen zu müssen.

Aus dieser Perspektive wird deutlich, weswegen es ein Gewinn ist, dass die moderne Gesellschaft – und eben auch deren Organisationen – nicht auf persönlichem Vertrauen basiert. Es macht unser Leben einfacher, dass wir zum Verkäufer im Supermarkt nicht erst durch Komplimente oder Geschenke eine Vertrauensbeziehung aufbauen müssen, sondern davon

[377] Die Ausarbeitungen basieren auf Überlegungen von mir aus *Stefan Kühl*: Die Grenzen des Vertrauens. In: Harvard Business Manager (2003), 4, S. 112–113. Zum Verhältnis von Vertrauen zu Macht und Verständigung siehe auch *S. Kühl*: Laterales Führen (wie Anm. 237), 27 ff..

[378] Siehe zum Aufbau von Vertrauen aus spieltheoretischer Perspektive die klassische Studie *Robert Axelrod*: The Evolution of Cooperation. New York 1984.

ausgehen können, dass wir in der Regel für unseren einen Euro auch das gewünschte Kilo Bananen bekommen. Es erleichtert die Koordination im Unternehmen, dass der Chef nicht bei jeder Einzelfrage um das Vertrauen seiner Mitarbeiter werben muss, sondern aufgrund seiner hierarchischen Stellung erst einmal von einer pauschalen Folgebereitschaft ausgehen kann. In der Systemtheorie wird dieser Prozess, in dem man nicht konkreten Personen, sondern Geld oder Macht vertraut, als „Systemvertrauen" bezeichnet.[379] Mit dem romantischen Verständnis des Vertrauens zwischen Personen, wie es in der Managementliteratur gepflegt wird, hat dies wenig zu tun. Wie kommt es jetzt, dass Vertrauen aber gerade dort so populär wird?

Das Propagieren von Vertrauen ist zunächst einmal Indiz dafür, dass andere Steuerungsmechanismen wie Hierarchien, Regeln und Märkte zunehmend problematisch werden. Wenn die Spitzen in Unternehmen und Verwaltungen so überlastet sind, dass Untergebene sich immer weniger auf Entscheidungen von oben verlassen können, wenn Regeln in Unternehmen so flexibel gehandhabt werden müssen, dass deren Verletzungen zur Norm werden, wenn die Märkte so komplex werden, dass man nicht mehr alles in Verträgen festschreiben kann, dann giert man nach einem Steuerungsmechanismus, der diese Lücken füllen kann. *(→ Hierarchie → Selbstorganisation → Regelbruch)* Man erinnert sich an Vertrauen, das ja in Freundschaften und Liebesbeziehungen eine wichtige Rolle spielt, und versucht damit, die „Lecks" in den Unternehmen und Verwaltungen zu stopfen. Das mag sogar Erfolg versprechend sein, aber nur dann, wenn Vertrauen zwischen Personen nicht wie zurzeit üblich zum Maß aller Dinge hochstilisiert wird, sondern innerhalb seiner Grenzen verstanden wird.

Das Propagieren von Vertrauen ist zunächst einmal Indiz dafür, dass andere Steuerungsmechanismen wie Hierarchien, Regeln und Märkte zunehmend problematisch werden.

[379] Siehe dazu *Niklas Luhmann*: Vertrauen. Ein Mechanismus der Reduktion sozialer Komplexität, 3., durchgesehene Aufl. Stuttgart 1989.

#95 Vierfelder-Schemata

Verfahren zur maximalen Reduzierung von Komplexität

In Organisationen wird gerne in simpel gebauten Vierfelder-Schemata gedacht. Man legt zwei Dimensionen fest und bildet mit deren Hilfe vier Felder. Eine erste Dimension kann dann beispielsweise als „Organisationsdesign" mit den Ausprägungen „gesteuert" und „selbst organisierend" gebildet werden. Eine zweite Dimension, etwa „Rolle der Mitarbeiter", ließe sich mit den Ausprägungen „Umsetzer" und „Gestalter" versehen. Et voilà: Schon lassen sich vier Felder und die damit einhergehenden Beschreibungen und Typen generieren, die „anweisende und kontrollierende Organisation", die „überlastete Organisation", die „Schattenorganisation" sowie das „Netzwerk".[380] Oder man definiert die zwei Dimensionen als „Druck für globale Integration" und „Druck zur lokalen Anpassung" und generiert auf dieser Grundlage die vier Felder „international", „global", „multinational" und „transnational", mit denen aufgezeigt werden kann, wie Unternehmen auf einen zunehmenden weltweiten Marktdruck reagieren.[381]

Es ist auffällig, dass die meisten Entwickler von Vierfelder-Schemata dem Drang nicht widerstehen können, eines der Felder den anderen gegenüber als überlegen darzustellen. Das Vierfelder-Schema ist dann eigentlich nicht viel mehr als eine mehr oder minder gut kaschierte Empfehlung für eines der Areale. Wenn zum Beispiel die Darstellungen für die Analyse von Organisationskulturen nur ein bisschen geändert werden würden, dann ließen sich mit den beiden Dimensionen „hohe oder niedrige Unsicherheitsvermeidung" und „große oder kleine Machtunterschiede" die vier Felder „clanartige Organisation", „disziplinierte Organisation", „hierarchische Organisation" sowie „demokratische Organisation" definieren.[382] Man muss kein Genie sein, um zu erkennen, auf welchem Feld eine Organisation idealerweise positioniert sein sollte. *(→ Demokratie)* Anderes Beispiel: Wenn man bei einer Analyse von Unternehmen auf der Dimension „Arbeitsformen" die Flächen „traditionelle Arbeitswelt" und „neue Arbeitswelt" unterscheidet, um gleichzeitig auf der Dimension „Erfolg" die Bereiche „mäßig" und „hoch" zu differenzieren, sodass die vier Felder „traditionelles Mittelfeld", „moderne Überforderte", „klassische Hochleister" und „erfolgreiche Pioniere" unterscheiden, dann liegt es nahe, zu welchem Feld man gehören sollte.[383] *(→ Innovation)*

Für die Anwender ist der Vorteil der Vierfelder-Schemata, dass man sie mit einfachen quantitativen Erhebungsmethoden kombinieren kann. So lässt sich mithilfe von standardisierten Fragebögen schnell eine objektiv wirkende Bestimmung und Einordnung einer Organisation in die Konzeption vornehmen. Durch die dann quantitativ hinterlegten Flächen kann der Drang in Richtung auf das eine als Optimum erscheinende Feld verstärkt werden, indem gezeigt wird,

---

380 *Marc Stoffel*: Keine Macht auf einer Schulter. Warum bei Haufe-umantis Mitarbeiter das Unternehmen führen. In: *Falko Ameln, Peter Heintel* (Hrsg.): Macht in Organisationen. Denkwerkzeuge für Führung, Beratung und Change Management. Stuttgart 2016, S. 188–196.

381 *Christopher A. Bartlett, Sumantra Ghoshal*: Managing Across Borders. The Transnational Solution. Boston 1998.

382 So das Schema bei *Alan Moran*: Managing Agile. Strategy, Implementation, Organisation and People. Cham 2015, 182f.

383 So der Aufbau bei *Heike Bruch, Christina Block, Jessica Färber*: Arbeitswelt im Umbruch. Von den erfolgreichen Pionieren lernen. Konstanz 2016.

wie wenig Mitarbeiter, Teams, Einheiten oder Organisationen bisher in diesen elitär wirkenden Bereich vorgedrungen sind.

Wegen der simplen Zusammensetzung von Vierfelder-Schemata kursiert unter Praktikern der Spruch, dass die klassischen Betriebswirte maximal in zwei Dimensionen denken können, weswegen jedes ihrer Denktools maximal vier Felder haben kann und gleichzeitig allen Beobachtern klar sein muss, welches der vier Felder anzustreben ist. Die Komplexität der Organisationen wird maximal reduziert. *(→ Komplexität)*

Dabei können Vierfelder-Schemata als Analyseinstrument durchaus nützlich sein. Allerdings entfalten sie ihr analytisches Potenzial vor allem dann, wenn sie im Interesse der Durchdringung und Klassifikation von Phänomenen und nicht zur Bewerbung bevorzugter Idealtypen benutzt werden. Für solch ausgeglichene Vierfelder-Schemata gibt es auch in der Managementliteratur Vorbilder; man denke hierbei etwa an die Analyse der Organisationskultur und die Gegenüberstellung der Areale der übertriebenen „Spekulationskultur", einer kurzfristig orientierten „Verkaufskultur", einer risikoaffinen „Investitionskultur" oder einer starren „Verwaltungskultur".[384] Alternativ ließen sich eine durch Konsens getriebene „clanartige Kultur", eine dynamische „adhokratische Kultur", eine formal ausgerichtete „hierarchische Kultur" oder eine „marktorientiere Kultur" in Relation zueinander setzen, ohne dabei anzudeuten, welche Kultur besser beziehungsweise die beste ist.[385]

Zur Verdeutlichung würde sich ein Vierfelder-Schema über gut gemachte „Vierfelder-Schemata" eignen. In der einen Dimension müsste man eine niedrige und hohe „Komplexität" der Konzeption unterscheiden, während es in der anderen um den „Suggestionsgrad" in Richtung eines Feldes ginge, der durch das jeweilige Schema nahegelegt würde. Für die Vierfelder-Maler wäre dann – einen Selbstwiderspruch in Kauf nehmend – das Feld anzustreben, in dem durch ein Vierfelder-Schema eine möglichst hohe Komplexität erfasst würde und gleichzeitig tunlichst wenig suggeriert würde, welches der vier Areale am besten sei.

[384] *Terrence E. Deal, Allan A. Kennedy*: Corporate Cultures. The Rites and Rituales of Corporate Life. Reading 1982.

[385] *Kim S. Cameron, Robert E. Quinn*: Diagnosing and Changing Organizational Culture. Reading 1999.

#96 Vorreiter

Vom Nutzen und Schaden, als Vorbild für eine Managementmode zu dienen

Jede Managementmode hat ihre Vorreiterorganisationen. Die Verkündigung eines Erfolgsprinzips allein reicht nämlich nicht aus; es braucht die empirisch erprobte Versicherung, dass die propagierten Leitsätze auch tatsächlich funktionieren. Für die Etablierung eines Managementkonzeptes ist es deswegen zentral, dass sie durch Organisationen illustriert werden, die durch besagte Maßnahmen erfolgreich geworden sind. Es muss so erscheinen, als ob „reale Manager" mit dieser Mode „reale Probleme" in „realen Organisationen" gelöst haben.[386] *(→ Managementmode)*

Häufig wird die Geschichte des Erfolges in einer Vorreiterorganisation stark personalisiert.[387] Die Rede ist beispielsweise von der Entdeckung des Lean Managements beim Autohersteller Toyota durch den späteren Vorstandschef Eiji Toyoda und sein „Produktionsgenie" Taiichi Ohno.[388] Ein anderes Exempel bildet die Vision Percy Barneviks über eine konsequent dezentralisierte Organisationsform, die der Vorstandsvorsitzende des Automatisierungs- und Energieunternehmens ABB entwickelt hat und in Folge dessen als der „beharrlichste Feind der Bürokratie" gefeiert wurde.[389] Oder es wird die Geschichte von Tony Hsieh erzählt, der Gründer der Schuhvertriebsfirma Zappos, der sein Unternehmen auf sich selbst organisierende Teams umgestellt hat.[390]

Bei den Erzählungen über die Vorreiterorganisationen werden die Kausalbeziehungen zwischen dem eingeführten Managementprinzip und dem Erfolg einer Organisation stark vereinfacht.[391] Obwohl diese Konzepte sich häufig erst in ihrer Niederschrift als Leitbild ausgebildet haben, wird im Nachhinein so getan, als ob sich das Managementprinzip auf eine Entscheidung der hierarchischen Spitze zurückführen lässt. Zwischen den propagierten Strategien und dem Erfolg des Unternehmens wird eine unmittelbare Verbindung hergestellt, während gleichzeitig ganz bewusst ausgeblendet wird, dass auch ganz andere Faktoren zum Erfolg der infrage kommenden Organisation beigetragen haben könnten.

Die Geschichten der erfolgreichen Vorreiterorganisationen verbreiten sich dann über einfache „Copy and Paste"-Prozesse. Ein Betrieb wird in einem Managementbestseller als ein Beispiel für ein propagiertes Managementprinzip gepriesen. Die Darstellung basiert in der Regel auf einem zumindest oberflächlichen Einblick des Autors in die Organisation. Dann setzt jedoch

---

386 *Timothy Clark, David Greatbatch*: Management Fashion as Image-Spectacle. In: Management Communication Quarterly 17 (2016), 3, S. 396–424, hier S. 413.

387 Siehe zu den Beispielen *Alfred Kieser*: Rhetoric and Myth in Management Fashion. In: Organization 4 (1997), S. 49–74, hier S. 58.

388 *Jeffrey K. Liker*: The Toyota Way. 14 Management Principles from the World's Greatest Manufacturer. New York 2004.

389 *Percy Barnevik*: Percy Barnevik on Leadership. 200 Lessons from 50 Years' Experience. Stockholm 2014.

390 *T. Hsieh*: Delivering Happiness (wie Anm. 132).

391 *James G. March*: Zwei Seiten der Erfahrung. Wie Organisationen intelligenter werden können. Heidelberg 2016, 54 ff..

das Verfahren der ungeprüften Übernahme des Beispiels ein: Berater, die auf eine Modewelle aufspringen, präsentieren die in dem Erfolgsbuch behandelte Organisation als Vorbild, ohne dass sie diese selbst aus eigener Anschauung kennen. Manager, die versuchen, die nunmehr populäre Mode in ihrer eigenen Organisation einzusetzen, stellen die im Bestseller behandelte Organisation als Vorbild dar, obwohl sie bestenfalls die Schauseite durch eine eintägige Organisationsbesichtigung kennengelernt haben.

Im Hergang der permanenten Wiederholung einer Geschichte durch immer mehr Erzähler verfestigt sich das Bild einer ganz bestimmten (oder mehrerer) Organisation(en) als Trendsetter für ein Managementprinzip. Schließlich kann eine derart häufig erzählte Story, so der sich verbreitende Eindruck, gar nicht falsch sein. Der Effekt ist, dass diese Vorreiterorganisationen über Jahre, manchmal auch über Jahrzehnte, durch die Managementdiskussion geistern, obwohl sie häufig kaum noch etwas mit den Unternehmen zu tun haben, die ursprünglich einmal in einem der vielen Managementbestseller hochgepriesen worden sind.

Für die Organisationen, die in der Managementliteratur als Vorreiter einer gerade aktuellen Managementmode dargestellt werden, ist diese Aufmerksamkeit ein zweischneidiges Schwert. Kurzfristig profitieren sie von dem Lob, da sie durch den massenmedialen Diskurs fast schon zwangsläufig nach oben gespült werden. Kunden kaufen ein Produkt nicht mehr nur angesichts dessen Qualität, sondern auch beziehungsweise vor allem wegen des modernen Images des Unternehmens. Das Anwerben neuer Mitarbeiter fällt leichter, weil die Belobigungen der Wirtschaftspresse eine kostenlose Unterstützung bei der Personalrekrutierung sind. Die Berater des Unternehmens können sich als erfolgreiche Umsetzer einer hoch gehandelten Managementkonzeption feiern lassen.

Aber die Kehrseite der Medaille liegt in dem Umstand, dass der Organisation ebenso beim Abschwung der Mode eine besondere Aufmerksamkeit zukommt. Die Wirtschaftspresse bringt Berichte über zumeist reale, aber manchmal auch nur vermeintliche Probleme dieser ehemaligen Vorreiterorganisationen. Schwierigkeiten werden nicht auf veränderte Marktbedingungen oder unglückliche Zufälle, sondern kausal auf die inzwischen stark an Popularität verlierende Managementmode zurückgeführt.[392] Ein wenig fühlt man sich an das Schicksal von bekannten Sportlern oder Sängern erinnert, die erst von den Massenmedien hochgeschrieben und danach in ihrem Scheitern vorgeführt werden. *(→ Scheitern)*

[392] Berichte über das Scheitern von Vorreitern gibt es unzählige. Siehe nur zum Scheitern der Managementmode der Holacracy bei Zappos zum Beispiel *Aimee Groth*: The Kingdom of Happiness. Inside Toney Hsieh's Zapponian utopia. New York 2018.; *Kirsten Grind, Katherine Sayre*: Happy at Any Cost: The Revolutionary Vision and Fatal Quest of Zappos CEO Tony Hsieh. New York 2022.

#97 Wachstums-schmerzen

Weswegen Start-ups zwangsläufig ihren Gründungsspirit verlieren

Es gibt immer wieder Phasen, in denen Start-ups in nicht wenigen Großorganisationen als Vorbilder für agiles und flexibles Management herangezogen werden. Das Management von Automobilkonzernen schickt seine Mitarbeiter auf „Culture Journeys" zu Start-ups, um von diesen zu lernen, wie man schneller auf Marktveränderungen reagieren kann. Medienkonzerne kaufen kleine Start-ups auf, um sich von deren Managementstil inspirieren zu lassen, und die Mitarbeiter von Elektronikkonzernen können sich manchmal nicht des Eindrucks erwehren, dass der Vorstand das Unternehmen zu einer Vielzahl kleiner Start-ups umbauen will. *(→ Kultur)*

Auf den ersten Blick ist diese Faszination nachvollziehbar. Start-ups scheinen die zentralen Organisationsprobleme in den Griff zu bekommen, mit denen sich Großunternehmen, aber auch staatliche Verwaltungen und Krankenhäuser seit Jahrzehnten herumplagen: die durch die Hierarchie bedingten langen und umständlichen Entscheidungswege, ungenügende Kooperationen zwischen den strikt abgeteilten Einheiten, aber auch die meist nur geringe Motivation vieler Mitarbeiter. *(→ Identifikation)*

Auf den zweiten Blick wird jedoch deutlich, dass die flachen Hierarchien, die durchlässigen Abteilungsgrenzen und der geringe Formalisierungsgrad lediglich „Privilegien" von Kleinstorganisationen sind, die im Wachstumsprozess zwangsläufig verloren gehen. Auf Hierarchien, fixe Abteilungsgrenzen und rigide Regeln können Start-ups nur so lange verzichten, wie alle Mitarbeiter um einen Konferenztisch passen und Arbeitsabläufe per Zuruf koordiniert, Probleme zwischen Tür und Angel gelöst sowie Wissen über Produkte und Kunden in der Kaffeeecke an neue Mitarbeiter vermittelt werden können. In der Gründungsphase funktioniert ein Start-up quasi wie eine Wohngemeinschaft, in der die Toilettensäuberung, die mehr oder minder tägliche Entfernung schmutzigen Geschirrs und die gemeinschaftliche Klage gegen den Vermieter wegen Wuchers am Küchentisch entschieden werden.

Alle Start-ups, die sich dafür entscheiden, nicht als Fünf-Personen-Unternehmen weiter zu existieren, sondern dem Wachstumsmodell von erfolgreichen Internetbetrieben, Mobilitätsdienstleistern oder Biotech-Konzernen zu folgen, bekommen ein grundlegendes Problem: Versuchen sie weiter wie bisher zu funktionieren, also alle Mitarbeiter über alles informiert zu halten und nach wie vor auf rigide Regeln und Hierarchien zu verzichten, drohen sie an der sich entwickelnden Komplexität zu ersticken. *(→ Komplexität)* Es ist zeitaufwendig und nervenaufreibend, alle Mitarbeiter über die Akquise eines neuen Kunden zu informieren, wenn man in verschiedene Büros gehen muss und plötzlich Kolleginnen und Kollegen gegenübersteht, die man vorher noch nie gesehen hat. Auch die vielen elektronischen Hilfsmittel drohen spätestens dann zu versagen, wenn die Mitarbeiter zwei bis drei Arbeitsstunden nur mit dem

Lesen von Nachrichten verbringen, von denen sie häufig nicht einmal mehr wissen, von wem diese kommen und ob sie überhaupt für die eigene Arbeit relevant sind.[393]

Die neu gegründeten Unternehmen mögen versuchen, die flexible Funktionsweise einer Kleingruppe noch bis zu einer Größe von vierzig oder fünfzig Mitarbeitern aufrechtzuerhalten, aber irgendwann fängt jede Firma an, sich darüber zu verständigen, wer denn nicht mehr dauernd miteinander reden muss und welche Informationen nicht mehr unbedingt an alle Mitarbeiter verschickt werden müssen. Statt der Lieblingsparole amerikanischer und europäischer Managementgurus Folge zu leisten – „Kommunikation, Kommunikation, Kommunikation" –, redet man, ohne es immer offen auszusprechen, über die Reduzierung interner Kommunikation. *(→ Gruppe)*

Beim Abbau interner Kommunikation greifen Start-ups auf die Mittel zurück, die sich über die letzten Jahrhunderte in Firmen, Verwaltungen, Armeen, Polizeien und Krankenhäusern bewährt haben. Auch wenn man die Dinge anders nennt, geht es trotzdem um die Bildung von Hierarchien, die Abgrenzung von Abteilungen sowie die Etablierung von Routinen. Start-ups werden von Gruppen, in denen jeder mit jedem redet, zu Organisationen, in denen die Kommunikationsflüsse systematisch reduziert und formalisiert werden. *(→ Hierarchien)*

Sicherlich, Start-ups werden nicht zwangsläufig zu den als Horrorszenarien gehandelten „typischen Unternehmen" mit ausgeprägten Hierarchien, starren bürokratischen Abläufen und sauber voneinander getrennten Abteilungen. Der Gruppengeist lässt sich teilweise in Teams aufrechterhalten, die mit hoher Autonomie ausgestattet sind, eigenständig große Kunden betreuen und Programmteile entwickeln. Teams können mitunter ohne Teamleiter auskommen und so eine Hierarchiestufe einsparen. Formale Regeln werden erst eingeführt, wenn es gar nicht mehr anders geht, aber letztlich stehen schnell wachsende Start-ups vor den gleichen Identitäts-, Politisierungs- und Komplexitätsproblemen, mit denen auch gewachsene Unternehmen, Verwaltungen und Verbände zu kämpfen haben, wenn sie versuchen, Hierarchien abzubauen, Abteilungsgrenzen aufzuweichen und formale Regeln zu reduzieren.[394]

---

[393] Siehe zu den Wachstumsprozessen ausführlich *Stefan Kühl*: Jenseits der Face-to-Face-Organisation. Wachstumsprozesse in kapitalmarktorientierten Unternehmen. In: Zeitschrift für Soziologie 31 (2002), S. 186–210.

[394] Zu den Identitäts-, Politisierungs- und Komplexitätsproblemen siehe ausführlich *S. Kühl*: Wenn die Affen den Zoo regieren (wie Anm. 25).

#98 Webkonferenzen

Über die nützliche Filterwirkung internetbasierter Interaktionen

Wenn man nicht am Fließband steht, Pizzas ausliefert oder Beton gießt, muss man sich zwangsläufig mit der Kommunikation über Webkonferenzen vertraut machen. Die Einschätzungen davon rangieren von „Warum überhaupt noch Livemeetings, geht doch alles genauso gut online", bis zu „Furchtbar ermüdende, zu Ablenkungen einladende, durch und durch suboptimale Arbeitsweise". Welche Einschätzung stimmt jetzt?

Der Fokus der Interaktionsforschung richtet sich darauf, wie sich Interaktion unter Anwesenden, also der Interaktion an einem Ort, von der Interaktion unter Abwesenden, also der internetbasierten Interaktion, unterscheidet. *(→ Workshops → Großkonferenzen)* Beide Formen von Interaktion basieren auf der erfolgreichen wechselseitigen akustischen und visuellen Wahrnehmung der Kommunikationspartner. Die Bandbreite von sprachlichen Verständigungen, von paraverbalen, also nicht sprachlich gefassten Lauten wie Stöhnen, Kichern oder Lachen, sowie von nonverbalen Zeichen wie Mimik, Gestik oder Körperhaltung unterscheidet sich jedoch erheblich.[395]

Auf den ersten Blick fällt auf, wie weitgehend sich die für die Interaktion unter Anwesenden üblichen Mechanismen inzwischen über Kommunikationsplattformen im Internet simulieren lassen. *(→ Digitalisierung)* Während vor einigen Jahrzehnen die Kommunikation unter Abwesenden bestenfalls auf sprachlichem Austausch zwischen zwei Teilnehmern via Telefon oder Funk beruhte, die eine beschränkte Übertragung von verbalen sowie paraverbalen Zeichen ermöglichten, lassen sich heutzutage in webbasierten Interaktionen Dutzende von Personen audiovisuell zusammenschalten. Man kann über die Plattformen nicht nur die Stimmen der Interaktionsteilnehmer hören, sondern auch ihre Gesichter und häufig sogar einen Teil ihrer Körper sehen. Man kann Aufmerksamkeit fokussieren, in dem man alle auf einen Bildschirm mit einer Präsentation, einem Bild oder einem Film schauen lässt, die Diskussion für alle visualisiert oder alle gleichzeitig an einem Dokument arbeiten lässt. Man kann Kleingruppeninteraktionen initiieren, zwischen diesen hin- und herwandern und über die Chatfunktion oder über parallel laufende Kommunikationsplattformen Nebengespräche führen.

Aber trotz dieser Möglichkeiten filtert die internetbasierte Interaktion immer noch eine Vielzahl der für die Kommunikation unter Anwesenden typischen Zeichen heraus. Deswegen spürt man in internetbasierten Interaktionen nicht die Spannung einer interessanten Diskussion. Der Ausdruck persönlicher Achtung für einen klugen Gedanken über ein virtuelles Sternchen oder Herzchen in der internetbasierten Wechselbeziehung ist im Vergleich zum anerkennenden Nicken in der Interaktion unter Anwesenden grob. Die scherzhaft vorgetragene Anekdote eignet sich im internetbasierten Zusammensein nicht besonders gut zur Entspannung aller Beteiligten. Ein auflockernder Witz führt selten zu einer gefühlsmäßigen Ansteckung der Interaktionsteilnehmer. In der internetbasierten Interaktion lacht jeder mehr oder minder für sich allein.

---

[395] Siehe dazu sehr früh schon mit einer Anwendung auf Videokonferenzen *Heinrich Walter Schmitz*: Videokonferenz als eigenständige Kommunikationsform. Eine explorative Analyse. Klagenfurt 1999.

Man kann diesen Mangel an Ausdrucksmöglichkeiten mit guten Gründen beklagen. Gerade in geselligen Interaktionen, die für Kommunikationen außerhalb von Organisationen typisch sind, werden die negativen Effekte dieser Begrenzungen deutlich. Zu zweit mag man sich über das Telefon, über Facetime oder über Skype „festquatschen", von größer ausufernden internetbasierten Feiern über Internetplattformen ist nichts bekannt. Für die ungesellige Interaktion, die für die Kommunikation in Organisationen typisch ist, kann jedoch der Mangel an Ausdrucksformen durchaus positive Effekte haben.[396] Gerade in Interaktionen in Organisationen können überflüssige Zeichen die Verständigung erschweren. Die Gefahr ist, dass in der Interaktion unter Anwesenden zu vieles aneinander wahrgenommen wird, das für das Diskussionsthema nicht relevant ist, sodass keine oder zumindest zu wenig Aufmerksamkeit auf das Wesentliche gelegt werden kann.[397]

Das Fehlen paraverbaler und nonverbaler Zeichen ermöglicht in der Interaktion unter Abwesenden eine Fokussierung auf die Sachdimension. Die Rede ist von einer „Büroatmosphäre", die sich fast zwangsläufig in internetbasierten Interaktionen in Organisationen ausbildet.[398] Diese Fokussierung auf die Sachdimension kann durch eine für alle sichtbare Visualisierung der Diskussion noch unterstützt werden.

Die Konzentration auf Sachthemen wird allerdings erkauft durch erhebliche Verluste von Informationen in der Sozialdimension. Die Selbstdarstellungsmöglichkeiten als Person sind in der Kommunikation unter Abwesenden stark eingeschränkt. Während das gerade für die gesellige Interaktion außerhalb von Organisationen problematisch ist, kann das für die Interaktion in Organisationen wiederum als Vorteil genutzt werden. So wird in Mitarbeitergesprächen die Diskussion von Themen häufig durch die Beschäftigung von Untergebenen – und nicht selten auch Vorgesetzten – mit ihrer Selbstdarstellung überlagert, sodass einiges dafürsprechen könnte, nicht nur in Zeiten organisational angeordneter physischer Distanzierung solche Formate internetbasiert durchzuführen. Der Verlust von Selbstdarstellungsmöglichkeiten führt in der Zeitdimension darüber hinaus noch dazu, dass die Aufmerksamkeitsspannen kürzer werden. Es scheint in der Interaktion unter Abwesenden an entspannender Ablenkung in Form einer kurzen Verständigung mit der Nachbarin, des kurzen Seitenblicks auf einen attraktiven Gesprächspartner oder eines abschweifenden Blicks durch den Raum zu fehlen. Deswegen lassen sich Interaktionen unter Abwesenden häufig nicht genauso lange durchhalten wie Interaktionen unter Anwesenden, was die Empfehlungen zu kürzeren Zeitblöcken und rigideren Zeitregimen in der internetbasierten Interaktion erklären kann.

Die im Alltag üblichen Klagen über instabile Netzverbindungen, limitierte Ausdrucksmöglichkeiten und Probleme in der Beherrschung der Internetdienste verweisen auf die technischen Begrenzungen der Interaktion unter Abwesenden. Soziologisch deutlich interessanter ist allerdings, dass die technischen Möglichkeiten teilweise bewusst nicht ausgeschöpft werden, um die Meetings entsprechend eigenen Vorstellungen zielgerichtet gestalten zu können. In Zweiergesprächen wird die Videofunktion beispielsweise oftmals ausgeschaltet, um zu ver-

[396] Zur Unterscheidung geselliger und ungeselliger Interaktion siehe *N. Luhmann*: Funktionen und Folgen formaler Organisation (wie Anm. 5), 295 ff. Grundlegend natürlich *Georg Simmel*: Soziologie der Geselligkeit. In: *Deutsche Gesellschaft für Soziologie* (Hrsg.): Verhandlungen des Ersten Deutschen Soziologentages. Tübingen 1911, S. 1–16.

[397] *Kai Matthiesen, Jonas Spengler*: Verständigung mit Nicht-Anwesenden. Was leisten digitale Formate. In: Organisationsentwicklung (2020), 2, S. 31–35.

[398] So die Beobachtung von Marcel Schütz, der an verschiedenen Hochschulen mit Onlinelehre experimentiert. Siehe dazu *Marcel Schütz, Carsten von Wissel*: Interaktionsformen in Organisationen – ein Impuls. In: Organisationsentwicklung (2020), 2, S. 101–102.

hindern, dass die Teilnehmer zu stark mit ihrer visuellen Selbstdarstellung in der Interaktion beschäftigt sind, in Seminaren die Chatfunktion deaktiviert, um die Diskussionen für alle sichtbar auf dem Bildschirm visualisieren zu können. Die technische Filterwirkung in der Interaktion unter Abwesenden ist also nicht nur eine beklagenswerte Limitierung der Ausdrucksmöglichkeiten, sondern bietet ganz im Gegenteil vielfältige Chancen zur Gestaltung der Interaktion in Organisationen.[399]

[399] Diese Überlegungen basieren auf *Stefan Kühl*: Über die nützliche Filterwirkung internetbasierter Interaktionen. In: *Marija Stanisavljevic, Peter Tremp* (Hrsg.): (Digitale) Präsenz. Ein Rundumblick auf das soziale Phänomen Lehre 2020, S. 59–60.

#99 Werte

Zum Nutzen konsensfähiger Formulierungen gegenüber handfesten Zwecken

Organisationen sind wahre „Bekenntnismaschinen". Unternehmen erklären, wie wichtig ihnen „Nachhaltigkeit", „Gleichberechtigung" und „Innovation" ist. Polizeien zeigen, wie zentral „Bürgerorientierung", „Mitarbeiterzufriedenheit" und „Wirtschaftlichkeit" ihr Handeln bestimmt. Hochschulen bezeichnen „Forschungsexzellenz" und „Studierendenzentrierung" als ihre Fixpunkte. Organisationen scheinen nicht existieren zu können, ohne regelmäßig ihrer Begeisterung für alle möglichen, in der Gesellschaft gefragten Werte Ausdruck zu verleihen.

Auf die lauten und farbigen Bekenntnisse folgen jedoch nicht zwangsläufig auch die entsprechenden Beschlussfassungen in der Organisation, denn Formulierungen wie „Unsere Kunden sind König", „Humanisierung der Arbeitswelt" oder „Schutz unserer Umwelt" lassen weitgehend offen, welche Entscheidungen in einer konkreten Situation zu erwarten sind.

Diese Diskrepanz ist nicht per se ein Problem. Die Formulierung von Werten hat gar nicht die vorrangige Funktion, konkretes Entscheiden anzuleiten. Solche Bekenntnisse dienen stattdessen zuallererst dazu, Akzeptanz in der Umwelt der Organisation zu erzeugen.[400] Je wohlklingender die Wertformulierungen desto höher die Chancen, Akzeptanz in der Umwelt zu erzeugen. Gleichzeitig sinkt aber die Wahrscheinlichkeit, dass sich diese proklamierten Werte in konkretes Verhalten übersetzen lassen.[401]

Werte sind im Vergleich zu Zwecken wesentlich abstrakter formuliert. *(→ Zwecke)* Zwar liefern auch Werte Präferenzgesichtspunkte für Handlungen, aber sie lassen offen, welche Alternative gegenüber einer anderen zu favorisieren ist. Werte geben bestenfalls einen groben Orientierungsrahmen und können, im Gegensatz zu Zwecken, nicht als Hilfe bei konkreten Entscheidungsproblemen dienen. Anders ausgedrückt: Werte schränken als „Regeln der Angemessenheit" die in einer Situation möglichen Handlungen ein, aber sie eignen sich nicht als eindeutiges Kriterium für Entscheidungssituationen.[402]

Ein offensichtliches Problem dieser Gegenüberstellung ist, dass Werte und Zwecke auf den ersten Blick nicht leicht zu unterscheiden sind. Auch Wertformulierungen scheinen immer das Versprechen einer konkreten Handlungsausrichtung in sich zu tragen. Die Beteuerung des Wertes der Demokratisierung würde nur begrenzt überzeugend wirken, wenn er nicht als Kriterium für konkrete Entscheidungssituationen angeboten werden würde. Das Bekenntnis zur Mitarbeiterorientierung, das gleichzeitig kommunizieren würde, dass man sich bewusst sei, dass diese Maxime nicht unmittelbar handlungsleitend sei und im Konfliktfall gegenüber der Effizienzorientierung zurückstehen müsse, würde als Wert an Überzeugungskraft einbüßen. *(→ Nachhaltigkeit)*

---

[400] Siehe grundlegend *J. W. Meyer, B. Rowan*: Institutionalized Organizations. Formal Structure as Myth and Ceremony (wie Anm. 115). Vorher jedoch schon präziser *N. Luhmann*: Funktionen und Folgen formaler Organisation (wie Anm. 5), 108 ff..

[401] *N. Luhmann*: Rechtssoziologie (wie Anm. 186), 88f.

[402] *James G. March, Johan P. Olsen*: Rediscovering Institutions. New York 1989, 21 ff..

Glücklicherweise gibt es eine pragmatische Methode, durch die man schnell erkennen kann, ob man es mit einem Wert oder Zweck zu tun hat.[403] Wertformulierungen sind dadurch gekennzeichnet, dass man nur schwerlich gegen sie sein kann. Wer bekennt sich schon öffentlich gegen Demokratie, Frieden, Menschenrechte, Umweltschutz, Gleichberechtigung oder Agilität? *(→ Agilität → Demokratie)* Wenn sich ein Konzept als Wert etabliert hat, bedeutet dies nicht die generelle Unmöglichkeit, sondern vielmehr eine spezifische Struktur der Kritik: Einwände richten sich in diesen Fällen immer nur gegen das „Wie" der Definition, der Ausrichtung oder der Umsetzung, aber nicht gegen das „Ob".

Organisationen lösen die Herausforderung, dass von ihnen sowohl Wertebekenntnisse verlangt werden und gleichzeitig eine Steuerung über Zwecke notwendig ist, dadurch, dass sie beides machen. Nach außen bekennen sie sich zu einer Vielzahl von attraktiven Werten, während sie nach innen klare Zwecke vorgeben, die bestenfalls nur noch in einer losen Verbindung zu den proklamierten Werten stehen. Dass ihnen deswegen vorgeworfen werden kann, dass sie nicht immer ihren Werten gerecht werden, können sie verkraften.

Je wohlklingender die Wertformulierungen desto höher die Chancen, Akzeptanz zu erzeugen. Gleichzeitig sinkt aber die Wahrscheinlichkeit, dass sich diese proklamierten Werte in konkretes Verhalten übersetzen lassen.

[403] *Niklas Luhmann*: Complexity, Structural Contingencies and Value Conflicts. In: *Paul Heelas, Scott Lash, Paul Morris* (Hrsg.): Detraditionalization. Cambridge 1996, S. 59–71, hier S. 65.

#100 Wertschätzung

Weswegen man nicht alles und alle hoch achten kann

In vielen Organisationen gehört es zum guten Ton, einen wertschätzenden Umgang untereinander zu fordern. Immer gäbe es, so die Beobachtung, „Wertschätzungsmangelernährte", die als „Wertschätzungsforderer" über die Flure zögen, um potenzielle „Wertschätzungsspender" zu identifizieren, von denen sie mehr Anerkennung verlangen könnten. „Wertschätzung" sei eine Forderung geworden, die jederzeit vorgebracht werden könne, von der man aber im Tiefsten seines Inneren ahne, dass sie vermutlich nie befriedigt werde.[404] *(→ Haltung)*

Bei aller berechtigter Kritik an der exzessiven Verwendung des Begriffs der Wertschätzung darf deren Funktion in personenorientierten Beratungssituationen nicht unterschätzt werden.[405] Dabei geht es nicht um die alltäglichen Glättungen durch selbstverständliche Höflichkeiten, welche die Interaktionen auch in Organisationen einfacher werden lassen, sondern um das Benehmen den Personen gegenüber, die ihrerseits Verhaltensweisen zeigen, die im ersten Zugang nicht zu einer Wertschätzung einladen.

Eine solche Form der Wertschätzung ist immer dann nötig, wenn man eine Beratungsbeziehung zu jemandem aufbauen oder erhalten will. Deshalb pflegen Psychotherapeuten, jedenfalls wenn sie aus einer intersubjektiven Schule kommen, eine wertschätzende Beziehung zu ihren Klienten und bemühen sich, wenn sie nicht ohnehin spontan Sympathie für einen Klienten empfinden, Aspekte an ihm oder ihr zu finden, die sie aufrichtig mögen und schätzen können. Deshalb müssen Coaches nach positiven Charaktereigenschaften bei ihren Klienten fahnden, auch wenn sie anfangs noch so sehr durch deren Narzissmus angewidert sein mögen. Nur diese Suche nach bewundernswerten Aspekten beim Gegenüber ermöglicht ein empathisches Eingehen und veränderndes Einwirken auf den anderen.

Auf der anderen Seite ist flächendeckende Wertschätzung in Organisationen nicht notwendig. Organisationen sind – und dieser Grundgedanke wird in der Organisationswissenschaft in immer neuen Varianten wiederholt – gerade dadurch gekennzeichnet, dass Personen sich nicht als „ganze Personen", sondern nur in ihrer „Rolle als Organisationsmitglied" einbringen müssen. Das befreit sie nicht nur davon, permanent danach streben zu müssen, als ganze Person wahrgenommen zu werden, sondern entlastet zusätzlich davon, bei allen anderen Organisationsmitgliedern nach liebenswerten Seiten zu suchen, um diese als Personen wertschätzen zu können.

Aber eine flächendeckende Wertschätzung ist in Organisationen nicht nur unnötig, die Bestrebung einer Wertschätzung aller durch alle zerstört darüber hinaus die Inseln, in denen Wertschätzungen tatsächlich von Bedeutung sind. Niemand kann in Organisationen plausibel vermitteln, dass jedes Verhalten per se wertvoll ist. Schon Grundschüler fühlen sich veräppelt, wenn unter ausnahmslos jede Hausaufgabe ein Smiley gestempelt wird, und erkennen schnell, dass eine solche Verzierung keinen Wert hat. Ebenso fühlen sich Mitarbeiter veräppelt, wenn

---

[404] *Mirko Zwack, Audris Muraitis, Jochen Schweitzer-Rothers*: Wozu keine Wertschätzung? In: Organisationsberatung, Supervision, Coaching 18 (2011), 4, S. 429–443, 432 ff..

[405] Siehe dazu *S. Kühl*: Coaching und Supervision (wie Anm. 30), 27 ff..

unter dem Label der „Wertschöpfung durch Wertschätzung" ein wertschätzender Umgang aller mit allen als Maxime ausgegeben wird.

Die Suche nach Gründen, anderen Personen mit Anerkennung zu begegnen, sollte auf die wenigen Situationen beschränkt werden, in denen sie für die Organisation funktional sind, zum Beispiel bei dem Coaching von Mitarbeitern, bei der Betreuung von Kranken oder bei der Unterrichtung von Schülern. Wer überall und immer die Notwendigkeit von Wertschätzung preist, mag damit zwar unter Beweis stellen, dass er oder sie sich an eine der in der Berater- oder Managementszene dominierenden tribalen Sprechweisen halten kann. Deutlich wird dabei allerdings auch, dass der Wert, den Wertschätzung für Organisationen haben können, nicht geschätzt wird.

Wer überall und immer die Notwendigkeit von Wertschätzung preist, mag damit zwar unter Beweis stellen, dass er oder sie sich an eine der in der Berater- oder Managementszene dominierenden tribalen Sprechweisen halten kann. Deutlich wird dabei allerdings auch, dass der Wert, den Wertschätzung für Organisationen haben können, nicht geschätzt wird.

#101 Win-win-Situationen

Warum Veränderungsprojekte häufiger Nullsummenspiele sind

Bei der Propagierung von Managementmoden wird die Position vertreten, dass die Umsetzung eines Prinzips letztlich allen nutze. Die Mitarbeiter würden glücklicher, die Organisationen innovativer und effizienter, die Kunden wegen einer besseren Qualität der Produkte und Leistungen zufriedener und die Kommune würde viele Vorteile genießen. Auch die Gesellschaft insgesamt würde von der Managementmode in Form von mehr Wohlstand, einer geringeren Umweltverschmutzung sowie weniger Konflikten profitieren. Nicht allein die Organisation würde eine Bessere werden, sondern die Schaffung eines „neuen Selbst" des Menschen würde zusätzlich die „Gesellschaft als Ganzes" auf ein neues Entwicklungsniveau heben.[406]
(→ Managementmode)

In der Spieltheorie werden solche Versprechen als Win-win-Situation bezeichnet. Der Gewinn des einen ist, so die Annahme, auch ein Gewinn für alle anderen. Entgegen diesen Versprechungen sind im Alltag jedoch viele soziale Prozesse dadurch gekennzeichnet, dass das, was einer Gruppe nutzt, einer anderen Gruppe schadet. Werden Gehälter von Mitarbeitern gekürzt, geschieht dies zwar zulasten der Arbeiternehmer, hat für die Arbeitgeber aber angesichts der Kostenersparnis Vorteile. Wenn Automobilkonzerne versuchen, die Politik dahingehend zu beeinflussen, die Grenzwerte für Stickoxide möglichst hochzusetzen, hat dies für sie Vorteile, weil sie Kosten für die Abgasreinigung sparen. Für die Stadtbewohner bringt dies aber gleichzeitig Nachteile in Form von vermehrtem Vorkommen von Asthma, Schlaganfällen oder Herzinfarkten mit sich. Viele Vorteile kann man gerade deswegen erzielen, weil man die Nachteile externalisiert, also auf andere abwälzt. In der Spieltheorie wird dies als Nullsummenspiel bezeichnet. Der Gewinn des einen kann nur durch den Verlust eines anderen erzielt werden.

Bei der Analyse von Veränderungen in Organisationen lässt sich beides finden: sowohl Nullsummenspiele, in denen der eine auf Kosten des anderen profitiert, als auch – eher in seltenen Ausnahmefällen – Win-win-Situationen, in denen beide Akteure von der Neuerung profitieren. Auffällig ist, dass bei der Propagierung von Change-Managementverfahren im Allgemeinen und von durch Managementmoden getriebenen Veränderungsprozessen im Speziellen tendenziell so getan wird, als ob letztlich alle davon profitierten würden.

Aber Organisationsmitglieder sind in den meisten Fällen nicht so naiv. Weil Beteiligte oftmals ein gutes Gespür dafür haben, dass Umgestaltungen auf ihre Kosten gehen könnten, führt eine allzu starke Propagierung von Veränderungsprozessen als Win-win-Situation nicht selten zu großem Misstrauen. Manager sollten also nur dann von einer Win-win-Situation sprechen, wenn sie sich hundertprozentig sicher sind, dass es auch eine ist. *(→ Reformen)*

[406] Siehe nur beispielhaft *C. O. Scharmer*: Theorie U (wie Anm. 168), S. 235.

#102 Wissenschafts-gläubigkeit

Weswegen Managementmoden mindestens einen Hauch von Wissenschaftlichkeit zu brauchen scheinen

Managementkonzepte werden nicht selten mit ausführlichen Wissenschaftsreferenzen geadelt. Es wird herausgestellt, dass die Erfinder einer Managementmode an einer renommierten Hochschule beheimatet sind, dass das propagierte Konzept auf systematischen, empirischen Studien basiert und die Entwicklung durch die Einsichten großer theoretischer Denker inspiriert wurde.[407] *(→ Managementmoden)*

In ihrer extremen Variante wird gleich verkündet, dass ein Managementkonzept auf einer „neuen Wissenschaft" basiere, in welcher die „unsichtbare Dimension der sozialen Prozesse" erhellt werde, mit der es „jeder von uns im täglichen Leben" zu tun habe. Deswegen dürfe Wissenschaft nicht im Elfenbeinturm verharren, sondern müsse durch den „Willen zur Weisheit" geleitet werden. Man müsse, so die Forderung, eine neue „Synthese zwischen Wissenschaft, sozialer Evolution und dem Werden des Selbst" erreichen. Die „heutige Wissenschaftstransformation", so der häufig zu findende historische Vergleich bei den regelmäßig verkündeten Paradigmenwechseln im Management, sei „nicht weniger revolutionär als seinerzeit die von Galileo Galilei" und auch, so die vorauseilende Immunisierung gegen Kritik, der Widerstand gegenüber den „amtierenden Wissens- und Würdenträger" werde „nicht weniger erbittert sein" als der, auf „den Galilei seinerzeit gestoßen sei".[408]

Als systemtheoretischer Beobachter ist man angesichts dieser Wissenschaftsfixiertheit irritiert, müsste man doch davon ausgehen, dass eine wissenschaftliche Legitimation für ein Managementkonzept nicht nötig sei. Die Relevanz für die Begründung eines Managementkonzeptes müsste, so würde man vermuten, vielmehr in der Besonderheit liegen, dass deren Promotoren auf die Zweckdienlichkeit und Praktikabilität der Lösungen verwiesen, welche die Managementkonzepte für grundlegende Probleme in Organisationen lieferten. Letztlich müsste doch bei der Verankerung von Managementmoden in Organisationen nur die Frage interessieren, ob diese nützlich seien oder nicht.[409]

Dagegen steht in der Wissenschaft ausschließlich die Frage im Mittelpunkt, ob eine Erkenntnis wahr oder falsch ist. Wissenschaftler adressieren deswegen mit ihren Forschungen – jedenfalls in ausdifferenzierten Wissenschaften – andere Wissenschaftler. Die Frage, ob eine wissenschaftliche Erkenntnis auch in der Praxis nützt, ist bestenfalls zweitrangig. *(→ Systemisches)*

---

[407] Siehe dazu *A. Kieser*: Rhetoric and Myth in Management Fashion (wie Anm. 387), S. 58.

[408] Beispielhaft für diese Wissenschaftsgläubigkeit bei Managementmoden soll hier auf die Theorie U verwiesen werden, die nach der Jahrhundertwende besonders in Organisationen der sozialen Hilfe eine Zeit lang auf Interesse gestoßen ist. Siehe *C. O. Scharmer*: Theorie U (wie Anm. 168), 38f.

[409] *Alexander T. Nicolai, Fritz B. Simon*: Kritik der Mode, Managementmoden zu kritisieren. In: *Hans A. Wüthrich, Wolfgang B. Winter, Andreas F. Philipp* (Hrsg.): Grenzen ökonomischen Denkens. Auf den Spuren einer dominanten Logik. Wiesbaden 2001, S. 499–524, hier S. 503.

Ein Grund für die Wissenschaftsfixiertheit bei vielen Managementmoden könnte, so die Vermutung von Andrzej Huczynski, in der Statusangst von Managern und Beratern liegen. Während die Ausbildung von etablierten Professionen wie Medizinern, Juristen oder Theologen wissenschaftlich fundiert sei und zum überwiegenden Teil an Universitäten stattfände, hätte die Ausbildung von Managern und Beratern nicht das gleiche wissenschaftliche Fundament und würde auch nicht an Universitäten stattfinden. Diese wahrgenommene Statusdifferenz zu etablierten Professionen könnte dazu führen, dass Manager und Berater gegenüber wissenschaftlichen Begründungen von Managementmoden besonders empfänglich seien.[410] *(→ Professionen)*

Um bei der Entwicklung von Managementmoden eine Wissenschaftssuggestion herzustellen, ist die Einlassung auf wissenschaftliche Standards aber paradoxerweise nicht von Wichtigkeit. Die großen theoretischen Denker, die als Inspiration für eine Managementmode präsentiert werden, werden nicht ausführlich dargestellt oder gar seitengenau zitiert, sondern eher beiläufig zur wissenschaftlichen Legitimation der Managementmode angeführt, sodass es faktisch unmöglich ist, die Herkunft eines Gedankens nachvollziehen zu können.[411] *(→ Kompetenzdarstellungskompetenz)* Bei der Darstellung der Managementmoden sind die methodische Vorgehensweise und die Auswahl der untersuchten Fälle so oberflächlich, dass sie für wissenschaftlich interessierte Leser kaum nachvollziehbar sind.[412] Dass Wissenschaftler hier höhere Standards einfordern, ist offenkundig. Sie würden damit aber grundlegend verkennen, welche Funktionen die Wissenschaftssuggestionen bei der Verkündigung und Verbreitung von Managementmoden hätten.

Ein Grund für die Wissenschaftsfixiertheit bei vielen Managementmoden liegt in der Statusangst von Managern und Beratern.

---

410 *Andrzej Huczynski*: Management Gurus. What Makes Them and How to Become One. London 2006.

411 Manchmal werden sie auch gänzlich falsch zitiert. Siehe nur als Beispiel die Ableitung des Konzepts der Agilität aus dem Agil-Schema von Talcott Parsons, dazu *Stefan Kühl*: Wie Praktiker das Wort „agil" missverstehen. Die überraschende Renaissance eines verstaubten soziologischen Konzepts. In: Zeitschrift für Organisation (2020), 2, S. 92–95.

412 Das Musterbeispiel für Wissenschaftsanmutungen bei der Produktion von Managementmoden ist immer noch *T. J. Peters, R. H. Waterman*: In Search of Excellence (wie Anm. 331).

#103 Workflow

Versteckte Taylorisierungsfantasien im Rahmen der Digitalisierung

Angesichts der erdrückenden internen Komplexität in vielen Organisationen geistert ein Wort durch die Büros: Workflow-Management. Unter Workflow-Management wird der über die Informations- und Kommunikationstechnologien abgewickelte Arbeitsablauf in Unternehmen verstanden. Das Management definiert dafür die Beziehungen zwischen den einzelnen Arbeitsbereichen in einem Unternehmen und lässt die übergreifenden Arbeitsabläufe anschließend über speziell entwickelte Softwareprogramme regulieren. *(→ Standardisierung)*

Die Idee, genau abgrenzbare Module zu definieren, um diese dann über Schnittstellen zu verbinden, wurde zuerst bei der Entwicklung von komplexen Softwareprogrammen ausprobiert. Auffällig ist jedoch, dass sich im Zuge der über die Organisationen schwappenden Digitalisierungswelle diese Arbeitsweise nach Vorstellungen vieler Manager nicht nur auf die Softwareentwicklung beschränken soll, sondern auch zur typischen internen Organisationslogik generalisiert wird. *(→ Digitalisierung)*

Schon lange vor der Digitalisierungseuphorie hat der Informatiker und Unternehmensberater Tom DeMarco in seinen Studien über Softwareprojekte darauf aufmerksam gemacht, dass Projektmanager vieler IT-Firmen dazu tendieren, ihre Mitarbeiter wie Module zu betrachten: Die Modularisierungslogik, die ihnen als Softwareentwickler den Erfolg gebracht hat, wird nun übergeneralisiert und nicht nur auf Programmcodes, sondern auch auf Mitarbeiter angewandt.[413]

Im Softwareentwicklungsbereich zeigt sich hier eine Tendenz, die sich bei allen hoch entwickelten Professionen beobachten lässt. Das Handlungswissen der Professionen wird nicht nur als Lösung für den unmittelbaren Wertschöpfungsprozess betrachtet, sondern auch als Schlüssel für wesentlich komplexere gesellschaftliche oder organisatorische Prozesse. Ein Arzt behandelt nicht nur seine Patienten mit medizinischem Wissen, sondern geht auch an politische Probleme mit dieser Logik heran. Ein Jurist prozessiert nicht nur die an seine Rechtsabteilung herangetragenen Probleme nach allen Regeln der Rechtskunst, sondern sieht etwa die „Vertraglichung" und die „juristische Klärung von Problemen" auch als Lösung für umfassendere Probleme der Organisation. Ein Theologe bietet seine religiösen Serviceleistungen nicht nur seinen Kunden an, sondern möchte am liebsten auch die kirchliche Organisation, in der er arbeitet, nach Prinzipien der Nächstenliebe gestalten.

Je stärker sich eine Professionalisierung der Informatiker durchsetzt, je wichtiger sich also ihre Rollen in Organisationen auswirken, und je mehr ihre Tätigkeiten zum unmittelbaren Wertschöpfungsprozess der Organisation werden, desto stärker setzt sich scheinbar auch ihre professionelle Logik in den Fantasien durch, wie eine Organisation aufgebaut ist beziehungsweise auszusehen hat. Welche Auswirkung haben Konzepte wie das Workflow-Management jetzt auf die Funktionsweise von Firmen?

---

[413] *Tom Demarco*: Slack. Getting Past Burnout, Busywork, and the Myth of Total Efficiency. New York 2001.

Die Technisierung von Organisationsabläufen hat für Unternehmen erst einmal einen Entlastungseffekt. Man braucht sich über die durch Technik strukturierten Prozesse erst einmal keine Gedanken zu machen, da sie gleichförmig, zuverlässig und vorhersehbar ablaufen. *(→ Automation)* Durch Technisierung werden die Programme der Form „wenn x eintritt, dann mache y", die lange Zeit über detaillierte Anweisungen und hierarchische Kontrolle sichergestellt wurden, perfektioniert. *(→ Programme)*

In einem durchtechnisierten Prozess gibt es nur die Möglichkeit der Annahme oder Ablehnung. Der niedrig bezahlte Mitarbeiter in einem Callcenter einer Bank kann auf den Computermasken nur eingeben, ob ein vorher ausgearbeitetes Programm ausgelöst wurde oder nicht. Bei allem persönlichen Anschein, der durch die Sprache des Callcenter-Mitarbeiters erweckt wird: Sonderwünsche sind nicht möglich. Weswegen gibt es in vielen Firmen – und besonders in der Softwareindustrie – die Tendenz zu der Technisierung von Organisationsabläufen?

In den durch Softwareprogramme vorgegebenen Handlungsanweisungen wird der Charakter der Hierarchie nicht sofort offensichtlich. Deswegen bietet sich die technische Vorstrukturierung von Handlungssituationen gerade in solchen Gegebenheiten an, in denen die Hierarchie als Steuerungsform nicht mehr als legitim erscheint. Die Informationen kommen in der Wahrnehmung der Mitarbeiter aus dem Computer, aus dem Drucker oder von der Informationstafel. Sie werden nicht mehr als eine Anweisungskommunikation, sondern als „Sachzwänge" verstanden. Man schimpft auf die Maschinen, vielleicht noch auf die „IT-Spezialisten" oder „EDV-Heinis", aber nicht mehr auf die Chefs.

Paradoxerweise nähern sich einige Softwarefirmen dadurch einer Organisationslogik an, die von den Vordenkern neuer Formen des Wirtschaftens immer als teuflisch beschrieben worden ist: dem Taylorismus. Die Erzeugung von Stabilität durch Technik ist in ihrer tieferen Logik nicht allzu weit von dem Gedanken einer „Maschinenbürokratie" entfernt, in der Angestellte lediglich als begrenzt rationale Wesen betrachtet werden, die man von außen durch Technik steuern, kontrollieren und motivieren kann. (→ *Technik*)

#104 Workshops

Weswegen die Phasen vor und nach Treffen häufig wichtiger sind als die Treffen selbst

In fast jeder Organisation findet sich die Klage über zu viele Meetings. In Universitäten beschweren sich alle über die grassierende „Meetingitis“, die die Mitarbeiter vom Forschen und Lehren abhält. In Verwaltungen wird beklagt, dass es schwierig ist, für ein Vorhaben auch nur 300 Euro zu erhalten, gleichzeitig aber keine Hemmungen bestehen, fünfzehn Führungskräfte für ein Treffen zusammenzurufen.[414]

Diese Klagen stehen in einem auffälligen Kontrast zu den gleichzeitigen Hoffnungen, die in Organisationen mit Meetings verbunden werden. Derartige Workshops würden es schließlich ermöglichen, Personen mit verschiedenen Auffassungen zusammenzubringen. Die Ergebnisse einer Diskussion in Workshops seien, so das Versprechen, häufig deutlich besser als die von Vorgesetzten diktierten Vorgehensweisen. Die Betroffenen würden dazu mobilisiert werden, einen gemeinsam festgelegten Kurs auszuarbeiten und diesen auch tatsächlich zu befolgen.[415]

Der Grund für die Diskrepanz zwischen den Hoffnungen in Bezug auf Workshops und den Klagen über die grassierende Meetingitis besteht darin, dass die Treffen mit Erwartungen überladen werden. Es wird in vielen Organisationen davon ausgegangen, dass es ausreicht, einen externen Moderator für einen Workshop zu engagieren, und sich dann schon eine spannende Debatte entspinnt. Die relevanten Themen würden, so die naive Vorstellung, allein schon angesichts der Anwesenheit der betroffenen Personen auf den Tisch kommen, während die externen Moderatoren die klärenden Erörterungen auch ohne detaillierte Kenntnisse des Kontextes führen könnten. Die regelmäßig generierten Aktionspläne suggerierten dann, dass man sich in der freien Diskussion auf eine Vorgehensweise geeinigt habe. *(→ Aktionspläne)*

Die Erfahrung ist aber vielmehr, dass relevante Themen in Workshops gerade nicht besprochen werden. Stattdessen werden Pseudoanliegen generiert, um die Tabus der Organisation nicht zu berühren. Die Treffen werden dafür genutzt, um auf rituelle Weise die immer gleichen Klagen vorzubringen, wohl wissend, dass kein Interesse besteht, selbige abzustellen. Es werden Entscheidungen getroffen, von denen alle wissen, dass sie keine Folgen haben werden.[416] *(→ Tabus)*

Übersehen wird allerdings, dass die eigentlichen Diskussionen und Entscheidungen nicht in den Workshops, sondern in den Sondierungsgesprächen vor, zwischen und nach den Seminaren stattfinden. Erst in den Einzelgesprächen ist es möglich, Tabus anzusprechen, Empfindlichkeiten aufzufangen und Entscheidungsmöglichkeiten zu testen. Wenngleich die Verständigung

[414] Siehe zur Einberufung von Meetings als Sabotage-Strategie in Organisationen auch hier schon *US Office of Strategic Services*: Simple Sabotage Field Manual. Washington 1944, S. 29.

[415] Siehe zu diesen Hoffnungen schon früh *Niklas Luhmann*: Strukturauflösung durch Interaktion. Ein analytischer Bezugsrahmen. In: Soziale Systeme 17 (2011), S. 3–30.

[416] Siehe dazu ausführlich *Mascha Nolte*: Workshops. Zu einer besonderen Form der Interaktion in Organisationen. Wiesbaden 2022.

also nicht in den Workshops selbst stattfindet, kann man nicht komplett auf sie verzichten, weil erst die geplanten Treffen Anlass und Bezugspunkt für Sondierungsgespräche generieren. Nichtsdestotrotz muss akzeptiert werden, dass die Workshops häufig nur noch dazu dienen, die schon vorher ausgemendelten Vorgehensweisen ein allerletztes Mal zu prüfen.

Wenngleich die Verständigung nicht in den Workshops selbst stattfindet, kann man nicht komplett auf sie verzichten, weil erst deren Planung Anlass für vielfältige Gespräche davor und danach bieten.

#105 Zahlen

Die Eindämmung mikropolitischer Kämpfe durch Quantifizierungen

In Organisationen gibt es die wachsende Hoffnung, dass sie sich über Kennzahlen steuern lassen. Die Vorstellung ist, dass Kennzahlen zwar nicht Entscheidungen ersetzen können, aber die Orientierung an Kennzahlen eine stärkere Selbststeuerung einzelner Einheiten ermöglichen kann. Statt einer „Government by Rules“, so die Maxime, soll in Organisationen also zunehmend eine „Governance by Numbers“ herrschen.[417] *(→ Programme)*

Die Steuerungsvorstellung basiert darauf, dass sich fast alle Prozesse in und zwischen Organisationen irgendwie in Zahlen ausdrücken lassen: die Anzahl der Krankheitstage aller Mitglieder, der Anstieg der Produktivität in den letzten Monaten, die Prozentzahl von Personen, die Zugang zu einer Gesundheitsversorgung haben, die Kilometer, deren Bau ein Ministerium in einem Jahr finanziert, die Absolventenzahlen nach Einführung eines Bildungsprogramms oder die Prozentzahl des Wassers, das durch lecke Rohre eines Wasserunternehmens versickert.[418]

Zahlen verfügen über drei Merkmale, die sie für Organisationen besonders interessant machen. In der Form von Kennziffern sind Informationen besonders leicht transportierbar. Weil es sich um verdichtete Zahlen handelt, können sie beispielsweise zwischen Profitcentern und Zentrale, Zulieferern und Kunden, Unternehmen und Steuerbehörden sowie zwischen Gebern und Nehmern von Entwicklungshilfe hin- und hergeschoben werden. Wenn die Informationen nun in Form von Zahlen aufbereitet sind, lassen sich diese, gerade auch im Vergleich zu verbalen Informationen, relativ leicht kombinieren. Der Deckungsbeitrag von zwanzig lokalen Energieversorgern kann beispielsweise zu einem einheitlichen Deckungsbeitrag des nationalen Energieversorgers aggregiert werden. Schließlich besteht ein weiteres Charakteristikum von Zahlen noch darin, dass sie ohne große Schwierigkeiten vergleichbar sind. Der Deckungsbeitrag von 150 Prozent in der einen Wasserbehörde kann mit dem Deckungsbeitrag von 70 Prozent bei einer anderen Behördeneinheit verglichen werden oder der Deckungsbeitrag in Höhe von 50 Prozent im Jahr 2000 lässt sich mit einem doppelt so hohen Beitrag im Jahr 2010 vergleichen. Während bei qualitativen Informationen regelmäßig der Vorwurf gemacht wird, dass Äpfel und Birnen nebeneinandergehalten werden, sind die Vergleiche mit der gleichen ökonomischen Kennziffer in der Regel nicht diesem Verdacht ausgesetzt.[419] *(→ Benchmarking → Rankings)*

Zahlen erscheinen auf den ersten Blick als neutral, unabhängig und objektiv, signalisieren so, dass es kaum Interpretationsspielraum gibt. Eine Zahlenangabe, so wenigstens die erste Suggestion, repräsentiert in einem westeuropäischen Land das Gleiche wie in einem Land in Subsahara-Afrika. Eine Gewinn-und-Verlust-Rechnung funktioniert, so die Annahme, in einem US-amerikanischen Unternehmen genauso wie bei seinem philippinischen Koope-

---

417 Zu dieser Umstellung siehe *Alain Supiot*: La gouvernance par les nombres. Paris 2015, 38 ff..

418 Siehe dazu auch *Cathy O'Neil*: Weapons of Math Destruction. How Big Data Increases Inequality and Threatens Democracy. New York 2016.

419 Siehe dazu *Stefan Kühl*: Zahlenspiele in der Entwicklungshilfe: Zu einer Soziologie des Deckungsbeitrages. In: *Andrea Mennicken, Hendrik Vollmer* (Hrsg.): Zahlenwerk. Wiesbaden 2007, S. 185–206.

rationspartner und ist von regionalen oder kulturellen Besonderheiten unabhängig. Zahlen machen für Organisationen den Eindruck einer weltweiten „Lingua Franca", auf die sich alle verständigen können. [420]

Klar ist aber, dass es auch bei dieser „Lingua Franca" Dialekte geben kann. Bei Dialekten handelt es sich im Verständnis der Linguistik um Varietäten einer Sprache. Sprachen und ihre Dialekte sind dabei von ihrer Grundstruktur eng gekoppelt, sodass sich der Sprecher einer Hochsprache sowie die Sprecher eines Dialektes miteinander verständigen können. Für Zahlen als „Lingua Franca" bedeutet dies, dass zwar im Rahmen eines weltweiten Standards unterschiedliche Berechnungsformen existieren, die konkurrierenden Formate aber verstanden werden, denn am Ende kann man sich trotz allerlei Sprachvariationen darauf verständigen, welche Zahlen gelten.

In der Auffassung des finanziellen Realismus wird davon ausgegangen, dass die Orientierung an ökonomischen Kennziffern Machtkämpfe in Organisationen reduzieren könne. Eine Investitionsrechnung könne eine von politischen Interessen „gereinigte" Einschätzung einer geplanten Großanschaffung ermöglichen und so die mikropolitischen Spiele reduzieren. Verrechnungspreise zwischen den einzelnen Profitcentern eines Unternehmens könnten sicherstellen, dass gleichermaßen mögliche als auch fest in Planung stehende Kooperationen durch „Marktprozesse" objektiviert würden und machtpolitische Interessen dementsprechend an Einfluss verlören. Ökonomische Kennziffern neutralisierten, so die Auffassung, politische Beziehungen. *(→ Macht)*

Inzwischen wissen wir aus wissenschaftlichen Forschungen aber, dass es mit der Objektivität der Zahlen in Organisationen nicht weit her ist. Unternehmen können ihre Gewinne und Verluste kurzfristig so „zurechtrechnen", dass die vorher geweckten Kapitalmarkterwartungen punktgenau erfüllt werden. Deckungsbeiträge können durch Verschiebungen zwischen Investitions- und Betriebskosten so zur Schau gestellt werden, wie die Zentrale sie erwartet. Benutzerzahlen können so manipuliert werden, dass die Wachstumskurven beeindruckend wirken.

Würde man anfangen, die Zahlen zu dekonstruieren, würde die Eskalation mikropolitischer Kämpfe drohen. Bereits existierende Interessenkonflikte würden noch verschärft werden, weil nunmehr auch die Unterstellung mitschwingen würde, dass die andere Seite die Zahlen fingiert hätte. Die Orientierung an Kennzahlen könnte also die mikropolitischen Prozesse, die sie eigentlich reduzieren sollten, ebenso verlängern und verkomplizieren. *(→ Macht)*

Aber gerade weil man sich der mikropolitischen Sprengkraft von Kennzahlen fügt, findet deren Dekonstruktion in der Regel nicht statt. Die Berichte von den Zahlenwerken werden, so der Ethnologe Richard Rottenburg, bei ihren Wanderungen durch die Abteilungen und Hierarchien stetig dünner. Die Informationen werden nach vorgegebenen Transformationsregeln in immer neue Formen umgewandelt und dadurch kontinuierlich weiter reduziert. Dadurch stehen am Ende des Prozesses nur noch einige wenige kondensierte Kennzahlen auf dem Papier, die von ihren Entstehungs- und Kontextbedingungen weitgehend entkleidet sind und so die eigentliche Notwendigkeit für vertiefte Kenntnisse sozialer Situationen obsolet machen. [421]

---

[420] *Theodore M. Porter*: Trust in Numbers. The Pursuit of Objectivity in Science and Public Life. Princeton 1995, S. x.

[421] *Richard Rottenburg*: Weit hergeholte Fakten. Eine Parabel der Entwicklungshilfe. Stuttgart 2002, 223 und 229f.

Die in den jeweiligen Verhandlungssituationen noch offensichtlichen konflikthaften Konstruktionsbedingungen verschwinden auf diese Weise in den internen Abstimmungsprozessen. Die komplexe organisatorische Realität wird auf eine Zahl wie „Deckungsbeitrag von 105 Prozent", „Personalkostenanteil 28 Prozent" oder „Return on Investment von 8 Prozent" reduziert. Je allgemeingültiger diese Kennzahlen sind, desto weniger kann die „Vielfalt", „Komplexität" und „Partikularität" einer „ortsgebundenen Wirklichkeit" berücksichtigt werden. Die Konstruktionsformen der Kennzahlen können in deren immer weiter fortschreitender Prozessierung nur noch mit größter Mühe aufgeschnürt werden und erhalten so ein hohes Maß an Plausibilität.

Aus dieser Plausibilisierung beim Prozessieren innerhalb einer Organisation kann auch erklärt werden, weswegen sich Kennziffern so gut für Einigungsfiktionen eignen. Auch wenn den unmittelbar an den Verhandlungen Beteiligten klar ist, dass es keine Übereinstimmung über die Details der Bestimmung einer Kennziffer gibt, so können sie durchaus davon ausgehen, dass die eigene Organisation bei der Behandlung der Einigung von diesen Details sehr wohl abstrahieren wird.[422]

Die Orientierung an Kennzahlen kann die mikropolitischen Prozesse, die sie eigentlich reduzieren sollen, verlängern und verkomplizieren.

[422] Siehe dazu auch empirisch sehr interessant *A. Gruber*: Beraten nach Zahlen (wie Anm. 309).

#106 Zeitdiagnosen

Zur Dramatisierung gesellschaftlicher Veränderungen

Ein allgemeiner Trend zum Neuem ist nicht zu übersehen. Im monatlichen Rhythmus werden neue technische Epochen, innovative Organisationsformen oder gleich neuartige Gesellschaftsformationen ausgerufen. Berater versuchen, so ihre Angebote zu vermarkten, Wissenschaftler geben ihren Forschungen darüber eine massenmediale Bedeutung und Politiker versuchen, über Zeitdiagnosen ihre Themen zu setzen. *(→ Managementmoden)*

In der Vergangenheit wurden Zeitdiagnosen noch so formuliert, dass man genau wusste, worum es ging. Es war die Rede von der „Industriegesellschaft", der „Dienstleistungsgesellschaft" oder der „Erlebnisgesellschaft"; verkündet wurde der Trend zur „Matrix Organisation", zum „Lean Management" oder zum „Business Process Reengineering", aber schon an der Popularität der Vorsilbe „post" in der Bezeichnung manches neuen Trends konnte man erkennen, dass sich Zeitdiagnostiker immer weniger trauen, ihre Analysen mit einem präzisen Begriff zu bezeichnen. Begriffe wie postindustrielle Gesellschaft, postfordistisches Unternehmen oder postbürokratische Organisationen suggerieren zwar eine grundlegende Veränderung, lassen aber offen, was sich genau verändert. Es hat eine gewisse ungewollte Ironie, wenn inzwischen wissenschaftliche Konferenzen veranstaltet werden, auf denen danach gefragt wird, was nach der postbürokratischen Organisation oder nach dem postfordistischen Unternehmen komme.[423]

Die aktuelle Entwicklung – gewissermaßen der Metatrend in der Trendforschung – ist, Zeitdiagnosen nur noch in Versionsnummern auszurufen. Die Rede ist vom Web 2.0, in dem die Zusammenarbeit der Nutzer immer wichtiger werde, es wird die Förderbank 2.0 verkündet oder von Gründungsinitiativen 3.0 gesprochen. Ebenso wird die Industrie 4.0 ausgerufen, in der die zunehmende informationstechnische Vernetzung zwischen Unternehmen wichtiger werde, oder es wird unter dem Label Arbeit 4.0 bekannt gemacht, dass sich in der Arbeitswelt sehr viel ändere. Angesichts dieser in überraschend vielen Fällen von Ministerien finanzierten und propagierten Zeitdiagnosen wartet man förmlich darauf, dass eine Regierung, unterstützt durch Berater, Trendforscher und Wissenschaftler, demnächst verkündet, dass wir in einigen Monaten in der Gesellschaft 5.0 leben werden.

Aber letztlich ist es bei den in Versionen verpackten Zeitdiagnosen wie bei Softwareprogrammen, von denen man das Denken in Versionen übernommen hat: Genauso wie man sich manchmal fragt, was sich zwischen Windows 8.0 und Windows 10.0 oder Citavi 5.0 und Citavi 6.0 verändert hat, fragt man sich auch bei den Zeitdiagnosen, warum Veränderungen jetzt gleich das Ausrufen einer ganz neuen Version rechtfertigen und ob man sich nicht mit einem weniger ambitionierten „Zwischenpatch", beispielsweise Industrie 2.2 oder Arbeit 3.7.9, zufriedengeben könnte.

Zugegeben, man erkennt eine gewisse Mühe, die jeweils aktuell gehandelte Variante plausibel erscheinen zu lassen. Die Wirtschaft 1.0 habe in der Industriegesellschaft stattgefunden, in der sich durch die Einführung von Dampfmaschinen und mechanischen Produktionsanlagen die

[423] Zu Zeitdiagnosen siehe aufschlussreich *Fran Osrecki*: Diagnosegeselschaft. Zeitdiagnostik zwischen Soziologie und medialer Popularität. Bielefeld 2011.

Arbeitsbedingungen verändert hätten, Wirtschaft 2.0 sei dann durch die Massenproduktion und den Wohlfahrtsstaat geprägt gewesen. Wirtschaft 3.0 – und hier erkennt man, wie verzweifelt man weitere Versionen suchte – sei durch die Konsolidierung des Sozialstaates und die spätere Zurücknahme des Sozialstaates beschaffen gewesen. Wirtschaft 4.0 werde jetzt, so die dominierende Zeitdiagnose, vernetzter, digitaler und flexibler. Aber sind die beobachteten Trends wirklich so neu?

Ein Kernbestandteil der neuen Wirtschaft sei, so die Behauptung, die digitale Vernetzung zwischen Unternehmen. Es herrscht die Vorstellung von hoch automatisierten, vernetzten Produktions- und Logistikketten, die die Arbeit erheblich verändern. Sicherlich ist dies als Beobachtung nicht falsch, aber letztlich gibt es diese Zeitdiagnose unter dem Begriff der systemischen Rationalisierung seit mehreren Jahrzehnten. Es gehe, so die damalige Beobachtung, nicht mehr nur um die Leistungssteigerung an den Einzelarbeitsplätzen, sondern neue Informations- und Kommunikationstechnologien würden es ermöglichen, die Wertschöpfungsprozesse zwischen Betrieben zu automatisieren und zu rationalisieren.[424] Die Speicherleistungen mögen größer, die Sensoren präziser, die Übertragungsgeschwindigkeiten höher werden, eine grundlegende Veränderung der Rationalisierungslogik hat jedoch nicht stattgefunden. *(→ Digitalisierung)*

Ein weiterer Nachweis der Wirtschaft 4.0 sei, so die Beobachtung, eine Spaltung des Arbeitsmarkts. Weil aufgrund des „digitalen Wandels" zunehmend auch „digital literacy" gefragt sei, komme es, so jedenfalls die aktuelle Zeitdiagnose, zu einer „Dualisierung des Arbeitsmarktes". Am unteren Rand habe sich ein Bereich von unsicheren und prekären Beschäftigungsverhältnissen ausgebildet. Es würde sich zwar weiterhin ein Großteil der Arbeitnehmer in Normalarbeitsverhältnissen befinden, gleichzeitig seien aber immer mehr Personen in atypischen, häufig prekären Arbeitsverhältnissen beschäftigt. Eine solche Dualisierung des Arbeitsmarktes mag auffallen, wenn man als Vergleich die sehr kurzen Phasen der Vollbeschäftigung in der alten Bundesrepublik heranzieht. Über eine längere Zeitachse beobachtet ist die Dualisierung des Arbeitsmarktes allerdings der kapitalistische Normalfall. Die am Existenzminimum lebenden „Soloselbstständigen" und „Klick-Worker" hießen früher bloß „Tagelöhner", statt von einem „Prekariat" wurde von einem „Lumpenproletariat" gesprochen und als Beispiele dienen heute selbstständige Paketausfahrer, Webdesigner, Schauspieler, Taxifahrer sowie Tankstellenpächter und nicht mehr, wie noch bei Karl Marx, Lastenträger, Literaten, Orgeldreher, Lumpensammler, Scherenschleifer und Kesselflicker.[425]

Jetzt kann man natürlich nicht so tun, als würde sich nichts verändern. Der Kapitalismus, ein Wort, das in den meisten Zeitdiagnosen, die eine starke Bezugnahme auf die Digitalisierung nehmen, sorgsam vermieden wird, befindet sich durch die Dynamik der Produkt-, Kapital- und Arbeitsmärkte in einem permanenten Veränderungsprozess. Zweifelhaft ist jedoch, ob es die konstatierten Epochenbrüche gibt, die es erlauben würden, von verschiedenen, grundlegend veränderten Versionen von Industrien, Dienstleistungen oder Arbeit zu sprechen.

Angesichts der Aneinanderreihung von Schlagwörtern wie „Soloselbstständige", „mobiles Arbeiten", „kleine Vollzeit", „Rushhour des Lebens", „Dienstleistung on demand" oder „Crowdworking" wird gern übersehen, dass die Grundproblematik seit der Ausbildung des Kapita-

---

[424] Siehe nur beispielhaft *Dieter Sauer, Volker Döhl*: Arbeit an der Kette. Systemische Rationalisierung unternehmensübergreifender Produktion. In: Soziale Welt 45 (1994), S. 197–215.

[425] *Karl Marx*: Der achtzehnte Brumaire des Louis Bonaparte. In: *Karl Marx, Friedrich Engels* (Hrsg.): Marx-Engels-Werke. Band 8. Berlin 1960, S. 111–207, 160f.

lismus die gleiche geblieben ist: Wenn ein Unternehmen Personal auf einem Arbeitsmarkt einkauft, garantiert das noch lange nicht, dass diese Arbeitskraft dann auch im Sinne des Unternehmens tätig wird. Das Unternehmen sucht deswegen permanent nach möglichst weitgehenden Zugriffen auf diese Arbeitskraft.[426]

Auch dies ist schon Karl Marx aufgefallen. In der marxistischen Terminologie heißt es, dass der Einkauf von Arbeitskraft durch den Kapitalisten nicht gleichbedeutend mit der realen Nutzung der Arbeitskraft durch das Kapital sei und die Fantasie des Kapitalisten sich darauf richte, wie er dieses „Transformationsproblem" lösen könne.[427] In der Systemtheorie wird das Transformationsproblem mit der grundlegend zu unterscheidenden Differenz zwischen Mitgliedschafts- und Leistungsmotivation von Organisationsmitgliedern bezeichnet.[428] In einer für Manager akzeptableren Formulierung wird das genau gleiche Problem – in der Regel ohne Referenz auf die marxistischen und systemtheoretischen Entdecker des Phänomens – durch die Prinzipal-Agent-Theorie beschrieben. Die Agenten, in diesem Fall die Arbeiter, werden eingekauft, um bestimmte Leistungen für einen Prinzipal, den Unternehmer, zu erbringen, und tendieren aus eigener Nutzenorientierung dazu, die Entlohnung durch den Prinzipal mit einer möglichst geringen Leistungserbringung zu erreichen. Der Prinzipal sucht deswegen mit der Unterstützung von Beratern und Wissenschaftlern nach Lösungen, um die Leistungszurückhaltung zu verhindern. [429]

Allem Schauseitenmanagement von gehypten Vorzeigeunternehmen zum Trotz hat sich an diesem Transformationsproblem grundlegend nichts verändert, lediglich die Akzentuierungen sind andere geworden. Auf der einen Seite versucht das Management, möglichst viel der pauschal eingekauften Arbeitskraft des Mitarbeiters zu nutzen, ohne aber in ein zu einseitiges Abhängigkeitsverhältnis zu ihm zu geraten. Auf der anderen Seite stehen die Mitarbeiter mit einem Interesse, ihre Arbeitskraft nicht völlig zu verausgaben, gleichzeitig aber für die Firma möglichst unverzichtbar zu sein, um so den eigenen Wert nach oben zu treiben. Der zugrunde liegende Prozess nennt sich (Arbeits-)Markt und hat sich bereits vor über zweihundert Jahren herausgebildet.

Dramatisiert haben sich lediglich die Darstellungsformen in den Unternehmen. Kontrolle wird seltener über allgegenwärtige Manager hergestellt, sondern zum Universalherrn wird auch unternehmensintern der Markt erhoben, dem nichts entgeht, der Erfolg vorurteilslos belohnt und Fehlverhalten unnachsichtig bestraft. Für Mitarbeiter entsteht der Eindruck, dass Misserfolge nicht vom Vorgesetzten, sondern durch die vermeintlich „objektiven Folgen" des eigenen Tuns bestraft werden. Entlassungen und Schließungen von Unternehmensteilen werden nicht mehr als Willkür eines gewinnorientierten Unternehmers präsentiert, sondern als logische Konsequenz der Marktprozesse.

---

[426] Siehe dazu *Stefan Kühl*: Arbeit – Marxistische und systemtheoretische Zugänge. Wiesbaden 2018, 67 ff..

[427] *K. Marx*: Das Kapital (wie Anm. 235), 532 ff..

[428] *N. Luhmann*: Funktionen und Folgen formaler Organisation (wie Anm. 5), 104 ff..

[429] *Stephen A. Ross*: The Economic Theory of Agency. The Principal's Problem. In: American Economic Review 63 (1973), S. 134–139, 134 ff..

#107 Ziele

Das Problem einer klaren Ausrichtung

Die Auffassung, dass jeder Veränderungsprozess durch eine genaue und möglichst präzise Zielbestimmung eingeleitet werden soll, ist weit verbreitet: Szenarien und Überlegungen über eine effektive Organisation werden entwickelt und in genaue Zielvorstellungen von Veränderungsprozessen herunterdefiniert. Eine genaue Zielbestimmung soll dafür sorgen, dass die Mitarbeiter auf ein gemeinsam geteiltes Ziel ausgerichtet werden können.[430]

Wenn die Ziele für Veränderungsmaßnahmen einmal definiert sind, dann werden diese häufig mit schwerem Geschütz im Unternehmen verkündet: Aufbauend auf aufwendig erstellten Kommunikationskonzepten werden die Ziele und Schritte auf eigenen Webseiten dargestellt. Ziele des Wandels werden in Versform gegossen oder anhand eingängiger Abkürzungen, etwa „Mission Zukunft", „Exzellenz in Service" oder „Super Innovation", illustriert. Mitarbeiter werden in Hallen zu Großkonferenzen zusammengeholt, um ein Gemeinschaftsgefühl für den Veränderungsprozess herzustellen. *(→ Großkonferenzen)*

Dabei sind Unternehmen darauf angewiesen, Ziele des Wandels so konkret zu definieren, dass deren Realisierbarkeit erkennbar ist. Wenn Zielbestimmungen aus allzu offensichtlichen Plattitüden bestehen, können diese die Angestellten kaum erreichen. Ein gewisses Maß an Managementprosa à la „Wir wollen Weltklasseservice für einen Weltmarkt bieten" mag zwar in Organisationen verkraftbar sein, beschränkt sich die propagierte Zielsetzung jedoch auf solche Allgemeinplätze, dann verpufft die Wirkung der mühsam erarbeiteten Zielsetzungen weitgehend in den Foyers und Fluren der Unternehmenszentralen. *(→ Werte)* Kurz: Zielbestimmungen wirken nur dann handlungsmotivierend, wenn die Ziele präzise vorgegeben, die Mittel zur Zielerreichung spezifiziert und einhaltbare Prinzipien definiert werden. Je genauer die Zielbestimmung beschreibt, was durch den Wandlungsprozess erreicht werden soll, desto größer ist die Wahrscheinlichkeit, dass die Mitarbeiter den nahegelegten Weg nachvollziehen können.[431]

Genaue Zielbestimmungen reduzieren die Notwendigkeit, vor jeder Handlung wieder grundlegend neue Entscheidungen treffen zu müssen. Sie lösen so vorübergehend die Entscheidungsprobleme, mit denen Organisationen permanent konfrontiert werden. Im selbstverständlich nie existierenden Extremfall machen Zielbestimmungen sogar Entscheidungen weitgehend überflüssig. *(→ Entscheidungen)*

Der Vorteil für das Management ist, dass der Handlungsrahmen durch genaue Zielbestimmungen für die Mitarbeiter eindeutig definiert wird und so Klarheit für das weitere Vorgehen besteht. Gemeinsam geteilte Ziele verlangen von den Akteuren, dass sich ihre Entscheidungen und Handlungen weitgehend daran orientieren. Dies erleichtert die Koordination zwischen den verschiedenen Mitarbeitern. Die Aktivitäten im Unternehmen werden also insofern „orchestriert", als durch die Zielbestimmungen Argumentationen verkürzt werden können.

---

[430] Dieser Beitrag orientiert sich sehr eng an *S. Kühl*: Das Regenmacher-Phänomen (wie Anm. 109), 100 ff..

[431] Siehe dazu grundlegend *N. Brunsson*: The Irrationality of Action and Action Rationality: Decisions, Ideologies and Organizational Actions (wie Anm. 245).

So weit, so gut. Aus der Perspektive der Verfechter von Zielbestimmungen bringen diese aber leider ein grundlegendes Problem mit sich. Die Schwierigkeit besteht darin, dass präzise Zielbestimmungen den Spielraum für Veränderungen begrenzen. Die Mitarbeiter können nur für das, was in die eng definierte Zielsetzung passt, motiviert und begeistert werden. Zielbestimmungen reduzieren zwangsläufig die Handlungsvielfalt von Menschen. Man kann sogar so weit gehen und behaupten, dass genaue Zielbestimmungen dümmer machen – sie begrenzen Kreativität. Viele Innovationen werden per se ausgeschlossen. Nur diejenigen, die im Sinne des durch Zielbestimmung vorgegebenen Sinnes handeln, können davon ausgehen, dass sie Konsens, Zustimmung und somit Applaus finden.

In bestimmten Situationen mag der durch eine genaue Zielvorstellung definierte Rahmen für Veränderung ausreichen. Wenn von vornherein feststeht, dass eine Entscheidung im Rahmen einer bestimmten Zielsetzung gefällt werden kann, dann ist es für Unternehmen sinnvoll, genau diese Zielsetzung möglichst stark zu machen. Organisationen stehen jedoch, wenn man den Aussagen von Managern und Beratern glauben mag, immer mehr vor der Herausforderung, mit schnellem und radikalem Wandel auf wechselnde Umweltbedingungen zu reagieren. Eine enge Zielsetzung schränkt die Möglichkeiten, mit denen auf die sich rasch ändernden Umweltbedingungen reagiert werden kann, so stark ein, dass viele gangbare Lösungen gar nicht erst in Erwägung gezogen werden. *(→ Innovation)*

Insbesondere Unternehmen, die ihre Identifizierung mit einer bestimmten Zielsetzung sogar in ihrem Firmennamen festschreiben, werden mit diesem Problem konfrontiert. Eine Beratungsfirma, die nach innen und nach außen Zielklarheit dadurch symbolisieren will, dass sie sich durch ihren Firmennamen als „Agility Specialist“ präsentiert, könnte auf dem Höhepunkt der Agilitätswelle davon profitieren. In dem Moment, in dem die Agilitätswelle in Organisationen abschwappt, würden sich aber wohl nicht wenige Firmen wünschen, dass sie die Agilität in ihrer Unternehmensdarstellung nicht allzu stark gemacht hätten. Wenn die Firma mit den vier Pünktchen in ihrem Firmenzeichen ihre vier Sparten Medizin, Pharma, kosmetische Pflege und Klebestoffe symbolisieren will und Selbiges nach außen auch kommuniziert, entsteht gegenüber Kunden und Mitarbeitern Erklärungsbedarf, wenn der medizinische Zweig plötzlich abgestoßen wird und das Logo eigentlich nur noch aus drei Pünktchen bestehen müsste.

Es wird deutlich, dass in turbulenteren Zeiten Organisationen ohne klare Ziele eventuell besonders erfolgreich sein könnten. Gerade weil man keine bestimmte Absicht hat, eröffnet sich dem Witterungsbegabten ein Ziel ums andere. Aus dieser Perspektive scheint es fast ein Glücksfall, dass sich Organisationen – allen Bemühungen des Managements zum Trotz – nie einer völlig eindeutigen Zielbestimmung fügen. Immer wieder bilden sich gegensätzliche Ziele aus, wenn die Vorgaben von oben unterlaufen werden. Für die begrenzte Festlegung einer Handlung wäre das Unterordnen unter eindeutige Ziele sinnvoll, aber langfristig gesehen würde das Ausblenden anderer Aspekte das System grundlegend gefährden. Insofern sollte die Organisationsführung die Mitarbeiter, die sich gegen präzise Zielsetzungen wehren, nicht sofort verdammen, sondern diesen vor deren Entlassung wenigstens kurz dafür danken, dass sie mit ihrem Widerstand das Handlungsspektrum der Organisation erweitert haben.

#108 Zwang

Weswegen Verweise und Bußgelder Protestierenden nützen

Bei den Klimaprotesten von Schülern verkünden einige Schulleitungen schnell, dass sie zukünftig Bußgelder gegen Eltern durchsetzen würden, die ihre Kinder nicht an der Teilnahme an den Klimademonstrationen hinderten. Bei aller Sympathie für die Sache, so der Tenor, könne man nicht dulden, dass die Schulpflicht an Freitagvormittagen faktisch außer Kraft gesetzt werde. Wenn Schüler protestieren wollten, sollten sie dies bitte in ihrer unterrichtsfreien Zeit machen.

Dabei übersehen sie, dass der Erfolg der Proteste von Schülern gerade damit zusammenhängt, dass diese als Streik während der Unterrichtszeit stattfinden. Erst dadurch, dass Schüler sich punktuell der Schulpflicht verweigern, erhalten sie überhaupt öffentliche Aufmerksamkeit. Sie verfügen damit über Protestmöglichkeiten, die den Studierenden, die diese Demonstrationen unterstützen, nicht in gleicher Weise zur Verfügung stehen, weil sich letztlich niemand dafür interessiert, ob Studierende an einem Freitag an einer Vorlesung beziehungsweise Übung teilnehmen oder nicht.

Die Schüler nutzen dabei für ihre Proteste geschickt aus, dass sie zu den wenigen Gruppen gehören, die noch mit Zwang zur Mitgliedschaft in einer Organisation verpflichtet werden. Dass die Schulpflicht ursprünglich nicht wegen lernresistenter Schüler, sondern wegen Eltern eingeführt wurde, die ihre Kinder lieber zum Arbeiten als zum Unterricht schicken wollten, ändert nichts daran, dass die Schüler durch die Missachtung der Schulpflicht einen außergewöhnlich effektiven Hebel haben.

Nachdem Proteste von Schülern anfangs normalerweise weitgehend ignoriert werden, werden die Verantwortlichen mit zunehmender Zeit der Proteste unruhiger. Dabei ist klar, dass es bei den Bestrafungen nie um den konkret verpassten Unterricht geht. Es gehört ein erhebliches Maß an Fantasie dazu zu glauben, dass zwei verpasste Stunden Mathematik, Biologie oder Geografie an einem Freitag verhindern, dass aus einer Schülerin eine zukünftige Ingenieurin für alternative Antriebstechniken oder eine auf Klimawandel spezialisierte Meteorologin wird. Das Gegenteil trifft zu.

Bekanntermaßen hat ein Engagement in Protestbewegungen eine motivierende Wirkung auf die Berufswahl, die selbst von sehr guten Lehrern nur schwer zu erzielen ist. Man braucht sich bloß die Juristin anzuschauen, deren Berufswahl auf Erfahrungen mit Polizeigewalt im Zuge von Friedensdemonstrationen zurückgeht, den in der Umweltbewegung sozialisierten Ingenieur, der alternative Techniken zur Färbung von Kleidung entwickelt, oder die Schriftstellerin und Politikerin, die darin Möglichkeiten sieht, ihre in nationalistischen Bewegungen gesammelten Erfahrungen zu einem Beruf zu machen.

Der Grund für die Sensibilität, mit der einige Schulleiter, aber auch Politiker auf die Klimastreiks reagieren, ist ein anderer. Die offene Verweigerung der Schulpflicht stellt in der Wahrnehmung die formale Ordnung der Schule insgesamt infrage. Organisationen reagieren generell sensibel, wenn Mitglieder sich offen weigern, auch nur eine Anweisung, eine Regel oder eine Aufforderung auszuführen. Wer auch nur „*einer* Vorschrift aus Prinzip die Anerkennung verweigert", so schon Niklas Luhmann, rebelliert nicht nur gegen diese eine Vorschrift, sondern „gegen alle formalen Erwartungen" der Organisation.[432]

Man kann diese Sensibilität gegen einzelne Verweigerungen wie durch ein Brennglas bei Armeen mit Wehrpflicht beobachten. Die explizite Aussage eines Soldaten, er sei nicht bereit, den Hof zu putzen oder sich am Exerzieren zu beteiligen, löst nicht deswegen erhebliche organisatorische Unruhen aus, weil ein sauberer Kasernenhof eine Grundbedingung für eine erfolgreiche Kriegsführung ist, sondern weil die Ablehnung auch nur dieser einen kleinen Anweisung als Rebellion gegen alle formalisierten Erwartungen der Organisation interpretiert werden muss und dadurch die Fähigkeit der Armee zur Kriegsführung abnimmt.[433]

Deswegen bilden gerade Organisationen, die ihren Mitgliedern nicht die Wahl lassen, in der Organisation zu verbleiben oder diese zu verlassen, ein hohes Maß an Intelligenz aus, um mit Regelverstößen umzugehen. Man zieht die Verantwortung für die Regelverstöße nicht sofort in der Zentrale zusammen, sondern überlässt die Handhabung der Verstöße den unmittelbaren Vorgesetzten. Diese können dann selbst überlegen, ob sie die Verstöße überhaupt zur Kenntnis nehmen, vorgeschobene Entschuldigungen akzeptieren oder offiziell Bestrafungen aussprechen, die aber faktisch weitgehend wirkungslos bleiben.

Insofern ist es vermutlich eine kluge Politik der Bildungsministerien, den Schulen keine rigide Vorgehensweise gegen die Streikenden vorzuschreiben, sondern es den einzelnen Bildungseinrichtungen selbst zu überlassen, wie sie mit den fehlenden Schülern umgehen. Dabei wählen die meisten Schulen aus guten Gründen eine Vorgehensweise, die auf den Einsatz des zur Verfügung stehenden Bestrafungsapparats verzichtet, gleichzeitig aber die auf der Schulpflicht basierende formale Ordnung aufrechterhält. Das Fehlen von Schülern wird in diesen Fällen zwar nicht offiziell erlaubt, aber stillschweigend geduldet: So können die Fehlstunden durch die Beteiligung an Diskussionen über Klimaschutz kompensiert werden oder es werden offizielle Verwarnungen ausgesprochen, bei denen inoffiziell mitkommuniziert wird, dass aus diesen keine Konsequenzen folgen werden.

Wir wissen, dass Protestbewegungen – man denke nur an die Friedens-, die Frauen- oder auch nationalistische Bewegungen – nach einer gewissen Zeit in sich zusammenfallen. Sicherlich, ein häufiges Ergebnis von Protestbewegungen ist die Bildung professionell organisierter Lobbyorganisationen oder die Entstehung von Parteien, die das Thema in die Parlamente treiben, aber die Protestbewegung selbst – und das scheint fast ein ehernes Gesetz von Bewegungen zu sein – verliert zunehmend an Bedeutung und ist irgendwann kaum noch in der Lage, eine nennenswerte Anzahl von Personen für ihre Proteste zu mobilisieren. *(→ Bewegung → Verorganisierung)*

Eine rigide Vorgehensweise gegen Protestbewegungen wirkt für diese jedoch wie eine permanente Beatmungsmaßnahme. Insofern tragen Politiker, die während Streiks harte Bestrafungen der Protestierenden fordern, sowie Schulleiter, die alle rechtlich möglichen Wege, die Schlupfpflicht durchzusetzen, ausnutzen, entscheidend zu einem vergleichsweise langanhaltenden Erfolg dieser Protestbewegung bei. Den größten Gefallen, den Politiker und Schulleiter den Schülern tun können, liegt also gerade in der Eskalation der Bestrafungsmaßnahmen. Insofern können protestierende Schüler nur hoffen, dass etliche von ihnen aufgrund ihrer Proteste aus der Schule entfernt und ihre Eltern zu Bußgeldern verurteilt werden oder aber die Politiker über

---

[432] *N. Luhmann*: Funktionen und Folgen formaler Organisation (wie Anm. 5), S. 63.
[433] *S. Kühl*: Ganz normale Organisationen (wie Anm. 156), 120 ff..

Beugehaft gegen Schüler respektive Eltern zur Durchsetzung der Schulpflicht aufrufen. Weil aber meistens nur einzelne Politiker und Schulleiter den protestierenden Schülern diesen Gefallen tun, schlaffen Proteste von Schülern in der Regel schnell wieder ab.

Organisationen, die ihren Mitgliedern nicht die Wahl lassen, in der Organisation zu verbleiben oder diese zu verlassen, bilden ein hohes Maß an Intelligenz aus, um mit Regelverstößen umzugehen.

#109 Zwecke

Das Scheuklappenprinzip von Organisationen

Organisationen sind fantasiereich, wenn es um die Formulierung von Zwecken geht. „Wir steigern unseren Marktanteil in China von 5 auf 10 Prozent", „Im nächsten Jahr reduzieren wir unseren Ausschuss um zehntauschen Teile pro Jahr" oder „Unser Management sorgt dafür, dass alle Mitarbeiter bei uns glücklich sind und deshalb nie mehr als zehn Mitarbeiter pro Monat das Unternehmen verlassen". Derlei Zweckaussagen finden sich in Unternehmen, genauso wie in Gewerkschaften die Zweckaussagen zu hören sind: „Achthundert neue Mitglieder in drei Monaten gewinnen" oder „Beim Streik in der Stahlbranche sind Lohnsteigerungen von mindestens 2,5 Prozent herauszuholen".[434]

Wenn Unternehmen, Verwaltungen, Krankenhäuser oder Armeen sich auf die Suche nach ihren langfristigen Zwecken begeben, dann bezeichnen sie das gern als „Zielfindung" oder „Strategieentwicklung". Scheinbar klingt in den Ohren von Praktikern „Strategieentwicklung", „Strategieprozess" oder „Strategiefindung" besser als „Zweckentwicklung", „Zweckprozess" oder „Zweckfindung". „Strategie" mit seiner etymologischen Herkunft von Strategós, dem Feldherrn oder Kommandanten, weckt offensichtlich positivere Assoziationen als der eher in der Philosophie verortete Begriff der Zwecksetzung. *(→ Strategien)* Gemeint ist aber genau das Gleiche. Welche Funktion erfüllen Zwecke, Ziele oder – wenn man es im Management-Slang ausdrücken möchte – Strategien in Organisationen?

Man kann sich die Funktion von Zwecken in Organisationen an einem kleinen Gedankenexperiment deutlich machen: Prinzipiell hat eine Organisation die freie Auswahl, für welchen Zweck sie sich entscheidet. Sie könnte arme Kinder in der Dritten Welt mit kostenlosen Medikamenten versorgen und dafür Spenden in der Bevölkerung sammeln. Sie könnte aber ebenso ihre eigene Profitabilität dadurch erhöhen, dass sie besorgten Eltern teure, aber wirkungslose Vitamincocktails verkauft. Sie könnte alternativ, weil dort vielleicht die Profitraten höher sind, statt medizinischer Vitamincocktails Milchmischgetränke für Kinder vertreiben oder aber den Vertrieb von Cocktails für Kinder lediglich als Mittel dafür nutzen, um eine frühkindliche Aufklärung über gesunde Ernährung zu betreiben. Sie könnte sich jedoch ebenso dafür entscheiden, dass ihr Kinder völlig egal sind, und stattdessen die Interessen von freiberuflich tätigen Fensterputzern vertreten, die Geschichte eines Stadtteils zu rekonstruieren oder die nächste Mission zum Mond vorzubereiten. Was die Auswahl von möglichen Ausrichtungen betrifft, bewegt sich eine Organisation, wenn auch nur theoretisch, in einem unbegrenzten Reich der Möglichkeiten.

Aber selbst, wenn die Mittel und der Wille zur gleichzeitigen Erreichung all dieser Ziele vorhanden wären, sieht die Organisation sich gezwungen, sich auf lediglich eine oder zwei dieser vielen Möglichkeiten zu konzentrieren. Spätestens dann, wenn Debatten darüber aufkommen, welches Ziel bei Konflikten zwischen den Zielsetzungen bevorzugt oder für welche Ziele besonders viele Ressourcen zur Verfügung gestellt werden sollten, wird die Organisation ihre

[434] Ich greife hier auf meinen Text in *S. Kühl*: Organisationen (wie Anm. 5), 44 ff. zurück. Siehe auch *S. Kühl*: Strategien entwickeln (wie Anm. 348).

eigenen Möglichkeiten immer weiter einschränken. Die letztlich genauen Festlegungen werden als „Zwecksetzungen" einer Organisation bezeichnet.

Zwecksetzungen sind also immer eine frappante Verengung im Horizont einer Organisation. Sie konzentrieren die Perspektive auf einige wenige, dafür aber umso wichtiger erscheinende Aspekte und blenden alles andere aus. Bei jeder Zwecksetzung wird ein Aspekt – man könnte auch Wert sagen – als ganz besonders herausgehoben, der immer auf Kosten der Ignorierung, wenn nicht sogar Schädigung einer Vielzahl anderer möglicher Aspekte geht. *(→ Werte)*

Insofern lassen sich Zwecke, Ziele oder Strategien als „Scheuklappen" der Organisation bezeichnen.[435] Genauso wie Pferde aufgrund der seitlichen Position der Augen ein sehr weites Sichtfeld haben, haben auch Organisationen – jedenfalls prinzipiell – die Möglichkeit, ihren Horizont fast beliebig zu erweitern. So wie aber die Blendklappen bei Pferden verhindern, dass sie von der Seite oder von hinten abgelenkt werden, unterbinden Zwecksetzungen, dass Organisationen durch eine Vielzahl anderer Möglichkeiten irritiert werden.

Durch ihre Scheuklappen gewinnt eine Organisation auf dem "Bildschirm" ihrer Zwecke ein stark vereinfachtes Bild ihrer Umwelt.[436] Ist das Ziel eines Unternehmens, Marktführer für Computerfestplatten zu werden, dann braucht es sich über alternative Märkte, wie den für Bildschirme oder Rechnereinheiten, keine Gedanken zu machen. Hat eine Armee den Zweck, die eigene Bevölkerung vor Angriffen benachbarter Staaten zu schützen, dann braucht sich die Armeeführung über divergierende Zwecke, wie die Bekämpfung von Aufständen im Inneren oder die Vorbereitung von Militärinterventionen im Ausland, keine Gedanken zu machen. *(→ Beobachtungen)*

Diese Verengung des Horizonts durch Zwecksetzungen hat eine wichtige Funktion: Sie fokussiert nicht nur die Kräfte auf die Erreichung des Zweckes, sondern mobilisiert und konzentriert zugleich den Einfallsreichtum, mit welchen Mitteln der Zweck am besten zu erlangen ist. Wenn sich eine Fakultät für Soziologie das Ziel setzt, die „besten" Bachelorabsolventen eines Landes für ihr Masterprogramm zu rekrutieren, dann setzt dies bei Administratoren und Lehrenden Fantasien in Gang, mit welchen Anreizen man diese Studierenden für die Fakultät gewinnen könnte. Wenn ein Unternehmen das Ziel hat, zu den drei Weltmarktführern für landwirtschaftliche Nutzfahrzeuge zu gehören, vergleicht es sich in einem sogenannten „Benchmarking" mit anderen Unternehmen der Branche, um herauszubekommen, ob es vielleicht nicht noch geeignetere Mittel zur Produktion von Traktoren gibt. *(→ Benchmarking → Rankings)*

In der Suchlogik gilt dabei das Sprichwort: „Der Zweck heiligt die Mittel."[437] Schließlich ist es ja die Funktion von Zwecken, möglichst viel Fantasie bei der Auswahl geeigneter Mittel zu mobilisieren, aber in der Regel ist die Auswahl der Alternativen, die zur Zweckerreichung eingesetzt werden dürfen, begrenzt. Wenn das Management eines Herstellers von Wasserkraftwerken als Zweck verkündet, die Märkte in Griechenland und der Türkei zu erobern, dann ist es zumindest fraglich, ob Bestechung als legitimes Mittel dafür akzeptiert werden würde. Es würde auch – jedenfalls in einigen Kulturkreisen – nicht als legitim angesehen werden, wenn Armeen zur Befriedung entfernter Landstriche am Tigris oder am Hindukusch alle nur denkbaren Mittel einsetzen und dabei den massenhaften Tod von Zivilisten in Kauf nehmen würden.

---

[435] *N. Luhmann*: Zweckbegriff und Systemrationalität (wie Anm. 180), S. 46.
[436] Ebd., S. 192.
[437] Ebd., S. 46.

Für die Suche nach den besten Mitteln für einen Zweck wird in der Organisationsforschung ein Wort verwendet: „Zweckrationalität." Die Rationalität bezieht sich dabei nicht auf die Auswahl des Zweckes. Dieser ist gesetzt. Vielmehr geht es um die Suche nach den geeigneten Mitteln für die Erreichung des Zweckes. Die Zwecke einer Organisation selbst können den Beobachtern höchst fragwürdig erscheinen: die Errichtung von Straflagern für politisch Andersdenkende, die Ausbildung von Selbstmordattentätern oder die Herstellung von Haarsprays. Trotzdem würde man der Organisation ein hohes Maß an Zweckrationalität zugestehen, wenn sie bei der Wahl der Mittel möglichst effizient und effektiv vorginge. Es handle, so eine prominente Formulierung des deutschen Soziologen Max Weber, derjenige zweckrational, der in seinem Handeln erst verschiedene Zwecke gegeneinander abwäge, dann die günstigsten Mittel zur Erreichung der definierten Zwecke wähle und in dem Auswahlprozess mögliche unerwünschte Nebenfolgen mit in Betracht ziehe.[438]

Von nicht wenigen Organisationsforschern werden die Zwecke als so bedeutsam betrachtet, dass Organisationen für sie nichts anderes sind als Mittel zur Erreichung dieser Zwecke.[439] Aber so einfach ist es leider nicht. Zwar haben Zwecke in vielen Organisationen eine wichtige Strukturierungswirkung, aber häufig ist die Rolle von Zwecken in Organisationen viel komplizierter, als durch solche Definitionen suggeriert wird.

Organisationen bekennen sich häufig zu einer ganzen Sammlung unterschiedlicher Zwecke und implizieren dabei, dass diese miteinander vereinbar seien oder sich gar gegenseitig stützen würden. Unternehmen definieren, dass das operative Geschäft Gewinne bringen soll, gleichzeitig aber neue Märkte erschlossen, grundlegend neue innovative Produkte entwickelt, die Mitarbeiter hervorragend behandelt und auch Leistungen für das Gemeinwesen erbracht werden sollen. Faktisch handelt es sich jedoch um konkurrierende Zwecksetzungen: Die Entwicklung neuer innovativer Produkte drückt den kurzfristigen Profit und damit die Möglichkeit zur Zahlung von Löhnen oder Steuern. Eine Erhöhung der Dividenden für Aktionäre kann häufig nur auf Kosten der Investitionen in die Entwicklung neuer Produkte, der Reduzierung von Lohnzahlungen oder der Verminderung von Steuerabgaben erreicht werden.[440]

In einer fernen Zukunft, in einer konsequent umgesetzten Marktwirtschaft, in einer klassenlosen Gesellschaft oder im durch Gott geschaffenen Paradies, mag es sein, dass sich konträre Zwecke miteinander vereinbaren lassen. Bis dahin werden Organisationen jedoch durch eine Vielzahl widersprüchlicher Zwecke gekennzeichnet sein und allein schon deswegen damit leben müssen, dass ihre Struktur sich einer Durchrationalisierung entzieht. *(→ Heuchelei)*

[438] *M. Weber*: Wirtschaft und Gesellschaft (wie Anm. 146), S. 13.

[439] Siehe nur beispielhaft aus unterschiedlichen Theorieperspektiven *Theodor W. Adorno*: Gesammelte Schriften 1990, S. 441.; *Peter M. Blau, W. Richard Scott*: Formal Organizations. San Francisco 1962, S. 5.; *Amitai Etzioni*: Modern Organizations. Englewood Cliffs, N.J. 1964, S. 3.

[440] *Niklas Luhmann*: Organisationen im Wirtschaftssystem. In: *ders.* (Hrsg.): Soziologische Aufklärung 3. Soziales System, Gesellschaft, Organisation. Opladen 1981, S. 390–414, hier S. 405.

#110 Zyklen

Wie man innerhalb von Organisationen Nachfrage nach eigenen Leistungen schafft

Weswegen werden in Unternehmen, Verwaltungen, Krankenhäusern, Universitäten und Schulen zunehmend Personalentwicklungsmaßnahmen wie Coaching oder Supervision nachgefragt? Lassen sich diese als Reaktion auf veränderte Anforderungen des Arbeitslebens verstehen, wie „Subjektivierung der Arbeit", Ausbildung von „Arbeitskraftunternehmern" oder „Entberuflichung"? Verändern sich die Mechanismen, mit denen Organisationen ihre Mitarbeiter inkludieren, so stark, dass sie durch personenorientierte Beratung aufgefangen werden müssen?

Bei der Begründung für den allgemein konstatierten wachsenden Bedarf stößt man bei den Selbstbeschreibungen der Personalentwickler in der Regel auf die „üblichen Verdächtigen", die auch für die Neuausrichtungen von Organisationen verantwortlich gemacht werden: Globalisierung der Märkte, Internationalisierung der Organisationen, verstärkter Einsatz von Informations- und Kommunikationstechnologien, Wettbewerbsdruck und nicht zuletzt die Virtualisierung der Arbeitsbeziehungen.[441]

Auch in der Literatur wird mit der immer gleichen Argumentationskette gearbeitet: Die Kontextbedingungen von Organisationen in der Wirtschaft, in der Politik, im Bildungs-, Gesundheits- und Sozialwesen hätten sich verändert. Dadurch bildeten sich neue Erwartungen an Selbstkontrolle, Selbstökonomisierung und Selbstrationalisierung der Beschäftigten in Organisationen. Die verstärkte selbstständige Planung, Steuerung und Überwachung der eigenen Tätigkeiten, die zunehmend geforderte „Produktion" und „Vermarktung" der eigenen Fähigkeiten und Leistungen sowie die mit der Auflösung der Trennung von Berufs- und Privatleben einhergehende „Verbetrieblichung der Lebensführung" würden neue, nur schwer zu bewältigende Anforderungen an die Beschäftigten darstellen, weil sich damit nicht nur ihre Handlungs- und Gestaltungsspielräume erhöhe, sondern darüber hinaus der Leistungsdruck stark zunehme. Dadurch entstehe ein „neuartiger Bedarf" an personenorientierter Beratung, der durch die Angebote von Supervisoren und Coaches befriedigt werde.[442]

Diese Argumentation ist, gerade aus den oben erwähnten Perspektiven, plausibel, bringt jedoch eine Verkürzung mit sich. Es ist fraglich, ob sich Organisationsstrukturen in einer gern als „komplex", „reflexiv" oder „postmodern" bezeichneten Gesellschaft kausal aus Umweltbedingungen ableiten lassen. *(→ Beobachtungen)* Der Kontingenzansatz in der Organisationsforschung, der dies vor einigen Jahrzehnten für die Ausbildung von Organisationstypen versucht hat, hat unter Wissenschaftlern mittlerweile stark an Plausibilität eingebüßt. Ohne explizit auf ihn zurückzugreifen, schimmert er aber bei der Erklärung der Ausbildung von neuartigen Beratungsansätzen mehr als deutlich durch. Coaching oder Supervision wird dann als Lösung angeboten, durch die die Mitarbeiter in Unternehmen, Verwaltungen, Verbänden und anderen Organisationen mit den gestiegenen Anforderungen zurechtkommen können. *(→ Personalentwicklung)*

---

[441] Siehe nur als ein Beispiel von vielen *Jean Paul Thommen*: Coaching: Modewort oder modernes Managementinstrument. In: Zeitschrift Führung & Organisation 2 (2006), 2005, S. 64–70, hier S. 64.

[442] *Hans J. Pongratz*: Der Typus „Arbeitskraftunternehmer" und sein Reflexionsbedarf. In: *Ferdinand Buer, Gertrud Siller* (Hrsg.): Die flexible Supervision 2004, S. 17–34, hier S. 20.

Wissenschaftlich ist ein Erklärungsansatz eingängiger, der die gewachsene Nachfrage nach personenorientierter Beratung nicht allein mit den veränderten Umweltanforderungen erklärt, sondern mit Problemlagen, die sich die Organisationen selbst geschaffen haben. Die Nachfrage nach besonders neuartigen Personalentwicklungsmaßnahmen ist, so die These, vorrangig durch den Boom der Personaldiagnostikmaßnahmen in den letzten zwanzig Jahren entstanden. Erst durch Maßnahmen wie die Potenzialanalyse, das Führungskräfte-Assessment-Center und das 360-Grad-Feedback konnten einige Trainingsmaßnahmen, aber besonders die personenbezogenen Beratungen durch Coaches oder Supervisoren, an Attraktivität gewinnen. Es bilden sich, so das Argument, in Organisationen zunehmend Personalentwicklungszyklen aus, eine Art personale „Rundumversorgung" von Mitarbeitern mit den Instrumenten der Personaldiagnostik, der Personalentwicklungsmaßnahmen sowie der Fortschrittsmessung. *(→ Personal → Personalauswahl)*

Dabei kommt es in der Regel zu einer irgendwie gearteten Defizitbestimmung: Die Führungskraft mag beim 360-Grad-Feedback, der anonymisierten Beurteilung durch Untergebene, Kollegen, Vorgesetzte und manchmal auch Kunden, überall gute Werte erreichen, aber in der Arbeit mit Organisationsexternen noch Schwächen zeigen. Das Assessment-Center zeigt, dass der Mitarbeiter seiner jetzigen Aufgabe voll und ganz gewachsen ist, aber in vielen Bereichen noch nicht den Anforderungen der nächsten Führungsposition genügt. Beim Management-Audit werden Schwächen im Ausbalancieren von Arbeitsanforderungen und Privatleben festgestellt.

Aus diesen Defizitbestimmungen der Personalentwicklung entsteht sehr häufig die Nachfrage nach Personalentwicklungsmaßnahmen, mit denen die Mängel reduziert werden können. Als Reaktion auf die Defizitwahrnehmungen in der Personaldiagnostik liefert die Personalentwicklung Angebote in „Paketform": Inhouseseminare, offene Einschreibungen in Business Schools, Mentoring mit Topmanagement, kollegiale Beratung, Coaching oder Supervision.[443]

Abgerundet wird die Verknüpfung von Managementdiagnostik und Intervention mit einer Messung des (Miss-)Erfolges der Fortbildungen. Es wird festgestellt, ob sich die Leistung eines Teams aufgrund einer Maßnahme verbessert hat. Die Leistungssteigerung eines Außendienstmitarbeiters, der ein Coaching erhalten oder ein Training besucht hat, wird erhoben oder das 360-Grad-Feedback einer Führungskraft wird nach einer Reihe von Coaching-Sitzungen noch einmal wiederholt, um Fortschritte in der Mitarbeiterbeurteilung zu erheben.

Der komplette Prozess aus „Diagnostik – Planung von Interventionen – Interventionen – Fortschrittsevaluation mit erneuter Diagnostik" lässt sich als „Personalentwicklungszyklus" bezeichnen.[444] Mit dem Begriff des Zyklus soll beschrieben werden, dass die verschiedenen Diagnostik-, Interventions- und Evaluierungsinstrumente kreisförmig angeordnet werden und die Führungskräfte nach dem Durchlaufen des Zyklus mehr oder minder automatisch wieder in den nächsten Kreislauf eingespeist werden. Der Vorteil für die Personalentwicklung: Sie kann sich letztlich immer wieder ihre eigene Nachfrage generieren.

---

443 Siehe nur beispielhaft dazu *Fred Luthans, Suzanne J. Peterson*: 360 Degree Feedback with Systematic Coaching: Empirical Analysis Suggests a Winning Combination. In: Human Resource Management 42 (2003), S. 243–256; *James W.* et al.: *Smither*: Can Working with an Executive Coach Improve Multisource Feedback Ratings over Time? A Quasi experimental Field Study. In: Personnel Psychology 56 (2003), S. 23–44.

444 Für eine ausführliche Fassung des Arguments siehe *Stefan Kühl*: Die nur fast gelingende Schließung des Personalentwicklungszyklus. In: Organisationsberatung, Supervision, Coaching 15 (2008), S. 137–155.

#111 Zynismus

Zur manchmal überlebenswichtigen Distanzierung von Organisationen

Zur Einschätzung der Motivationslage brauchen Organisationsspitzen eine Vorstellung von dem Grad des Zynismus in ihren eigenen vier Wänden. Wie reagieren Mitarbeiter beispielsweise, wenn sie das Leitbild ihrer Organisation erläutern? Erklären sie ernsthaft, wie die verschiedenen Werte zu verstehen sind, oder präsentieren sie die Werte mit einem süffisanten Lächeln? Wird auf ein von oben initiiertes Change-Projekt mit Interesse reagiert oder bekommt es vor Sarkasmus nur so triefende Labels wie „noch so ein nützliches Programm"? *(→ Heuchelei)*

Das Problem ist, dass die Führungsspitze angesichts der sicherlich verständlichen Identifikation mit ihrer Organisation häufig gar kein Gespür für den tatsächlichen Grad des intern vorherrschenden Zynismus besitzt.[445] Die Leitung einer Supermarktkette bekommt gar nicht mit, dass der über einen partizipativen Prozess festgelegte zentrale Wert der Organisation der „Kundenorientierung" auf der Hinterbühne für die Mitarbeiter allenfalls belustigend wirkt, weil diese ganz genau wissen, dass die „Kundenorientierung" mithilfe der Überwachung durch Kameras und durch die von der Firmenzentrale entsandten „Mystery Shoppers" durchgesetzt wird.[446] Die Geschäftsleitung realisiert nicht, dass ein von ihr angeregter „Fancy Dress Day", an dem sich die gesamte Belegschaft aufbrezeln soll, von den Angestellten als „cheesy" wahrgenommen wird und die daraus entstehenden Ressentiments gegenüber der verordneten „Fun-Kultur" letztlich sogar zu einer noch größeren Distanzierung der Mitarbeiter gegenüber dem Unternehmen führen.[447] Man vertraut den Ergebnissen quantitativer Mitarbeiterbefragungen, ohne mitzubekommen, wie zynisch die Einstellung der Angestellten inzwischen geworden ist. *(→ Kultur)*

Der Zynismus ist die Schattenseite der Identifikation mit der Tätigkeit in einer Organisation. Die Söldnerin ist dagegen gefeit, weil ihr ja von vornherein klar ist, dass sie einen Auftrag nur wegen des Geldes ausgeführt hat. Indes reagiert die Identifizierte verbittert, wenn ihre idealistischen Vorstellungen und ihre edlen Motive keinen Anwendungsraum finden.[448] *(→ Identifikation)*

Zynismus stellt sich ein, sobald die Diskrepanz zwischen den hehren Prinzipien und der wahrgenommenen Realität zu groß wird. Das erklärt, weswegen sich eine solche Gehässigkeit besonders in den Organisationen ausbildet, die auf eine hohe Identifikation ihrer Mitarbeiter setzen, man denke an Entwicklungshilfeorganisationen, Schulen oder Krankenhäuser. Das Problem dieser Organisationen ist, dass sie die Entstehung des Idealismus bei ihrer Belegschaft nur begrenzt kontrollieren können, weil die Ausbildung für solche Tätigkeiten häufig nicht in

---

[445] Filmisch eindrucksvoll dazu *Carmen Losmann*: Work Hard – Play Hard. Dokumentarfilm 2011. Siehe auch *Eva Bockenheimer, Carmen Losmann, Stephan Siemens* (Hrsg.): Work Hard – Play Hard. Das Buch zum Film. Marburg 2014.

[446] *Emmanuel Ogbonna, Barry Wilkinson*: Corporate Strategy and Corporate Culture. The View from the Checkout. In: Personnel Review 19 (1990), S. 9–15.

[447] *Peter Fleming*: "Workers" Playtime. Boundaries and Cynicism in a "Culture of Fun" Program. In: Journal of Applied Behavioral Science 41 (2005), S. 285–303.

[448] *Thomas Ramge*: Das Ich und die Organisation. In: Brandeins 6 (2009), S. 84–89.

den Organisationen selbst stattfindet. Lehrer erleben nach der Ausbildung dann einen Praxisschock, wenn sich Schüler nicht so verhalten, wie sie es in der Universität gelernt haben. Ärzte erlernen ihren von ihnen selbst idealisierten Beruf an medizinischen Hochschulen und müssen nach ihrer Ausbildung feststellen, dass es schwierig ist, die Orientierung am Patientenwohl mit den ökonomischen Anforderungen in einem Krankenhaus zu vereinbaren.[449]

Zynismus ermöglicht das Weiterarbeiten in einer für das Organisationsmitglied schwierigen Situation, denn es entsteht der Eindruck, dass der Job nicht einfach gekündigt werden kann. Der Ausstieg aus der Entwicklungshilfeorganisation ist nach fünfzehn oder zwanzig Jahren nicht leicht, weil man nicht ohne Weiteres einen neuen geeigneten Arbeitsplatz finden kann. Eine Verbeamtung als Lehrer gibt man nicht so leicht auf, auch wenn der Leidensdruck groß ist. Eine Tätigkeit im Krankenhaus versucht man zu überstehen, hoffend, dass danach noch etwas anderes kommt. Zynismus erfüllt hier eine wichtige psychosoziale Funktion.

Die Auswirkungen auf die Organisation können jedoch verheerend sein. Mitarbeiter gehen ja nicht nur in eine innere Kündigung, sondern lassen ihren negativen Emotionen bei jeder sich bietenden Gelegenheit freien Lauf. Sie bestimmen mit ihrem Sarkasmus die Gespräche in den Kaffeeecken, sorgen für die Hintergrundkommentierungen auf Managementkonferenzen und erlangen nicht selten eine Meinungsführerschaft auf den Hinterbühnen.

Das Management betrachtet einen solchen Zynismus primär als Problem der Mitarbeiter. Dabei übersehen sie in vielen Fällen, dass Organisationen, die über Jahrzehnte weitgehend frei von Zynismus gewesen sind, sich diesen durch eine Hyperaktivität bei der unter dem Label der „Purpose Driven Organizations" geführten Sinnsuche überhaupt erst eingehandelt haben. *(→ Sinn)* Statt sich über den Zynismus der Mitarbeiter zu beklagen und diese aus dem System zu entfernen, ist es viel sinnvoller, die Gehässigkeit zum Anlass zu nehmen, ihre überschießenden Erwartungen an die Identifikation mit der Organisation etwas schwächer zu dosieren.

Das Management betrachtet einen Zynismus primär als Problem der Mitarbeiter. Dabei übersieht es in vielen Fällen, dass Organisationen, die über Jahrzehnte weitgehend frei von Zynismus gewesen sind, sich diesen durch eine Hyperaktivität bei der unter dem Label der „Purpose Driven Organizations" geführten Sinnsuche überhaupt erst eingehandelt haben.

[449] Siehe dazu den klassischen Artikel *Howard S. Becker, Blanche Geer*: The Fate of Idealism in Medical School. In: American Sociological Review 23 (1958), 1, S. 50. Immer noch lesenswert die belletristische Verarbeitung in *Samuel Shem*: The House of God. New York 1988.

Zum Verständnis der Beiträge – eine Einordnung

In diesem Buch sind die Beiträge alphabetisch angeordnet. Das soll eine schnelle Orientierung hinsichtlich der Frage erlauben, ob sich zu einem bestimmten Thema ein Eintrag finden lässt. Jeder Artikel kann dabei ohne Kenntnis der anderen gelesen werden. Dies erfordert, dass an der einen oder anderen Stelle eine woanders angeführte Unterscheidung oder ein bereits erklärter Begriff erneut in den Fokus rücken muss.

Querverweise und Lesewege zwischen den Beiträgen ermöglichen es, nicht nur inhaltliche Verbindungen herzustellen, sondern sich schrittweise auch die den Beiträgen zugrunde liegende organisationstheoretische Sichtweise zu erschließen. Im Folgenden soll in aller Kürze dargestellt werden, aus welcher Perspektive die einzelnen Abhandlungen verfasst wurden und auf welche Weise sie miteinander in Bezug stehen.

Zu den Besonderheiten von Organisationen als soziale Systeme

Alltagssprachlich werden die Worte „Organisation" und „organisieren" nicht selten verwendet, um eine auf einen Zweck ausgerichtete planmäßige Regelung von Vorgängen zu beschreiben. Nach diesem breiten Verständnis von Organisation muss man dann jedoch feststellen, dass fast immer und überall alles Mögliche organisiert wird, denn schließlich organisieren nicht nur Organisationen ihre Entscheidungsprozesse, sondern auch Familien ihr Zusammenleben, Protestbewegungen ihre Demonstrationen und Freundesgruppen ihre Partys.

In Abgrenzung zu dieser breiten Verwendung des Begriffs hat sich in der Organisationswissenschaft ein engeres Verständnis von Organisationen durchgesetzt, welches darauf basiert, dass diese sich grundlegend von anderen Systemen, etwa Kleinfamilien, Freundesgruppen, Protestbewegungen oder Professionen, unterscheiden.[450] *(→ Familien → Gruppen → Bewegungen → Professionen)*

Das gilt auch für die Fälle, in denen wir eindeutige Überschneidungen oder Übergänge beobachten können: Eine Freundesgruppe entscheidet sich, ein Start-up, einen Gebetskreis oder einen Verein zu gründen. Eine Frau oder ein Mann ziehen immer mehr Familienmitglieder in ihre selbstständige Tätigkeit hinein und legen so die Grundlage für ein Familienunternehmen. Aus einer Protestbewegung heraus bilden sich Zusammenschlüsse, die immer mehr wie Orga-

[450] Siehe früh schon *N. Luhmann*: Organisationssoziologie (wie Anm. 117), S. 5. Siehe dazu grundlegend *S. Kühl*: Gruppen, Organisationen, Familien und Bewegungen (wie Anm. 62).

nisationen funktionieren. Letztlich ändern solche Fälle aber nichts daran, dass Organisationen sich – gerade im Vergleich zu diesen anderen Systemtypen – durch die Kombination dreier exklusiver Merkmale kennzeichnen lassen.[451]

Organisationen können erstens über den Ein- und Austritt von Personen entscheiden und deswegen Bedingungen für die *Mitgliedschaft* definieren, denen sich die Mitglieder (und vor allem: *nur* die Mitglieder) zu unterwerfen haben. Den davon betroffenen Individuen ist dabei bewusst, dass sie in der Regel die Organisation zu verlassen haben, wenn sie offen zu verstehen geben, dass sie die verlautbarten Programme nicht befolgen, Kommunikationswege missachten oder Teile der Belegschaft nicht als Kommunikationspartner akzeptieren.[452] *(→ Ganzheitlichkeit → Identifikation → Mitarbeiterorientierung)*

Zweitens geben Organisationen sich *Zwecke,* an denen sie ihre Entscheidungen ausrichten. Auch wenn sich die noch in der Tradition von Max Weber vertretene zweckrationale Annahme, der zufolge Organisationen sich von ihren Zwecken aus verstehen lassen, nicht durchsetzen konnte, so spielen Zwecke zur Strukturierung von Organisationen nichtsdestotrotz eine zentrale Rolle. Sie konzentrieren wie Scheuklappen die Perspektive des Systems auf einige wenige Aspekte und blenden alle anderen aus.[453] *(→ Zwecke → Ziele → Strategien)*

Drittens sind Organisationen durch *Hierarchien* gekennzeichnet, die die Über- und Unterordnungsverhältnisse der Mitglieder festlegen. Zwar ist besonders durch die mikropolitisch orientierte Organisationsforschung überzeugend herausgearbeitet worden, dass hierarchisch weit unten angesiedelte Mitglieder über erhebliche Machtquellen verfügen können.[454] Zu beachten ist allerdings, dass die Befolgung hierarchischer Anweisungen zur Mitgliedschaftsbedingung gemacht werden kann und somit auch unpopuläre Entscheidungen durchgesetzt werden können.[455] *(→ Hierarchie → Macht)*

Wie lässt sich aber eine durch Mitgliedschaft, Zwecke und Hierarchien gekennzeichnete Organisation verstehen? Und noch wichtiger: Welcher Zugang bietet sich an, um die verschiedenen Themen der Organisation in ihrer Komplexität einzuordnen und so systematisch zugänglich zu machen?

Zur Meta-Struktur-Matrix

Um Organisationen zu begreifen, nutze ich ein Analyseschema, das ich „Meta-Struktur-Matrix" nenne. „*Meta*" deswegen, weil in dieser Anordnung mehrere, durch verschiedene Stränge der Organisationswissenschaft herausgearbeitete Unterscheidungen miteinander kombiniert werden. „*Struktur*", weil als Ausgangspunkt der Analyse die Art und Weise genommen wird, wie Erwartungen in Organisationen gebildet werden. *Matrix,* weil das Schema aus zwei Dimensionen besteht und man durch deren Kombination unterschiedliche Gesichtspunkte ins Blickfeld bekommen kann.

---

451 Siehe dazu ausführlich *S. Kühl*: Organisationen (wie Anm. 181), 16 ff.
452 Siehe *N. Luhmann*: Funktionen und Folgen formaler Organisation (wie Anm. 5), 44f.
453 Siehe *N. Luhmann*: Zweckbegriff und Systemrationalität (wie Anm. 180), S. 46.
454 Siehe ausführlich *Michel Crozier, Erhard Friedberg*: L'acteur et le système. Paris 1977.
455 Siehe zu den Effekten besonders *N. Luhmann*: Funktionen und Folgen formaler Organisation (wie Anm. 5), S. 209.

Meta-Struktur-Matrix – das Neun-Felder-Schemata zur Erfassung von Organisationsstrukturen

	Kommunikationswege	Programme	Personal
Schauseite			
Formale Seite			
Informale Seite			

Je nach Perspektive sind unterschiedliche Aspekte der Organisationsstruktur im Fokus. Jede Veränderung eines Strukturaspektes hat jedoch mehr oder minder starke Auswirkungen auf die anderen Strukturaspekte.

In der ersten Dimension werden drei Formen unterschieden, mit denen sich Organisationen nach innen und nach außen berechenbar machen. Es handelt sich hierbei um die Kommunikationswege, die Programme und das Personal. Über *Kommunikationswege* wird festgelegt, wie in Organisationen kommuniziert wird. Damit wird maßgeblich festgestellt, wie Kompetenzen und Verantwortlichkeiten für Entscheidungen bestimmt sind. Bei Kommunikationswegen kann man beispielsweise an Hierarchien, Mitzeichnungsrechte oder Projektorganisationen denken. *(→ Hierarchie) Programme* bündeln Kriterien, nach denen entschieden werden muss. Sie legen fest, was man in einer Organisation tun darf und was nicht. Insofern liegt eine zentrale Funktion der Programme darin, bei Fehlern die Schuld zurechenbar zu machen und Vorwürfe in der Organisation zu verteilen. Dies wird entweder durch sogenannte Konditionalprogramme, das heißt also über einfache Wenn-Dann-Regeln, oder durch Zweckprogramme ermöglicht. *(→ Programme) Personal* ist eine weitere Möglichkeit, über die beeinflusst werden kann, welche Entscheidungen in Organisationen getroffen werden. Jeder Beobachter und jede Beobachterin kann feststellen, dass in Organisationen nicht nur über Personal entschieden wird, sondern Personalentscheidungen natürlich vehementen Einfluss darauf nehmen, welche Entscheidungen in Zukunft noch getroffen werden. Typische Ausprägungen sind Einstellung, Versetzung, Entlassung und Entwicklung von Personal.[456] *(→ Personal)*

In der zweiten Dimension unterscheide ich zwischen den drei Seiten der Organisation, in denen sich diese Strukturtypen ausbilden. Bei der *formalen Seite* handelt es sich um die Strukturentscheidungen, die als Mitgliedschaftspflichten in Organisationen kommuniziert werden. Diese muss man – wenigstens dem Anschein nach – befolgen, wenn man Mitglied der Organisation bleiben will. Im Konfliktfall ist schließlich immer die Person im Recht, die sich auf die formalen Regeln berufen kann. Bei der *informalen Seite*, man könnte auch organisationskulturelle Seite sagen, handelt es sich um Erwartungen, die sich im Schatten der Formalstruktur ausbilden, also um Erwartungen, welche die Lücken füllen, die von der Formal-

456 Diese Unterscheidung ist für die Formalstruktur – die entschiedenen Entscheidungsprämissen – von Niklas Luhmann herausgearbeitet worden. Siehe umfassend *N. Luhmann*: Organisation und Entscheidung (wie Anm. 47), 222 ff.

struktur unberücksichtigt geblieben sind. Alternativ kann es sich hierbei ebenso um allgemein erwartete (und somit durchaus weitgehend akzeptierte) Abweichungen von der Formalstruktur handeln. Bei der *Schauseite* haben wir es mit Erwartungen zu tun, die vorrangig für die nach Legitimation heischende Darstellung nach außen und nach innen genutzt werden.[457]

Anders als bei den meisten in der Managementliteratur gehandelten Vierfelder-Schemata gibt es keinerlei Präferenz für die eine oder andere Ausprägung auf der Meta-Struktur-Matrix. Es gibt Organisationen, deren Erfolg auf der strikten Durchformalisierung ihrer Programme basiert, andere, deren Existenz besonders durch die Darstellung einer charismatischen Führerin auf der Schauseite gesichert wird, und schließlich andere, deren Überleben von einer Virtuosität in der kontrollierten informalen Verletzung der vielfältigen formalen Erwartungen abhängt. Die Meta-Struktur-Matrix ist also nicht ein Schema, das Organisationen auf ein Feld „festlegen" möchte, sondern ein „Werkzeug", um für alle relevanten Themen der Organisation interessante Beobachtungen und komplexe Analysen zu generieren.

Bei der Meta-Struktur-Matrix interessiert nicht vorrangig, wie ein bestimmtes Thema in eines der Felder eingeordnet werden kann, sondern wie das Zusammenspiel über mehrere Areale hinweg aussieht. Die einzelnen Felder sind nicht statisch, sondern können sich in ihrer Bedeutung unterschiedlich darstellen. Je nach Organisation sind die verschiedenen Strukturtypen, also Kommunikationswege, Programme und Personal, nicht nur von ganz unterschiedlichem Belang, sondern sind zusätzlich auch durch die Schauseite, die formale sowie informale Seite ungleich stark miteinander gekoppelt.

Alle im Buch formulierten Beiträge lassen sich in dieser Meta-Struktur-Matrix verorten. Meistens liegen sie dabei nicht in einem einzigen Feld, sondern berühren verschiedene Bereiche. Die Demokratie in Organisationen ist eine im Kontrast zur Hierarchie stehende formale Möglichkeit, um zu Entscheidungen zu kommen, deren Effekte aber gerade auf der informalen Seite eine wichtige Rolle spielen. *(→ Demokratie)* Heuchelei ist eine notwendige Form der Legitimationsherstellung auf der Schauseite der Organisation, die – wenn überzogen – auf der informalen Seite zu Zynismus führen kann. *(→ Heuchelei → Zynismus)* Das Qualitätsmanagement ist eine in der Regel auf die Formalstruktur ausgerichtete Arbeit an den Programmen der Organisation, dessen Auswirkung auf die informale Ordnung man im Auge behalten muss. *(→ Qualitätsmanagement)* Agilität ist ein Thema, welches in vielen Organisationen erst mal auf der Schauseite behandelt wird, aber durch die Einrichtung von autonomen Teams auch in der Formalstruktur unmittelbare Wirkung erzielen kann. *(→ Agilität)*

Wenn man eine Weile mit Organisationen arbeitet und einen kritischen Blick auf diese richtet, übt man sich in der Einordnung von Phänomenen in diese Felder, im Verständnis ihres Zusammenspiels und der manchmal überraschenden Wechselwirkungen. Das Schema ist eine Konstruktion, die alle Phänomene in Organisationen aufnehmen und zusammenfassen kann. Es hat manchmal heuristische Funktion und manchmal nachgeschaltete, ordnende Funktion. Es kann dabei helfen, unterkomplexes Denken und voreilige Schlüsse zu vermeiden. Es gibt immer auch noch etwas anderes, und es ist bestimmt nicht so einfach, wie es auf den ersten Blick aussieht.

[457] Diese Unterscheidungen liegen bereits der Hinführung in der Einleitung zugrunde. Für eine kompakte Darstellung siehe *Stefan Kühl, Judith Muster*: Organisationen gestalten. Eine kurze organisationstheoretisch informierte Handreichung. Wiesbaden 2016, 17 ff. Für eine ausführliche Darstellung siehe *S. Kühl*: Organisationen (wie Anm. 181), 89 ff. Wir entwickeln hier die in der Organisationstheorie klassische Trennung von Formalität und Informalität weiter, indem wir für Organisationen eine Unterscheidung von drei Seiten vorschlagen.

Danksagung

Einige Beiträge basieren auf bereits publizierten Kolumnen und Essays für unterschiedliche Zeitungen und Zeitschriften, wie die Süddeutsche Zeitung, die Frankfurter Allgemeine Zeitung, die TAZ, die FAZ Blick durch die Wirtschaft, den Harvard Business manager, gdi impuls, Versus, die Zeitschrift für OrganisationsEntwicklung, managerSeminare, Management & Training sowie wirtschaft + weiterbildung. Andere Beiträge sind überarbeitete und aktualisierte Ausarbeitungen, die auf Überlegungen aus Büchern von mir zu neuen Managementkonzepten aufbauen. Dazu gehören besonders die Werke „Wenn die Affen den Zoo regieren. Die Tücken der flachen Hierarchien", „Das Regenmacher-Phänomen. Widersprüche im Konzept der lernenden Organisation" sowie „Sisyphos im Management. Die vergebliche Suche nach der optimalen Organisationsstruktur". Verschiedene weitere Aufsätze basieren auf Überlegungen, die ich für eine Studie über Coaching und Supervision entwickelt und hier noch einmal grundlegend überarbeitet habe. Der überwiegende Teil der Ausarbeitungen wurde jedoch eigens für dieses Buch geschrieben. Allen Kolleginnen und Kollegen, welche die Überlegungen immer wieder auf ihre Plausibilität hin getestet haben, sei hier herzlichst gedankt. Mein Dank gebührt weiterhin Alexandra Boldys, Dennis Firkus, Tabea Koepp, Barbara Kuchler, Mark Schäfers sowie Christel Vinke für Kommentierung, Korrektorat und Lektorat im Prozess der Buchentstehung.

Der Anlass, Kolumnen zu ganz unterschiedlichen Themen der Organisation in einem Buch zusammenzutragen, war der Podcast mit dem Titel „Der ganz formale Wahnsinn", den ich zusammen mit Andreas Hermwille, dem langjährigen Chefredakteur des Campus Radio Hertz 87,9 und dem Herausgeber des Magazins für kritische Organisationspraxis Versus entwickelt und aufgenommen habe. Dieser Podcast war ursprünglich für Studierende unserer Einführungsveranstaltungen in Organisationen an der Universität Bielefeld gedacht, wurde dann zu unserer Überraschung sowohl von Tausenden von Mitarbeitern und Managern verschiedener Organisationen sowie von Beratern, Coaches und Trainern ganz unterschiedlicher Ausrichtung als auch von Kolleginnen und Kollegen aus allerlei wissenschaftlichen Disziplinen gehört. Dieser überraschende Erfolg war für mich Grund genug, die im Podcast vorgestellten Überlegungen in Kolumnenform in diesem Buch zusammenzutragen. Ohne das Engagement, den Spaß und die Professionalität von Andreas Hermwille bei der Entwicklung und Umsetzung der Audioformate wäre nicht nur der Podcast, sondern auch dieses Buch nie erschienen. Ihm gilt deswegen mein besonderer Dank.

Die Idee für den Titel des Podcasts „Der ganz formale Wahnsinn" und damit letztlich auch für das vorliegende Buch stammt von meinem Kollegen Finn-Rasmus Bull. Er hat ein ganz ungewöhnliches Talent für Titelfindung. Es reicht aus, ihm gegenüber eine grobe Themenidee zu umreißen, um nach kurzer Zeit eine Reihe brillanter Titelvorschläge zu bekommen. Ich hatte mir immer eingebildet, ohne Schwierigkeiten originelle Titel finden zu können. Durch die Zusammenarbeit mit Finn-Rasmus Bull bin ich hier sehr bescheiden geworden.

Ein ausdrücklicher Dank gilt schließlich meinen Kolleginnen und Kollegen bei Metaplan in Quickborn, mit denen ich jetzt teilweise schon über mehrere Jahrzehnte zusammenarbeite. Ich erinnere mich, wie meine Eltern mir vor fast fünfzig Jahren verzweifelt zu erklären versucht haben, was in den direkt neben meiner Grundschule befindlichen Seminarräumen von Metaplan gemacht wird. Unter Bäckern, Schreinerinnen und Polizisten konnte ich mir als Grundschüler etwas vorstellen, unter Beratern hingegen nichts. Als Hansjörg Mauch, einer der Metaplaner der ersten Stunde, uns am Berufsorientierungstag für die neunte Klasse am Gymnasium Quickborn seine Tätigkeit genau beschrieb, wurde mir zwar klarer, was Berater tun, wofür Organisationen das gebrauchen könnten, blieb mir aber ein Rätsel. Wenn Thomas Schnelle, ein Metaplaner der zweiten Stunde, damals nicht für unser alternatives Schulprojekt einer „Schülerschule" die Ausbildung der Moderatoren und die Entwicklung der Dramaturgie für die mehrtägige Veranstaltung mit Hunderten von Schülern übernommen und uns kostenlos das Material für Großkonferenzen zur Verfügung gestellt hätte, wäre ich vermutlich nie auf die Idee gekommen, mich während meines Studiums Metaplan als Praktikant aufzudrängen und dann die nächsten Jahrzehnte zu bleiben.

Mich hat stets beeindruckt, dass bei Metaplan schon immer anerkannt wurde, dass Management, Beratung und Wissenschaft Tätigkeitsfelder sind, die unterschiedlichste Anforderungen mit sich bringen, verschiedenste Ziele anstreben und sehr divergierende Fähigkeiten verlangen. Bei allen Diskussionen ist immer klar, dass Manager, Berater und Wissenschaftler unterschiedliche Denkstile haben, sich an unterschiedlichen professionellen Werten orientieren und durch allerlei Mythen, Dogmen und Fiktionen geprägt sind. Erst auf der Grundlage dieser Einsicht war und ist es überhaupt möglich zu überlegen, ob und wie Überlegungen aus der Wissenschaft für die Praxis in Form von Management und Beratung in Organisationen genutzt werden können.

Leserinnen und Leser können sich vorstellen, dass die in den Beiträgen vorgestellten organisationstheoretischen Überlegungen bei Praktikerinnen und Praktikern nicht immer auf Begeisterung stoßen. Meine Kolleginnen und Kollegen bei Metaplan haben diese Gedanken nicht nur ausgehalten, sondern sich stets intensiv mit der Frage auseinandergesetzt, wie diese in vorsichtigen Dosierungen und sprachlichen Entschärfungen im konkreten Arbeiten von Managern und Beratern nutzbar gemacht werden können. Für diese Diskussionen, die für mich nicht nur als Wissenschaftler interessant waren, sondern mich besonders auch als Berater vorangebracht haben, bin ich dankbar. Ich kann mir kein inspirierenderes Arbeitsklima vorstellen.

Index

*Die Seitenzahl mit den Verweisen auf die Hauptschlagwörter sind **fett** gesetzt.*